本成果获国家社会科学基金资助

华中师范大学中国近代史研究所丛刊

# 商民运动研究
## (1924—1930)

朱英 著

图书在版编目（CIP）数据

商民运动研究（1924—1930）/朱英著.—北京：北京大学出版社，2011.7
（华中师范大学中国近代史研究所丛刊）
ISBN 978-7-301-16692-5

Ⅰ.①商… Ⅱ.①朱… Ⅲ.①广东革命根据地-史料-研究-1924—1930　Ⅳ.①K262.306

中国版本图书馆 CIP 数据核字（2011）第 056183 号

| | |
|---|---|
| 书　　　　名： | 商民运动研究（1924—1930） |
| 著作责任者： | 朱　英　著 |
| 责　任　编　辑： | 岳秀坤 |
| 封　面　设　计： | 奇云文海 |
| 标　准　书　号： | ISBN 978-7-301-16692-5/K·0770 |
| 出　版　发　行： | 北京大学出版社 |
| 地　　　　址： | 北京市海淀区成府路 205 号　100871 |
| 网　　　　址： | http://www.pup.cn　电子邮箱：pkuwsz@yahoo.com.cn |
| 电　　　　话： | 邮购部 62752015　发行部 62750672　编辑部 62752025 |
| | 出版部 62754962 |
| 印　　刷　　者： | 三河市富华印装厂 |
| 经　　销　　者： | 新华书店 |
| | 650mm×980mm　16 开本　27.75 印张　371 千字 |
| | 2011 年 7 月第 1 版　2011 年 7 月第 1 次印刷 |
| 定　　　　价： | 45.00 元 |

未经许可，不得以任何方式复制或抄袭本书之部分或全部内容。
版权所有，侵权必究
举报电话：010-62752024　电子邮箱：fd@pup.pku.edu.cn

# 华中师范大学中国近代史研究所丛刊
## 总　序

　　华中师范大学中国近代史研究所（原名"历史研究所"），是报经原国家教委批准，创立于1984年的高校专门研究机构。著名历史学家章开沅先生系首任所长，继任者为刘望龄、罗福惠、严昌洪三位教授，现由朱英教授任所长，章开沅教授任名誉所长。2000年，研究所被教育部评审为高等学校人文社会科学重点研究基地，随之改名为"中国近代史研究所"，并创办所刊——《近代史学刊》。

　　本所是我国恢复学位制度后，由国务院学位委员会批准成为首批具有硕士和博士学位授予权的研究单位。多年来，已培养了一批又一批博士和硕士，其中不少人已成为国内外知名学者。1988年，又被批准成为当时为数甚少的首批中国近现代史国家重点学科。其后历经两次评审，现仍然是我国高等学校为数不多的中国近现代史国家重点学科之一。研究所的主要研究方向为中国近现代政治史、中国近现代社会经济史、中国近现代思想文化史，另设有中国商会史研究中心、东西方文化交流研究中心（其前身是1994年成立的中国教会大学史研究中心）、章开沅东西方文化交流学术基金。此外，全国性的学术团体——辛亥革命史研究会也一直挂靠在本所。

　　近30年来，在教育部社科司和华中师范大学的大力支持下，研究所建立后在各个方面都不断获得迅速发展。例如科研条件得到明显改善，包括研究所迁入新址，每位研究人员都配有宽敞明亮的研究室；研究所资料中心建设每年投入数十万元；各项科研设备也日趋现代化。除此之外，研究所专职人员也从最初不到10人扩展为现今的20人，特别是一批30余岁的年轻教授和副教授，已成为研究人员中的学术骨干,另还有多名兼职研究人员。这样的科研条件与人员规模,在国内高校的研究所中并不多见。与此同时,本所研究人员取得的科研成果也与日俱增;在出版方面,研究所给予了各方面的支持,但并没有以"研究所丛刊"的名义推出,而是由研究者自行联系海内外出版社出版。

海峡两岸的北京中国社会科学院近代史研究所、台北"中央研究院"近代史研究所都出版有专刊,尤其是台北近史所的专刊,已有较长的出版历史,刊行了大量受到学界重视与好评的专著。中国社科院近代史研究所的专刊,起步虽晚(始于2003年),出版的专著也为数不多,但具有很高的学术水准,同样受到国内外学者的关注与好评。华中师范大学的中国近代史研究所,自然无法与研究力量十分雄厚的前述两处近代史研究所相比较,但却希望以其为榜样,尽力提高我们的学术水平,形成我们的研究特色,为中国近现代史研究贡献绵薄之力。为此,在本所全体同仁的倡议之下,我们也决定出版自己的学术丛刊,并且这一计划很快得到了北京大学出版社的支持,给予我们极大鼓励。

丛刊主要是收录华中师范大学教师撰写的学术专著,但少量优秀的博士学位论文也酌情收入。凡提交丛刊的著作,由研究所学术委员会予以审核和认定,必要时还将聘请校外专家审阅,达到规定之学术水平的著作才能纳入丛刊出版。根据出版协议和丛刊著作入选程序之规定,在一般情况下,丛刊每年将推出二本学术专著。为了保证丛刊的学术水准,我们将以宁缺勿滥为原则,出版物数量并不做硬性规定。

我们希望通过研究所全体同仁的共同努力,在北京大学出版社的鼎力支持下,丛刊能够连续不断地坚持出版,由此积少成多,滴水成河。并希望得到海内外近代史学界朋友们的批评和指正。

朱 英

2011年4月15日于武昌华中师大

# 目录

**绪　论　商民运动与中国近代史研究**　1
　　一　忽略商民运动研究造成的缺陷　1
　　二　近年来商民运动研究评介　6
　　三　商民运动研究的进一步扩展　14
　　四　本书的篇章结构及内容　17

**第一章　国民党与民众运动**　24
　　一　对民众运动的新认识　24
　　二　民众运动的初步开展　32

**第二章　商民运动兴起的滞后**　41
　　一　商民运动兴起滞后的原因　41
　　二　国民党对商民运动的重视　49

**第三章　国民党推行商民运动的方略**　62
　　一　对待不同商人的策略　63
　　二　对待商人团体的策略　66
　　三　其他相关策略　75
　　四　《商民协会章程》的实施　79

**第四章　商民运动的起步：以广东为例**　86
　　一　中央商民部的设立与商民运动的起步　86
　　二　广东省商民部的设立与商民运动的初期发展　94
　　三　广东商民运动的进一步发展　106

**第五章　商民运动的扩展：以湖南为例**　125
　　一　国民党湖南全省第二次代表大会的召开　125

二　湖南商民运动的兴起与扩展　131
**第六章　商民运动的发展：以湖北为例　148**
　　一　湖北地区商民协会的建立　149
　　二　武汉地区商民运动的兴盛　165
　　三　国共纷争之下的武汉商民运动　184
**第七章　商民运动的余波：以上海为例　211**
　　一　上海商民协会的建立　212
　　二　新局势下的上海商民运动　233
**第八章　商民运动期间的商民协会与商会　253**
　　一　商民协会与商会冲突的原因及表现　254
　　二　商民运动期间商民协会与商会的合作　274
　　三　国民党中央对待商会政策的变化　283
**第九章　商民运动期间的商民协会与店员工会　308**
　　一　长沙市商民协会会所被毁案　308
　　二　武汉店员运动与商民协会的应对　323
　　三　上海商民运动中店员工商界限之争　340
**第十章　商民运动的终结　352**
　　一　上海商民协会的统一商人团体要求　352
　　二　国民党三全大会期间的商会存废之争　370
　　三　上海总商会"闭门"风潮　382
　　四　商民协会的取消与商民运动的结束　395
**结　语　413**
　　一　商民运动的成效　413
　　二　商民运动的缺陷　418

**参考文献　423**
**后　记　432**

# 绪论　商民运动与中国近代史研究

熟悉1920年代中国国民革命运动历史的人们大都会知道,在北伐时期最具政治影响力的国民党和共产党这两大政党,都曾轰轰烈烈地大力开展民众运动,这也是促使国民革命运动得以走向高潮和取得一系列胜利的重要因素。但是,一般人了解的国民革命运动时期的民众运动,主要是农民运动、工人运动、学生运动和妇女运动,而对同一时期的商民运动却知之甚少。

所谓商民运动,有时也称商人运动,指的是北伐前后国共两党,尤其是国民党为从事国民革命而开展的一种民众运动,可以说与当时的农民运动、工人运动、学生运动、妇女运动的性质相类似。商民运动的具体目标,乃是通过动员广大中小商民成立商民协会,支持和参加国民革命,同时打击和孤立反对革命的买办及大商人。长期以来学术界对此一时期的其他民众运动都曾进行了不同程度的研究,相关成果甚多,却唯独对商民运动缺乏探讨。查阅迄今出版的各种中国近代史通史著作,几乎都看不到对商民运动的论述,即使是有关探讨国民革命史的专题著作,也同样很少提及商民运动。商民运动作为国共两党在当时开展的重要民众运动,可以说被史学研究者所遗忘,当然也就使后人无从了解。

## 一　忽略商民运动研究造成的缺陷

商民运动研究的付之阙如,其影响不仅仅在于导致人们对商民运动本身缺乏了解和认识,而且在某种程度上对探讨1920年代中国历史的某些专门领域和问题,甚至对整个中国近代史研究的深入拓展也不无影响。

首先分析这一研究的缺失对近代国民党史研究的影响。中国大陆和台湾的近代史研究者都承认,研究1840至1949年的中国近代史,中国国民党史是无法回避、必须予以重视的内容。不管从哪方面看,国民党与中国近代后半段历史的发展演变都紧密相联,其前身从1905年孙中山创立的中国同盟会到民国初年演变为国民党,后又逐步演变成中华革命党和中国国民党,1927年国民党更是一跃成为执政党,统治中国大陆20余年。因此,虽然由于历史和现实政治的原因,中国大陆和台湾的学者在许多相关的具体问题上存在着明显的歧见,但这并不妨碍各自撰写的中国近代史著作都十分重视论述国民党的发展及其影响,专门研究国民党史的著作也为数不少。即使如此,在已出版的国民党通史和专题研究著作中,同样未将商民运动作为重要内容加以论述。

之所以形成这样的状况,据笔者分析大概有以下两方面原因。其一,大陆学者较多地认为民众运动主要是共产党动员民众起来革命的重要方式,作为代表少数人利益的国民党不可能重视或开展民众运动,所以大陆学者撰写的国民党史,论及北伐前后的这段历史,大都未将这一时期的民众运动作为重点,一般只是简单提及而未予深究。台湾学者撰写的相关著作,则大多强调当时共产党乘国民革命之机扩充自身实力,包括商民运动在内的民众运动都被共产党利用和破坏,没能按照国民党的预期设想顺利进行。其二,以往的许多研究者在主观上认为,商民运动没有像工人运动、农民运动、学生运动那样在国民革命时期产生显著的影响,其作用甚至不及妇女运动,所以不值得进行系统深入的研究。

应该承认,从实际情况看国民革命时期商民运动的规模与影响确实不及其他民众运动,但这并不意味着研究商民运动没有学术价值。同时,尽管两岸学者对国民党史进行了多年的探讨,相关成果颇丰,但如果不对类似商民运动这样的重要问题展开深入研究,也仍然会存在着不小的缺陷。这种缺陷除了政治因素的影响所致,与研究者的思维定式和视野不开阔也有着密切关系。

正是由于受传统思维定式的制约和影响,再加上对一些相关的重要问题考察不够,在国民党史研究中难免会存在着一些偏见,其中的一些定论也是值得推敲的。例如,过去的研究侧重于国民党从事政治运动和政治斗争的"党治史",忽略其自身组织建设、组织管理和组织演变的"治党史",没有真正考察国民党的组织结构、党员的社会结构、党民关系与阶级基础等问题,仅从一些表面现象断定近代中国的国民党是一个强势的独裁政党。如果依据各方面丰富的史料深入考察国民党的"党治史",可以发现国民党执政以后并没有触动既存的社会结构,其控制只能及于政治表面,未能深入社会内部。在社会整合方面,国民党的组织和影响也未能深入到社会底层和辐射到社会生活的各个方面。根据上述深入考察和分析,有学者提出了国民党是一个弱势独裁政党的新结论,这对于全面认识近代史上国民党的真实面貌大有裨益。[1]

即使以往对国民党"党治史"的研究较多,但由于长期忽略对商民运动的探讨,同样也影响到对近代不同历史时期国民党的认识,以为国民党始终都完全是代表地主和资产阶级利益的政党。如果对商民运动加以考察,即可知晓国民革命期间的国民党并非如此。1926年1月国民党"二大"通过的《商民运动决议案》,认为"商民中有不革命者,有可革命者",不革命者系指买办商人、洋货商人、中外合办银行商人等与帝国主义存在着密切关系者;另外,还认为由少数大商人操纵的商会,大多数"不独不参加革命,且为反革命",所以应"号召全国商民打倒一切旧商会",由新成立的商民协会取代之。[2]这一时期的国民党,实际上完全否认其代表地主、资产阶级利益,并且将买办资产阶级作为革命

---

[1] 有关本段内容的详细说明,参见王奇生:《党员、党权与党争:1924—1949年中国国民党的组织形态》,上海书店出版社,2003年。
[2] 《商民运动决议案》,中国第二历史档案馆编:《中国国民党第一、二次全国代表大会会议史料》(上),江苏古籍出版社,1986年,第388—390页。

的对象,公开宣称自己是代表"全民"的利益。从其对商民"不革命"和"可革命"的划分,以及认定商会都是反革命的旧式商人组织等认识,还可说明当时的国民党是一个非常激进的革命政党,这显然与我们通常所了解的国民党存在着相当大的差异。

缺乏对商民运动的研究,还导致对当时共产党的认识同样也会出现与客观历史事实不尽相符的某些误差。众所周知,共产党历来十分重视动员民众起来革命,许多相关的著作也都以较多篇幅对此加以论述。但由于很少论及商民运动,给人的印象似乎是共产党开展的民众运动从一开始就只是动员下层劳动人民,很少顾及商人,这显然是一种片面的认识。实际上,当时的共产党对从事商民运动是比较重视的,而且对所谓资产阶级的态度以及实施的具体策略也有发展变化的过程。1926年7月中共中央在上海召开中央执行委员会第三次扩大会议,同样曾经通过了一个专门针对商人的《商人运动决议案》。这个决议案在许多方面与此前国民党制定的《商民运动决议案》存在着相似之处,大体上也是将商人分为三类,即买办阶级、新兴企业家、中小商人,并确定商民运动的对象是中小商人,目的在于动员中小商人反对买办商人在民族运动中的妥协卖国行动,具体实施办法则是通过成立商民协会组织中小商人,改造原有的商会。[1]由此可知,商民运动在当时其实是国共两党共同开展的民众运动中的一项重要内容。当然,两党之间在商民运动中既有合作,又有冲突,只不过台湾学者在偶尔谈到这一问题时更强调的是冲突,尤其认为共产党是想方设法利用和破坏包括商民运动在内的民众运动。

然而不管怎样,无论是研究国民革命时期的国民党还是共产党,都不应该忽略商民运动,否则就会妨碍对这一时期国共两党的历史获得全面而准确的认识。

除此之外,商民运动研究的薄弱,更直接影响到对近代中国商人和

---

[1] 《中国共产党第三次中央扩大执行委员会商人运动决议案》,中央统战部、中央档案馆编:《中共中央第一次国内革命战争时期统一战线档案选编》,档案出版社,1991年,第249—250页。

商会发展史的确切把握。因为商民运动的开展,相对而言对广大商人和商会的影响最为直接和明显。近20年来,商人和商会是海峡两岸中国近代史研究中发展相当迅速的热门领域,现已有多部从整体上论述中国近代商会以及研究上海、天津、苏州等地方商会的专著出版,有关近代中国商人的几部著作也先后问世。但令人遗憾的是,查检2004年以前两岸学者出版的这些著作,却很少看到其中有专章对商民运动进行论述,这显然是不应有的一大缺陷。

不深入研究商民运动,对商会发展进程中的一些重要问题就很难以长时段的眼光看得更清楚,所得出的结论也很可能与客观史实不无出入。我们知道,近代中国的商会诞生于清末,是工商业者最重要的新式社团组织,从其产生之日起,就对保护工商业者的利益、促进工商业的发展具有相当重要的作用,同时也受到社会各界包括官府的重视。但是,在1925年以后商民运动进行的一段时期,商会与新兴的商民协会并存,尽管都属于商人团体,在涉及商业及经济方面的某些事务时有一定程度的合作,但由于具体成员构成的不同,特别是受国共两党制定的以商民协会改造甚至是取代商会这一策略的影响,两种商人团体之间一直存在着矛盾和冲突。商民协会坚持要求撤销商会,国民党也曾公开予以支持,导致商会面临前所未有的生存危机。由于对商民运动的忽略,致使研究者对这一时期商会所面临的生存危机也较少予以关注,也就不可能对商会在近代中国特殊社会环境下和不同历史阶段中的发展特点得到全面的认识。

不仅如此,对商民运动的忽略还直接影响到研究者对一些相关问题的评价。例如1927年国民党建立南京国民政府之后,成立了民众团体整理委员会,对包括商会在内的各类民众团体进行整顿与改组。1930年初,国民党中央执行委员会正式下令撤销商民协会,经过整顿改组的各级商会则陆续重新登记。以往的商会史著作大多数都认为,国民党对商会的整顿和改组,是其执政以后推行以党治国,实施反动专制独裁统治的一项重要措施,是对商会等民间社团的毁灭性打击。但是,如果对商民运动发展演变有所了解,即可发现改造和取消商会是国民党早先即已确定的政策,并非执政之后实现一党专制的新策略。与先前所定商民运动方略所不同的是,在历经多年的商会与商民协会之间的纷争之后,国民党最终承认了商会的合法性,转而撤销了商民协会,这实际上是国民党成为执政党之后不断调整商民运动和民众运动方略,实施由"破坏"转为"建设"这一新政策的结果。对商会来说,通过改组之后重新获得合法地位,免除了商会自商民运动开展后多年面临的被解散取消的生存危机,在某种程度上可以说是商会经过合法斗争达到了预期的目的。显而易见,如果不结合商民运动进行长时段考察,仅仅只是孤立地看待国民党对商会的整顿改组,很难真正全面而客观地做出合乎历史事实的评价。

以上主要是从国民党史、中共党史以及商会史研究的几个方面,简略地说明了忽略商民运动对相关重要问题的研究所造成的缺陷及其影响;同时,也是从反面阐述了商民运动的实际规模与反响尽管在国民革命期间不及工人运动、农民运动、学生运动和妇女运动,但同样也具有相当重要的学术研究价值。

## 二 近年来商民运动研究评介

令人可喜的是,近年来已有学者对商民运动的研究开始予以重视,并陆续取得了一些相关的研究成果。下面,再对已有的相关成果加以介绍和评论,并由此更进一步说明加强商民运动研究,对促进中国近代史研究深入发展所具有的价值和意义。

或许是受到20世纪80年代迅速兴起的商会史研究的影响,较早引起国内外近代史学界部分学者注意的并不是商民运动本身,而是在商民运动期间,作为国民党推行此项运动的一项重要举措而出现的新商人团体——商民协会。80年代末和90年代初,即开始陆续有几篇论述商民协会的论文发表,近些年来这方面的论文更是逐渐增多。[1]但是,这些论文除个别之外,都较少从商民运动的角度进行探讨,大多主要是考察商民协会本身的情况,或是论述商民协会与国民党党治以及与商会之间的关系。

又如美国学者傅士卓(Joseph Fewsmith)撰写的专著《民国时期的党、国与地方精英——1890 至 1930 年上海的商人组织与政治》(*Party, State, and Local Elites in Republican China: Merchant Organizations and Politics in Shanghai, 1890—1930*,美国夏威夷大学出版社,1985 年),比较系统地论述了上海商人团体的兴起与政治化过程、商人团体与党治的关系,并且有一部分篇幅涉及到国民党推行的商民运动,但主要也是以商民协会作为论述对象,其中商民协会与国民党党治是其侧重点。傅士卓以上海的情况为例,认为商民协会的成立意味着国民党扩大了对包括商会在内的社会的控制权力,而商民协会的最终取消和商会的保留,则意味着党治的失败和国家对政党的胜利。[2]其后,也有大陆学者将上海的商民协会与商会之争,视为国民党与政府之间的较量,这种

---

[1] 日本学者金子肇著有:《商民协会と中国国民党(1927—1930)——上海商民协会を中心に》,《历史学研究》(日)1989 年第 10 期;《武汉における商民运动と国共合作——商民协会の动向を中心に》,《下关市立大学论集》(日),第 34 卷,第 1 号,1990 年。中国学者张亦工发表了《商民协会初探》,《历史研究》1992 年第 3 期;另有乔兆红:《论 1920 年代商民协会与商会》,《近代中国》(台北),第 149 期,2002 年 6 月;彭南生、李玲丽:《略论大革命时期湖北的商民协会》,《江汉大学学报》2006 年第 3 期;李柏槐:《商民的利益集团:商民协会——成都与上海等地商民协会差异之比较》,《社会科学战线》2005 年第 1 期;赵利栋:《上海特别市商民协会的成立与取消及其与国民党党治之关系》,提交"北伐战争暨汀泗桥、贺胜桥大捷 75 周年学术讨论会"论文,2001 年 10 月,湖北咸宁;赵利栋:《党、政府与民众团体——以上海市商民协会与上海总商会为中心》,提交"中华民国史(1912—1949)国际学术讨论会"论文,2002 年 8 月,北京;张志东:《国家社团主义视野下的制度选择:1928—1931 年的国民党政府、商会与商民协会,天津的个案研究》,提交"国家、地方、民众的互动与社会变迁国际学术研讨会"论文,2002 年 8 月,上海。
[2] 该书共分三大部分,其中第二部分为"上海商民协会与党治的兴衰",这部分具体又分为全书的四、五、六三章,第 5 章的标题是"国民政府在上海:商民协会及建立党治的努力",第 6 章的标题是"商民协会的瓦解与党治的失败",由标题可知都是以商民协会为论述中心。第 6 章有中译文载于《国外中国近代史研究》第 20 辑,中国社会科学出版社,1992 年。该文中译者将傅氏的名字译为约瑟夫·弗史密斯。台湾学者张力曾发表评论傅士卓此书的文章,见台湾"国史馆"编辑出版的《中国现代史书评选辑》第 5 辑。

说法恐怕值得进一步推敲。另一位美国学者小科布尔的《江浙财阀与国民政府》(蔡静仪译,南开大学出版社,1987年)和法国学者白吉尔的《中国资产阶级的黄金时代》(张富强译,上海人民出版社,1994年),是论述近代中国资产阶级有影响的学术著作,也程度不同地与本课题研究内容存在着一定的关联。还有一位美国学者韦慕庭(C. Martin Wilbur)曾出版《中国民族主义革命(1923—1928)》(*The Nationalist Revolution in China, 1923—1928*, Cambridge University Press, 1983),该书虽无有关商民运动的专门章节,但由于是论述这一时期国民革命的专著,有些地方同样也会多少涉及一些相关内容。另外,80年代中晚期韩国延世大学历史系博士班曾有多名博士研究生分别以20年代中国的工人、农民、学生、商人等社会群体为研究对象,撰写了博士学位论文,但由于客观原因笔者目前尚未看到其中论述商人的论文。

不过,在以前海内外近代史学界着重考察商民协会的同时,台湾出版的某些著作中或多或少地涉及了商民运动。如台湾"教育部"主编的多卷本《中华民国建国史》(台北,"国立编译馆",1987年)即简略论及商民运动。该书第三篇第五章为"北伐期间之外交、财政与民运",其中有一节专论北伐期间的民众运动,包括商民运动,由胡春惠撰写。本节内容胡春惠先前曾以论文形式发表在1984年的台湾政治大学学报第2期,并收入李云汉主编、高纯淑编辑的《中国国民党党史论文选集》第4册,由台北近代中国出版社1994年出版。又如蒋永敬的《鲍罗廷与武汉政权》(台北,传记文学出版社,1972年)一书,在第4章中论述共产党从事民众运动时,也部分涉及到商民协会、商民运动等问题。但是,台湾学者专门探讨商民协会和商民运动的论著仍付之阙如。

近些年来,国内才开始真正有学者对商民运动进行专题研究。青年学者乔兆红曾经撰写《大革命时期的湖南商民运动》一文[1],其博士学位论文也是以商民运动为主题,该文论述了商民运动的背景、产

---

[1] 该文系提交"北伐战争暨汀泗桥、贺胜桥大捷75周年学术讨论会"论文(2001年10月,湖北咸宁),后发表于《求索》2005年第9期。

生、发展、以及商民协会与商会的关系等问题,是较早对商民运动进行专题探讨的论著,但在相关史料的搜集和某些问题论述的深度等方面,尚存在一定的缺陷。[1]最近数年,乔兆红又以博士学位论文的相关内容为基础,发表了多篇有关商民运动的论文,对孙中山与商民运动、商民协会与商民运动、商民运动的阶段性、武汉国民政府时期的长江流域商民代表大会等问题进行了考察和分析。[2]另外,近些年来,笔者承担了国家社科基金项目"商民运动研究",作为该项目研究的阶段性成果,也发表了一批相关的系列论文。[3]

迄今为止以商民运动为主题,已正式公开出版而且较有分量的学术专著,只有中国大陆年轻学者冯筱才撰写的《北伐前后的商民运动(1924—1930)》(台湾商务印书馆2004年6月出版,以下简称"冯著")。冯筱才称得上是近些年大陆年轻学者中研究近代中国商人与商会的佼佼者。其博士学位论文《在商言商:政治变局中的江浙商人》(上海社会科学院出版社,2004年),从理论、思路、方法、史料等许多方面都在原有近代中国商人研究的基础上有所突破。商民运动是他博士毕业后在复旦大学历史系做博士后研究的专题,由于格外勤奋再加上多年的厚实积累,又很快得以推出这部新著。这里,值得对该著的具体内容及其学术贡献加以评介。

冯著共计6章,第1章为导论,主要是提出问题、回顾和分析文献,

---

[1] 乔兆红:《1920年代的商民协会与商民运动》,博士学位论文,中山大学历史系,2003年5月。
[2] 乔兆红:《孙中山与中国商民运动》,《广东社会科学》2007年第3期;《大革命初期的商民协会与商民运动》,《文史哲》2005年第6期;《中国商民运动的阶段性分析》,《学术研究》2007年第1期;《论长江流域商民代表大会》,《江汉论坛》2007年第3期;《论1929年的沪商总会风潮》,《社会科学研究》2007年第4期;《中国商民运动的历史命运》,《中国经济史研究》2008年第1期。
[3] 本书作者发表的相关系列论文主要有:《再论国民党对商会的整顿与改组》,《华中师范大学学报》2003年第5期;《国民党推行商民运动的方略》,《江汉论坛》2004年第7期;《商民运动与中国近代史研究》,《天津社会科学》2005年第4期;《论广东第一次全省商民协会代表大会》,《江汉论坛》2008年第11期;《北伐之前的国民党与民众运动》,《江苏社会科学》2009年第1期;《北伐之前商民运动在广东的发端》,《学术研究》2009年第5期。

阐明全书主旨及篇章结构,并对论题与史料做了简要说明。作者特别强调应该关注革命党人发动民众运动的具体情境,对其民众动员工作的考察必须建立在特定的而且是变换着的时空背景上,不能空泛地仅从静止的意识形态角度,或者是一些静态的宣传文本出发。因此,冯著在第2章中论述商民运动如何发生时,从1924年广州商团事件后广东政治军事环境的变动中做动态分析,探讨国民党在商团事件前对商人的认识、商团事件爆发后对商人态度的变化。这可以说是研究商民运动如何发生这个重要问题的一个新切入点。第3章则是讨论国民党"二大"前后商民运动的制度化及其内部权力斗争,主要从中共方面疏理其与商民运动的关系、国民党二大前后商民运动的制度化过程、商民运动控制权的转移等问题,由此使商民运动研究更为细化和更为深入。第4章论述的是商民运动在长江流域的推展及其出现的问题,侧重于商民运动发展之后形态的多样化、商民运动与工商冲突的关系、时事变化对商民运动的影响等。第5章主要讨论商会存废问题与商民协会的结束,重点考察商民协会与商会的利益冲突、废除商会的争论及结局等。第6章是全书的结论。

谈到冯著的学术贡献,首先是该著对长期以来受到近代史学界忽略的商民运动,第一次进行了比较全面和深入的研究。其研究的全面,主要体现于对商民运动的产生、商民运动在不同发展阶段的变化、中共与商民运动的关系、商民运动内部的各方关系、商民运动控制权的演变、商民协会与商会的利益冲突、商民运动的结局及其影响等,都分别进行了考察和分析。其研究的深入,则表现在对上述许多重要问题的论述较为深入细致,不是限于一般性的简略介绍和平铺直述,而是力图通过对各方面相关因素的剖析,得出具有独到见解的学术观点。

其次,还值得肯定的是冯著在商民运动史料的挖掘和拓展方面,也为后来的研究者提供了便利。该著征引了大量收藏在中国大陆和台湾相关机构的档案文献资料,还有众多报刊杂志,尤其是地方报纸中的相关史料,可以说为研究者指明了查阅有关商民运动各方面资料的大致范围。其中最为重要的是过去利用较少的中国国民党中央党部商民部的档案,这批珍贵的档案保存在台北中国国民党中央执行委员会文化传播委员会党史馆。该档案的时限从1924年商民运动开始发动,到1930年最后撤销商民协会,不仅有国民党上层机关对商民运动的规划及组织方案、相关训令,还包括了大量地方党部开展商民运动的工作报告、派赴各地特派员的意见反馈及各地商民协会呈交的情况报告,较为完整地反映了商民运动发展的大致面貌,是研究商民运动不可忽略的第一手重要原始资料。

再次,冯著的学术贡献不仅仅限于商民运动研究本身,同时还涉及到一些中国近代史研究中的其他一些重要问题。

例如过去史学界对广州商团事件的研究已有不少成果,尤其是近些年来还提出了许多新观点,包括对广州商团事件的起因、经过、性质、影响等问题,都有学者重新进行了考察和分析。但是,在谈到广州商团事件的影响时,由于未进一步延后探讨商民运动,所以仍存在着论述不够全面和深入的缺陷。如同冯著所说:"已有的研究多将注意点集中于事件本身,尤其是事件的'发生史'上,未能关注其后续的事态发展,尤其忽视此事件在国共两党革命史上的重要意义。"(冯著第17页)从冯著的考察不难看出,商团事件前后国民党对商人的认识以及采取的政策有着明显的变化。换言之,商团事件发生后另一个以往被忽略的重要影响,是导致国民党对商人采取了新政策,这也是国民党推行商民运动的直接原因。而商民运动的进行,又随之更进一步在许多方面产生了相应的影响。例如与此相关的另一个重要问题,即前面已经提及的商会在商民运动中所面临的前所未有的困境和危机,直至商民运动基本结束后才得到缓解。可见,由此延伸开来而一环紧扣一环的长时段考察,即可对中国近代史上若干重要历史事件的相关发展进程,获得更为清晰的认识和了解。

又如买办是近代中国的一个特殊社会阶层,在中国近代历史的发展过程中曾产生过多种重要影响。平心而论,买办在近代中国的地位与作用应从正负两方面进行客观的分析,但无论是在当时还是在后来,买办却一直是长期饱受抨击而受到否定的一个社会阶层。当然,买办在近代中国的社会地位,特别是政治地位如此低下,也有一个发展变化的过程。而商民运动前后,则是这一发展变化的重要分界点。对此,并不是很多的人都十分了解。在商民运动发生之前,买办虽然社会地位也并不高,但尚未达到1920年代以后的这种地步。在清末民初,一些颇有经济实力的著名买办,甚至还在商会这样具有重要社会影响的工商社团中担任总理和协理等领导职务,享有令人羡慕的荣誉和地位。例如1904年上海商务总会成立时的第一届协理徐润,即是英商宝顺洋行的买办,1910年的第七届上海商务总会协理贝润生,也是英商公平洋行的买办。又如晚清的天津商务总会中,英商新泰兴洋行买办宁世福,从1905年至1911年一直出任协理,并于1911年一度接任总理,同时还由日商正金银行的买办吴连元担任协理。

  在广州商团事件发生后国民党开始推行商民运动的过程中,买办的政治地位和社会地位却一落千丈。"买办阶级"在国民党推行商民运动的政治宣传品中,是勾结帝国主义和军阀反对革命的反动"阶级",成为"帝国主义走狗"的代名词,理所当然是革命的对象。自此之后,买办就被钉在反动的耻辱柱上难以翻身。冯著分析国民党之所以在商民运动过程中大力打击买办,原因之一是广州商团的主要领导人陈廉伯有香港汇丰银行买办的身份,加之在商团事件的"扣械风潮"中英国领事馆曾经表示对商团的支持态度,国民党为了攻击陈廉伯,便有意将陈的"买办"身份与其行为联系起来,断定正是因为陈充任英国银行的买办,与帝国主义有勾结,所以才会反对广东革命政府。于是,国民党通过对"买办阶级"的"妖魔化"宣传,"使买办变为一种带有原罪的职业",这其实是一种"有意重新塑造买办形象的过程"。原因之二,是国民党为自己在商团事件中以武力镇压商团的行为做出一种合理性的说法,"给自己的行动作辩护"。几乎是与此同时,共产党人也将买办阶级扩大为"大资产阶级",认为当时由银行买办、大商业阶级、大地主阶级及大工业阶级之一部分构成的"大资产阶级"已表现出完全的反动,是革命的对立面(冯著第27—28页)。此后,"买办阶级"、"大资产阶级"在革命话语系统中开始广泛使用,并一直作为革命的对立面存在。其影响之深远恐怕时人也未料到,在相当长的时期内无论是政党还是学术界,都习惯于以经济实力的大小判断资产阶级的政治立场,所谓资产阶级上层反对革命、中下层同情和支持革命的结论历久不衰。其实,这种结论未必完全符合历史的实际。

还应该说明的是,国民党在北伐前后曾大力开展民众运动,对此过去大陆出版的一些相关著作大多未予以重视,即使有所提及也没有全面而客观地加以评析。通过对商民运动的深入考察,则可以从一个重要的侧面对这一问题进行具体探讨,同时还可以对国、共两党在同时开展民众运动过程中的关系与特点加以分析。冯著在这方面也曾明确揭示说:"透过商民运动的发起、演化乃至歧变异化,我们可以看出1920年代下半叶由国、共两党所发动的民众运动的一些复杂面相。从国、共两党与商人关系的演化过程中,我们也可以观察到以政权获取为目标的革命党人在意识形态话语系统与具体政治实践间的矛盾交织中面临的难局,并反省当时政党与民众运动间的内在关系。"(冯著第253页)

前已指出,中国大陆学者以往讨论北伐前后民众运动的著作,大多比较详细地论述共产党开展民众运动的情况,而对国民党进行的民众运动却略而不论,似乎只有共产党重视民众运动的开展。其实,只要略加翻阅台北国民党党史馆收藏的"前五部档"("五部"系指国民党中央设立的农民部、工人部、青年部、妇女部、商民部),就可得知当时的国民党对民众运动也相当重视,并将其作为从事国民革命运动的一项主要内容。由于忽略国民党也曾大力开展民众运动的史实,许多著作在论述北伐前后的民众运动时,一般都是将其下限定在1927年的"四·一二事件"。其理由很简单,那就是认为"国民党的清共使得'大革命'已告失败,民众运动自然也中途夭折。这种看法实际上是与'民众运动纯由中共主导'的预设有关。从商民运动来看,由于其控制权的多元化,加上其内在矛盾不全由共产党所引起,故在1927年后仍持续发展。"(冯著第9页)很显然,对商民运动的研究可以帮助我们厘清过去考察北伐前后的民众运动,特别是国民党发动民众运动的一些似是而非的认识。同时,通过对商民运动的探讨,我们还可进一步在发现北伐时期的民众运动中,往往是"运动民众"与"民众运动"双向进行。一方面,党人利用农民、工人、商人等民众培育和拓展政治势力,达到其政治目的;另一方面,民众也利用党人实现自己的利益需求,如农民之减轻租捐压迫、抢占被打倒的"土豪劣绅"的房产与土地等行动;工人要求增加工资、减少工作时间,改善待遇等;商人有时也利用商民协会的牌子呼吁政府减轻税收。(冯著第8页)由此可见,深入探讨商民运动的发展进程及相关的重要问题,对全面了解这一时期的民众运动具有重要作用。

## 三 商民运动研究的进一步扩展

以上简略的评介足以说明,商民运动是一个颇有学术价值的研究课题。目前,海内外史学界对商民运动的研究虽已引起重视,但从研究的发展进程看应该说尚处于初期阶段,不仅有分量的成果为数还比较少,而且许多问题也需要更进一步加以考察和分析。

从大的方面看,对商民运动发展进程中的转轨应该更加充分地予以重视。在商民运动初期,根据《商民运动决议案》的规定,国民党的方略主要是想以商民协会取代商会,但这一方略在实际当中又一时难以实行,其结果只是造成了商民协会与商会之间的矛盾纷争。在1927年下半年及以后的近两年中,许多地区商民协会与商会的矛盾冲突日益激烈,并且直接关系到这两个商人团体的存废等重大问题。面临这种局面,已由"革命党"转变为执政掌权的国民党,认识到"过去工作,在于革命之破坏,今后工作,则在革命之建设也"[1],由此开始制定新的民众运动政策,包括商民运动在内的整个民众运动都逐渐转轨,转而沿着新的方向发展。于是,国民党对商人团体特别是商会的态度出现

---

[1] 荣孟源主编:《中国国民党历次代表大会及中央全会资料》(上),光明日报出版社,1985年,第635页。

了很大的变化,不再像过去那样强调用商民协会取代商会,而是希望商民协会与商会并存。国民党中央民众训练计划大纲就已提出"制定商会法、商店法、店员服务法、保持商人店员独立之组织"[1],重新制定商会法就意味着商会还将继续存在。后来,国民党更明确说明商人组织应包括商会和商民协会两种,"商会为本党经济政策之所在,商民协会为本党革命力量之所存"。不仅如此,两年多之后国民党最终决定取消商民协会而保留商会,实际上也是商民协会没有顺应商民运动的转轨进程,相反采取与商民运动转轨背道而驰的行动所导致的结果。显而易见,商民运动的转轨对其进程和结局均具有重要的影响,当应予以充分重视。

另外,对商民运动的成效与影响、存在的缺陷与问题还需要更进一步深入考察。从实际情况看,商民运动的开展,特别是商民协会在许多地区成立之后,对动员商人支持或参加革命确实起到了一定的作用。有些商民协会"苦心孤诣,引导商民趋革命之途,明示其革命前方之敌人为帝国主义者、军阀及买办阶级、贪官污吏、土豪劣绅,颇收商人认识革命之成效"[2]。有台湾学者还指出,在实际开展商民运动之前,因国民党也主要是强调保护农民与工人的权益,使商人对国民革命和北伐都不无恐惧,甚至"阻止国民革命军的进程"。通过开展商民运动和宣传保护广大中小商人的利益,这一状况有了明显改变。[3]但是,其成效却远未达到使广大商人均已成为"革命化的商民"的程度。不仅如此,商民运动本身也存在着各种各样的问题。

商民运动进行过程中存在哪些问题?同样需要从多方面进行分

---

[1] 中国第二历史档案馆编:《中华民国史档案资料汇编》,第5辑第1编,"政治"(3),江苏古籍出版社,1994年,第14页。

[2] 《汉口特别市商民协会常务委员会主席郑慧吾呈中国国民党中央商民部文》,1927年4月20日,台北,中国国民党中央委员会党史史料编纂委员会收藏档案,部0820。

[3] 台湾"教育部"主编:《中华民国建国史》,台北,"国立编译馆",1987年,第733页。该书还认为,商民运动"不但在北伐对抗帝国主义与军阀活动中,有着明显的成功,而且在十五年冬季即已展开的国、共斗争中,也成功地扩大了南京国民政府的实力,特别是宁汉分裂,对抗共产分子把持的武汉政权过程中,曾发生了很大效力"。见该书第734—735页。

析。从现有史料看,至少有以下几个明显的问题,对商民运动的进行产生了较大影响。一是商民协会在成立过程中违反规定,未报经国民党商民部核准,造成不应有的混乱。此外,较早时期商民协会的成立应该由哪个机关核准以及管辖控制等问题,在初期阶段也执行不一致。二是有些商民协会虽经国民党商民部核准,但成立之后成员复杂,一部分土豪劣绅也混迹其中,严重影响了商民协会的声誉,也使商民协会不能发挥应有的作用。类似的情况甚至在当时的小说中也有反映。例如茅盾的短篇小说《动摇》即描述某县一个叫胡国光的"积年老狐狸",在辛亥革命后"仗着一块镀银的什么党的襟章",在县里开始充当绅士。他通过冒充表亲王荣日店铺的店东,并采取各种方式拉票,居然也当选为县商民协会第一届执行委员会委员。另一位当选为委员的陆慕游,也是当地绅士家族中的一名纨袴子弟。[1]可想而知,这样的商民协会当然不可能是革命的商人组织。三是商民协会的成员是否包括店员的长期争论,也影响了该组织的发展与产生应有作用。这方面的问题,主要是由于国民党所制定的政策所引起的。

有关商民运动的一些具体问题,也还有待于通过进一步爬梳史料,进行更加细致地考察和分析才能弄清楚。前面提到冯筱才的这部专著是研究商民运动颇有分量的著作,作者在史料搜集方面可谓下了很大的功夫。但即使如此,该著对不少问题所下的判断和结论都相当谨慎,比较多的使用了"可能"、"也许"之类的用语,也可以说并未得出肯定的结论。以下仅举一例:1926年1月国民党"二大"通过的《商民运动决议案》中,前后条文对待所谓旧商会的策略存在着相互矛盾之处。该决议案第二条指明以商民协会分散商会的势力,为整顿商会做准备,并无消灭商会之意;第七条却"号召全国商民打倒一切旧商会",由商民协会取而代之。为什么在同一份决议案中会出现这样互相矛盾的条款?冯著认为"这可能是与该决议案不同章节的起草人不同所造成。第二条可能由立场相对温和的甘乃光或者陈公博起草,第七条则可能

---

[1] 茅盾:《动摇》,《茅盾选集》第2卷,四川人民出版社,1982年。

是由在此问题上态度比较激进的谭平山起草。"(冯著第84页)由于这三句话都属于带"可能"字样的推测性文字,紧接其后又缺乏具体的考证性说明,所以对这一重要问题远不能说已有定论,显然还需要再加探讨。类似的情况还有不少,这里不一一说明。

总之,商民运动的研究还需要在现有基础上深入向前推进。可以预计,随着商民运动研究的不断深入进行,对中国近代史研究的拓展也将产生积极的作用。

## 四 本书的篇章结构及内容

国内外史学界有关商民运动研究的成果,虽然迄今为止仍然为数较少,但在现有不多的成果中,却已经有了冯筱才的专著《北伐前后的商民运动(1924—1930)》一书,另外还有乔兆红的博士学位论文《1920年代的商民协会与商民运动》,这尽管可以给后来的研究者提供有益的参考与借鉴,但无疑也会给本书的撰写增加不小的难度。如果与上述已有成果相比较,在结构、内容、观点、史料等方面,均没有什么新意和特点,其结果就只是一种简单的重复,肯定不会有什么学术价值和意义。为了避免这种情况,笔者在谋篇布局方面即颇费思量,对一些具体问题的介绍和论述也再三斟酌,力图在结构、内容、观点、史料等方面,都能够有一些新的贡献。下面,对此略作具体说明。

在整体结构和论述内容的安排方面,本书除在绪论中介绍和分析商民运动研究的意义、研究现状以及需要进一步考察的问题,在结语部分探讨了商民运动的成效及缺陷之外,第一章主要是从国民党与民众运动的角度,考察1924年国民党对民众运动的新认识,以及民众运动的初步开展情况,以此分析国民党从事商民运动的政治背景。需要说明的是,冯筱才的《北伐前后的商民运动(1924—1930)》一书,主要是从1924年广州商团事件这一具体历史事件切入,探讨国民党发动商民运动的原因与背景,因而比较强调广州商团事件的发生,对国民党商人政策的变化以及商民运动的兴起所产生的重要影响。不可否认,商团事件在这方面的影响确实非常突出,以此切入而论述商民运动发生的原因与背景,也是一个很好的视角。但是,一般读者或许会提出这样的问题,如果没有发生商团事件,就不会有商民运动吗?冯著当然不会是要表述这样的观点。实际上,即使未曾发生商团事件,国民党也肯定会发动商民运动。因为商民运动是整个民众运动中的一项重要内容,而大力开展民众运动,则是当时的国民党领导民众从事国民革命最主要的方式。如果将商团事件的影响,以及国民党与民众运动这两个方面的内容,结合起来进行分析,或许会对商民运动兴起的原因与背景有更加完整的了解和认识。出于这样的考虑,本书在介绍和分析商民运动发生的原因与背景时,对冯著论述甚详而且颇为精辟的广州商团事件,并未着墨太多,而主要是从国民党与民众运动的角度,对这一问题进行了初步探讨。

乔兆红的博士学位论文《1920年代的商民协会与商民运动》,在考察商民运动的背景时,则主要是从民初中国商人的政治动向、国共两党领导人对商人在革命进程中地位的认识这两方面,进行了一些分析与论述,其切入点可以说是以商人为主,这无疑也是一种很有意义的探讨。但其分析和论证似乎略显简单一些,包括论及"唤醒民众"的这一部分也是如此,而且没有提及国民党从事民众运动的大背景。即使如此,如果将有关当时的广州商团事件、商人基本政治状况以及整个民众运动的发展,都结合起来加以考察,那么将会对商民运动兴起的原因与背景有一个更为清晰的整体把握。由于冯著和乔著都已较为详细地分别论述了国民党、共产党的商人政策,本书为避免重复,在这方面也没有过多地再做分析。

在考察了国民党开展民众运动的基本情况之后,本书的第二章是论述商民运动兴起滞后的原因。国民党在开展整个民众运动的过程中,初期阶段主要是着力于工人运动、农民运动、学生运动,相对而言对商民运动则较为忽略,这一点与当时共产党开展民众运动的情况也十分相似。因此,商民运动的兴起与发展,与工人、农民和学生运动相比较就显示出滞后的特点。本章分析了商民运动发展滞后的原因,探讨了国民党随后逐渐重视商民运动的发展过程,以及对商民运动日益兴盛的影响。对于这些问题,上面提及的冯著与乔著虽然已有所涉及,但都没有设专章或专节来集中加以论述。所以,本书以专章的篇幅对这些问题进行了介绍和分析。

国民党在第二次全国代表大会上不仅检讨了忽略商民运动的缺陷与影响,而且为促使商民运动的兴盛与发展,通过了商民运动决议案,制定了开展商民运动的重要方略。对于商民运动决议案,冯著和乔著也都曾论及,说明了该决议案的通过是国民党开始重视和发展商民运动的集中反映,冯著还分析了商民运动决议案对买办的政治定性及其影响。笔者认为,商民运动决议案既对商民运动的发展产生了不可忽视的作用,同时也给原有商人团体商会的生存发展带来了前所未有的影响,因而应该重点进行分析。本书的第三章,即是以商民运动决议案为具体对象,论述国民党对待不同的商人以及商会、商团等原有商人团体的策略,对这些策略从不同方面进行了分析,并且揭示出这些策略对后来商民协会与商会之间的长期纷争所带来的诸多影响。

商民运动开展的时间虽然为时并不长。可以说从1924年国民党中央商民部的设立算起,到1930年商民协会被解散,商民运动至多也只经历了七八年的时间,但它同样也有一个发展演变的历史过程,而且还呈现出起步、扩展、兴盛、余波以及结束的不同历史阶段,每个阶段又有不同的发展特点。如何展现商民运动不同历史阶段的特点以及描述整个商民运动的发展进程,也是研究商民运动必须要详细考察和深入论述的重要问题。冯著除在第二章介绍商民运动的兴起发展,论述商民运动的初期实态时,主要以广东地区的商民运动为考察对象外,后面则多是综合性地进行相关各方面的论述。乔著则是在一章中将湖南和武汉地区的商民运动,分作两节加以介绍。本书则是根据商民运动的四个发展阶段,分别选取在这四个发展阶段中最具影响和代表性的地区,分为4章进行了更加详实深入的论述。

第四章考察商民运动的起步,以广东为例。具体内容为:(1)中央商民部的设立与商民运动的起步;(2)广东省商民部的设立与商民运动初期发展;(3)广东商民运动的进一步发展。第五章介绍商民运动的扩展,以湖南为例。具体内容有:(1)国民党湖南全省第二次代表大会的召开;(2)湖南商民运动的兴起与扩展。第六章论述商民运动的发展,以湖北为例。具体内容是:(1)湖北地区商民协会的建立;(2)武汉地区商民运动的兴盛;(3)国共纷争之下的武汉商民运动。第七章探讨商民运动的余波,以上海为例。主要内容为:(1)上海商民协会的建立;(2)新局势下的上海商民运动。在这4章中,除了介绍商民运动起步、扩展、兴盛、余波等不同历史阶段的具体情况之外,还特别注意分析不同阶段商民运动的发展特点。

在商民运动期间,商民协会与商会之间的关系是一个较为重要的问题。该问题不仅关涉到这两个商人团体在商民运动时期的发展,而且也涉及到两团体的历史命运,以及商民运动的最终结局。因此,冯著和乔著都有专门的篇幅对这个问题进行论述,但所述内容的侧重面和观点却有所不同。冯著更加强调商民协会与商会之间的冲突,认为许多地区的商民协会都与商会产生了纷争乃至较为激烈的冲突。乔著则认为商民协会与商会之间也有相互合作的表现,只是在大革命失败和南京国民政府建立以后,才不断发生矛盾与冲突。本书也以专章的形式,在第八章中对这一问题进行了论述,阐明商民协会与商会之间确实并非只存在矛盾与冲突,在某些方面也有一些合作,因此应该注意商民协会与商会之间冲突与合作两个面向的关系,既不能因为强调两者之间的冲突而忽视其合作的一面,也不能由于重视两者之间的合作而忽略其冲突。另从整体上看,商民协会与商会之间的矛盾冲突,实际上早在商民协会成立之后不久即已开始出现,并不只是在大革命失败和南京国民政府建立以后才开始不断发生。至于商民协会与商会关系的恶化,则是由于商民运动转轨之后,商民协会产生反弹,与一部分国民党地方党部联合要求取消商会,引发商会存废之争所导致的结果。在这一章中,本书还对国民党在商民运动的实践过程中,对待商会的左右摇摆,甚至是相互矛盾的政策与影响,进行了较详细的分析。

除了商民协会与商会之间的复杂关系之外,还有商民协会与店员问题。冯著在相关章节中对店员问题有所论及,乔著则涉及很少。事实表明,商民运动期间商民协会与店员总会以及商会三者之间,也曾发生多重的复杂关系。在湖南长沙,甚至还曾发生了商民协会被苏广业店员联合会捣毁的事件。另外,店员究竟是应该加入商民协会,还是应该加入商会,也是在商民运动期间一直有争议的问题,连国民党和国民政府在这个问题上的政策也摇摆不定,前后多有变化,更使这一问题趋于复杂化。不仅如此,由此还牵涉到的另一个问题,是商民运动期间的劳资纠纷,也一直使国民党在开展商民运动和工人运动的过程中左右为难,不得不多方进行弥合。为此,本书的第 9 章,即对商民运动期间的商民协会与店员总会进行了专章论述,其中也涉及到商会以及国民党的相关政策。

本书最后一章的内容,第 10 章主要是论述商民运动的终结。具体分析了国民党在建立南京国民政府之后,面临新形势而确定商民协会与商会并存的原则之后,仍有一部分商民协会与地方党部坚决要求取消商会,并在国民党"三大"召开之前掀起第二次更为激烈的商会存废之争,甚至引发上海总商会被毁风潮。最终,国民党决定取消商民协会而保留商会。作为商民运动最重要标志的商民协会结束其历史命运,也宣告了商民运动的终结。本章在参考借鉴以往相关成果有关论述的基础上,对国民党一反商民运动初期所制定的方略,将商民协会解散而保留商会的原因,提出了一些不同的观点。

以上是有关本书结构与内容的简要说明。概而言之,本书与已有成果相比较,在以下几个方面略有一些特色。

第一,在结构安排和研究内容方面,对已有成果考察论述较多者,如无新论即尽量避免简单重复。如有关共产党的商人政策以及在商民运动中的作用与影响,因冯著与乔著都有较多论述,故本书即没有过多地再予说明。对已有成果论述较少者,则重点进行探讨。

在这方面,首先是从国民党与民众运动的大背景,考察商民运动发端的原因,并分析商民运动在初期滞后于工人、农民、学生运动的缘由,对《商民运动决议案》的内容与影响也进行了更为细致和详细的剖析；

其次,选取广东、湖南、湖北、上海四个地区,对商民运动的起步、扩展、兴盛、余波以及结束的各个不同历史阶段,进行了较为深入的论述,并对每个阶段的不同发展特点加以归纳和比较。以往的相关论著,大都对余波阶段的商民运动论述较少,甚至可以说是跳过了这一阶段,从而影响了对商民运动全过程的整体认识。本书则专设一章,以上海地区为例进行了专门的考察,可以弥补相关研究的不足与缺陷。

再次,对商民运动期间商民协会与商会的关系,以及店员总会、商民协会、商会三者之间的复杂关系,商民运动时期的劳资关系,国民党相关政策的变化与影响,也做了更加全面深入的分析。

第二,在对各方面内容和许多具体问题的论述中,本书也力求能够显示出某些新意,尽量注重与国内外已有成果进行学术对话,提出自己的学术见解。例如,有关商民运动发生的背景、广州商团事件对商民运动的影响、商民运动初期进展迟缓以及北伐之后迅速发展的原因等方面的分析;湖南长沙商民协会与苏广业店员联合会产生冲突的原因与性质,以及对此次冲突之影响的探讨;商民协会与商会之间既合作又冲突的双重关系,国民党相关政策在理论与实践上的冲突与调适,以及国民党最终实施取消商民协会并保留商会政策的原因等,在这些问题的论述中都提出了一些不同于以往的观点与结论。这方面的事例在书中还有很多,这里无法一一列举。尽管这些新观点与结论不一定都是正确的,但却会有某种参考借鉴的价值。

第三,对"四·一二"事变后的商民协会与商民运动,进行客观地考察与论述,避免简单地依政治立场立论。具体而言,本书第七章以上海为例,考察余波阶段的商民运动,从时间上说这一阶段已是国民党实行"清党"、国共合作分裂之后,虽然这一时期许多地区的商民协会都曾发表过某些反共言论,但这主要是当时政治局势变化的结果,我们并不能简单地认为商民协会都已经演变成为了反动的商人团体,也不能说商民运动的性质自此发生了根本性的变化。从这一时期上海的有关具体情况不难发现,商民协会在反帝爱国运动中的表现仍较为积极,在经济上也依然主动地为商请命,积极维护商人的切身利益,这些都是应该给予肯定的。

第四,在史料挖掘和利用方面,冯著最为突出。该著不仅各方面史料都十分丰富,而且其明显特点和优势是大量引用了保存在台湾相关机构与部门的第一手档案资料,尤其是中国国民党中央委员会党史史料编纂委员会收藏的"五部档"与其他相关档案。乔著则基本上没有引用这些档案,这显然是在史料利用方面的一个缺陷。但该著较多引用的《商民运动周刊》,冯又基本上没有利用。本书则力图弥补冯著和乔著在史料引用方面的各自缺陷,将两者的优势结合起来。作者既利用在台湾政治大学历史系担任客座教授的机会,查阅了中国国民党中央委员会党史史料编纂委员会收藏的"五部档"与其他相关档案,又在乔兆红的帮助下获得了复印的各期《商民运动周刊》,另还有赵建国帮助复印的商民运动早期在广州由中央商民部编印的《商民运动》、广东商民部编印的《广东商民》等期刊,从而使得这些重要史料在本书中都能够得以征引利用。不仅如此,本书引用的史料中还包括有在冯著和乔著之后出版的100余万字的《武汉国民政府史料》、130余万字的《上海总商会组织史资料汇编》上下册、140余万字的《苏州商会档案丛编》第3辑上下册、160余万字的《苏州商会档案丛编》第4辑上下册,以及影印的《上海总商会议事录》共5册等资料。

第五,在研究方法上,本书尽量以科学严谨的态度,做到客观求实,不预设立场与结论,完全以史料为立论之依据。尤其是注意克服以往许多大陆史书论述国民党的一些偏见,力求进行事实求是的分析与评价。不过,由于作者学识水平的局限以及其他客观原因的限制,要想完全达到这样的目标却并非易事。

# 第一章 国民党与民众运动

北伐前后的商民运动,与同一时期的工人运动、农民运动、青年(学生)运动相比较,虽在声势和影响等许多方面都显得较为逊色,而且正式启动的时间也晚一些,但同样也是1924年以后国民党在国民革命新形势下开展的民众运动中的内容之一。因此,要了解商民运动产生的缘由,就必须首先考察国民党开展民众运动的历史背景。多年来,由于各方面原因所致,中国大陆出版的相关论著,大都认为国民党只是代表资产阶级利益的政党,并不反映下层民众的利益,因而也较少论述国民党从事民众运动的具体情况。实际上,在大革命运动时期,国民党也曾大力开展民众运动。不过,孙中山以及国民党对民众运动作用的认识,也有一个发展变化的过程。

## 一 对民众运动的新认识

在1924年国民党改组之前,作为国民党领导人的孙中山及其追随者,从清季开始致力于中国革命已经多年,但在革命的实践中很少重视和开展民众运动。即使是自清末到1918年护法运动失败,革命事业虽屡屡遭受挫折,革命党内部除少数人之外,绝大多数仍一直未充分认识到没有发动民众的缺陷。有学者认为,轰轰烈烈的五四运动已显示出中国广大青年学生、知识分子乃至工人高度的爱国热情,但孙中山等革命领导人也没有充分意识到动员他们参加革命的重要性,仍然"坚持革命领导阶层的精英主义,并不认为有动员年轻知识分子的必要,动员群众更是不用谈了。这在他于1919年10月组织中国国民党来取代自1916年即已无作用的中华革命党时至为明显"。正是由于这一原因,孙中山"失去了一次令他的党派重新获得人民支持的机会,因此,到1923年,在中国的革命运动中,中国国民党还未能扮演一个重要角色"[1]。

不过,也有学者认为:"中山先生之奔走革命,所到之处,无不以宣传主义,组织团体,为其唤起民众之方法。故民众运动实与中山先生之革命运动以俱来。尤其自民国八年'五四'运动以后,国民革命与民众运动,显已进入一个紧密结合之新时代。"[2]另有学者也曾指出:"二次革命"失败后,革命党内部已曾有人在这方面进行过反思,并体认到政治需要民众共同参与之重要。如戴季陶提出"改革政治之成功与否,则诉诸多数人之自觉而已";朱执信指出"今日吾人所当致力者,在促进人民之觉醒"[3]。1919年10月孙中山改组中华革命党而成立中国国民党之后,一部分国民党人在总结革命的经验教训时进一步意识到动员民众参加革命的重要性。特别是五四运动对国民党改变以往不重视学生和群众的传统策略产生了重要影响。"五四运动对国民党人是一个很大的刺激,对学运情势和群众力量的体认,更是国民党改组后走向群众路线的重要因素。"[4]

应该承认在前此革命运动遭受挫折的情况下,革命党内部确曾有少数人认识到动员民众参与革命的重要性,认为轰轰烈烈的五四运动对革命党人认识民众的力量和作用没有产生任何影响,也似乎太过于

---

[1] 陈福霖:*Sun Yat-sen and Origins of the Kuomintang Reorganization*,原文收入陈福霖编 *China in the 1920s*,中译文(甘德星译)《孙中山与中国国民党改组的起源》,见张玉法主编《中国现代史论集》第10辑,台北,联经出版事业公司,1982年,第61页。

[2] 胡春惠:《北伐期间之民众运动》,《中华民国建国史》第三篇,统一与建设(二),"国立编译馆",1989年,第711页。

[3] 季陶:《中国革命论》,《民国杂志》,第1年,第3号;前进(朱执信):《革命与心理》,《民国杂志》,第1年,第4号。引自吕芳上《革命之再起——中国国民党改组前对新思潮的回应(1914—1924)》,台北,"中央研究院"近代史研究所,1989年,第392页。

[4] 吕芳上:《从学生运动到运动学生》,台北,"中央研究院"近代史研究所,1994年,第264页。早期日本学者波多野乾一在《中国国民党通史》(东京大东出版社,1943年)一书中也提出过类似的观点,见该书第227页。

绝对。但是,如果强调此时的大多数国民党人均已认识到发动民众参与革命的重要性和必要性,并认为当时的国民党已经因此而改变了以往不重视发动民众的缺陷,恐怕也还需要做更进一步的论证。另外,即使承认五四运动后一部分国民党人对民众的重要作用已有体认,但似乎也还只是停留在主观认识阶段,并没有马上使其真正成为国民党在革命实践中的行动方针。

因为从实际情况看,在1920年代初期,孙中山等国民党领导人在很大程度上仍沿袭过去的方法,主要依靠握有广东地方军权的陈炯明给予的有限支持,重回广东建立革命政府,并准备北伐。但不久之后陈炯明即公开反叛,1922年孙中山又被迫逃离广东,革命事业再次遭遇挫折。在面临一连串的严重挫折之后,痛定思痛的孙中山不得不探索新的革命路径,同时与刚刚发生"十月革命"不久的苏俄派来的代表进一步进行了密切的接触。在此之前,苏俄和共产国际已开始关注中国的革命运动,并派使者来华与各方人士联络,包括与孙中山见面。苏俄和共产国际的代表曾多次当面向孙中山指出,中国的革命运动必须发动民众参与和支持。例如1921年底马林在广东与孙中山多次交谈,反复强调必须运动学生、农民、工人。他还指出国民党在宣传及组织上太弱,缺乏基本武力,并向孙中山建议:联合各阶级,尤其是农、工及无产阶级,形成完善政党;建立革命武力,创设军校作为革命武力的基础;国共合作。但当时的孙中山尚未确定联俄政策,也没有接受马林的建议,只是对"十月革命"和建立军校表示了浓厚兴趣。[1]

1922年在广东的又一次受挫,使孙中山颇受刺激。此时,苏俄又进一步采取了各种方式劝导国民党注重工农民众运动,希望孙中山等国民党领导人不要只是单纯地开展军事斗争。后来担任孙中山政治顾问的鲍罗廷,更是多次直接向孙中山阐明民众运动的重要意义。经过一番深刻的反省,孙中山意识到不动员民众而主要依靠地方军阀,国民

---

[1] 参见上引陈福霖文,张玉法主编《中国现代史论集》第10辑,第73页。另见吴学明:《孙中山与苏俄》,《中国现代史论集》第10辑,第87页。

革命将难以取得成功;与此同时,部分地区的民众也积极主动地向孙中山表达了愿作革命之后援的态度。例如孙中山在广州受挫后抵上海,商学各界民众团体举行欢迎会并致词表示:"先生之战也,为民众而战,无论成功或失败,胥与民众共之,民众苟不甘于失败,先生岂无成功之时。愿先生从此以主义作地盘,以精神作炮台,其牢将不可破;以文化作先锋,以民众作后援,其勇将不可敌。以国民的心理为地盘,以群众的舆论为枪弹,正义终胜强权,水到自然成渠。"[1]这对面临挫折的孙中山自然是一个相当大的鼓舞。随后,孙中山即越来越重视民众与革命的紧密联系。他在1923年元旦发表的国民党宣言中阐明:"夫革命之内容既异于前代,革命之手段亦因以不同。前代革命虽起于民众,及其成功,则取独夫而代之,不复与民众为伍。今日革命则立于民众之地位,而为之向导,所关切者民众之利害,所发抒者民众之情感。于民众之未喻,则劳心焦思,瘏口哓音,以申儆之;且不恤排万难,冒万险,以身为之先。及其既喻,则相与戮力,锲而不舍,务蕲于成而后已。故革命事业由民众发之,亦由民众成之。"[2]类似这样特别强调民众对革命的影响与作用,在孙中山以往的论述中并不多见。

此外,李大钊等共产党人对孙中山认识民众运动之重要性也产生了一定的影响。李大钊较早即与孙中山有过接触,1919年他曾通过林伯渠向孙中山介绍十月革命和俄共情况,1921年底又介绍共产国际代表马林与孙中山在桂林见面。1922年8月陈炯明叛变后孙中山避居上海,李大钊专程前往见面畅谈,相互之间有了进一步了解,以后交往也更加频繁。在此过程中李大钊多次提及应重视民众运动,并曾在《向导》上发表文章全面论述国民革命的成功需依赖于民众的力量,国民党在这方面应改变策略,大力动员民众参加国民革命。李大钊在该文中赞扬了孙中山国民党的革命一面,但同时也指出:"一个政

---

[1]《四马路商界联合会及留日学生救国团欢迎词》,引自吕芳上:《革命之再起——中国国民党改组前对新思潮的回应(1914—19245)》,第393页。
[2]《中国国民党宣言》,中山大学历史系孙中山研究室等合编:《孙中山全集》,第7卷,中华书局,1985年,第2页。

治革命的党,必须看重普遍的国民的运动。要想发展普遍的国民的运动,必须有普遍的国民的组织。""反抗军阀与外国帝国主义的民众,是工人、是学生、是农民、是商人,那集合在国民党旗帜之下,结成一个向军阀与外国帝国主义作战的联合战线。"李大钊还诚恳地说明:"中国现在很需要一个普遍全国的国民党","国民党应该有适应这种需要……的组织和宣传的觉悟"。"不大看重民众运动的势力,这不能不说是国民党的错误。""发展普遍的国民运动"是"国民党现在唯一要紧的工作"[1]。

与此同时,孙中山对苏俄的态度也发生了很大改变。经过多次讨论协商,1923年孙中山在上海与苏俄特使越飞发表联合宣言,毅然决定采取联俄、容共的新政策,重新改组国民党。这一重大举措,对国民党的发展变化产生了显著的影响,也是孙中山领导下的国民党开始致力于动员民众从事国民革命的重要转变。正如有学者曾指出的那样:"从兴中会、同盟会开始,一直到1924年改组以前,国民党始终是一个以少数知识精英为集合体,非常有限的一点群众基础,不是会党,就是海外华侨,与中国国内绝大多数民众几乎不生关系。……孙中山周旋于南北各派军阀之间,致力于合纵连横之谋略,迷恋于单纯军事斗争,忽视群众革命力量。直到1924年改组以后,国民党才由一个被视为隐秘的、封闭的、个人领导的'暴民'党,发展为一个开放的、具有广泛群众基础和政治动员能力的现代型政党。"[2]孙中山决心改组国民党的重要目的,就在于使国民党能够以新的面貌出现,动员和引导民众参加革命。有台湾学者虽然说孙中山先前即重视民众运动,但同样也承认国民党改组的重要推动影响,认为孙中山"到中国国民党改组前后,更将此关切民众利害为本之革命运动,再向前推进一步,而把革命事业之

---

[1] 李大钊:《普遍全中国的国民党》,朱文通等编:《李大钊全集》,第4卷,河北教育出版社,1999年,第219—221页。

[2] 王奇生:《党员、党权与党争——1924—1949年中国国民党的组织形态》,上海书店出版社,2003年,第22、23页。

成败,直接寄托于民众力量之上。"[1]1923年11月孙中山在一次演说中也曾专门对此进行说明:"此次吾党改组唯一之目的,在乎不单独倚靠兵力,要倚靠吾党本身力量。所谓吾党本身力量者,即人民之心力是也。吾党从今以后,要以人民之心力为吾党之力量,要用人民之心力以奋斗。人民之心力与兵力,二者可以并行不悖。但两者之间,究竟应以何者为基础?应以何者为最足靠?自然当以人民之心力做基础,为最足靠。"[2]可见,此时的孙中山对民众力量的重视已更甚于军阀武装。1924年1月国民党举行第一次全国代表大会,通过党章、宣言及其他重要议案,正式实现了国民党的改组。而国民党改组之后致力于国民革命的一个很大变化,就是正式确认将动员民众作为今后的革命方针。国民党"一大"宣言即明确指出:"国民党人因不得不继续努力,以求中国民族解放,其所持为后盾者,实为多数之民众,若智识阶级,若农夫、若工人、若商人是已。……故国民革命之运动,必恃全国农夫、工人之参加,然后可以决胜,盖无可疑者。国民党于此,一方面当对于农夫、工人之运动,以全力助其开展,辅助其经济组织,便日趋于发达,以期增进国民革命运动之实力;一方面又当对于农夫、工人要求参加国民党,相与为不断之努力,以促国民革命运动之进行。"[3]不难看出,改组之后的国民党,已将广泛动员民众的积极参与,作为决定国民革命最终能否取得成功的关键。

中国大陆学者一般都认为,孙中山在国民党"一大"制定了联俄、联共和扶助农工的新三大政策,这是他晚年思想发展进步的一个重要反映。台湾学者则坚决否认有所谓三大政策存在,其主要理由是孙中山始终并未亲自提及过"三大政策",而是北伐期间共产党人出于某种

---

[1] 胡春惠:《北伐期间之民众运动》,《中华民国建国史》第三篇,统一与建设(二),第712页。
[2] 《在广州大本营对国民党员的演说》,中山大学历史孙中山研究室等合编:《孙中山全集》,第8卷,第430页。
[3] 《中国国民党第一次全国代表大会宣言》,广东省社会科学院历史研究所等合编:《孙中山全集》,第9卷,第121页。

目的杜撰的一种说法,后来则在大陆一直沿用至今。[1]针对这种观点,一部分大陆学者则回应说在当时孙中山的著作和国民党"一大"文献中,确实没有直接提到过"三大政策",但这一概念所包含的三个方面的内容又确实都来源于孙中山,是在特定环境下,从特定角度对于孙中山晚年思想和主张的一个比较精炼的概括。[2]即使有此争议,但应该并不影响海峡两岸的学者肯定"一大"之后国民党确定民众运动方略及其对国民革命的重要作用与影响。

连当时的国民党人,特别是一部分对孙中山实行联俄、容共政策表示理解和支持的国民党人,大都承认"一大"之后国民党的重新改组并开始重视民众运动具有重要意义,尤其是对国民党基层组织在全国范围的迅速发展,扩大国民革命的基础和声势,产生了不容忽视的积极作用。在此之后,国民革命运动也确实明显出现了新的局面。胡汉民作为参与国民党改组的负责人之一,即曾指出这次改组具有多方面的意义,其中比较重要的一点就是使国民党成为一个严密的组织,开始实施注重民众运动的新方针。[3]连初始维护、继而又反对容共的戴季陶,也曾强调"中国民众运动的大发展,是在国民党改组以后"。而国民党改组之后民众运动之所以能够得到迅速发展,是由于"政治的保障力的伟大"、"组织能力和范围的扩张"、"舆论支配力的形成"等三个方面的原因所致。[4]

---

[1] 台湾学者有关的论述甚多,其中具有代表性的论著可参阅蒋永敬的相关论文:《孙中山先生与"三大政策"》,载香港珠海书院编《珠海学报》第15期,1986年;《论北伐时期的一个口号——"三大政策"》,提交1988年台北"北伐统一六十周年学术讨论会"论文,后收入《北伐统一六十周年学术讨论集》;《"三大政策"探源》,台北《传记文学》第54卷第3号,1989年3月;《国民党的三大政策问题》,见氏著《百年老店国民党沧桑史》,台北,传记文学出版社,1993年。

[2] 参见陈锡祺:《孙中山与国民党"一大"》,载《中国国民党"一大"六十周年纪念论文集》,中国社会科学院出版社,1984年;鲁振祥:《三大政策研究中的几个问题》,载《孙中山和他的时代》中册,中华书局,1988年;杨天石:《关于孙中山"三大政策"概念的形成及提出》,《近代史研究》2000年第1期。

[3] 胡汉民:《清党之意义》,1927年5月,见《革命文献》,第9辑,第105—106页。

[4] 戴季陶:《过去的回顾》,见《戴季陶集》,上海三民公司,1929年,第146页。

有些台湾学者撰写的相关论著,对国民党改组后实施容共政策的评价一直感到比较困惑,因为这一政策由孙中山亲自提出,不便加以直接批评和否定,但却对当时反对这一政策的国民党人的言论和行动给予肯定性的论述,而且在肯定国民党改组的积极影响时,又认为共产党得以利用这一政策加入国民党,通过国民党的组织系统和已有政治影响,用阶级斗争的理论操纵控制民众运动,制造许多混乱和动荡,借以发展自己的势力。实际上,这也是"清党"之后国民党比较流行的一种说法。这种说法与上述肯定国民党改组的观点不无矛盾,似乎国民党的改组只是为共产党提供了发展、壮大的机遇,而对国民党的发展并无什么积极作用。应该承认,无论是台湾学者还是大陆学者,在如何看待这一问题时都非常明显地受到党派意识形态的影响。西方学者则一般不会受这种意识形态的影响,在谈及容共问题时,有的曾阐明"虽然部分史家不断贬低孙中山决定容许共产党以个人身份加入国民党的重要,实际上所谓的'容共'对孙中山的重振声威大有帮助……这个政策亦可以统一所有的革命力量在他的领导之下。"[1]不过,近年来也有台湾学者比较客观地指出,"此次国民党改组,对国民党和共产党的发展都有帮助",国民党随后即创设了黄埔军校,各地执行部和省党部相继建立,民众运动特别是农工运动也不断升高发展。[2]

从实际情况看,1924年的改组确实使国民党所进行的国民革命运动发展到一个全新的重要阶段。国民党重视并开展民众运动,也是在改组之后出现的新现象。此时的国民党主要领导人,尤其是孙中山及其忠实的追随者,已经充分意识到国民革命的成功必须以民众为后盾,而不是主要依靠地方军阀。国民党"一大"宣言对此也曾明确表示:"国民党人,因不得不继续努力,以求中国民族解放,其所恃为后盾者,

---

[1] 陈福霖:《孙中山与中国国民党改组的起源》,见张玉法主编《中国现代史论集》第10辑,第83页。
[2] 张玉法:《中华民国史略》,台北,联经出版事业公司,1998年,第158—159页。

实为多数之民众,若知识阶级、若农夫、若工人、若商人是已。"[1]这种新的认识,与以往国民党的传统思想相比较不能不说是一个很大的改变。孙中山逝世之后,国民党也仍然坚持重视民众运动。1926年初国民党第二次全国代表大会宣言再次强调:"凡民族革命运动欲求成功,必须有广大的民众参加,而农工民众尤为必须。过去民族革命运动之失败,由于参加者限于知识阶级,故不能得广大之基础与广大之势力。于现在及将来,为民族革命运动,必须以其意义普及于田间与工厂,且必须使之组织于反抗帝国主义的奋斗中。"[2]另外,此次大会通过的"中央党务总报告决议案"也特别说明:"工农群众为国民革命主力军,已于过去两年事实中完全证实。本党基于扶植农工之政策,以后应多致力于农工组织,扩大吾党基础的势力。"[3]更重要的是,在本次会议上还专门就工人运动、农民运动、青年运动、妇女运动、商民运动分别通过了决议案,使国民党开展的民众运动进入到一个新的重要阶段。

## 二 民众运动的初步开展

民众运动的开展,很快就产生了较为显著的作用与影响,使国民革命得以迅速发展并走向高潮,为北伐的酝酿与进行创造了十分有利的环境。这一时期,中国民族主义与爱国主义日趋高涨,各界民众反帝爱国的积极行动越来越踊跃,进而又促使孙中山和国民党其他领导人更加意识到民众运动的重要作用。费正清曾指出:"在20世纪20年代的革命中,最令人关注的事是:革命在公众中渗透到什么程度?这时,中学生和为数不多的几所大专院校的学生人数较以前都多了,许多人都

---

[1] 中国第二历史档案馆编:《中国国民党第一、二次全国代表大会会议史料》,上册,江苏古籍出版社,1986年,第85页。
[2] 荣孟源主编:《中国国民党历次代表大会及中央全会资料》,上册,光明日报出版社,1985年,第105页。
[3] 同上书,第115页。

变成政治组织者。商人更加积极爱国,他们抵制外国货物,捐献财物。新成立的工会,特别是在外国人的工厂中,在罢工、游行示威中起着骨干。甚至农民也积极响应,加入阶级斗争,反对地主阶级。这些充分发动起来的公众,给现代军队、行政和收税官衙以及政治组织提供了大量后备军。千千万万青年变成有新的精力和为意识形态理想献身的积极分子。20年代中期,充满着兴奋、骚乱、创造和破坏。"[1]

国民党改组之后致力于民众运动的首要举措,是在党中央建立了相应的领导机构。

"一大"闭幕的次日,国民党又召开一届一中全会,推选出中央执行委员会常务委员,并决定设立秘书处及组织、宣传、青年、工人、农民、妇女、军事、调查八个部。其中青年部、工人部、农民部、妇女部等部,即是领导相关社会群体进行民众运动的具体机构。国民党《中央执行委员会各部组织问题案》说明:"中央执行委员会所在地应设一秘书处及八部。上海、北京、汉口三处执行部不设军事部,关于军人、军事事项,应由调查部秘密处理之。其余四川、哈尔滨两地,应分设各部,俟中央执行委员到该地体察情形后,报告于中央执行委员会决定之。"[2]工人部由廖仲恺担任部长,以个人身份加入国民党的共产党员冯菊坡出任秘书。由于廖仲恺当时兼职甚多,所以工人部的日常工作大多数实际上是由冯菊坡具体负责。农民部设立时,更直接由加入国民党的共产党员林祖涵担任部长,担任秘书的彭湃也是共产党员。到1927年7月,曾先后担任农民部部长或代理部长的有彭素民、李章达、黄居素、廖仲恺、陈公博、甘乃光、邓演达等人。农民部下设农民运动讲习所、农民运动委员会、秘书部、省农民部等机构。青年部由邹鲁担任部长,孙甄陶任秘书。出任妇女部部长的是曾醒,秘书唐允恭。

在此之后,由于国民党中央设立了专门领导青年、工人、农民、妇女运动的机构,国民党也随之进入了有组织、有领导地进行民众运动的新

---

[1] 费正清著、刘尊棋译:《伟大的中国革命(1800—1985)》,世界知识出版社,2000年,第250—251页。
[2] 中国第二历史档案馆编:《中国国民党第一、二次全国代表大会会议史料》,上册,第102页。

时期。对此,已有学者指出,国民党改组以后,"吸收苏俄的革命经验与组织系统,设立组织部、宣传部、青年部、工人部、妇女部、农民部等,将各种工作以专职机构负责,以强化工作效果。尤其工人部、农民部的成立,代表国民党将工农阶级正式纳入编制之中,此种措施与邀劳工入党、支持工运、加强劳工立法相互为用,故能掌握广大的劳工阶级"[1]。

就当时的实际情况而言,农民运动的开展较有成效。农民部成立后,确立了八项主要职责:(1)详细调查农民状况、各省田地面积及其分配方法;(2)调查农民组织之目的及其形式;(3)调查各省通行之税法;(4)制定农民运动计划;(5)出版、印刷关于农民状况之小册子及传单;(6)计划召集农民会议,设立本党土地政纲,并建立本部之基础使之能代表农民利益;(7)与农民发生关系时,应出版一种农民报,与宣传部联合进行;(8)农民报未出版以前,至少每两星期将调查结果及农民现况,如组织斗争等类,报告于宣传部一次。此种报告在党报上及其他宣传机关上发表。[2]从1924年7月到1927年6月,农民部先后在广州和武汉开办了七届农民运动讲习所,培训了1600余名农运干部。另还颁布《农民协会章程》,建立农民运动团体,由农民部派遣众多特派员分赴广东各地农村进行宣传和动员,组织农民协会和农民自卫军。建立农民协会的"目的在谋农民之自卫,并实行改良农村组织,增进农人生活"[3]。同时,国民党广泛加强开展农民运动的舆论宣传,廖仲恺等国民党重要领导人多次到各处对农民运动进行考察,并做《农民解放之方法》、《农民运动所当注意之要点》等演讲。农民部还先后创办《中国农民》、《农民运动》、《农民周刊》等刊物,出版"农民丛书"、"农民运动小丛书",包括《孙总理对农民党员训词》、《农民问题须知》、《农民问题研究》、《中国国民党之农民政策》等。一时间,许多农民协会相继建

---

[1] 尚世昌:《中国国民党与中国劳工运动——以建党至清党为主要范围》,台北,幼狮文化事业公司1992年,第178页;另还可参阅:Chesneaux, Jean, *The Chinese Labor Movement, 1919—1927*, Stanford University Press, 1968, p.245.

[2] 《中国国民党第一届中央执行委员会会议纪录汇编》(铅印本),第14页。转引自梁尚贤:《"彭湃把持农民部"说辨析》,《近代史研究》2004年第5期,第180页。

[3] 《农民协会章程》,《中国国民党周刊》,第27期。

立,至 1924 年 7 月广东地区即有 30 多个县成立了农民协会,农民运动很快得以开展起来,尤其是广东、湖南等地区的农民运动颇有声势和影响。[1]

同年 7 月,报载文章称,"国民党中央执行委员会农民部自成立以来,对于组织计划,均积极进行,其成绩早为各界所称许"[2]。尤其是 1924 年 4 月接替林祖涵担任农民部部长的彭素民,以极高的热情废寝忘食地投入农民运动之组织工作,"手划口讲,日不足,则继之以夜"[3]。他当时虽年仅 40 岁,正值年富力强之时,但不久之后却因过于疲敝而积劳成疾,即使如此也仍抱病工作,8 月初竟不治身亡,甚为可惜。彭素民不幸逝世后,舆论称赞他:"任农民部长时,手定各种关于农民运动之计划,尤著劳绩。"[4]

与此同时,工人运动的开展也取得了较为明显的成效。改组之后的国民党在第一次全国代表大会上确定了"国民党之政纲",其中对内政策第 11 条即明确说明:"制定劳工法,改良劳动者之生活状况,保障劳工团体,并扶助其发展。"[5]这既可以说是当时国民党为维护工人合法权益而拟订的新劳工政策,也可以看作是国民党改善工人生存状态,开展工人运动的一项重要步骤,其目的当然是为动员广大工人积极参与国民革命。

关于国民党在初期开展工人运动的主要方法与特点,以国民党自身之总结大体可概括如下:"中国国民党既有工人部之组织,又有周密之工运政策与纲领,因而在第一次全国代表大会后,即加紧推展其工人运动之计划方案。当时中国工人当中,势力最大的是铁路工人、海员和矿工,海员及矿工已有很坚固的组织,而全国十三条铁路也皆有工会组织,

---

[1] 参见康满堂:《试论大革命时期的国民党中央农民部》,《韶关学院学报》第 27 卷第 11 期,2006 年 11 月;续总成:《大革命时期国民党农工政策和实践述评》,《党史研究与教学》2001 年第 2 期。
[2]《组织香山模范农会》,《广州民国日报》,1924 年 7 月 31 日。
[3] 徐苏中:《彭君素民事略》,《中国国民党周刊》,第 39 期,1924 年 9 月 21 日。
[4]《彭素民死后之哀荣》,《广州民国日报》,1924 年 8 月 12 日。
[5] 中国第二历史档案馆编:《中国国民党第一、二次全国代表大会会议史料》,上册,第 90 页。

并有一铁路总工会负责联络。上海十余个纱厂也有总工会之存在,……中国国民党在组织工人的策略上,自始即是采取工会与党组织混合制,机工会、海员工会、同德工会、粤汉、广三、广九铁路工会、集贤工会、兵工厂、自来水厂等一切工会,均有党部组织。透过这些党团作用,来指导全国工运。"[1]工人运动的初步开展在当时即产生了积极的影响,1925年6月滇军、桂军发动叛乱,广州铁路工人和兵工厂工人均举行罢工,使叛军的调动和枪械弹药供给都颇受掣肘,对革命政府的戡乱行动则提供了有力支持。紧随其后,轰动一时的省港大罢工使香港变成"臭港",更集中显示了工人运动的极大威力,给予英帝国主义十分沉重的打击。国民革命军北伐期间,中华全国总工会又发布通告,大力呼吁支持北伐军统一全国的正义行动。该通告指出:"在此种危急的局势之下,全国民众应急起认清自己奋斗的方向,准备实力,……同时并应唤起一般民众,组织团体,建立一致的联合战线,向敌人进攻,……帝国主义和军阀的末日已经到了,政权终归是人民的,……全国的人民团体一致联合起来,打倒帝国主义及其走狗军阀,召集国民会议,一切政权归于人民,国民革命成功万岁。"[2]这显然是对国民政府北伐行动最有力的支持。

国民党开展青年运动的主要对象是学生。相对而言,孙中山较早对青年学生的作用与影响有所认识。特别是五四运动期间爱国学生体现了高度的政治热情与巨大政治能量,更使孙中山等国民党领导人对动员青年学生参加革命给予了高度重视。1923年8月15日,全国学生联合会在广州召开第五届评议会,孙中山出席开幕式并致词,将革命之能否成功寄希望于广大青年学生,阐明"从今以后之革命,干与不干,全在诸君,若继续干去,则全国学生共负革命责任,举国学生努力前

---

[1]《本党工人运动之经过》,1926年出版,台北中国国民党中央委员会党史史料编纂委员会藏档。转引自胡春惠:《北伐期间之民众运动》,《中华民国建国史》第三篇,统一与建设(二),第727页。

[2]《中华全国总工会通告》,1926年3月3日,上引胡春惠文,第728页。

途,何患革命不成功耶?"[1]可见,孙中山对广大青年学生寄予了厚望。[2]

上文已曾提及,"一大"之后国民党即成立青年部专门领导青年运动。1924年3月,国民党中央执行委员会举行第13次会议,重点讨论开展青年运动的诸项事宜,通过了青年部提出的有关从事青年运动的五项提案,分别是青年运动政策案、广州市学生统一运动案、青年党团组织案、学生运动计划案、学生运动委员会及学生会党团图案。本次会议的相关决议案还充分肯定:"学生是最富于民主思想与富于热情的青年,……是国民革命的重要分子,而且已在国民革命进行中占得位置";同时也指出,爱国学生虽意识到自己的行动是"救国运动,但他们不承认这是政治问题。因此,他们对于我们做国民革命的政党,也就未能十分了解。我们要使他们知道,干预政治不是做官僚政客的意思。再使他们明了政党的作用,更使他们明白认识我们的党。"要推动青年运动获得迅速发展,既应"尽力拥护学生的利益",又要"尽力去组织学生团体"[3]。

在此之后,国民党领导的青年运动确实得到了较快的发展,尤其是国民党党团组织逐渐在学生中建立,扮演了重要的角色。1924年6月22日的上海《民国日报》,报道了前一日国民党上海执行部青年部长叶楚伧在上海学生党员大会上的讲话,即揭示了这一重要变化。其意为:在国民党大会以前,各学校有党员而无组织,今则组织既已就绪,而尤可视为重要之成绩者,即将向来包围学生之不问政治、不入党之空气,已渐打破。于是,"学生政治"的新局面得以出现,更多学生投身于支持国民革命的行动也日趋积极,在孙中山倡导收回关余交涉和召开国民会议的过程中,许多学生团体都给予了有力支持,并且欢迎孙中山北

---

[1]《全国学生总会开幕纪盛》,《广州民国日报》,1923年8月17日。
[2] 有关北伐之前学生运动发展动向的详细情况,可参阅吕芳上:《北伐前学运的动向(1920—1927)》,《北伐统一六十周年学术讨论集》,北伐统一六十周年学术讨论集编辑委员会,1988年。
[3]《中央执行委员会第十三次会议录》,《中国国民党周刊》,第15期,1924年4月6日。

上,这些显然都是对国民党着力开展青年运动的一种回报。特别是国民党确定北伐统一大业的方针之后,青年学生积极予以响应。全国学生联合会在广州召开第八届代表大会,通过了"拥护国民政府并赞助北伐决议案",呼吁各地广大学生以各种行动支持国民革命军北伐。本次大会的宣言还指出:"此次北伐对于中国革命运动之前途,具有至大的意义,一方面是阻遏反对势力破坏革命的阴谋,一方面是从军事上向北方挺进革命势力,而促成北洋军阀的消灭。无论是站在本身利益,抑或站在民族利益上讲,革命的中国学生,对于此次国民政府之北伐,应该处于积极参加之地位,而不应作壁上观。换言之,即是不专恃北伐的革命将士在军事上的努力,同时要号召广大的群众,以巩固国民政府及参加北伐,以完成中国学生目前在政治斗争上之至大的责任。"[1]

相对于农民运动、工人运动和青年运动而言,国民党在开展民众运动初期所进行的妇女运动,声势和影响都显得弱一些,这不仅仅是缘于国民党对妇女运动的重视程度与其他民众运动有别,同时也与妇女运动本身的作用和影响不及其他民众运动这一客观因素不无关联。

尽管国民党当时对妇女运动的重视程度不及其他民众运动,但也并未完全忽略妇女运动。国民党"一大"宣言的对内政策中提到,在法律、教育、经济、社会等方面,确认男女平等的原则,保护妇女的权益。随后,又相继在中央执行委员会、北京和上海执行部,以及广东、直隶、江苏、湖北、湖南、山东等省党部设立了妇女部。国民党开展妇女运动的具体措施主要包括有以下几方面内容:

首先是积极倡导保护妇女权益。针对不同层次的妇女,提出打破奴隶女性的礼教、一夫一妻制,以保护家庭妇女;强调男女职业平等、同工同酬,努力维护职业女性的合法权利;主张增加工资、减少工时、劳工保险等,保障女工的应有权益;倡导男女教育平等、反对"贤妻良母的教育",则是针对女学生而提出的重要举措。[2]

---

[1]《全国学生代表大会宣言》,《广州民国日报》,1926年8月3日。
[2]梁惠锦:《北伐期间国民党领导下的妇女运动(1926—1928)》,《北伐统一六十周年学术讨论集》,第497—498页。

其次是宣传妇女与国民革命的密切关系,一方面阐明"国民革命没有妇女参加,是得不到最后成功的";另一方面也揭示"妇女不参加国民革命,是得不到真正解放的"[1]。其目的在于,使妇女运动与国民革命紧密相连,动员广大妇女积极参加国民革命运动。

再次是举办妇女运动讲习所,在妇女中积极发展党员,培养妇女干部。国民党中央妇女部、广东省党部妇女部、广州市妇女部曾先后举办了妇女运动讲习所、妇女运动人员训练所、妇女运动人员养成所,参与者系统学习妇女党务、政治、社会、经济以及其他相关知识,成为妇女运动的重要骨干。另外,妇女中党员人数也逐渐增加。据不完全统计,1924年底广州已经有女党员近40人,1926年底增加到近1700人。[2]

最后是协助各地成立妇女团体。较早成立的广东妇女解放协会,不仅在妇女运动中发挥了重要作用,而且起到了明显的示范效应,此后其他许多地区也都成立了妇女解放协会或妇女协会。在妇女运动的促进下,女权运动同盟会建立后,也带动了其他地区相似团体的纷纷成立。为了协助这些妇女团体发挥作用,国民党还酌情予以经费支持。

综上所述,自1924年1月国民党实现改组之后的两年中,国民党在一部分地区从事的民众运动已取得了初步成效,但仍然存在许多问题和缺陷。1926年1月,国民党在广州举行了第二次全国代表大会。大会通过的《各省区党务报告决议案》,对两年来民众运动的成效与不足进行了如下的总结:关于农民运动的进行,在广东、湖南、湖北、江西、江苏、河南、直隶、山东等省取得了明显成效,尤其是广东"并规定政治上、经济上、教育上农民运动的纲领",而在福建、安徽等地,农民运动尚未开展;关于工人运动,"各地党部以前无一定计划指导此项工作,坐视工人团体受帝国主义、军阀的摧残,不加过问",现在,经由国民党指导的工人运动"在上海、汉口、天津等地方已经起来";关于青年运动,在广州、上海、北京等地均呈现出分裂现象,其原因一是"由于本党

---

[1]《中央党务月刊》,第3期,"工作报告",1928年10月。
[2] 梁惠锦:《北伐期间国民党领导下的妇女运动(1926—1928)》,《北伐统一六十周年学术讨论集》,第498页。

农工运动与学生运动相互之关系不良",二是"本党未能特别注意为青年利益奋斗之故",因此今后需要促进青年运动之统一,引导学生信仰"本党确系为他们利益奋斗,使他们觉悟为自己利益,与农工群众联合起来";关于妇女运动,上海、广州、北京、湖北等地均仍属萌芽时期,"尚有多处未能与以相当之注意";关于商人运动,仅在广东的一些地区组织了商民协会,"此外各地多未注意",今后在北京、上海、汉口及其他重要都市,"均须极力注意商人运动,使商人群众接受本党主义,参加国民革命"。[1]

另外,各阶层民众踊跃加入国民党者也不多,"各地多未注意本党在各种群众中的平均发展,党员多集中于城市,且多属于智识阶级。除广东、上海、湖南三特别区以外,农民、工人中本党未有相当之发展;商人中之发展则尤不注意。以后本党须特别注意在地域方面、职业方面的平均发展……在农民、工人、商人中,均须确立本党势力的根基,以求能副国民革命的使命"。[2]

由此可知,1924 至 1925 年期间国民党开展的民众运动,在农民运动和工人运动方面虽存在着发展不平衡的问题,但相对而言可说成效最为显著,青年运动的缺陷主要是呈现出分裂现象,妇女运动则处于萌芽时期。商民运动的发展最为薄弱,除国民政府所在的广东有一些地区成立了商民协会之外,在其他地区"多未注意",实际上是根本没有真正开始进行。商民运动的发展为何出现迟缓落后的态势?对这一问题,我们将在下一章专门进行考察和分析。

---

[1] 荣孟源主编:《中国国民党历次代表大会及中央全会资料》,上册,第 118 页。
[2] 同上书,第 117 页。

# 第二章　商民运动兴起的滞后

商民运动是随着国民党在改组之后开始重视民众运动而逐步开展的。但是,商民运动的兴起与整个民众运动的开展并非同步进行,而是相对滞后。1924年初国民党改组后开展的民众运动,具体说来主要是工人运动、农民运动、学生运动乃至妇女运动,并不包括商民运动。在此之后,国民党中央设立了青年部、工人部、妇女部、农民部,但并未设立商民部,也没有具体开展商民运动。商民运动兴起为什么会滞后?其兴起过程是怎样的?对这些问题有必要进行专门的探讨。

## 一　商民运动兴起滞后的原因

1924年7月,国民党中央在汪精卫的提议下设立了实业部。同年11月经国民党中央执行委员会第56次会议通过,将实业部改为商民部。

一般认为,国民党推行的商民运动始于1924年11月国民党中央执行委员会设立商民部。到1926年1月国民党第二次全国代表大会通过《商民运动决议案》,这一时期是商民运动的初期阶段。台湾学者胡春惠曾指出:"民国十二年中国国民党改组时,虽然即提出了唤起民众一致努力于革命大业,但是在国民革命之早期中,对于商民运动却是比较忽视的。……到十三年十一月以后,才在中央设立了一个商民部,开始了商民运动的起步。"[1]但需要指出的是,初期阶段的商民运动也仅限于在广东一地开展,在其他地区并无多少成效和影响。因为当时的国民党虽在孙中山的反思与引导下,"秉承总理指示的方针,知道此后党的基本,必要放在民众上面,始足以扩大党的势力"[2],然而重点仍主要是着眼于从事农工运动,而不在于商民运动。时在国民党内部具有重要决策影响力的汪精卫曾说明:"农工就是中国大多数的民众,所以更特别注意于农工运动。"[3]在农工运动中,国民党又是首重农民运动,1924年国民党第一次全国代表大会就制定了农民运动政策,并相继发表对于农民运动第一、第二次宣言。国民党还宣称:"本党是领导中国国民革命唯一的政党,而且是主张农民利益的政党。"[4]其次是工人运动,国民党"自改组后即已注意于工人运动",在"一大"宣言中"也曾反复说明其重要的意义"。这一时期国民党对商民运动的重视,如与农工运动比较则相差甚远,可以说除国民政府所在的广东刚开始起步之外,在其他地区基本上没有真正实际开展商民运动。时人也意识到:"我国向来有轻商的气习,对于商民,差不多很少注意,就是现在,也免不掉这种现象,所以研究工人和农民的书籍及杂志,尽管一天多似一天,而研究商民的文字,却很不多见","这实在是一种错误"[5]。

国民党为什么在初期并不很重视商民运动?有的论者认为:"1926年初,国民党首次倡议成立商民协会。"在此之前国民党对商民问题不重视,其原因是20年代以前中国资本家阶级对国内政治斗争还较少积极性,没有重要的作用,所以并不引起各种政治势力的关注。[6]这个结论有两点是值得商榷的。

---

[1] 胡春惠:《北伐期间之民众运动》,《中华民国建国史》第三篇,统一与建设(二),第733页。
[2] 《中国国民党第二次全国代表大会会议记录》,第3日第5号,中国国民党中央执行委员会1926年4月印行,第27页。
[3] 《国民政府欢迎第二次全国代表大会宴会》,《广州民国日报》,1926年1月4日。
[4] 《中国国民党第二次全国代表大会会议记录》,第12日第23号,中国国民党中央执行委员会1926年4月印行,第148页。
[5] 文圣举:《商民运动的方案》,《新生命》,第1卷,第6期,1928年。引自乔兆红:《论国共领导人对商民在国民革命进程中地位的认识》,《社会科学》2007年第1期,第117页。
[6] 张亦工:《商民协会初探》,《历史研究》1992年第3期,第40页。

一是国民党首次倡议成立商民协会并非在1926年初,而是在此之前。早在1924年底,在广州即开始筹备成立第一个商民协会。国民党中央于同年11月成立商民部之后,将建立广州市商民协会作为开展商民运动的一项主要工作。稍后,又派人到广东其他地方组织商民协会。1925年6至7月,成立中山全县商民协会,有分会40余个,会员3000余人。[1]这表明国民党首次倡议成立商民协会,显然并不是迟至1926年初。确切地说应该是在1924年底至1925年初,但由于国民党当时只是仅仅限于在广东的少数地区筹设商民协会,所以并不足以反映国民党在这一时期对商民运动给予了充分的重视。1926年初国民党第二次全国代表大会召开并通过《商民运动决议案》,在此之后国民党才开始比较全面地倡设商民协会,开展商民运动。

二是国民党起初之所以对商民运动不重视,其主要原因也并不在于1920年代以前中国资本家阶级对政治运动漠不关心,在政治斗争中没有产生作用和影响,而是由于国民党自身对中国商人阶层的地位与影响缺乏足够的了解和认识。实际上,在辛亥革命前后,工商业者特别是颇具社会能量的商会,就已领导商人参与了不少政治运动和相关的政治事件,并且也产生了一定的作用与影响。此外,全国13个省份的商会在民初还曾派代表出面调和国民党与进步党之间的党争,提出"政党实为国会之中坚,故政党良则政府自良,党争息则国基自固,证之先进,胥有明征。且以国基安危所关,即人民生命所系,商民等以利害切己,在商言商,爰集合各省商会代表,为两党调和。既非直接干涉两院,更非一面之机关,务请大政党忍痛须臾,略相让步,既不背乎党纲,乃足表扬政见"[2]。通过商会的调和协商,国民党与进步党就当时争论的"借款、内阁、宪法、总统四大问题",达成了初步协议。这次调

---

[1] 中国国民党中央商人部编:《中国国民党商民运动经过》,1927年6月,台北,中国国民党中央委员会党史史料编纂委员会收藏档案,部10690。此篇长文系由当时参与中央商民部工作数年的黄诏年执笔编写,并曾在1927年召开的长江流域商民代表大会上报告,后编印成单行本,台湾文海出版社出版的《近代中国史料丛刊》三编第六十辑收录。

[2] 《全国商会联合会各省代表通告书》,《中国商会联合会会报》第1年第1号,"文牍",第10页。

和党争最后虽未达到阻止战事再起的目的,但显然是商会代表工商业者所进行的一次政治活动,国民党与进步党也都"承认商界作为第三者"的地位,无怪乎张謇曾经指出:此次"商人维持政局,为吾国创举"[1]。20年代初,商会还曾发起废督裁兵运动,并联合教育界召开"国是会议",1923年上海总商会更为反对直系军阀曹锟在北京发动政变,宣告成立史无前例的民治委员会。《民国日报》曾为此发表"专评",称赞上海总商会"以难得的大会,应付非常的时局,于此可以显出上海商人对政治的真态度";并称这一政治行动"是对军阀官僚宣战,是做民治运动的前驱"[2]。各种事实表明,商会作为工商界的新式社团,自清末诞生之后,在许多方面都发挥了较为重要的作用。如同有的商会后来在反对国民党一些地方党部提出取消商会的议案时所说:"查全国各级商会成立已及三十年,平日发展国际贸易,排解商事纠纷,以及迭次抗争外交,赞助革命工作,均为不可掩之事实。"[3]

尽管商会已领导商人开展了多种政治和社会活动,并产生了不容忽视的影响,但是国民党当时对此却并未予以足够的认识和重视,也没有努力从事动员广大商人参加革命的商民运动。之所以出现这种情况,国民党的解释是:本党只是在1924年改组之后,"党的基础才由留学生和自由派的知识分子移到民众上面,所以各种民众运动乃应运丛生"。而1926年以前的商民运动之所以成效不显著,则是由于以下两方面的原因:一方面"因为当时是第一、第二次全国代表大会之间,我们的党对商民运动应该怎样进行完全没有决定",另一方面"因为商民运动在革命的工作上算是一种草创,以前毫没有过去事实可根据"。这两方面的原因导致中央商民部虽然成立,"而实际的工作委实是干不来"[4]。

---

[1]《商会联合会调和两党纪事》,《中国商会联合会会报》第1年第1号,"纪事",第6页。
[2]《专评》,上海《民国日报》,1923年6月23日。
[3]《天津总商会致国民党三全代会电》,1929年3月25日,台北,中国国民党中央委员会党史史料编纂委员会收藏档案,会3.1/17.11。
[4] 中国国民党中央商人部:《中国国民党商民运动经过》,1927年6月,台北,中国国民党中央委员会党史史料编纂委员会收藏档案,部10690。

应该承认,国民党的改组确实使其许多政策都产生了新的变化,包括开始从事民众运动。然而具体就商民运动而言,从根本上看,上述两方面因素在客观上也确有一定影响,但并不能说是主要原因,更重要的还在于国民党当时重视农工运动而忽视商民运动,并且对商会和商人存在着某些偏见,认为商会、商团反对革命,"商民又是落后阶级"[1]。另外,不重视商人的这种现象似乎已形成了一种传统,早在辛亥革命时期,以孙中山为首的革命党人就不重视动员工商业者参加革命。直到辛亥革命后,孙中山还多次提到,中国"工商未发达",资本家没有出世。即使孙中山指的是欧美资本主义国家那种大垄断资本家,他的这一估计也不完全切合中国的实际。应该说中国的资本家早已出世,只是经济力量不像欧美商人那样强大。而孙中山认为中国根本没有资本家阶级,自然不可能认识到资本家阶级的作用与影响,也就谈不上动员资本家阶级支持和参加革命。国民党改组前夕,有些地区的商人曾向孙中山表达敬意和支持,但也没有引起孙中山等革命领导人的重视。例如1923年初陈炯明被逐孙中山即将重返广州时,上海总商联会的欢送词曾表示:"懿欤孙公,重返粤东。三民主义,贯彻始终。军阀打破,欢声雷同。筹谋统一,责任厥躬。惟我商界,尤望和衷。先生此去,利赖无穷。"[2]这显然是表达了对孙中山的厚望与支持之意,遗憾的是当时并受到关注。

当时,共产党人似乎比国民党人更重视资产阶级也即商人问题,并说明国民党忽视资产阶级是一大缺陷。陈独秀曾于1923年多次明确指出:"殖民地半殖民地的各社会阶级固然一体幼稚,然而资产阶级的力量究竟比农民集中,比工人雄厚,因此国民革命若轻视了资产阶级,是一个很大的错误观念。"[3]要改变这种状况,"中国国民党应该一方面容纳革命的资产阶级","一方面也应该提携中立的小资产阶级,引

---

[1] 中国国民党中央商人部:《北京商民运动报告》,台北,中国国民党中央委员会党史史料编纂委员会收藏档案,部0284。
[2] 《大公报》1923年1月30日。
[3] 陈独秀:《中国国民革命与社会各阶级》,《前锋》第2期,1923年12月1日。

导他们上革命的路,增加革命的势力"[1]。与此同时,毛泽东也曾撰文阐明商人在国民革命中占据重要地位与影响。他认为国民革命"是国民全体的任务,全国国民中商人、工人、农人、学生、教职员,都同样应该挺身出来担负一部分革命的工作;但因历史的必然和目前事实的指示,商人在国民革命中应该担负的工作较之其他国民所应该担负的工作,尤为迫切而重要"[2]。李大钊更是批评"二次革命"后的国民党"荒废了并且轻蔑了宣传和组织的工夫,只顾去以武力抵抗武力,不大看重民众运动的势力,这不能不说是国民党的错误"。要想改变这一状况,"今日的国民党应该挺身出来,找寻那些呼唤的声音,去宣传去组织,树起旗帜来让民众——反抗军阀与外国帝国主义的民众是工人,是学生,是农民,是商人,那[都]集合在国民党旗帜之下,结成一个向军阀与外国帝国主义作战的联合战线"[3]。由此可见,这一时期部分共产党人对商民问题的重视,在某种程度上甚至可以说超过工人与农民问题,与当时国民党人的认识显然有所不同。[4]但是,也有个别学者认为,这一时期孙中山与部分国民党领导人与共产党领导人一样,对商人在国民革命进程中的地位与作用也已经有所认识。[5]

1923年7月,中共还曾提出国民党应号召商会、工会、农会、学生会及其他职业团体,分别推举代表召开国民会议。当时的孙中山对这一主张并不反对,他还建议在国民会议召开之前,先由现代实业团体、商会、教育会、大学、各省学生联合会、工会、农会、以及反对曹吴各军、政党等九种团体推选代表举行预备会议。孙中山在建议派代表参加国民会议预备会议的众多团体中,将商会列名第二,似乎表明他对商会和

---

[1] 陈独秀:《资产阶级的革命与革命的资产阶级》,《向导》第22期,1923年4月25日。
[2] 毛泽东:《北京政变与商人》,《向导》第31、32期合刊,1923年7月11日。
[3] T.C.L.(李大钊):《普遍全国的国民党》,《向导》第21期,1923年4月18日。
[4] 中国共产党对资产阶级的认识及其采取的策略,在不同的历史时期也有发展变化。这方面的具体情况,请参阅杨奎松:《中国共产党对中国资产阶级的认识及其策略》,《近代史研究》1993年第3期。
[5] 参见乔兆红:《论国共领导人对商民在国民革命进程中地位的认识》,《社会科学》2007年第1期。

商人的作用已十分重视,而且在1928至1929年间商会面临被国民党取消的危急时期,商会也曾以孙中山将商会列为出席国民会议重要团体为理由,竭力说明商会具有重要作用与影响,不应被取消。但是,这是否真的说明当时的孙中山已对商会与商人的作用十分重视? 结合当时的前后具体史实看,恐怕还缺乏充分的依据得出这样的结论。因为从这一时期孙中山的其他言行与相关决策,以及国民党实施的各项方针与政策,都还很少能够看到当时的孙中山已对商会和商人的重要作用有充分认识,更没有实际采取什么举措。其实,当时孙中山本人以及国民党只是开始对民众运动的作用,有了初步的理解与认识,而且主要是针对工人运动和农民运动,尽管有时会提到商人,但当时所说的民众运动并未真正包括商人以及商民运动。孙中山之所以在众多团体中将商会列为第二,主要是受当时报章相关报道的影响,沿袭已成习惯的表达方式。因为商会历史悠久,影响较大,所以在当时的报章中提及各个社会团体时,一般都是将商会列在众多团体的前面。孙中山受此影响也不例外。不过,由此我们可以证明的另一个问题是,当时的孙中山尤其是国民党,倒是没有像后来那样将商团、商会认定为不支持革命甚至是反对革命的反动团体,而是将商会与一般民众团体等同看待。

国共合作后共产党人谭平山加入国民党,并曾担任国民党中央组织部长这一重要职务,他曾多次在国民党的重要会议上阐明应对商人是否具有革命性予以正确评估,不应该忽视商民运动。1925年11月他在一次会议上作党务概况的报告时,再次对这个问题进行了阐述。谭平山在报告中,首先是对以前没有制订商民运动理论以致忽视商民运动进行了检讨:"商民运动因以前无理论之根据,所以没有去注意他。如五四运动后,知学生群众有力量,如是党的政策也尽力注意学生运动,'二七'以后,知工人的力量比学生更大,如是工人运动也更形注意,这都是有了理论的根据,然后去做。"接着,谭平山着重说明对商人应予以具体分析,除大商人之外,中小商人实际上具有革命要求。"以前许多同志以为商人是革命的领导者,有人又以为商人是不革命的。但实在观察起来,依两三年来的经验,中国的商人实亦国民革命群众之一。如香港、上海等地的大商人如陈廉伯之流,他们是买办阶级,这少数分子不但不能革命,而且是反革命。但许多小商人,他们受军阀之抽剥,战争之损失,一切痛苦均与农工无异,且他们直接受军阀之压迫,间接又要受买办阶级之垄断抽剥,在买办阶级残余中求生活,他们生活改良之要求即是革命之要求,也与农工一样,所以在原则上讲,商人实有革命之可能。"[1]这些论述,应该对国民党逐渐重视商民运动起到了一定的作用。

国民党在1926年初举行的第二次全国代表大会上,实际上也承认此前由于对商人的认识有误,没有充分重视商民运动的重要作用,因而导致商民运动进展缓慢,成效甚微。国民党中央商民部曾坦率地说:"本党对于商民运动向未重视,故商民运动之进行较农工运动之进行为缓"[2];国民党"二大"的党务总报告还曾具体说明:"当第一次大会时(指国民党'一大'——引者),同志对于商人的观念,多以为凡属商人多属不革命、反革命的。后来细心考察,才知中国的商人,实在也分两种。第一种是买办阶级,他们受帝国主义的豢养,诚然是反革命的;但有一种是小商人,他们的生活,也是非常之痛苦,对革命的需要与农工实在一样。因此认识从前革命运动,全不注意到商人,是一个很大的损失,商人如果不加入革命,将来成功也不易保证。"[3]这进一步表明除了一些客观上的原因之外,更重要的是国民党在主观上是否充分认识到商民运动的重要性,直接影响到初期商民运动的开展及其成效。

---

[1]《中国国民党全国党务概况》(1925年11月),《谭平山文集》,人民出版社,1986年,第322页。
[2] 中国第二历史档案馆编:《中国国民党第一、二次全国代表大会会议史料》(上),第388页。
[3]《中国国民党第二次全国代表大会会议记录》,第3日第5号,中国国民党中央执行委员会1926年4月编印,第29—30页。

## 二 国民党对商民运动的重视

随着民众运动的逐步进行和国民革命形势的发展,国民党内部越来越多的人开始意识到动员广大商民,特别是动员中小商人支持和参加革命的重要性。这一认识在 1926 年 1 月国民党召开的第二次全国代表大会上得到比较集中的反映,并直接促使商民运动在此之后获得比较迅速的发展。

在这次大会上,一些省份的国民党党部在发言中对民众运动的开展进行了检讨,并一致认为商民运动发展迟缓是民众运动的一个明显缺陷,亟需加以纠正。例如湖北省党部在二全大会所做的党务报告中,谈到农民运动、青年运动、妇女运动时都认为取得了一定的成绩,唯独谈及商民运动时却说,"第一次省代表大会有关于商人运动之议决案,但省党部职员因工作之关系,无专人负责,故商人运动毫无进步"[1]。这次大会通过的《各省区党务报告决议案》,也对两年来民众运动的开展特别是商民运动的成效与不足进行了如下的总结:认为商人运动的进行,仅在广东的一些地区组织了商民协会,"此外各地多未注意",今后在北京、上海、汉口及其他重要都市,"均须极力注意商人运动,使商人群众接受本党主义,参加国民革命";努力做到"在农民、工人、商人中,均须确立本党势力的根基,以求能副国民革命的使命"[2]。

大会经过讨论之后,对开展商民运动的必要性与可能性达成了共识,即"国民革命为谋全国各阶级民众之共同的利益,全国民众均应使之一致参加,共同奋斗。商民为国民之一分子,而商民受帝国主义与军阀直接之压迫较深,故商民实有参加国民革命之需要与可能。"[3] 为了

---

[1] 《中国国民党第二次代表大会日刊》第 3 号,第 11 页,台北,中国国民党中央委员会党史史料编纂委员会收藏档案,汉 4932。
[2] 荣孟源主编:《中国国民党历次代表大会及中央全会资料》,上册,第 117、118 页。
[3] 中国第二历史档案馆编:《中国国民党第一、二次全国代表大会会议史料》(上),第 388 页。

改变过去的状况,使商民运动"普及于各省",国民党"二大"还"根据一年来商民运动工作之经验与观察国内外商民之情势",制定和通过了《商民运动决议案》。该决议案的具体内容涉及八个方面,包括商民运动之范围、对于现在商会之态度、对于新兴工业家运动之方式、对于与帝国主义相勾结之工商业家之态度、对于现在商团之态度、组织全国商民协会、商民运动与农工运动关系之解释等,其主旨是"使商民为拥护其自身利益而参加国民革命"[1],实际上是制定了国民党其后从事商民运动的主要方略。在讨论该决议案时,与会的第50号代表曾扩情还提出"应由大会特向全国商人发出宣言,表明本党对于商人之态度,促其加入革命战线案",主席团认为:"无即须表决之必要,应并交提案审查委员会。众无异议"[2]。这进一步说明当时无论是国民党人还是共产党人,都对从事商民运动的重要性没有异议。

"二大"之后,国民党采取一系列具体措施开展商民运动,使商民运动得到了比较迅速的发展。当时曾在国民党中央商民部参与其事的黄诏年认为,"严格些说,商民运动到这时才算正式的决定和进行"[3]。

要了解国民党在第二次全国代表大会上对待商民运动态度的变化,不能不注意国民党"二大"的特殊背景。对于国民党"二大",国共两党乃至后来台湾与大陆学者的评价存在着相当大的不同。共产党人

---

[1] 需要说明的是,中国第二历史档案馆编的《中国国民党第一、二次全国代表大会会议史料》(江苏古籍出版社1986年)和荣孟源主编的《中国国民党历次代表大会及中央全会资料》(光明日报出版社1985年)均收录了《商民运动决议案》,但二者在文字和内容方面却有所不同。为何会出现这一差异?笔者目前尚未考订清楚。据查台北中国国民党中央委员会党史会收藏的商民部档案、1926年1月21日的《广州民国日报》,以及1927年由黄诏年编、商民部印行的《中国国民党商民运动经过》等各方面相关资料,所看到的《商民运动决议案》均与中国第二历史档案馆编辑的《中国国民党第一、二次全国代表大会会议史料》收录者相同。另外,在国民党二全大会召开3个月之后,由国民党中执会印行的《中国国民党第二次全国代表大会会议记录》中所收录的也是同样的《商民运动决议案》。现在,国内外研究者绝大多数都是引用的这个版本,本书也是如此。

[2]《中国国民党第二次全国代表大会会议记录》,第4册第8号,中国国民党中央执行委员会1926年4月印行,第44页。

[3] 中国国民党中央商人部编:《中国国民党商民运动经过》,1927年6月,台北,中国国民党中央委员会党史史料编纂委员会收藏档案,部10690。

撰写的论著一般都未对"二大"予以否定,甚至认为这次会议"是中国国民党最后一次革命的大会"[1],而当年反对共产党人加入国民党的国民党右派人士撰写的著作,一般都很少提及这次大会。如曾经担任"西山会议派"在上海另立的国民党中央执行委员会秘书长的桂崇基,在其所写的英文著作《中国国民党与中国共产党》(中文版由沈世平译,台湾中华书局1978年出版)中,只字不提国民党第二次全国代表大会,而是大谈1925年11月在北京召开的反对联俄联共的第一届四中全会,即"西山会议"[2]。即使是并未公开坚决反对国共合作的国民党人大体上也是如此,陈克华的著作甚至认为国民党二全大会的召开,主要是共产党和国民党左派想"取消西山会议诸人的中委资格及补充新的中央委员,增加汪派和共党分子,加强他们在国民党中央的力量";"共产党员在这次大会中,占了主要的地位,身为主人的国民党员,反显得是陪客了"[3]。在台湾学者后来撰写的论著中,绝大多数也对国民党二全大会的评价不高,并持相似的观点。[4]有的认为这次大会是共产党操纵的一次会议,有的指出这次大会是对共产党抱有好感

---

[1] 华岗:《一九二五至一九二七年的中国大革命史》,上海春耕书店,1932年,第233页。
[2] 就一般情况而言,共产党人与后来的大陆学者都肯定国民党二全大会,对"西山会议"则加以抨击。与此相反,国民党人及台湾学者对二全大会却很少给予肯定,而对"西山会议"则多所赞扬。无论是早期还是到90年代初,许多台湾学者撰写的相关著作都是持这样的观点。参见李云汉《从容共到清党》(台北,中华学术奖助委员会,1966年)第433页;陈宜安《中国国民党改组前后的容共与反共》(台北,正中书局,1992年)第159—164页。只有少数台湾学者在肯定"西山会议"动机无可厚非的前提下,认为这次会议导致国民党内部的分裂,削弱了领导国民革命的力量,是国民党之不幸。参见郭华伦《中共史论》(台北,"中华民国"国际关系研究所,1969年)第169—170页。
[3] 陈克华:《中国现代革命史实:由联俄容共到西安事变》,香港春风杂志社,1965年,第86—87页。
[4] 例如陈宜安的著作也基本上不提二全大会讨论的许多重要议案,并认为这次会议的"主要议题即弹劾西山会议诸人"。见氏著《中国国民党改组前后的容共与反共》,台北,正中书局,1992年,第162页。

的国民党左派掌控的一次大会[1],而很少有给予肯定者。外国学者在论及二全大会时一般不会受党派和意识形态的影响,但也认为这次大会在国民党的历史中是独一无二的,"和其它的大会比较,此次大会可说是较为激烈的一次,而且是由汪精卫所支配。……在第二届大会中,国民党内的共产党员甚为活跃:起草决议案、提出报告、发表演说,甚至运用他们的选票影响国民党中央委员的选举和名次"[2]。

确实,共产党在这次国民党的全国代表大会上产生了不容忽视的影响。大会代表资格审查委员会成员原定邓泽如、林祖涵、林森、毛泽东、谭平山5人,其中的两名国民党人因林森当时不在广州,邓泽如一人势单力薄,实际上主要由林祖涵等3位共产党人负责。在出席大会的256位代表中,共产党员达到了90人,省级以上的共产党干部几乎全数出席。在新当选的国民党中央执行委员、候补中央执行委员和中央监察委员、候补中央监察委员中,共产党员与国民党左派也为数众多,"已足可控制国民党最高党部"。连国民党中央常务委员及各部部长人选中,共产党人与国民党左派也同样占居多数,以致有"整个国民党中央的领导机构,已悉落入共产分子之手"的说法。[3]这种说法虽有些过于夸张,但共产党人与国民党左派对这次大会的影响却的确处处可见。

例如这次大会上通过的各项有关民众运动的决议案,包括《商民

---

[1] 李云汉的《从容共到清党》(台北,中华学术著作奖助委员会1966年)在论及国民党"二大"一节内容时,所用的标题即是"共党对国民党二全大会的操纵",见该书第463页。不过,李云汉在另一论著中也承认"中国国民党第二次全国代表大会,在精神上与实质上,都表现出以下两种特色:第一,重视民众运动。大会议程中,不仅列有各项民众运动的报告,且曾予以认真讨论,并作成有关农民运动、工人运动、商民运动、青年运动、妇女运动等决议案,交由国民政府转令所属各机关,切实遵行。"并认为此次会议是"总理逝世后的首次全国性最高会议,其为各方所注意,事属必然。大会产生了新的领导机构,采取了若干新政策,其对整个革命事业的发展,自具重大贡献与影响。"见氏著:《第二次全国代表大会》,《中华学报》第4卷第1期,第27、33页。

[2] 韦慕庭:《中国国民党第二次全国代表大会》,见李云汉主编、高纯淑编辑:《中国国民党党史论文选集》第4册,台北,近代中国出版社,1994年,第347页。

[3] 参见李云汉:《从容共到清党》,第463—474页。

运动决议案》在内,从讨论过程与决议案的具体内容,都可看出这一点。在大会分别听取了有关工人、农民、商人、青年、妇女等五种运动的报告之后,主席团提出"既听过了各种报告,但每一种报告应有决议案交大会讨论,决议案之制成,应各有一个审查委员会,名额定为三人至五人"。1926年1月9日第5次全会通过的商民运动报告审查委员会名单,包括甘乃光、周启刚、杨章甫、李朗如、陈嘉任等人。大会主席还说明甘乃光"系由主席团特派,因甘同志特别熟悉情形之故"[1]。甘乃光乃是当时国民党左派的代表人物之一,也是拟定有关商民运动决议案的重要人物。查阅本次大会通过《商民运动决议案》的1926年1月18日的会议记录可知,此次会议的主席是当时的国民党左派代表人物汪精卫,秘书长是共产党人吴玉章,而报告《商民运动决议案》的就是甘乃光。在讨论过程中,除毛泽东提出"商民协会章程不必列入决议案内,可交中央执行委员会讨论决定",甘乃光等人表示同意之外,未遇其他争议即获通过。[2]《商民运动决议案》中的许多具体内容,实际上与共产党当时的主张也非常相似。例如共产党对商会性质的认定即与国民党基本上是一致的,也认为原有商会、商团是反动商人团体。陈独秀在1925年所写的一篇文章中指出:"五卅运动的高潮,表现出无产阶级是国民革命中最伟大的社会势力,同时也就加速了资产阶级在政治上形成的过程。这个现象直接的反映到国民党和小资产阶级,他们便竭力的想确定他们自己的政治思想,并且要想在组织上巩固起来。在具体事实所表现的就是,一部分小资产阶级的上海各马路商联会极

---

[1] 《中国国民党第二次全国代表大会会议记录》,第4日第8号、第5日第10号,中国国民党中央执行委员会1926年4月印行,第44、53页。
[2] 中国第二历史档案馆编:《中国国民党第一、二次全国代表大会会议史料》(上),第378—379页。

力和反动的总商会结合起来,反对学生及工人。"[1]这一情况造成了比较复杂的结果,以至给后来国民党开展商民运动带来了不少问题。有关这方面的具体情况,后面的章节还将予以阐述。

共产党人及国民党左派对国民党二全大会以及通过《商民运动决议案》所产生的影响,促进了国民党对商民运动的重视,也推动了此后商民运动的发展,使国民党从事的商民运动进入到第二阶段,亦即所谓渐进期。从后来的实际情况看,国民党在推行民众运动的过程中,与共产党发生明显分歧和冲突的主要是工人运动和农民运动,并采取了许多完全不同于共产党的策略,而在商民运动方面则没有这种明显的变化。[2]即使是国民党在严厉进行"清党"之后,也并未否定《商民运动决议案》而重新制定新的商民运动政策,只是强调商民不要受共产党的诱惑,应坚定地信奉三民主义,进一步扩建商民协会,在国民党的领导与控制下参加国民革命。国民党中央商民部即说明"清党"之后其所做的工作是:"要把我们误会和怀疑的商人们警醒过来,在中国国民

---

[1] 陈独秀:《国民党新右派之反动倾向》,《向导》第139期,1925年12月20日。与国民党略有不同的是,共产党曾注意到应该争取商会中有可能反对军阀和官僚的少部分人。1925年中共中央通过的《国民运动进行计划决议案》,主要是制定如何动员民众参加革命的具体政策,其中即提到对于商人,要"注意地方商会及大都市商会中,对于官僚分子之反对派"。见中央档案馆编《中共中央文件选集》第1册,中共中央党校出版社1989年,第201页。至于共产党对待商团的态度,30年代初华岗撰写的《一九二五至一九二七年的中国大革命史》对广东商团的评价,可以说代表了当时共产党人对商团的认识。该书认为"广东商团、乡团,乃是一种买办豪绅地主商业资产阶级等的法西斯蒂组织,久有和工人农民对抗的形势及冲突。国民党改组之后,因为革命形势逐渐发展,他们反革命面目也就日益鲜明起来"。至于广东商团事件的性质,无疑是一次反革命叛乱,"组织这次叛乱的是英帝国主义者,领袖这次叛乱的是陈廉伯、陈恭受诸买办,公开的袒护这次叛乱的是英国帝国主义的炮舰政策,而勾结于帝国主义买办阶级军阀官僚商团之间的是当时国民党右派分子"(参见第134页)。

[2] 一部分共产党人虽比国民党更早开始重视动员资产阶级支持和参加国民革命,但从笔者目前所接触的资料看,1926年以后共产党反而没有像国民党那样重视和推行商民运动,主要是从事农工运动和学生运动,这可能也是国民党"清党"之后,与共产党在商民运动方面未产生明显分歧与冲突的原因之一。台湾学者王健民认为"自容共之后,中共以国民党名义,攘夺群众运动领导权,一时工人运动、学生运动、农民运动,无不由渗透而加以掌握"(见氏著《中国共产党史稿》,台北,1965年,第158页),也没有提及商民运动。

党领导之下来参加国民革命。"[1]当然也应注意,《商民运动决议案》中对旧商会与商民协会的评价以及处理方式,给后来国民党从事的商民运动造成了诸多麻烦,甚至最终导致商民协会的解散。

另一个需要补充说明的问题,是广州商团事件对国民党从事商民运动态度变化的影响。有关商团事件的研究,一直受到不少学者的重视,而且不断有新成果问世。下面我们先简略介绍史学界对广州商团事件的主要研究状况及相关认识。

有学者认为广州商团事件的性质有一个发展变化的过程,孙中山对广州商团的认识也不断改变,对商团事件所采取的态度同样并非一成不变。[2]也有学者分析,以往的研究在引用资料方面,大多是孙中山、廖仲恺等国民党要员的言论,或者是当时鼓动镇压商团的共产党人及其所办《向导》杂志的资料,再加上后来出版的一些文史资料,而对商团本身十分丰富的材料以及海外有关的档案则较少利用,因此在引用资料方面存在着一定的片面性,很容易就得出广州商团事件的反革命性质和孙中山平息商团事件是正确的结论。[3]还有学者通过对该时期广州经济与财政状况的分析,认为商团事变的发生有其深刻的社会经济原因,"扣械事件"只是导火索,对"商团事变"不能简单地定性为"反革命叛乱"。[4]另一部分学者对广州商团事件的起因提出了新的见解,有的认为广州商团事件的发生,是广东国民党政府与商团之间的矛盾加剧,导致商人参政、干政的资产阶级政权意识恶性膨胀的结果。由于孙中山和广东国民党政权一直将商人的参政局限于筹款助饷,忽视了对商人不断增长的要求自治的政权意识加以引导,当国民党政权

---

[1]《中央商民部周刊发刊词》,台北,中国国民党中央委员会党史史料编纂委员会收藏档案,部13311。美国学者傅士卓曾表述过相似的观点,他认为"商人运动与由共产党干部控制的因而在清共中备受摧残的工农运动不同,它完全是在国民党领导下发展起来的。因而,它未为清共所触动,也没有改变其意识形态"。见傅士卓:《商民协会的瓦解与党治的失败》,《国外中国近代史研究》第20辑,中国社会科学出版社,1992年,第157页。
[2] 马庆忠、李联海:《孙中山与广州商团事件》,中山大学学报编辑部:《孙中山研究论丛》,第2集,1984年。
[3] 丁旭光:《孙中山与近代广东社会》,广东人民出版社,1999年,第364页。
[4] 温小鸿:《1924年广东"商团事变"再探》,《浙江社会科学》2001年第3期。

出现"左倾"变化的同时,商人被盘剥的程度也不断加深,商人害怕国民党"赤化"而遭受"共产"的恐惧与日俱增,于是双方由疏离、猜疑最终演变成对抗,也逼使孙中山不得不用武力平定商团叛乱。[1]与此相类似,还有学者阐明广州商团事件的起因,是广东商人与孙中山关系演变的恶性延续,而军队的专横跋扈和捐税的苛重,是激成风潮的基本原因之一。孙中山起初没有镇压商团,而是采取怀柔措施,主要是取决于诸多客观因素,并非完全归结为所谓"右派"的阻挠和压迫。[2]

同时,还有学者进一步分析了民初广东社会与商团的发展情况,认为民国初年广东政权更迭频繁,社会动乱不断,匪患兵祸严重,商人一直处于不安定的状况,不能不通过组织商团以自卫,而政府也不得不予以优容,使商团得到迅速发展,成为广州最有实力的商人团体和另一个权力中心,最终与政府发生对抗。因此,要全面探讨商团事件产生的原因,一是要考察清末以来广州商人团体的状况,二是要注意清末民初广东特殊的政治、社会背景,三是要考察1923年以后广州商人同政府关系的变化。另外,在研究视角和方法上也要有所改变,不仅要从政府方面加以探讨,更重要的是从商团方面加以分析。实际上,以往认为商团事变由英国和南北军阀阴谋引起的说法,迄今仍缺乏有力的证据。[3]

关于广州商团事件,台湾也有学者从不同的角度进行了探讨。例如有的学者在研究商团事件的起因时,强调应该重点分析广东商人与政府双方所面临的困境和问题,而不应把探讨的焦点完全放在扣械所引起的交涉和解决上。其具体方法是从财政的角度,考察商团事件发生的原因,阐明从1923年至1924年广东商人和政府的关系一直处于紧张状态,孙中山被财政问题压得透不过气来,商人也表现出不堪受迫的样态。原因是广东境内军队太多,孙中山政府对外的战事太多,

---

[1] 吴伦霓霞、莫世祥:《粤港商人与民初革命运动》,《近代史研究》1993年第5期。
[2] 敖光旭:《论孙中山在1924年下半年的是是非非》,《近代史研究》1995年第6期。
[3] 邱捷:《民初广东的商人团体与社会动乱——以粤省商团为例》,提交"第三届中国商业史国际研讨会"论文(2000年7月,香港);邱捷:《广州商团与商团事变——从商人团体角度的再探讨》,《历史研究》2002年第2期。

两者都对广东商业造成极大的打击。尽管商人的自卫武力原非为对付政府而设,政府的军队亦非用来对付商人,但广东商人和政府明显地存在着立场和心态上的差距,这种差距便是冲突的根源"。[1]很显然,近些年来一部分学者对广州商团事件产生原因的分析,不再只是简单地沿袭传统的结论,而是开始从多方面进行探讨,力图做出合乎历史实际的解释,这无疑是史学界研究广州商团事件值得重视的一个明显拓展。

从以上简略介绍可知,尽管众多学者是分别从不同角度对广州商团事件进行的探讨,但或多或少均涉及商团事件与广州革命政府之间的关系。另还有不少论著曾直接提到,1924年底发生的广州商团事件,对国民党开始注意商人问题产生了影响。例如有的论著指出:"1924年10月的广州商团叛乱,更引起国民党人对商民问题的重视"。不久,国民党中央执行委员会即将实业部改为商民部。[2]还有的说明,孙中山等国民党领导人"经过商团事变的教训,也对国民党的宣传与群众工作产生了冲击。事变发生期间,中山先生开始了解过去国民党对寻求商人支持的努力仍嫌不足,于是改变政策,重视对商人的宣传"[3]。还有学者认为:"1924年8—10月广州商团事变的发生,使得国民党领导层认识到了商人问题的严重性。……商团叛乱最后虽然得以镇压,但是从此商人问题却带着某种震撼性的力量进入了革命党人的视野。他们开始考虑关于商人的理论,制定关于商人的政策,建立针对商人的机构和组织,由此商民运动也逐渐开展起来。"[4]不难发现,已有论著谈及广州商团事件的影响,都是强调这一事件促使孙中山等国民党领导人开始重视商人问题,并采取了相应的举措,使商民运动得以酝酿而生。

就实际情况而言,商团事件确实存在着这一影响。1924年11月

---

[1] 李达嘉:《商人与政府——一九二四年广州商团事件原因之探讨》,见《国史释论》上册,台北,食货出版社,1987年。
[2] 张亦工:《商民协会初探》,《历史研究》1992年第3期,第40页。
[3] 井泓莹:《广州商团事变》,台湾浪野出版社,1992年,第283页。
[4] 乔兆红:《论国共领导人对商民在国民革命进程中地位的认识》,《社会科学》2007年第1期,第122页。

国民党中央党部商民部长伍朝枢也曾公开说明:"吾党向来对于商民方面工作较工农方面略少,致商民与吾党发生隔膜,而有前此商团风潮发生,实为不幸之极。故中央执行委员会特将实业部改为商民部,此后对于商民方面,积极工作,以谋与商民协作并提倡商民真正之利益。"[1]

但是,对这一影响也不能估计过高。如前所述,在广州商团事件之后,国民党除了在广州开始注意到商民运动之外,并没有像开展农工运动那样全面推行商民运动。另外,谈及广州商团事件的影响时还应注意到,这次事件也使国民党对商人和商会、商团等原有商人组织反革命的政治立场的定性,也产生了较为明显的影响。商团事件发生之前,国民党并没有认定商团是反革命团体,甚至对商团的作用还有所肯定。1924年初,孙中山在广州商团与警察联欢会上发表演说,即肯定了商团在维持治安方面所起的作用,并指出"诸君是商团,今天同警察在一处联欢。以后商团同警察要同力合作,维持广州的治安。警察是政府的机关,商团是人民的机关,今天商团同警察是正式见面的第一日,也就是政府与人民结合的第一日。"此外,孙中山在演说中还阐明:"革命是救国救民的事,是消除自己的灾害,为自己谋幸福的事,为四万万人谋幸福的事。"商团不能像以往那样抱持"严守中立"的立场,因为"诸君是商团,是有枪阶级,也应该担负革命的事"[2]。可见,当时的孙中山不仅没有认为商团是反革命武装,反而强调商团是"人民的机关",完全可以成为革命的力量。

在扣械与反扣械风潮发生后,广州国民革命政府与商团之间的矛盾趋于紧张,但在尚未达至激烈的武装冲突之前,孙中山等主要革命领导人也没有完全认定商团是反革命武装组织,所以仍一度希望和平解决纷争。这一时期,倒是共产党人向孙中山等国民党人明确指出商团是反革命力量,应强制予以解散。1924年8月陈独秀在《向

---

[1] 《商民部开商民党员会议详情》,《广州民国日报》,1924年11月12日。
[2] 广东省社会科学院历史研究所等合编:《孙中山全集》,第9卷,第61、63页。

导》周报上发表了一篇题为《反革命的广东商团军》的文章,说明广东商团是反革命性质的武装组织,并呼吁孙中山领导的革命政府应该立即采取"解散商团军"的果断措施,不能实行"优柔政策"[1]。当时的另一位中共重要领导人、《向导》周报主编蔡和森,也针对商团事件发表了一系列文章,强调"这次广州商团事件,可谓极帝国主义、买办阶级、雇佣军阀以及国民党右派分子伙同宰割革命政府之奇观,是反革命的叛乱事变"[2],并且也批评了广州革命政府对商团所采取的软弱政策。

孙中山及其领导的广州革命政府对广州商团性质的认识,是在商团事件不断发展,尤其是矛盾逐渐演化为激烈的武力冲突,才发生了根本性的变化。此后,孙中山等国民党主要领导人也都认为广州商团事件是一次反革命叛乱,并进而认定商团是反革命武装。在平定这场叛乱之后,孙中山还密电胡汉民,表示"商团既用武力以抗政府,则罪无可逭,善后处分,必将商团店户、货物、房屋,悉行充公,其为首之团匪,严行拿办,万无再事姑息"[3]。显而易见,经过广州商团事件之后,国民党之所以与以往相比较开始重视商民问题,实际上是因为国民党意识到如果再不重视这方面的宣传,商人就会成为反对和阻挠革命的社会力量。1926年初国民党第二次全国代表大会通过的《商民运动决议案》即曾说明:"在此种工商业畸形发达之中国资产阶级中,其领袖多为买办阶级与大绅,或直接、间接受其指挥者,故其危险程度殊高,稍一驾御失法,则在在足为革命之障碍。去年广东商团事件,可为殷鉴。"[4]该决议案所定对待商团、商会等原有商人组织的处置办法,也体现了国

---

[1] 陈独秀:《反革命的广东商团军》,《向导》第79期,1924年8月20日。
[2] 蔡和森:《商团事件的教训》,《向导》第82期,1924年9月10日。
[3] 《孙中山镇压广州(东)商团叛乱文电》,《历史档案》1982年第1期,第50页。
[4] 中国第二历史档案馆编:《中国国民党第一、二次全国代表大会会议史料》(上),第391页。

民党对当时商人与商人组织的上述认识。[1]这种认识实际上也在很大程度上影响到初期阶段国民党对待商民运动的态度。有关详细情况,本书后面的相关章节将具体予以说明。

其实,如果广州商团事件最后没有演变成为激烈的武力冲突,或许孙中山及其领导的广州革命政府很可能也不会最终认定商团是反革命武装组织,并进而在随后的商民运动中对商会和商团制定一些较为偏激的政策。当时曾有评论认为,在广州商团事件发展演变的过程中,广州政府与商团双方之间都有举措失当之处,促使该事件最终演变成为这种十分遗憾的结局。如双方均处理得当,这种结局应该是有可能加以避免的。例如《国闻周报》发表的一篇"社评"即曾指出:广州商团事件最终酿成如此惨剧,"固粤民之不幸,亦广州政府之大不幸也"。"吾人欲将评论此案之是非曲直,势不得不回溯政府与商团间关于扣械之交涉。……按道理言,彼时政府于扣留之后,一面应彻查不符之原因,一面应就溢出之枪械,予以扣押,而就商团应领之械,则仍旧发给,而将主谋私购溢额枪械之人物,另案查办。如此则条理分明,责有攸归,商团无株连之累,政府亦示处置之公。办法之善,无逾于此。"至于商团方面,"本身亦不能无责任,盖商团所标榜者,自卫而已,其目的非常单纯,本无参加政潮、操纵粤局之雄心与魄力,自宜力避党系关系,乃何以听令少数人物,忽而与南方军阀通款,忽而受北方军阀利用,以少数人之把持搆煽,卒以广州市为殉,此其愚昧又真可哀也。夫兹案从前政府与商团间尽有和平了结之余地,乃双方延误,堕于野心家挑拨操纵之术

---

[1] 商会在此后也被国民党认定为反动商人团体,并且在《商民运动决议案》阐明将来应以新成立的商民协会取代商会,实际上也是由于广州市总商会在商团事件中受到牵连。在孙中山领导的广州革命政府扣留了商团购置的枪械之后,广州市总商会曾召开紧急会议商讨对策,最后议决必须向政府公开讨回这批枪械。这显然是站在商团一边,支持商团的行动,而且在某种意义上也可以说是站在了与广州革命政府对立的立场。随后,商团即派代表态度强硬地向孙中山要求归还扣留的枪械,被拒绝后又在商会的支持之下宣布商家罢市,给广州革命政府造成了很大的压力。商会在商团事件中的这些表现,后来自然会被国民党认定为是反革命的行为。参见张家昀:《广州商团事变前因及其经过》,《世界华学季刊》第2卷第4期,第74页。

中而不自觉,言之固堪叹息。"[1]这番议论虽不能说完全正确,但也可说是相对较为客观地评论了广州政府与商团双方在处理该事件过程中的某些失误,并在一定程度上表明广州商团事件有可能以另一种方式获得解决。

---

[1] 政之:《广州商团事件之惨剧》,《国闻周报》第1卷第13期,1924年10月。

# 第三章　国民党推行商民运动的方略

国民党中央执行委员会虽于1924年11月即成立商民部,开始从事商民运动,但"对于商民运动应该怎样进行,完全没有决定"。也就是说,当时的国民党对于如何进行商民运动,并没有制定一套相应的方略,这也是导致国民党的商民运动在初期阶段成效不甚显著的重要原因。1926年1月国民党在广州召开第二次全国代表大会,通过了《商民运动决议案》,方始拟定了一套从事商民运动的方略。曾亲身参与商民运动多年的黄诏年将1926年1月国民党"二大"召开之后的上半年,称为商民运动的渐进期,并认为《商民运动决议案》制定了商运方略,而且拟订了商民协会章程,因此"严格些说,商民运动到这时才算正式的决定和进行"[1]。

国民党推行商民运动方略的制定,体现了当时国民党在重视农工运动的同时,也开始真正重视商民运动,反映出国民党急切期盼扩大国民革命阶级基础的愿望,与以往相比较这应该说是一种进步。但国民党的商民运动方略也表现出过于偏激和简单化的趋向,特别是对商会、商团的定性以及以商民协会取代商会的政策脱离实际,不仅影响了商民运动的发展,也给后来的国民党政府带来了一系列复杂问题。

《商民运动决议案》主要涉及八个方面的内容,可以说集中体现了国民党推行商民运动的政策与策略,也是国民党在初期从事商民运动的纲领性文件。下面,按内容分类对《商民运动决议案》试作具体分析。

---

[1] 中国国民党中央商人部编:《中国国民党商民运动经过》,台北,中国国民党中央委员会党史史料编纂委员会收藏档案,部10690。

## 一 对待不同商人的策略

国民党推行商民运动之主旨,"在使商民参加国民革命之运动"。《商民运动决议案》曾阐明:"国民革命为谋全国各阶级民众之共同的利益,全国民众均应使之一致参加,共同奋斗。商民为国民之一份子,而商民受帝国主义与军阀直接之压迫较深,故商民实有参加国民革命之需要与可能。"这表明国民党已认识到动员商人参加革命的重要性。但是,国民党又指出商民中的不同阶层者对待革命的态度不同,因而需要划定范围,采取不同的策略。当时的国民党认为"商民中有不革命者,有可革命者"。买办商人、洋货商人、中外合办银行商人与帝国主义存在着密切关系,系不革命者;中国银行商人、土货商人、侨商手工业商人、机器工业商人、交通商人、小贩商人等,因受帝国主义压迫而多接近革命,系为可革命者。那么,对于这两类商人采取何种不同的政策呢?对不革命之商人,"当揭发其勾通帝国主义者之事实,使彼辈不敢过于放恣作恶,更引起其他商人对于彼辈之仇视";对可革命之商人,"则当用特殊事实,向之宣传,更扶助其组织团体,使之参加政治运动"。除此之外,"对于一般商人运动之方略,当注意多引起其对于政治之斗争,减少其对于经济之斗争,以打破商民在商言商不问政治心理,并使彼从政治上所得之经验,促其有与农工阶级联合战线之觉悟"[1]。

上述这种划分,主要是依据与帝国主义是否存在着经济上的联系,将商人分成革命与不革命两大类。在当时的历史条件下,就一般情况而言不能说这一划分完全没有理由,但似乎也过于绝对化。其缺陷类似于当时的共产党人与后来大陆学术界长期认定的民族资产阶级上层反对革命、中下层支持革命的结论,忽视了对具体情况的具体分析。实

---

[1]《商民运动决议案》,见中国第二历史档案馆编《中国国民党第一、二次全国代表大会会议史料》(上),第388—393页。本章以下未注明出处者均引自《商民运动决议案》,不再一一作注。

际上,在所谓不革命者中不乏支持革命者,而在所谓革命者中也有相当多的人只是在表面上支持革命,甚或反对革命。另外,"引起其他商人对于彼辈之仇视",意在挑起商民内部不同阶层之争斗,与国民党的反对阶级斗争之说似也有不相吻合之处,可见当时的国民党确实是偏向于激进。

其次,是"对于新兴工业家运动之方式"和"对于与帝国主义相勾结之工商业家之态度"。与上述对商民的划分相似,当时的国民党认为新兴的工业家受帝国主义与军阀压迫,是"接近革命之商人",应扶助其组织各地团体,以增加其革命实力。与帝国主义关系密切甚至相勾结的工商业家,为帝国主义开拓市场,收罗与垄断廉价的原料,压迫中国的新兴工商业家,"实为商民之大敌,中国之罪人。不独如此,当其利害与本党冲突剧烈时,更不惜假帝国主义之势力以图消灭吾党。去年广东商团事件,则若辈为厉之阶也"。对于这类人的策略是剥夺其公权,"在本党势力之下,不得充当一切公共机关之职员,不得享有选举、罢免、创制、复决权及集会、结社、言论、出版之自由权"。同时,还要向民众广泛宣布其罪状,"使一般商民明了其与自身利益之冲突,并打破其崇拜之心理"。

所谓与帝国主义关系密切并与之相勾结的工商业者,主要是指的买办及洋货业商人。当时,无论是共产党还是国民党,都一致将这一部分人作为国民革命的敌人。尤其经过广州商团事件之后,国民党更是将买办视为不可饶恕的"大敌"和"罪人"。因此,国民党推行商民运动时对这部分人所采取的剥夺其公权策略,也较为偏激,在某种程度上几乎与封建社会早期的专制王朝严厉推行的抑商政策相类似。而买办在中国一直作为革命的敌人,更为严厉地受到各方面的抨击而被视为一无是处,后来在学术研究中又长期受到学界的全盘否定,除了与国民革命时期共产党的宣传有关之外,大概与这一时期国民党进行商民运动所采取的此种策略也不无关联。

近10余年来,学术界对近代中国的买办已进行了一些新的探讨,认为不能将买办视作一成不变的一个社会群体,不少买办后来投资经营民族资本企业,已经转变成为民族工商业资本家。有些人尽管仍然保留了原有买办职务,但也是为了便于所办企业的经营与发展,不能再将其与一般的买办同日而语。另外,买办中的大多数人由于在经济上与帝国主义有着唇齿相依的紧密联系,因而在反帝爱国运动中态度暧昧,甚至从中作梗,但同时也有一部分买办商人积极地投身于反帝爱国运动,表现出较高的爱国热情,这说明买办中不同人的政治态度与表现也并不完全一样,需要区别对待。过去,学术界还有一个并不确切的结论是将经营洋货的商人视作买办商人,看来这个不确的结论最早也是出自于有影响力的政党。例如当时的国民党即将洋货业商人与买办商人等同看待,均作为"不革命者"。将洋货业商人等同于买办,这实际上是对买办的定义不准确,将买办扩大化。在政治上,洋货业商人更非仅仅充当帝国主义的走狗和帮凶。从清末的抵制美货运动开始,在历次反帝爱国运动中都不难发现洋货业商人的积极表现。这些情况表明,国民党趋向于偏激的商民运动方略在当时特定的历史条件下虽产生了积极的影响,但从长远看也不利于动员更多的商民参与国民革命运动。

上述国民党对商人的划分以及所采取的不同的策略,与当时共产党所实施的商人运动议决案虽略有差异,但在许多方面却存在着相同之处。1926年9月中国共产党第三次中央扩大执行委员会议决案中的《商人运动议决案》首先即有如下之论述:

> 中国商人在民族运动中有三个倾向:最反动的是洋行买办、银行、钱业、大的百货公司等洋货商,这是纯粹买办阶级,他们差不多已经没有民族观念了。其次就是由大商买办进步到新兴的企业家,纱业、丝业、航业等,他们因为企业扩张,需要政治的扶助,有了点政治觉悟,也有了一点民族观念;然而他们未尽脱离买办阶级的意识,希望以改良手段向帝国主义者及军阀得到一点利益,尚不敢公然与民众接近。中小商人则多倾向革命,至少不反对革命;他们和帝国主义者无直接经济的关系,他们受军阀的苛杂捐税和大商排挤两重压迫,而时有破产的恐惧,他们又没有工厂,不怕工人罢

工,因此他们能够和革命的工人学生群众接近,并且他们自身就是很广大的群众。[1]

将买办商人、洋货商人、银行商人均定性为反动的买办阶级和革命的对象,当时国共两党在这方面的认识基本上是一致的,略有不同的是共产党还将钱业和大的百货公司商人也包括在内;对于新兴的企业家,国民党是依据其与帝国主义的亲疏关系分为两类,一类是"接近革命之商人",应予以扶助;另一类"实为商民之大敌,中国之罪人"。共产党虽未作如此划分,但认为他们既有一点政治觉悟和民族观念,同时也希望从帝国主义和军阀那里获取利益,存在着明显的两面性。至于中小商人,当时的国共两党则均认为他们受帝国主义压迫而多接近或倾向于革命,系为可革命者,在商民运动对他们所采取的策略也基本相同。共产党还特别强调:"我们商人运动之对象,正是中小商人的群众,他们是民族运动的联合战线中一重要成分,城市运动中有了他们,才免得工人学生孤立,乡村运动中有了他们,才免得农民孤立。……我们商人运动之重要目的,是组织中小商人,尤其是宣传中小商人反抗大商买办阶级在民族运动中的妥协卖国行动。"[2]

## 二 对待商人团体的策略

首先看"对于现在商会之态度"。商会是商人最重要的社会团体,从清末成立开始即在社会生活中发挥着十分重要的作用。国民党推行商民运动时如何看待商会,并采取何种策略,当然也是一个非常重要的问题。《商民运动决议案》首先断定:"现在商会均为旧式商会,因其组织之不良,遂受少数人之操纵"。这显然是对商会持否定态度。其主

---

[1] 《商人运动议决案》,中国人民解放军政治学院党史教研室编:《中共党史参考资料》,第4册,1979年4月内部印行,第79—80页。
[2] 同上书,第80页。

要理由一是商会对商人"以少数压迫多数之意思,只谋少数人之利益";二是勾结军阀与贪官污吏,"借军阀和贪官污吏之势力,在社会活动,以攫取权利",甚至"受帝国主义者和军阀之利用,作反革命之行动,使一般之买办阶级每利用此种商会为活动之工具"。

当时的国民党既然如此认定商会的性质,认为"大多数之旧式商会不独不参加革命,且为反革命;不独不拥护大多数商民之利益,且违反之",那么其对商会所采取的政策也就可想而知了。《商民运动决议案》明确指出:"须用严厉的方法以整顿之,对在本党治下之区域,须由政府重新颁布适宜的商会组织法,以改善其组织,更严厉执行。"另一个策略是令各地组织商民协会来抗衡商会,"以监视其进行,以分散其势力,并作其整顿之规模"。国民党的最终目的,就是要"号召全国商民打倒一切旧商会"。实际上,国民党将商会定性为旧式反动组织并非始于1926年1月的"二大",而是因为在此之前即有这一结论,才会在《商民运动决议案》中制定对待商会的这种方略。国民党北京特别市党部于会前撰写并在会上发言的党务报告,就是将北京的团体分作革命及非革命两大类,非革命一类中又分为反动、妥协两种,北京总商会、银行公会、教育改进社、铁路协会等团体,均被列为"反动派之团体"[1]。在"二大"召开前的国民党内部,类似这样认定商会是旧式反动组织的人已占大多数。

有学者指出,《商民运动决议案》前后条文对待所谓旧商会的策略,存在着相互矛盾之处。该决议案第二条指明以商民协会分散商会的势力,为整顿商会做准备,并无消灭商会之意;第七条却"号召全国商民打倒一切旧商会",由商民协会取而代之。在同一份议决案中之所以出现这样互相矛盾的条款,"这可能是与该决议案不同章节的起草人不同所造成。第二条可能由立场相对温和的甘乃光或者陈公博起草,第七条则可能是由在此问题上态度比较激进的谭平山起草。"[2]由

---

[1] 《中国国民党第二次全国代表大会会议记录》,第6日第11号,中国国民党中央执行委员会1926年4月印行,第59页。

[2] 冯筱才:《北伐前后的商民运动(1924—1930)》,第84页。

于没有具体的史料依据,这只能是一种推论。从现在能够查到的史料可知,《商民运动决议案》主要是由甘乃光起草的,第七条是否由谭平山起草还有待考证。在"二大"第四日第八次会议上,陈公博、甘乃光、何香凝分别报告了青年运动经过、商民运动经过和妇女运动经过,大会主席团提出各项民众运动均已进行报告,每种报告应有决议案交大会讨论。决议案之制成,应各有一审查委员会,名额3至5人。次日下午第十次会议通过的商民运动报告审查委员会成员共计5人,即甘乃光、周启刚、杨章甫、李朗如、陈嘉任。大会秘书长还特别说明:"商民运动报告审查委员中有甘乃光同志,系由主席团特派,因甘同民特别熟悉情形之故。"[1]另外,当时中共对待商会的现实政策,也并非是立即"打倒一切旧商会",同样也是改造商会。中共《商人运动议决案》即曾指明:"我们商人运动之方法,乃是用商民协会等类形式,组织中小商人群众,以图改造现有的商会,而不是仅仅联络现有的商会。"[2]

另外,笔者还认为,结合此前国民党内部对商会的政治定性,以及在"二大"各相关报告中的有关说法,《商民运动决议案》对待旧商会的策略,并没有十分明显的相互矛盾,基本上还是比较一致的。该决议案第二条主要是针对商会的内容,所采取的是一种符合当时实际情形的权宜之策,即"用严厉的方法以整顿之";第七条主要是针对商民协会的内容,其中所说之要"号召全国商民,打倒一切旧商会",则是在当时制定的一种较长远的目标,即最终用商民协会取代商会。在现时期对商会进行整顿,使其不致再反对革命,与在今后适当的时候取消商会,这种现实策略和长远目标应该说并无明显的矛盾。

但无论怎样,国民党对商会性质的认定以及所采取的对策,显然也存在着偏激和片面性。尽管商会在组织形式上还存在着一些问题,需要不断加以改进,但却不能简单地说商会组织不良,完全是由少数人操纵。事实上,商会在清末诞生时组织机构和民主程序即较为完备,是当

---

[1] 中国第二历史档案馆编:《中国国民党第一、二次全国代表大会会议史料》(上),第241页。
[2] 中国人民解放军政治学院党史教研室编:《中共党史参考资料》,第4册,第80页。

时最具近代特征的新式商人社团。民国时期商会自身又不断完善其组织制度,如最有影响的上海总商会在20年代初进行改组之后,设立了八个专门委员会,并规定如遇临时发生问题需要上海总商会出面组织力量解决时,另行组织临时委员会。各委员会成员的人选,除由会董中推举外,并从会员中遴选充任;同时还根据需要经会长同意聘请社会上少数科技、法学专家担任特别委员。[1]至于商会领导人的选举,早在清末即规定有比较明确的民主选举制度,另还规定了各级领导人的责权利以及各种会议制度,使商会能够在民主制度下正常运作。当然,不否认有少数商会未按照规定的制度执行,导致其权力被少数人控制,但这不是商会组织制度本身不良的问题,而是领导人的素质所造成的例外现象。另还应指出,商会从诞生之日起,就是代表各行各业商人的共同利益,而不是像传统行会组织那样只维护本行业的独占性垄断权益,这从商会开展的各项经济活动即可得到明证。因此,所谓商会"以少数压迫多数",只是"谋少数人之利益"的说法,显然也有失偏颇。说商会勾结军阀和贪官污吏,在个别商会中或许存在着类似的现象,但就整体而言此论也不无片面性。何况商会也多有反对军阀和贪官污吏的举动,当时的国民党却对商会这方面的行动视而不见。例如20世纪20年代初,商会提出废督裁兵的主张,在1921年10月召开的全国商会联合会临时大会上通过了废督裁兵的决议,阐明军阀割据是中国祸乱之源,要消除祸乱之源就必须废除拥兵割据之督军,大力裁减军队。商会的这一主张得到了各界的支持,孙中山也发表《和平统一宣言》,指出"和平之要,首在裁兵"[2]。1923年6月直系军阀曹锟在北京发动政变,将总统黎元洪驱逐出京,并企图以贿赂议员的方式非法当选总统。上海总商会也坚决表示反对,并向全世界发表宣言,提出国民自决的三项政治主张,组织民治委员会应对时局。上海《民国日报》曾为此发表"专评",称赞上海总商会"以难得的大会,应付非常的时局,于此可以

---

[1] 徐鼎新、钱小明:《上海总商会史(1902—1929)》,上海社会科学院出版社,1991年,第254页。

[2] 孙中山:《和平统一宣言》,上海《民国日报》,1923年1月26日。

显出上海商人对政治的真态度";并称这一政治行动"是对军阀官僚宣战,是做民治运动的前驱"[1]。这与几年后国民党所谓商会勾结军阀与贪官污吏的说法,显然存在着较大的出入。1924年11月10日孙中山发表北上宣言,提出召集国民会议以谋国家之统一与建设,并主张在国民会议召集以前,先召集一预备会议,以决定国民会议之基础条件及召集日期、选举方法等事。"预备会议以左列团体之代表组织之:一、现代实业团体,二、商会,三、教育会,四、大学,五、各省学生联合会,六、工会,七、农会,八、共同反对曹吴各军,九、政党。……国民会议之组织,其团体代表与预备会议同。"[2]显而易见,此时的孙中山也并未将商会看作是所谓旧式反动团体,而是将其作为参加国民会议的各界重要团体之一,甚至还将商会名列各团体之二,充分凸显其重要地位。孙中山对商会性质的这一判断,同样也与后来"二大"前后国民党对商会性质的定性存在着明显的差异。

从《商民运动决议案》指明的对待商会的态度,我们还可以发现另一个在后来发生的有关商会存废问题的重要争论,与此不无关联。有关的论著在论及这一问题时,一般都认为蒋介石建立统一的南京国民政府之后,取消了地方自治,并对商会等民间社团加以整顿和控制,其目的主要是为实行国民党的一党专制。结果导致商会与政府之间出现十分激烈的争论和斗争。笔者以前撰写的相关论著,在论述这一问题时也持同样的说法。然而,这一说法却是值得推敲的。由上可知,对商会进行整顿并不是国民党建立南京国民政府之后,为实现国民党一党专制所确定的一个新策略,而是国民党在建立南京国民政府前几年推行商民运动时期就已确立了这个对策,南京国民政府只是继续实施这一对策。而且,国民党在整顿改组商会时对早期确定的以商民协会取代商会的策略,进行了较大的修正。商团问题也与商会十分相似,虽然取消商人武装团体合法性的《都市无组织商团之必要案》也是在南京

---

[1]《专评》,上海《民国日报》,1923年6月23日。
[2]《广州国民日报》,1924年11月13日。

第三章 国民党推行商民运动的方略 71

国民政府建立后的1929年8月才正式通过,但国民党对待商团的这一政策同样早在1926年初国民党"二大"就已确立,并不是南京国民政府建立后为确立国民党一党专制而制定的新政策。有关这方面的详细情况,后面将有专章加以论述。

其次看"对于现在商团之态度"。有关商团问题,在前面已多次提及。经过广州商团事件之后,国民党对商团也完全持否定态度,甚至认为"为使本党主义得贯彻计,对于资本阶级之武装,无论其为大资产阶级或小资产阶级,皆认定其为有障碍革命工作之危险"。因此,《商民运动决议案》明确规定对待商团的政策是:"在本党政府下不准重新设立商团"。国民党认定"在本党政府之市场,本党更可以运用军队之力、政治之力,以肃清土匪,肃清贪官污吏,保障一切商场之治安,商民更无武装之必要"。至于在当时国民党控制地区以外的地方,"亦当贯彻此主张,而实施之"。对于已经设立的商团则尽力加以利用,使其成为保卫城市中多数被压迫的小商人的组织,不被少数人所把持而成为压迫工农群众的工具。[1]

由于有广州商团事件发生,国民党对商团持否定态度自然不足为奇。但是,广州商团事件是否完全如同当时广东政府所说的情况,还需要再作进一步考察。目前,已有些学者对此提出了新的见解,认为广州商团并不是在英国或是香港政府策动下与革命政府公开对抗,商团也

---

[1] 当时的国民党对商团的政策似乎较诸商会更为严厉,《商民运动决议案》虽已规定要采取严厉的方法整顿商会,并用商民协会取代商会,但从后来的实际情况看却并非完全如此。而不准重新组织商团的规定则在此之后即已实行,当有些地区的商民协会呈请组织商团时,中央商民部就曾明确表示:"查本党第二次全国代表大会商民运动决议案对于现在商团之态度,在本党政府下不准新设立商团之议决,自应如议奉行,该会拟函转请组织商民自卫军,未便照准,仰即知照为要"。见《中央商民部致小榄商民协会函》,1926年1月22日,台北,中国国民党中央委员会党史史料编纂委员会收藏档案,部1127。甚至有商民协会提出将原有商团改为商民协会自卫队,中央商民部也不予以批准。参见《商民运动委员会第二次会议录》,1926年1月,台北,中国国民党中央委员会党史史料编纂委员会收藏档案,部4287号。

没有勾结军阀发动叛乱,事实上迄今为止根本找不到这方面的证据。[1]广州商团是否一开始就是抱着反对政府、反对革命的主张,图谋从事反革命叛乱?这次事件最终激化成商团与广东革命政府军队的直接武力对抗,与政府在处理这次事件过程中的某些失策有无联系?看来,这些问题都需要进一步研究,不能轻易下结论。但有一点却可以肯定,即使广州商团事件最终仍被定性为是一次反革命叛乱,也只能认为广东一地的商团是反革命武装力量,而不应以偏概全,将各地的商团全部都说成是反对革命的武装力量。

另外,国民党所谓其军队足以肃清土匪、保障市场秩序,因而商人完全没有必要再组织商团的说法,也多有牵强之处。许多事实表明,当时广东政府的军队并不能真正保证所属地区的治安与秩序,有时甚至就是这些军队本身带来了混乱,这也正是商人对广东政府有所不满的原因之一。清末民初,广东一直是盗匪十分猖獗的地区之一,特别是"粤东盗匪,甲于天下";加上各派系军队的劫掠骚扰,致使社会治安非

---

[1] 参见张俊义:《英国政府与1924年广州商团叛乱》,《广东社会科学》2000年第3期;邱捷:《广州商团与商团事变》,《历史研究》2002年第2期。另外,广东潮安人陈克华在清末即加入同盟会,后又曾在国民党军队中官至中将,他于50、60年代撰写的著作中对广州商团的评价明显不同,强调商团成立后明显改变了广州盗匪横行、"客军"恣意劫掠的现象,发挥了积极作用。对于商团事件发生的原因,他也另有一番说法,认为当时广东南海、番禺、顺德、东莞等县乡绅"以广州商团办理良善,果收大效,亟欲效法,每县也组商团,以安闾里,因与陈廉伯商量,陈亦认为有此需要,且各县商团苟能成立,而由自己总其成,个人地位,亦将徒增,故将此意转陈有关当局,当道乡民出钱出力组织商团,协助政府维持地方治安,实属善举,因准所请,并许其备价购买步枪二千五百杆,陈廉伯即通知各县,并缴款购械。是年十月,该批新枪二千五百杆运抵黄埔,适值黄埔军校第一期入伍生结业,方成立教导团,当局因截留该批枪械,拟该团应用,俟其他枪械运到,始如数交还商团。陈知其事,因与当局交涉,无效,愤然而归。时有人向政府进言,谓陈廉伯组织商团,实另有目的,盖欲成立商团军,籍实力以左右政府,而遂其夺取省长职位的目的。当局据报,拟缴商团之械,以免变生肘腋。陈大怒,嗾使商人罢市,并令商团在太平路一带布防,满堆沙包等防御工事,实行抗命",最终激发成为商团与政府军的武力对抗(参见陈克华:《中国现代革命史实:由联俄容共到西安事变》,香港春风杂志社,1965年,第61—62页)。按照陈的说法,广州商团事件发生的主要责任显然不在商团一方,而是缘于广东政府先是未经商量而擅将商团合法订购的枪械扣留,挪作黄埔军校毕业生组成的教导团使用;后又误信他人之谗言,以为陈廉伯扩大商团和增购枪械是为了达到不可告人的政治目的,进而对商团实行缴械,终使矛盾激化,导致武力对抗的商团事件发生。

常混乱。由于统治广东的各个政权都无力真正解决这个问题,商人首当其冲受害颇深,不得不组织商团以自卫,并取得了明显的成效。"十数年来,粤垣政局迭变,商场未大受蹂躏,皆商团自卫之力;居恒御盗制暴,军警有不能为力者,独商团毅然任之,其效可谓大矣。"[1]1923年孙中山领导国民党重新在广州建立革命政权后,也没有改变广东治安混乱的状况。因孙中山能够在广州重建政权,主要依靠的是滇军、桂军等外省客军,而为了维持这些军队的给养,新政权不得不加重对商人征收各种苛捐杂税,致使商人难以承受。更令商人无法忍受的是,"客军"素质低下,军纪甚差,又以驱逐陈炯明、拥戴孙中山返粤而居功自傲,骄横跋扈,损害商人利益的各种事件时有发生,也经常与商团产生磨擦与冲突。孙中山虽曾多次劝戒军队维持军纪,但并无成效,以至于不得不下令广州的军队移驻郊外,并且严格限制军队在城内设立机关。这些都足以说明,《商民运动决议案》简单地认定商人无需组织商团的理由也是难以成立的。不过,在实际运作过程中,国民党对待商团的态度和政策也与对待商会有某些相似之处,并没有马上一概予以废除,而是加以利用。尤其是对江苏等地成立历史较久、力量和影响均比较突出的商团,国民党直至建立南京国民政府之后,尽管在较长的一段时间内仍力图对商团予以改编,但在各地商团的反对之下,也仍然使商团得以保留了多年。这方面的详细情况,后面也将有专章作详细说明。

最后分析国民党"组织全国商民协会"的策略。组织商民协会是国民党推行商民运动最重要的举措,由于国民党认定商会中"所谓会长、会董事者流,不为买办阶级,则为前清遗老,或恶商劣绅",均"处于不革命、反革命之地位",这样的组织当然不可能领导商民参加革命。因此,必须成立新的商人团体,这就是商民协会。《商民运动决议案》规定了商民协会的以下三个重要原则:一是代表大多数商民的利益,通过将会费减至最低限度,使广大中小商人能够有入会之可能和发表意

---

[1] 香港华字日报社编印:《广东扣械潮》第1卷,"事实",1924年,第1页。又见存萃学社编:《一九二四年广州商团事件》,香港崇文书局1974年印行。

见的机会,真正做到代表大多数商民之利益;二是组织必须严密,因为"组织越严密则势力越集中,运用越敏捷",所以每县应有县商民协会,全省应有省商民协会,全国则有全国商民协会,这样才能使其"成为严密的有系统之组织";三是必须具备革命性,为使商民协会具备和保持革命性,首先是严格限制与帝国主义、军阀官僚勾结的反革命商民加入,其次是凡有国民党同志或党部所在地之商民协会,以党员为基本会员,并规定商民协会必须直辖于该地党部之商民部。[1]

总体而言,上述国民党对商民协会制定的三个原则,尤其是代表多数商民利益和强调组织的严密性,对于一个商人团体来说是至关重要的。商会的组织系统也比较严密,从清末开始即有商务总会、商务分会和商务分所,民初又建立了全国商会联合会及各省事务所。但商会领导人无论是清末的总、协理,还是民国时期的正、副会长,都是由商界上层的头面人物担任。即使是会董、委员等,绝大多数也都是各个行业的领袖才能当选,一般工商者基本上难以问津。这样,尽管商会的宗旨和活动都力图反映整个商人群体的利益,保护商业的发展,但也难免使人会有商会主要是商界上层控制的团体这样一种印象。加上有的商会领导人确实曾经利用职权谋取私利,有时在一些重大问题上也不能很好地保护整个商人群体的切身利益,更容易引起中小商人的不满。因此,建立一个以中小商人为主体的新团体是有必要的。但是,国民党一开始就将商民协会置于与商会相对立的地位,并且想用商民协会取代商会,这就导致了日后商民协会与商会的不断纷争,也给商民运动带来了不利的影响。后来的事实证明,长期以来商会已经在经济和社会生活中奠定了相当重要的地位与影响,是不可能随意取消的,而商民协会实际上也不可能取代商会,更不可能发挥商会的功能与作用,这就使商民

---

[1] 在对待商会与组织商民协会的问题上,国共两党当时也有许多相同的认识。中共《商人运动议决案》指出:"我们商人运动之方法,乃是用商民协会等形式,组织中小商人群众,以图改造现有的商会,而不是仅仅联络现有的商会;因为现有的商会这种机关,尤其是大都市的商会,不但为大商买办所盘据,不能代表中小商人,并且空洞没有群众。……商民协会,应该是个纯粹的中小商人的组织。"见中国人民解放军政治学院党史教研室编:《中共党史参考资料》,第4册,第80页。

协会陷于一个难以摆脱的困境。所以,在商民协会与商会之间经过几年激烈的纷争乃至出现斗殴之后,1930年国民党政府又只得宣布解散商民协会。另外,保证商民协会的革命性虽有必要,但国民党为达此目的而硬性规定,各地商民协会必须直辖于所在地区国民党党部的商民部,从而使商民协会具有很强的党派团体色彩,也因此受到国民党的控制和干预。由于商民协会并不是一个独立自治、不受党派和政府控制的民间商人团体,实际上它也很难真正做到代表绝大多数商民的利益。

## 三 其他相关策略

除上所述,《商民运动决议案》还拟定了"对海外侨商运动之方法"、"商民运动与农工运动关系之解释"等方面的内容。

国民党对海外侨商的评价比较高,认为侨商颇具革命性,而且在辛亥革命时期即有体现。《商民运动决议案》指明:"辛亥革命推倒满清,海外侨商与有大力焉。诚以海外侨商经商异国,亲受帝国主义者之歧视与压迫,眼见他国之富强,祖国之贫弱,故其革命情绪之发生常较早较易,及其归国之后又常受军阀、土匪、贪官污吏、劣绅土豪之鱼肉与欺凌,故其革命的要求更加强烈。"客观地说,国民党对海外侨商的这一评价并不为错,但事实上辛亥革命期间国内一部分地区的商会、商团和商人也曾支持革命,但国民党几乎从来就不曾提及。

基于上述对海外侨商的认识与评价,国民党在决议案中所定对待海外侨商的总体政策是:"极力向其宣传,使其继续努力,以参加国民革命"。其具体措施有二,一是派人赴各国宣传,"海外同志类多忙于生活工作,欲使其牺牲全副精神及时间以从事于此项工作,殆为难极,且商民运动为创举,尤非明白其理论及方法不成,故为求发生伟大效力计,本党亟当派遣干员分赴各国专任此项工作。"二是组织国内侨商团体,"国内侨商散处各地,类多毫无组织,各自为政,每一遇事呼钥[吁]无门,一任其敌人之鱼肉欺凌,故本党亟当为之组织团体,直接以保障其自身利益,间接即以使其参加革命工作。"

关于商民运动与农工运动之关系,国民党强调商民运动要与农工运动一致进行,但这在当时国民党内部并没有完全形成统一的认识,有人认为两者"不能相容"。因此,《商民运动决议案》特别解释说:"国民革命为各阶级民众之共同的革命,故在国民革命之进行中包容各阶级的革命分子一致进行,实为绝对的必要。本党现在一方注重于农工运动,一方又注重于商民运动,少数党员每以农工运动与商民运动不能相容,二者并行未免矛盾,实则商民运动与农工运动并不发生冲突,且有共同注重之必要"。在这方面,国民党也制定了两项原则。一是"在国民革命进行中,各阶级民众有联合战线之必要,商民与农工宜一致联合共同努力,故本党不能只注重于农工运动,而置商民运动于不顾";二是"在商民运动与农工运动二者进行之中,遇有双方利益冲突时,须以国民大多数之利益为前提,而站在被压迫的方面,主张其利益,则商民与农工自不发生冲突,此为商民运动与农工运动之关系点,本党应以此对于商民运动与农工运动关系应取之方针。"

如果细加分析,国民党对海外侨商的肯定应该说是比较客观的,其进一步采取宣传动员和帮助侨商组织团体的举措也实有必要,但当时在这方面的实际成效并不是十分显著。而为了促进商民运动的发展,国民党强调商民运动与农工运动没有冲突,尽管在当时特定的历史条件下对此予以强调是可以理解的,但实际上却并非如此。后来的许多事实一再表明,商民运动与农工运动不可避免地会产生各种利益冲突,尤其是劳资双方(当时也称工商两界)的矛盾冲突层见叠出。

湖北省总工会和汉口特别市商民协会曾专门为协调工商两界的矛盾于1927年5月举行联席会议,双方都认为不能因为工商两界的矛盾,使反革命者"以为有机可乘,极其挑拨离间、阴谋破坏的伎俩,制造谣言,煽动风潮,以冀根本推翻革命政府,置我们工商两界于万劫不复之地位";并呼吁"互相联合起来,进行国民革命,打倒共同敌人,求得双方解放"[1]。这次联席会议还就改善店员待遇问题、店员工作时间问题、工商界限问题、工商谈判问题等14个问题通过了决议案,而且"已得武昌市商民协会及汉阳县商民协会之同意,并允共同努力促其实现"[2]。像汉口这样由工商两界的代表在一起共同商讨如何解决两者之间的矛盾冲突,并不多见。即使如此,在实际操作过程中也无法真正解决这种久已存在并且仍在所难免的矛盾。

当时,国民党只是反复说明两者不会发生冲突,而对如何处理两者的冲突缺乏准备,所谓冲突发生后"站在被压迫的方面,主张其利益"的处理原则,实际上也很难圆满地使冲突得以解决,有时甚至更进一步加据了双方之间的矛盾,导致双方对国民党政府的不满。所以,在此之后国民党政府经常因面临这一冲突而处于顾此失彼、芒刺在背的尴尬困境。[3]国民党希望得到农民、工人和商人资本家的同时支持,但事实上却很难做到。30年代初,国民党籍学者萨孟武即曾撰文指出:"资本家与劳动者的利害是不能一致的。我们绝对不能同时得到他们两者的拥护。我们要想得到资本家的拥护,便须放弃劳动者;我们要想得到劳动者的拥护,便须放弃资本家。如果我们同时希望他们两个阶级都来拥护,则我们的政策只能模棱两可。然而模棱两可的政策,终久必为他们所厌弃。"[4]

以上通过对《商民运动决议案》的具体分析,首先可以看出这一时

---

[1]《工商联席会议宣言》,见《湖北全省总工会、汉口特别市商民协会执行委员会联席会议宣言及决议案》(1927年5月24日),第1页,非出版品,日本东洋文库收藏,番号8694。

[2]《工商联席会议决议案》,见《湖北全省总工会、汉口特别市商民协会执行委员会联席会议宣言及决议案》(1927年5月24日),第7页,非出版品,日本东洋文库收藏,番号8694。

[3] 南京国民政府建立之后国民党在处理这类问题时,实际上主要是以维护其统治地位为出发点。如同有的论者所指出:国民党"有时可能压制工人,讨好资本家,有时可能抑制资本家,同情工人。"见王奇生:《工人、资本家与国民党》,《历史研究》2001年第5期,第16页。还有学者认为:第一次国共合作期间,国民党的劳资政策明显向工人一方倾斜。南京国民政府成立后,工人由扶助和依靠的对象一变而成为控制对象,与此同时,工人运动亦受到抑制和限制。参见徐思彦:《20世纪20年代劳资纠纷问题初探》,《历史研究》1992年第5期。

[4] 萨孟武:《如何增厚党的力量》,《时代公论》第4号,1932年4月。

期的国民党在重视农工运动的同时,也开始重视商民运动,反映出国民党急切期盼扩大国民革命阶级基础的愿望,与以往相比较这应该说是一种进步。在此之后,国民党所进行的商民运动和整个民众运动也确实获得了新的发展。但是,当时的国民党对与此相关的许多具体情况和问题尚缺乏切实的了解,所制定的商民运动方略存在着这样或那样的缺陷,尤其是在总体上体现出过于偏激和简单化的趋向,不仅影响了商民运动的发展,也给后来的国民党政府带来了一系列复杂问题。

其次还可发现,与后来的国民党相比较,1926年初亦即第二次全国代表大会时期的国民党显得较为激进。第二章已曾提及,这种现象的产生,与当时第一次国共合作的历史背景,以及国民党左派掌握实权、右派遭到排斥有着密切的联系。当年的国民党右派桂崇基描述国共合作后国民党内部的情形说,共产党人虽加入了国民党,但仍然"在其原组织指挥之下运用党团作用,言行一致,步伐整齐,以与素无党团训练之国民党员,从事党的各种竞争性的活动,共党辄能取得优势"。加上国民党中央组织部由共产党人谭平山担任部长,"国民党一切组织章程,由他拟订,各地方党部负责人由他指派"。其他重要部门如工人部、农民部虽在名义上由国民党人担任部长,但其秘书则均为共产党人。"国民党员之在中央党部任部长职者,无不在政府兼任重要职务。他们终日奔波于政府机关与党部之间,开会见客,犹苦无分身之术,自无暇过问党务,于是实权则不得不落于秘书之手。"[1]1925年孙中山先生去世后,反对联共的国民党右派曾试图改变这种局面,先是在8月间暗杀了国民党左派的主要代表性人物廖仲恺,后又于11月在北京西山召开所谓国民党中央执行委员会第四次全体会议,通过了共产党人必须全部退出国民党的决议案。当时,国民党中央设在广州,由左派掌握实权,认定西山会议为非法举行,对其通过的决议也坚决不予承认。

1926年1月国民党第二次全国代表大会在广州召开,共产党人和

---

[1] 桂崇基:《中国国民党与中国共产党》,台湾中华书局,1978年,第26页。此书原著系英文,在欧洲出版,中译本译者为沈世平。

国民党左派发挥了主导作用。这次大会上通过的各项有关民众运动的决议案,包括《商民运动决议案》在内,从讨论过程与决议案的具体内容,都可看出这一点。但是否就可以据此认为在国民党"二大"上通过的包括《商民运动决议案》在内的一系列决议以及制定的相关政策与策略,都仅仅只是代表共产党的主张,而不反映国民党的意愿?笔者认为,就开展商民运动的重要性与必要性以及通过的《商民运动决议案》而言,在当时体现了共产党与国民党左派的共同主张。从后来的实际情况看,国民党在推行民众运动的过程中,与共产党发生明显分歧和冲突的主要是工人运动和农民运动,并在农工运动中采取了许多完全不同于共产党的策略,而在商民运动方面则没有这种明显的变化。即使是国民党在严厉进行"清党"之后,也并未否定《商民运动决议案》而重新制定新的商民运动政策,只是强调商民不要受共产党的诱惑,应信奉三民主义,进一步扩建商民协会,在国民党的领导与控制下参加国民革命。国民党中央商民部即明确说"清党"之后其所做的工作是:"要把我们误会和怀疑的商人们警醒过来,在中国国民党领导之下来参加国民革命。"[1]国民党对商民运动方略的调整,也是在建立南京国民政府之后,随着整个民众运动从"革命的破坏"到"革命的建设"而进行的。因此,又可以说这一时期的商民运动方略,在很大程度上也体现了整个国民党的意愿。

## 四 《商民协会章程》的实施

《商民运动决议案》虽然确定了组织商民协会取代商会的基本策略,而且规定了商民协会的三项原则,但在这项决议案中不可能对商民

---

[1]《中央商民部周刊发刊词》,台北,中国国民党中央委员会党史史料编纂委员会收藏档案,部13311。美国学者傅士卓曾表述过相似的观点,见傅士卓:《商民协会的瓦解与党治的失败》,《国外中国近代史研究》第20辑,中国社会科学出版社,1992年,第157页。该文译者将傅士卓之名译为弗史密斯。

协会各方面的情况做出更为详细的说明与规定，而商民协会又是国民党推行商民运动最重要的一项举措，所以需要专门制定一个《商民协会章程》，以便在全国推广实施。对此，当时的国民党尤其是中央商民部已有所认识，故而在《商民运动决议案》中即曾说明："为使此商民协会得以普遍于全国，及成为本党一有系统的民众势力起见，本党当制定商民协会之组织法，并正式颁布全国以归划一。"[1]实际上，国民党中央商民部在"二大"召开之前已拟订了商民协会章程，原计划将其列入商民运动决议案之中，而且还在大会讨论过程中，侯绍裘对章程第2章第6条的规定提出了异议，指出不应将党与商人组织混为一谈。毛泽东则认为商民协会章程不必列入商民运动决议案，交中央执行委员会讨论决定即可。提出商民运动决议案的甘乃光赞同"章程在这里讨论确是很难的，最好交第二届中央执行委员会酌定，大会现在止把八条决议案讨论便可"。陈公博也表示同意，并得到10人以上附议。最后担任会议主席的汪精卫宣布："以赞成商民运动决议案的八个原则，但商民协会章程交第二届中央执行委员会审查者举手，付表决。"[2]结果大多数代表举手赞成，遂获通过。

1926年2月5日，中央执行委员会常务委员会举行第二次会议，商民部提出全国商民协会组织章程，请予审查。但本次会议讨论后的决议，是"推本会书记长刘芬同志与商民部秘书审查后再议"。此后，甘乃光调任青年部部长，由宋子文担任中央商民部部长，黄鸣一任秘书，萧汉宗、萧汉平、李荣滋为干事。2月23日，在中央执行委员会常务委员会第7次会议上，刘芬、黄鸣一分别报告了审查商民协会章程的

---

[1]《商民运动决议案》，中国第二历史档案馆编：《中国国民党第一、二次全国代表大会会议史料》（上），第393页。
[2] 中国第二历史档案馆编：《中国国民党第一、二次全国代表大会会议史料》（上），第379页。

经过,讨论后获得通过。[1]

《商民协会章程》通过之后,许多地方党部商民部都相继印行了单行本,作为商民运动的宣传品之一,散发给广大商民阅读。有些单行本还在前面加上了编辑例言,如《天津商会档案汇编》(1928—1937)上册收录的该章程单行本即有如下编辑例言:

一、旧有商会法不适用国民政府之下,商民协会章程实为商民必须遵守的法律。

二、本书注重简明的解释,便于商民阅读。

三、近时各地组织商民协会,每因不知章程,以致组织上发生错误,如遵照本书各条规办理,自必适法。

四、本书对于立法意旨,亦解说明白,以供一般商民组织商民协会时研究。[2]

《商民协会章程》首先对商民协会的性质、目的及作用进行了解释,指明"商民协会系本国民革命之宗旨,改善商民之组织,集合在帝国主义与军阀压迫下之商民,使之有完善之组织,伟大之力量,以谋商民痛苦之解除,而增进其幸福。"[3]这段话明确说明商民协会是为国民革命之进行而成立的商人团体,与商会为促进工商业发展而设有明显区别,前者政治色彩突出,后者经济色彩显著。商民协会的目的和作用,是将商人组织起来,一方面从事国民革命,另一方面也为商人解除痛苦。在后一方面,商民协会与商会的作用有某些相似之处。

---

[1] 该章程通过之后,曾作为商民运动的宣传品之一,在许多地方都印刷过单行本。黄诏年撰写的《中国国民党商民运动经过》也将该章程作为附录,但其名称为《商民协会组织法》,内容则并无不同。天津市档案馆等编辑的《天津商会档案汇编》(1928—1937)上册收录了《商民协会章程》,系由保存于该档案中的单行本照录,内容也完全相同。原书扉页中有原编者注:"民国二十六年此书被日寇劫去,胜利后由东京收回,刊此以资纪念。"因原书未注明《商民协会章程》颁行时间,该档案编辑者在注释中说明:"原文无年月,据该书出版日期推断,当在民国十六年四月前。"

[2] 天津市档案馆等编:《天津商会档案汇编(1928—1937)》,上册,第439页。

[3] 《商民协会章程》,天津市档案馆等编:《天津商会档案汇编(1928—1937)》,上册,第439页。下引《商民协会章程》不再一一作注。

关于商民协会的会员,规定凡居住中国之商人,不论性别,凡年龄在16岁以上,依照该会章程,遵守该会纪律,履行该会决议案者,皆得为该会会员。但以下两类人不准加入:一为"帝国主义之走狗,现任之买办、现任牧师及入外国籍";二为"军阀之走狗,劣绅贪官污吏"。以上对会员的限制,又再次突显了国民党推行商民运动的方略,尤其是将许多经济实力比较雄厚,在工商界有一定影响的买办列为革命的对象,不准其加入商民协会。而商会则不仅允许买办加入,并且有一些买办还凭借其经济实力和社会地位在商会中担任了重要的领导职务。

商民协会的入会手续并不复杂,有会员二人负责介绍,本人填写入会志愿书,由该地商民协会会员大会过半数通过,领取会员证章之后,即成为正式会员。会员拥有以下权利:

1. 有请求本会向政府力争取消该行苛税杂捐之权利;
2. 会员有受屈事情,有请求本会力争申雪之权利;
3. 会员与会员间发生争执时,有请求本会代为排解之权利;
4. 土货商会员,如土货出品达到足供该地销售有余时,有请求本会通令该行会友,一致不卖该地品价相同之洋货之权利;
5. 在本会已有合作银行设立之处,会员有享受最低利息借债之权利;
6. 在本会已有报纸杂志等设立之处,会员有享受廉价广告之权利;
7. 在本会已有购卖合作社设立之处,会员有享受廉价买货卖货之权利;
8. 在本会已有商业学校设立之处,会员及其子弟有享受入学免费或减费之权利;
9. 在本会已有智德体美音等娱乐机关设备之处,会员有享受应用之权利;
10. 在会员大会中,会员皆有发言权、建议权、表决权;
11. 会员有选举及被选举为本会职员或代表之权。

由上可知,商民协会列举的会员权利总共有11条,与一般商人团体的规定要多得多;除最后两条外,其他绝大多数都属于经济方面的权利。商民协会其实是一个政治色彩非常突出的商民团体,但其会员的权利却绝大多数又是侧重于经济方面,这是一个比较值得回味的问题。之所以如此,首先当然是为了能够吸引更多的中小商民加入商民协会,因为对于商人阶层而言,经济方面的实惠与权利要比政治方面的吸引力大得多。另一方面,商民协会主要面向广大中小商民,这些商民在上列各方面的权利都远远不及大商人,也确实需要得到改善,并且对广大中小商民具有相当的吸引力。可以说,国民党推行商民运动的方略在这方面的具体针对性还是比较强的。

商民协会会员在享受上述各项权利的同时,还必须尽到以下各项义务,包括严格遵守章程和决议,按月缴纳月费,依时参加会议,"不得勾结帝国主义者、军阀、贪官污吏或土豪劣绅","不得压迫工人农民"。会员如有不履行各项义务者,"轻则予以警告,次则停止其应享之权利,重则除名出会"。这些规定,与一般社团大体相似。

关于商民协会的组织系统及其相互关系,国民党做了如下较详细的设计安排。首先,商民协会之成立,以县及市为单位,如一县或一市有多数商民发起组织时,得呈请省或中央之执行委员会审查认可,派员到县市依章筹备之。其次,一省有三个以上县或市成立商民协会时,得组织全省商民协会。再次,全国有三个以上省或独立市成立商民协会,得组织全国商民协会。此外,每县或市商民协会成立时,即须同时组织该县或市所属各乡镇及各行商分会。"各县墟镇中,具有商业特别繁盛,商店及商民特别多,经中央或省认为重要区域者,得作为市商民协会,由中央或省派员组织之,直辖于省商民协会,与县商民协会同等。"在大都市或商埠(一般为特别市),经中央认为有组织独立市商民协会时,由中央派员组织之,并且直辖于中央,与省商民协会同等。因此,商民协会的组织系统分为全国商民协会——全省或独立市商民协会——全县或市商民协会——某地或某行商民协会分会,各下级商民协会必须接受上级商民协会管辖。如有不服从者,上级商民协会有权取消或改组之。

可以说,国民党为商民协会设计的组织系统还是比较完善的,由此可形成为一个由上至下、层层连接的组织网络系统。但商民协会的组织系统实际上是参照商会的组织系统而设立的。当时的商会，也是分为全国商会联合会、省级商会联合会（全国商会联合会某省事务所）、市商会和县商会四个等级。略有不同的是，各级商会并没有明确而严格地规定上下级隶属关系，上一个层次的商会只是对下一层次的商会发挥指导和联络作用，相互之间不存在管辖和服从关系。国民党在这方面对商民协会组织系统做出的改变，显然是出于革命动员的需要，只有明确要求下级商民协会必须服从上级商民协会，才能有效地对商民进行广泛的动员和组织工作。不过，从实际情况看尽管全国商民协会的成立曾多次提上议事日程，但由于各方面原因一直未付诸实现。所以，商民协会的组织系统实际上只是形成了全省或独立市商民协会——全县或市商民协会——某地或某行商民协会分会三个层次。

关于商民协会的职员，各级商民协会均由代表大会或会员大会选出执行委员，组织执行委员会，执行会务，由执行委员互选常务委员（各级商民协会常务委员人数不一）。另选出纪律裁判委员，执行纪律，并各选出候补委员。候补委员可出席各级会议，但只有发言权，无表决权。除分会外，各级商民协会执行委员的任期均为一年，分会为半年。与商会和一般社团明显不同的是，商民协会的职员中未设会长和副会长职务。至于究竟为何不设立正副会长职务，尚未见到相关的解释。

商民协会的经费是直接影响其生存发展乃至能否发挥应有作用的一个不容忽视的因素。除开展特殊重要活动或遇有特别事故，可向所在地区党部商民部单独申请，或是募集特别捐或借款之外，商民协会的日常经费主要是依赖于会员入会费、会员月费。各地商民协会的入会费和月费数额不做统一规定，"视各地商民状况如何，由县执行委员会决定"。但对最高额度却有限制，关于入会费，普通商民最高不得过5元，商店职工不得过1元，小贩不得过5角。月费的限额更低，普通商民最高1元，商店职工最高3角，小反最高2角。另外，"会员如遇失业时，得请求减免月费，惟须得所属分会或县执行委员会之许可"。

在会费数额的规定方面,商民协会比商会稍低一些。因为加入商民协会的主要是中小商民,经济实力有限,如果强行规定很高的入会费和月费,势必会影响许多中小商民的积极性。此外,商会即使需要开展特别活动,通常也不可能在党政部门获得经费的支持,而商民协会则可申请特别费或特别捐,这一区别也反映了商会和商民协会这两个团体与国民党之间的不同关系。

商民运动发展的初期,有些地区为了更好地推动商民协会的成立,还另行制定了一些相关措施。例如广东省商民部建立后,即曾拟订了《商民协会组织程序》10条,比较详细地规定了成立商民协会的注意事项和规则。该程序首先说明,组织商民协会"须注重先从城市墟乡之分会入手,务使每个商民均了解商民协会之宗旨及其利益,故在着手组织之先最重宣传"。在此之后,即可举出筹备员若干人,负责成立商民协会的筹备工作。由筹备员详列各商民之姓名、年龄、籍贯、职业、住址等,加盖店章,呈报省商民协会调查考核与批准。收到批准公文,即择定日期召集该属会员全体大会,选举正式职员,并由省商民协会派员监视选举,筹备员名义即行取消。新选出的职员组成执行委员会,将成立大会详情呈报省商民协会,并备价请领旗印。省商民协会接到报告成立呈文后,如认为与章程有抵触之处,应即饬令修正,或撤回以前之批准,取消其成立;如认为妥当,即准备案,并颁发会旗会印。领到会旗会印之后,该商民协会始为正式成立。[1]以上规定虽然较为繁琐,但在当时商民运动的发展初期,许多商民对商民协会并不十分了解熟悉的情况下,做出这样的规定还是必要的。

---

[1]《商民协会组织程序》,《商民运动》第1期,1926年9月1日。

# 第四章　商民运动的起步:以广东为例

前面已曾提及,1924年7月国民党中央在汪精卫的提议下设立了实业部。同年11月经国民党中央执行委员会第56次会议通过,将实业部改为商民部。一般认为,国民党推行的商民运动始于1924年11月国民党中央执行委员会设立商民部。到1926年1月国民党第二次全国代表大会通过《商民运动决议案》,这一时期是商民运动的初期阶段。但需要指出的是,初期阶段的商民运动也主要限于在广东一地开展,在其他地区并无多少成效和影响。因此,我们首先考察广东地区商民运动的具体情况。

## 一　中央商民部的设立与商民运动的起步

1924年11月国民党中央商民部的正式设立,是商民运动能够得以开始推行的重要条件。此前国民党中央所设之实业部,由汪精卫出任部长。该部之职责范围虽与商业和商民相关,但当时很少提及发动和领导商民运动。为何将实业部改为商民部,按照国民党有关方面的说法,"当时对于商民阶级并不是不注意,中央执行委员会里设有实业部,是专门计划实业的,掌理实业部的是汪精卫同志。但后来因为实业二个字范围太泛滥,而且实际上实业的事情是对商民的,所以于十三年十一月间改实业部为商民部,中国国民党的商民运动便于此时发生。"[1]不过,许多学者都认为国民党中央改实业部为商民部,并开始推行商民运动,主要是因为受同年发生的商团事件的影响。[2]应该说,这一因素的影响确实比较明显,不应忽略。1926年《政治周报》上发表的题为《商民运动之经过》一文,也承认实业部虽先前即已设立,"后以广州商团之变,知本党向来与商人过于隔膜,致使大多数商人不明了本党之主义与政策,而为帝国主义者及走狗反革命派之谣言所蒙惑,不断发生其反革命之行动,因而益知商民运动更刻不容缓,故后更由实业部改为商民部。实业部改为商民部之计划,系于十三年十月十二日实业部代部长甘乃光所提议,经中央执行委员会第五十六次会议通过,商民部遂于十一月成立。"[3]

有关中央商民部初始成立时的具体情况,史料记载并不多,因而目前的了解也不很详细。我们查到1926年初国民党第二次全国代表大会之后的《中央商民部办事章程》,从中可以大致了解其基本情形。

该《章程》共计3章13条,第1章为"商民部之方略",第1条首先说明"商民部之目的在引导全国商民使之参加国民革命";第2条规定"商民部之主要工作,在根据本党之主义及政策及第二次全国代表大会商民运动议决案,对商民方面从事宣传及谋其实施";第3条特别强

---

[1] 中国国民党中央商人部编:《中国国民党商民运动经过》,1927年6月,台北,中国国民党中央委员会党史史料编纂委员会收藏档案,部10690。

[2] 例如冯筱才指出,从国民党改实业部为商民部的时间以及同时发起商民协会等相关情势看,实有应付商团事件后果的用意在其中,而不仅仅是"因为实业二个字范围太泛滥"。商民部成立后,担任部长的伍朝枢也曾在公开举行的会议上表示:商团事件之所以发生,是因为国民党以前对于商人方面的工作较少,以致商人与国民党发生隔膜,因此中央特地将实业部改为商民部,以示今后"对于商民方面积极工作"。见冯筱才:《北伐前后的商民运动(1924—1930)》,第31页。

[3] 《商民运动之经过》,《政治周报》第6、7期合刊,1926年4月10日。该文未署著者名称,但从文中内容以及多处有"本部"自称等方面看,其编写者应为中央商民部。甘乃光不仅提议改实业部为商民部,并颇受廖仲恺、汪精卫器重,于1925年出任代理中央商民部长。他当时曾被认为是国民党青年"左派"的代表人物,在国民党"二大"当选为中央执行委员,但后来也转为与蒋介石等人一起联合反共。中央商民部成立后,曾先后担任过部长一职的有伍朝枢、廖仲恺、甘乃光、王法勤、经亨颐等人。

调"商民部实施商民运动计划时,须特别注意使之与农工群众相联络";关于商民部的具体职责,第4条规定了如下几方面的内容:指挥各省各特别市商民部,制定全国商民运动计划,联络商民团体并协助其发展,对于全国工商业之调查及改善,出版关于商民方面之宣传小册子及周刊传单,执行本党关于商民运动之各种决议。

第2章为"商民部之组织",其中第5条主要是规定商民部的联席会议与本部会议制度,"关于部务,有重要事件发生时,由本部召集联席会议决定之",列席者包括有关系之各部部长(如工人部、农民部等)、有关系之党部(如中央党部所在地之省党部或特别市党部及商民部等)、有关系之法定团体(如商民协会及其他商会等),另还包括"其他本部认为应请列席之团体及个人";本部之会议,主要是中央商民部决定各种执行之事件,列席者有部长、秘书、干事、编纂以及其他由部长临时指定列席之职员;除此之外,关于特别事项中央商民部"得设各种委员会决定之,其组织法临时由本部拟案送中央执行委员会决定之"。第6条确定商民部所设之办事职员及其职责为:部长之下设秘书1人及干事、编纂、录事、特派员等职员,分任各项工作。秘书协助部长整理部务、保管文书及图书、编制部务报告、起草一切公文函件、并与各机关接洽,部长不在时,代行部长之责任;干事协助秘书处理部内各项工作;编纂编辑关于商民方面之各种宣传品,如周刊、传单及小册子等;录事职掌抄写及整理部内各种文件书籍报纸等;特派员在外宣传及调查商民状况,协助各地商民组织商民协会。由上可知,除部长之外秘书的职责较广,权力也较大,这与先前成立的工人部、农民部的情形是比较相似的。

第3章为"商民部办事细则",主要规定了以下若干具体事宜。第7条:"本部定每星期二、日开部务会议一次,讨论及决定工作之进行";第8条:规定各职员办公时间上午9时至12时,下午2时至5时;以下各条还分别规定每周工作向中央常务会议报告一次、接到各省及特别市商民部工作报告应即油印分发以作参考等内容。[1]

关于国民党中央商民部成立之后具体开展了哪些活动,目前也由于史料的限制我们知之不甚详实。但从当时《广州民国日报》的零星报道中,可以发现商民部曾多次召集广州市商民党员开会,共同讨论"保障广州商民治安办法",以及宣传和动员商民参加国民革命。另外据商民部自述,该部还采取各种方式指导商民参与一些政治运动,如赞成国民会议、平定刘杨叛乱、支持五卅运动等。

在北方战事和政局出现新的变化之后,孙中山提出召开国民会议的主张,国民党随后发表的时局宣言,呼吁由现代实业团体、商会、教育会、学生联合会、农会、工会以及各政党等方面的代表举行国民会议的预备会议。新成立的中央商民部遂积极动员商民呼应孙中山和国民党的这一主张,召集商民党员及商民协会会员,举行赞成国民会议大会,反对段祺瑞所召集的善后会议。在商民部的推动下,正在筹备中的广州市商民协会即议决"用本会名义",通电拥护国民会议,反对善后会议。[2]商民部后来还曾派人出面动员广州"四商会"成立了广东商界国民会议促成会,这些对于促进商民关心时事与政治均不无裨益。[3]

紧随其后,在国民党平定以刘震寰、杨希闵为首的滇桂军叛乱的过程中,中央商民部也竭力动员和争取商民的支持,希望建立新的党商合作关系。在国民党进行第一次东征时,刘、杨与唐继尧相勾通,图谋占据两广。国民党一方面发起声讨唐继尧的宣传运动,另一方面准备回师平定刘杨之乱,经商民部的推动,商民协会在讨唐运动中发挥了呼应作用,公开发布了声讨唐继尧的通电。[4]起初,商人对于唐继尧与刘杨

---

[1] 以上对中央商民部的介绍,见《中国国民党中央执行委员会商民部办事章程》,中国第二历史档案馆编:《中国国民党中央执行委员会常务委员会会议录》(三),广西师范大学出版社2000年,第109—112页。另见《本部办事章程》,中央商民部编印:《商民运动》,第6期,1926年10月21日。

[2] 《广州市商民协会筹备会会议录·第六次会议录》,1924年12月9日,台北,中国国民党中央委员会党史史料编纂委员会收藏档案,部4562。

[3] "四商会"是当时广东报刊上经常提到的一种称呼,具体指的是市总商会、市商会、省商会联合会、商民协会四个商人团体。

[4] 《商民协会声讨唐继尧电》,《广州民国日报》,1925年5月28日。

相勾结之真实面目认识不清,在工农团体通电反对声讨唐继尧时,"惟商人方面,则未有表示"。中央商民部遂召集"四商会"会董20余人专门开会,由部长廖仲恺、秘书甘乃光以及汪精卫、胡汉民等国民党要员出席,"报告政治近状,及唐继尧祸粤阴谋",其后即有商民协会通电声讨唐继尧之举动,使商界的态度与行动与国民党得以保持一致。在刘杨叛乱时,不肖商人"不敢如往者之勾通军阀,联同作患。故在杨刘之役,虽未能使商人如各工人之能积极为革命政府效力,然消极上已减少其勾通军阀反抗革命之行动"[1]。

在五卅运动中,中央商民部不仅动员商人积极参与,而且尽力促成工商之间的联合,以便为商民运动的发展创造良好的基础。五卅惨案发生后,商民部"即指导商民协会,联同各界,组织农工商学兵援助上海被害华人联合会,后扩大组织,变而为对外协会。总商会、市商会、商联会亦随商民协会之后,而加入本部。复召集四商会会董及真光、先施、大新三公司、米行代表等,组织一广东商界对外经济绝交研究会,讨论检查劣货之方法,及经济绝交之一切进行。后该会移为四商会自动组织,由本部派干事一人,指导其进行。在此次运动中,四商会对于募捐及工商联合之进行,尤为尽力。"[2]

就直接推动商民运动的发展而言,积极发起和动员商人尽快成立商民协会,是商民部成立之后所开展的最重要也是最主要的一项工作。"商民部成立之始,以为商民不接近革命之心理,非一时所能改变,欲改变其固习,使之接近革命,非先改善其组织不可。现在原有商会,则又为商棍所把持,极难加以改善,非新立一完善商会,以为之提倡不可,因是而有广州市商民协会之组织。"[3]可以说,中央商民部设立之后即致力于开展动员商民参与国民革命、发起成立商民协会等工作,这些都标志着商民运动开始发端,而广东商民协会的成立与发展,则在很大程度上当可看作是国民党推行商民运动获得初步成效的重要体现。

---

[1] 《商民运动之经过》,《政治周报》第6、7期合刊,1926年4月10日。
[2] 同上。
[3] 同上。

## 第四章 商民运动的起步：以广东为例

起初,商民部组建商民协会的具体办法,"系以商民党员为基本会员,在未正式成立以前,由商民党员先行加入,候正式成立后,始准非党员之商民加入。其作用盖欲使全会大权操于商民党员之手,得以指挥灵便,使其他非党员之商民,不能不就范以参加革命运动也。"1924年12月广州市商民协会即开始筹备建立,至1925年2月,在广州正式成立了第一个商民协会——广州市商民协会。[1]该会"以互相协助,谋广州工商业之发展,并协助政府以谋商民之利益为宗旨";对会员的资格并无特别要求,"凡本市中国商民之愿遵守本会章程及议决案,并依期缴纳会费,得会员二人以上之介绍者,皆得为本会会员";"凡入会者,收基本金一元,月费四毫"。根据广州市商民协会简章之规定,该会主要有如下职责:筹划本市商民之公共利益及保卫,调查本市商业状况,排解会友纷争,筹划本市工业之发展,如会员有受屈情事,代申诉于官厅,筹设商品陈列所、商业学校等。在职员设置方面,该会设执行委员若干人,掌管会务,由委员互选会长1人、副会长1人,并由委员互选常务委员5人,会同会长、副会长执行职务。"执行委员由会员以行头为单位,每行选举一人,但一行人数在一百人以上者,则每百人得添选一人。"广州市商民协会以会员大会为最高机关,每半年开会一次,议决一切进行计划,选举下届执行委员,大会闭幕时执行委员为最高机关。执行委员任期为一年,但可连任一次。除此之外,该会还根据实际工作之需要,酌情设立总务部、交际部、调查部、教育部、出版部等。如需修

---

[1] 许多论著都提到1924年底广州市商民协会即已成立,而且在是年底的《广州民国日报》上已可看到广州市商民协会发布的一些函电,如《赞成国民会议宣言》等。到12月16日,广州市商民协会已获得省署批准,但又因会所问题而遭遇延宕。《政治周报》登载的《商民运动之经过》一文则说明,广州市商民协会于"十四年二月成立,现有会员二百六十五人"。实际上,广州市商民协会系于1924年12月即已开始筹备,但经历时间较长,并没有立即正式成立,从是年12月到1925年2月曾经召开过十余次广州市商民协会筹备会议。在此期间,尽管商民协会尚处于筹备阶段,但却已经开始以商民协会名义在报刊上发表声明和函电。有关广州市商民协会成立的过程,请参阅冯筱才《北伐前后的商民运动(1924—1930)》一书第31—35页较详细的论述。

订章程,须经执行委员会或会员 500 人之提议,由会员大会修定之。[1]不过,广东的第一个商民协会在历经数月筹备终于正式成立之后,其后的几个月中却又较少看到其开展相关活动的消息,有学者猜测其原因是由于时局动荡所致,这期间的"商民运动也似乎因为广州时局的不稳定而停顿下来"。[2]

不过,广州市商民协会的成立,在当时对商民运动的发展仍具有不可忽视的意义,因为"这一个商民协会是算第一个产物了,自从经过了这一个草创,对于商民运动才有了一些经验。这时广东省党部是还没有成立的,而全国的各级党部也通通没有商民部的设立,中央商民部只有直接的陆续在广东派员去组织。"[3]因此,中央商民部仍然继续致力于在广东全省建立商民协会,并派人到广东各地进行宣传和动员。另据商民部叙述:"本部对于商民协会之组织,实取试验态度,故其组织内容甚简单。然自广州市商民协会成立后,该会商民对于革命工作,颇为尽力。因是始信商民协会之组织,颇足为商民运动之良法。故决定扩大组织范围,组织各属商民协会,而各属有觉悟之商民,感于旧式商会之不适,亦纷纷呈请组织。"[4]继广州市商民协会之后成立的商民协会,是 1925 年 4 月诞生的广州南郊商民协会,其会员在初建时约 50 余人。[5]随后,在 1925 年又有以下若干商民协会相继成立。8 月成立的中山县商民协会,会员 1300 余人;9 月成立的深圳商民协会,会员 90 余人;10 月成立的中山县小杭商民协会,会员 200 余人;12 月成立的新

---

[1] 本段引文未注明出处者,均引自《商民运动之经过》,《政治周报》第 6、7 期合刊,1926 年 4 月 10 日。
[2] 冯筱才:《北伐前后的商民运动(1924—1930)》,第 35 页。
[3] 中国国民党中央商人部编:《中国国民党商民运动经过》,1927 年 6 月,台北,中国国民党中央委员会党史史料编纂委员会收藏档案,部 10690。
[4] 《商民运动之经过》,《政治周报》第 6、7 期合刊,1926 年 4 月 10 日。
[5] 有的论者认为,该会最迟在 1925 年 7 月底便已成立,并且"好像并非由商民部发起",而与"国民党右派"关系密切。见冯筱才:《北伐前后的商民运动(1924—1930)》,第 35 页。但《政治周报》所载之《商民运动之经过》一文,明确说该会成立于 1925 年 4 月,并将该会列为商民部发起成立的数个商民协会之一。

洲商民协会,会员80余人。[1]稍后,中央商民部还曾派出特派员黄锦荣、张振鹏赴梧州,"除指导梧州市商民协会成立外,并调查梧州商民状况,协助梧州市党部商民部进行一切商民运动事项"。据黄、张二人报告,他们赴梧之后"召集各小商人开演讲大会,宣传国民革命与商民之关系,及商民协会组织之重要,该处小商人听后大受感激,现在加入商民协会者甚为踊跃。"[2]这些商民协会的建立,表明新设立的中央商民部在推动商民运动的兴起过程中还是发挥了比较重要的作用与影响。

除此之外,中央商民部在当时开展的另一项较有成效的工作,是筹办商民运动讲习所。商民部"鉴于深入商民队去的人才,非特别加以训练造就出来不行,遂建议于中央执行委员会创办一个中国国民党党立商民运动讲习所"[3]。1925年8月,商民部即在报上通告商民运动讲习所章程并开始招生。该讲习所直隶于中央商民部,"以培养热心党员,专作商民运动,以期协助各地商民协会之组织及进行为宗旨"。根据商民运动讲习所章程之规定,首期招收学员40名,3个月毕业,然后将派往各地组织商民协会及协助各该商民协会之进行;学员报名资格为:凡国民党党员有中学或相当程度、热心商民运动者,均可投考,具体操作方法是由佛山、江门、顺德、中山、东莞、石龙、新会、汕头等地商会保送2名学员,其余在广州招足;首期讲习所预算经费600元,由中央商民部筹措,后经中央执行委员会批准又追加600元,学员不收学费、堂费、讲义费及其他一切费用;讲授课程有:孙文主义、中国国民党党纲释义、帝国主义侵略史、商民运动与国民革命运动、对商民宣传方法、中国商业现状、商业常识、现代经济组织、现代政治概要、商民团体之实状等。商民部在提交国民党中央执行委员会的《筹办商民运动讲

---

[1] 《商民运动之经过》,《政治周报》,第6、7期合刊,1926年4月10日。《中国国民党商民运动经过》中说:1925年6至7月,又成立中山全县商民协会,有分会40余个,会员3000余人。恐怕其中所说该会成立时间以及分会数和会员数都不是十分准确。
[2] 《中央商民部派员赴梧工作》,《广州民国日报》,1926年4月29日。
[3] 中国国民党中央商人部编:《中国国民党商民运动经过》,1927年6月,台北,中国国民党中央委员会党史史料编纂委员会收藏档案,部10690。

习所意见书》中还特别说明此项举措之意义:"年来我国商人外受帝国主义者之经济力所压迫,内受军阀苛捐杂税之骚扰,迭次罢市,其要求解放之热烈,殊不下于农工之要求减租加薪,可惜指导乏(力),致有去年商团之变。本党为使一般商人晓然于帝国主义者之进攻现状,与整顿商民组织,使商民与本党接近起见,应开设一商民运动讲习所,养成商民运动人才,以指导商民以[内]则改造其组织,外则导之以抵抗帝国主义与军阀,以期明了本党之主张,共趋国民革命之正轨。"[1]

第一期商民运动讲习所的招生考试工作看来并不是非常顺利,所以直至当年10月间才正式开办。经过三个月的学习与培训,到次年1月第一期毕业生也只有28人,并没有达到首期招收40人的预期目标。尽管如此,第一期商民运动讲习所的举办仍培养了一批当时急需的商运人才,"现在这般同志,均握各地商协的要冲,努力于商民运动之成绩是不小的,这是商民运动开花的原始栽培者。……自从这般同志出去工作后,加以广东省部的协助,商民运动自此遂入而为渐进时期了"[2]。

## 二 广东省商民部的设立与商民运动的初期发展

对于商民运动在广东的起步,中央商民部可谓发挥了不可或缺的重要作用与影响,对此我们固然不能予以否认。但是,要使商民运动得到进一步发展,仅在国民党中央设一商民部却又是远远不够的。就一般情况而言,中央机构主要应该是一个决策部门,它大多是通过制定相关政策、规章及其具体措施进行宏观指导,不可能在各地成为相关政策的具体执行者。各项政策的真正执行者,应该是相关的各级下属机构。因此,中央商民部的职责主要只是制定有关商民运动的政策,引导和推

---

[1]《筹办商民运动讲习所意见书》,台北,中国国民党中央委员会党史史料编纂委员会收藏档案,汉1542。
[2] 中国国民党中央商人部编:《中国国民党商民运动经过》,1927年6月,台北,中国国民党中央委员会党史史料编纂委员会收藏档案,部10690。

动商民运动的发展,其办事章程也明确说明"商民部之目的在引导全国商民使之参加国民革命"。虽然在起步阶段,中央商民部在其所辖地的广州直接参与了商民运动的一些具体发动工作,但要使商民运动得到更进一步发展,如果仍然仅仅依靠中央商民部的努力,势必会有鞭长莫及和力所不能之感。很显然,商民运动的扩展,需要在省市县各级国民党党部中均成立商民部,与中央商民部相对应,承担领导和从事各地区商民运动的基层机构,形成一个从上至下的层次网络,这样才能真正满足商民运动发展的需求。

国民党地方党部的组织工作,虽然在"一大"之后即已开始着手进行,但起初似乎并不是很顺利,仅限于上海、北京、汉口、广州等少数大城市有一定成效,这与当时国民党直接统辖地区范围有限和政治影响力较小不无关联。即使是在广东,国民党省党部的建立也延宕了较长的时间,直至1925年10月国民党广东第一次全省代表大会召开,才选举了24名执行委员及候补执行委员,并成立了国民党广东省党部,下设组织部(杨匏安任部长)、农民部(彭湃任部长)、工人部(刘尔崧任部长)、妇女部(何香凝任部长)、青年部(陈孚本任部长)、商民部(范其务任部长)。国民党广东省党部的建立,尤其是广东省商民部成立之后,与中央商民部紧密响应,对于促进广东省乃至相邻省区商民运动的发展起到了明显的促进作用。这次会议对商民运动也比较重视,时任国民党中央组织部长的共产党人谭平山,被推为本次国民党广东省全省代表大会的主席,他在会上做党务报告时即提到,"中国的商人实亦国民革命群众之一",应通过开展商民运动使他们积极参加革命。[1]

广东省党部商民部在当年11月正式成立后,即大力开展商民运动。最初担任部长的范其务不久之后调任汕头市长,改由秘书刘中悟任代理部长。广东省商民部意识到:"商民运动,为民众运动之一种,商民为民众之一部,当国民革命进程中,宜加入合作,增加国民革命力量,革命方易成功",因此,"本部本此职志,自客岁十一月成立以来,迄

---

[1]《广州省党部代表大会谭部长党务报告》,《广州民国日报》,1925年10月28日。

今半年,对于商民运动极为猛进,而广东商民运动第一期的发展,至此告一段落矣。"[1]这番话虽带有广东省商民部的某些自夸成分,但从实际情况看,在广东省商民部成立之后至1926年5月的半年间,广东省的商民运动在原有的起步基础上,经中央商民部、广东省商民部和广州特别市党部商民部的大力推动确实也得到了新发展。

广东省商民部成立伊始,首先是拟定了广东省商民运动计划,主要内容包括设计商民运动策略、组织商民团体以及商民运动之宣传等,然后有目的、有步骤地积极开展各项工作。

有关商民运动策略的制定,特别是商民运动如何开展、商民协会章程的拟订,主要由广东省商民部成立的商民运动委员会进行。鉴于"商民运动比较农工运动为难,非资群策群力,殊难奏效",广东省商民部成立之初,即函请中央商民部、广州特别市商民部派员及函聘对于商民运动有经验者,加上广东省商民部主要职员,联合组织了商民运动委员会。委员有10余人,由中央商民部、广东省商民部、广州特别市商民部以及广州市商民协会的主要成员组成,其中以广东省商民部的职员为多。"该委员会成立以来,开会多次,成绩颇佳"。

在组织商民团体——商民协会方面,广东省商民部的工作成效十分突出。该部成立后,相继派人到各地指导成立商民协会,宣传"我国人民素无团结,外人讥为散沙。近年以来,商民虽有商会之组织,为商民团体机关,然组织不善,常为少数者所把持,利用该机关以为升官发财机会,不独不足以筹谋商民利益,甚至有用商会以压迫一般中小商民,及勾结帝国主义者及其工具军阀、官僚、买办阶级,故宜根本改造,另指导一般有革命性的商民,组织商民协会,从事训练指导,使其筹谋商民自身利益,及参加国民革命。"[2]稍后,为使商民协会的成立趋于规范化,广东省商民部还拟订了"商民协会组织程序",共计10条。该程序规定:组织商民协会,须注重先从墟乡之分会入手,务使每个商民

---

[1] 广东省商民部:《广东商民运动报告》,中央商民部编印:《商民运动》第1期,1926年9月。
[2] 同上书,1926年9月1日。

均了解商民协会之宗旨及其利益,在着手组织之先应重视宣传;随后,选出筹备员若干人,从事组织该属商民协会;筹备员须将姓名、年龄、籍贯、职业、住址等,详细列册,并加盖店章,呈报省商民协会,如该地已有县或市商民协会或办事处者,由其转呈;省商民协会接到该项名册呈文,应即调查考核,与章程是否相符,如认为不合,即批驳不准,合即批准,加委该筹备员为正式筹备员,办理时应加审慎,不得偏颇;筹备员接到公文后,应即择定日期,召集该属会员全体大会,选举正式职员,并由省商民协会派员监视选举,选出之职员,应即组织该属商民协会执行委员,以执行委员会名义,将成立大会详情呈报省商民协会,并备价请领旗印;省商民协会接到该商民协会执行委员会报告成立呈文后,如认为与章程有抵触之处,应即饬令修正,或撤回以前之批准,取消其成立,如认为妥当,即复准备案,并颁发会旗会印;领发会旗会印之后,该商民协会始为正式成立,但成立后必须遵守会内章程,服从一切决议规例,执行命令,否则仍受改组或解散之处分;在省商民协会尚未成立前,上述职权暂属省党部商民部,各县或市党部商民部对于各该县市商民协会之组织,只有协助之义务,而无上述之职权。[1]

据统计,从1925年12月至1926年5月,在广东省商民部、广州特别市商民部以及各县市商民部的共同努力之下,各地成立商民协会及其分会共有80余处,会员人数达3万余人。具体情况如下:

1925年12月,广宁县石狗墟商民协会;

1926年1月,广宁县南街商民协会、石龙商民协会、顺德县大良商民协会;

1926年2月,东莞县商民协会、南海县石湾埠商民协会、新会县商民协会、顺德黄连商民协会、容奇商民协会、桂洲商民协会、勒楼商民协会;

1926年3月,番禺县东圃墟商民协会、顺德县大晚商民协会、龙江商民协会、龙潭商民协会、龙门县永汉商民协会、东莞县望牛墩商民协会、虎门商民协会、琼崖县嘉积商民协会、陵水县城南商民协会、新村港

---

[1]《商民协会组织程序》,中央商民部编印:《商民运动》,第1期,1926年9月1日。

商民协会、汕头市商民协会、旅店行分会、潮安县商民协会、龙湖分会、惠阳县横沥墟商民协会、平山墟商民协会、白花墟商民协会、三多祝商民协会、淡水墟商民协会、平海墟商民协会;

1926年4月,海口市商民协会、广宁县江谷墟商民协会、饶平县商民协会、高要县商民协会、顺德县龙眼商民协会、鸡洲商民协会、岳步商民协会、宝安县西乡商民协会、潮安县商民协会、南桂区鳌头乡商民协会、东关厢共分会、上莆区分会、西关区分会、上东厢区分会、奄港乡分会、鹳巢乡分会、奄埠分会、北关区分会、内外龙溪区分会、登云区浮洋分会、隆津区古楼乡分会、附城分会、潮阳县商民协会、沙龙镇分会、汕头糖业行分会、汕头苏广行分会;

1926年5月,台山县商民协会以及公益埠、斗山墟、台城、西宁、新昌各分会、番禺县市桥分会、增城县证果分会、清远县附城分会、罗定县商民协会、江门烟丝行、酱栏行、鲜果行、水果行各分会、东莞县脉沥洲分会、龙门县永丰墟分会。

以上各商民协会,除石龙市、海口市、嘉积市、汕头市、潮安县、顺德县、台山县商民协会之外,其余皆为分会。由此可见,广东地区商民协会的建立,很快就已经普及到各地之镇墟或者是各行业的基层单位,其普及程度已相当可观,也体现了广东省商民部、广州特别市商民部以及各县市商民部在这方面取得的成绩。即使是分会,成立之后也积极开展活动,发挥了一定的作用。例如顺德桂洲商民协会建立后,"对于会务固积极进行,关于政治运动,尤热烈参加,现更为训练会友起见,特开设商民夜学,教授孙文主义及商业上之常识,学生有三十余人云"[1]。

另一方面还可看出,广东各地商民协会及其分会的建立数量,呈现出按月增加的态势,尤其是1926年3至4月间成立的商民协会及其分会数量最多。在派往各地指导成立商民协会的成员中,广东省商民部的黄孟康、许庆之、张祖培,商民运动讲习所的毕业生陈国强、黄诏年、黄锦荣、张振鹏等人,工作十分努力,取得的成效也相当突出。此外还

---

[1] 《开办商民夜学》,《广州民国日报》,1926年6月18日。

有各特别委员会、各县市党部就近协调和指导,也发挥了重要的作用。

在宣传工作方面,广东省商民部意识到商民运动的发展除得力于商民协会的组织之外,还依赖于对商民进行广泛深入的宣传。为此,广东省商民部成立之后在宣传方面也开展了一些相关工作,并且同样取得了较好的成效。

首先,广东省商民部编辑出版了《新商民》杂志。其主旨为:一、宣传本党主义,二、唤起商民参加国民革命,三、关于商业上智识之灌输,及商业道德之启迪。编辑内容包括论著、调查、商情、商民消息、报告、函牍汇要、特载等。原定每月出版一期,后因经费所限,改为每两月出版一次,每期印刷 1000 本,分发广东商民团体及一般取阅。与此同时,还随之印布有关商民运动的宣传标语数万张,"大约以广东商民团结起来,参加国民革命,取消协定关税的不平等条约,打倒帝国主义,打倒军阀,废除病商害民的苛税杂捐,肃清地方土匪为标题"[1]。广东省商民部还曾为该杂志征稿事宜在报上刊登启事,说明"凡不出本刊范围外之商民运动文章及商民状况之调查、市情之纪述等,均一律欢迎投稿"[2]。稍后,广东省商民部又编辑出版了《广东商民》杂志。

其次,广东省商民部还成立商民运动丛书编辑委员会,"以编纂关于商民运动各种书籍为任务,……由广东省党部商民部聘请富于商民运动[经验]之本党同志为委员组织之。"[3]陈公博、刘中悟、黄鸣一、陈克文、陈孚木、萧汉宗、黄孟康、萧一平、甘乃光、萧楚女等人,都曾担任过委员。该丛书编委会编辑的丛书科目有:关税与广东商人、国民革命与广东商人、告广东商人书、不平等条约与广东商民、广东商人与土匪问题、告港澳广东侨商书、告广东实业家书、新商人与旧商人、黄博开埠与广东商业、政治与商人、告海外侨商书、中国国民党与广东商人,其内容已比较丰富,基本上涉及到有关商民运动的各个方面。

---

[1] 广东省商民部:《广东商民运动报告》,中央商民部编印:《商民运动》,第 1 期,1926 年 9 月 1 日。
[2] 《省党部商民部启事》,《广州民国日报》,1926 年 1 月 1 日。
[3] 《省商民部组织两委员会》,《广州民国日报》,1927 年 1 月 20 日。

下面我们来看一份广东省商民部在报纸上公开发布的为商民运动告全省商民党员书,从中可以了解其宣传工作方面的一些特点。

第一,强调国民党的基础是全体民众,国民革命的成功依赖于全体民众的积极参与,为此必须开展商民运动。"本党基础是建筑在全民众上头的,在国民革命时期,农工商兵一切民众,都要联合起来,团结成一条坚固的战线,要这样革命的势力才雄厚,才可以易于打倒帝国主义,易于打倒军阀,所以本党一定要使一切民众都明了,并指导他去参加,这样我们就要去做商民运动。"

第二,全体党员都应关心商民运动,尤其是商民党员应在商民运动中发挥先锋作用。"大家都明白为什么要做商民运动,商民党员应该怎样去做商民运动。本来商民运动不独商民党员要参加,任何党员都要去参加,不过商民党员在商民中,关于商民的痛苦体认的清楚,易于接近商民,易于工作,所以商民党员要特别努力去参加。"

第三,开展商民运动,需要了解和分清不同商民的具体情况,并相应采取不同的策略。"我们在未实行以前,先要把商民的革命分别清楚,认析清楚,看哪一种是最革命的,哪一种是可以革命的,哪一种是不革命的,哪一种是反革命的,定下对付方针,依照那方针去做,这样才不至于给反革命的利用了,才不至于把工作做错了,才有成效可言。"在这方面,广东省商民部并无什么特别的解释,主要还是将国民党第二次全国代表大会通过的《商民运动决议案》中的相关内容,又重新做了一番说明。

第四,具体指明商民党员应该如何积极参与商民运动,"在已有商民协会组织的地方,我们要全体加入,并且要有组织的加入,在里面指挥他进行,训练商民群众,尤其要引导商民多参加一切政治运动;在未有商民协会的地方,我们要全体联合起来发起组织,向商民宣传,指导商民筹备,依照党部所颁布的章程去组织"。

最后则是恳切地呼吁:"全广东的商民同志们,加入本党,就要做国民革命工作,商民运动就是国民革命重要工作之一,商民运动是要每一个商民党员都要负一份责任的,大家要努力实际工作,才不愧为一个忠实的党员。"[1]

不难看出,这份告全省商民党员书从多方面阐明了商民运动的重要性、商民党员在商民运动中的作用以及如何开展商民运动等,但由于主要是针对商民党员进行的宣传,所以较少论及商民运动对于保护中小商民的政治和经济利益,对于提高其社会地位方面的作用,也即在经济方面的重要性论述较少,只是侧重于政治方面的影响。这样的宣传虽然也能起到某些作用,但相对于广大中小商民的具体状况而言,仍缺乏更大的号召力和吸引力。这一缺陷实际上并非在广东省商民部的宣传中存在,在中央商民部乃至整个国民党的宣传工作中也同样存在。

除上述设计商民运动策略、组织商民协会以及商民运动之宣传等方面的工作颇具成效之外,在各地商民协会纷纷建立之后,广东省商民部为了切实加强对各地商民协会的领导,还曾派员分赴各地直接予以指导。因早期派为兼职的义务指导员或特派员,"均有职务在身,对于商民运动工作,不能多所致力",省商民部于是决定公开招考专职性质的商民协会指导员,"以昭划一,而资整顿"[2]。在招考各属商民协会指导员时,省商民部拟订了"广东省党部招考商民运动指导员章程",并特别强调:"现奉中央商民部饬将全省商民协会一切活动拨归本部直接指挥监督,自应分途派员指导,俾各商民协会之组织与训练,日益严密,而商人参加革命之力量,日益扩大。"[3]《章程》规定:凡国民党员有志商民运动,年龄在18至30岁,身体健全无不良嗜好者,均可应考;考试科目为三民主义、社会常识、国文及口试;考试及格被录取者,由省商民部分别派往各属工作,薪金暂定每月30元至50元。据报道,此次招考商民协会指导员人数为50名,但报考者十分踊跃,总共有600余人参加了考试。[4]

---

[1]广东省党部商民部:《为商民运动告全省商民党员书》,《广州民国日报》,1926年3月19日。
[2]《省民部商民运动之进行》,《广州民国日报》,1927年2月7日。
[3]《省民部招考各属指导员》,《广州民国日报》,1926年11月18日。
[4]《省商民部考验商民运动指导员之试题》,《广州民国日报》,1926年12月4日。

为了推动商民运动的进一步发展,广东省商民部在1927年初又设立了广东省商民运动委员会,"委员会由省商民部派员若干人,及请商民运动有经验同志为委员组织之",具体职责为,"以计划商民运动进行事宜为任务",其议决案交由省商民部决定执行。[1]

与此同时,广东省商民部还针对当时发生的重要事件以及政局的变化,通过商民协会动员和引导商民开展了许多政治活动。广东省商民部将这些活动内容也划归为对商民的实际"训练及指导",并认为"其活动尤为商民运动实际的要图,故关于政治、社会各种活动,须使商民实际参加为必要"。具体说来,主要包括以下一些活动。

省港大罢工期间,港英当局竭力反间工商关系,广东省商民部则"指导各地商民协会,发起慰问罢工工友,使帝国主义无从施其破坏罢工的谲谋"。商民协会在慰问省港罢工工友书中,大力称赞"诸位省港罢工工友,能够拿出很鲜明的目标,很适当的方法,很严密的组织,负起反帝国主义急先锋的责任,来反抗帝国主义,来与帝国主义斗争,这不独使帝国主义更加动摇,更加发抖,并且可洗尽了我们过去许多耻辱,改正了我们过去许多错点,使民族革命更加进步。"同时,慰问书还表示:"我们全广东有组织的革命商人,站在民族革命观点上,站在我们商人的利益上,认定诸位罢工工友,不独是我们反帝国主义的急先锋,并且是我们的好朋友,所以我们特致书来慰问。"此外,"我们已经准备着全体动员,拿实力来援助罢工,使罢工得到最后的胜利"[2]。可以说,在此之前很少见到商人对工人有如此赞誉之词。

济难会是当时为被压迫阶级要求解放而牺牲者的救济组织,广东省商民部也曾"指导各地商民协会,依章组织济难分会"。《广州民国日报》曾经报道广东省商民部的这一举措:"近以济难会为救济被难革命志士之重要工具,凡属革命民众均须一致参加,以促进革命进行,故特决议:全省商民部通告广东全省商民协会,一律组织分会,全体会员

---

[1]《省商民部组织两委员会》,《广州民国日报》,1927年1月20日。
[2]《各地商民协会慰问罢工工友书》,《广州民国日报》,1926年3月20日。

一致加入。"[1]

北京同胞因反对帝国主义者炮击大沽事件举行示威游行,遭段祺瑞卫队开枪镇压,引起全国公愤。"此次段祺瑞惨杀北京爱国民众,举国公愤,商民运动委员会为此特于前星期召集紧急会议,决议把此次反段扩大到各地民众方面去,并令省党部商民部根据决议,发一重要通告与各地商民协会,须联合各人民团体,举行追悼北京死难同胞大会。"[2]广东省商民部积极"指导各地商民协会为反段运动,开会追悼北京死难同志,及通电慰问其家属"。在讨段宣言中,商民协会则代表中小商民表现出比较强烈的政治责任感与使命感。"我们应该全国一致团结起来,拿我们的团结力向着一切帝国主义进攻,向着直奉军阀进攻,要实行速开国民会议,取消一切不平等条约,严办段祺瑞,我们站在广东的全体商民,敢率其全力,牺牲一切来和我们全国的商民同胞,一致奋斗。"[3]

不仅如此,广东省商民部还曾指导商民"组织国民会议促成会,拒绝仇货等"。所谓"仇货",即抵制帝国民主义在不平等条约保护下向中国大肆倾销的商品。时任广东省商民部部长的刘中悟曾在一次顺德全县商民协会代表会议上,就"仇货"行动的作用与影响发表演说:"商民协会的组织,是以革命的商民团体与农工学兵联合,为国民革命工作的。但革命工作,非必人人携枪上前线,就如商民能够协力拒绝仇货,就是为革命工作之一种。何以呢? 因谓拒绝仇货,可以制止帝国主义商品的经济侵略,帝国主义者因为不能达其经济侵略的目的,则自由的生活自然就感觉其困难,人民的革命心遂由是而生,此时不用我去打倒帝国主义,而帝国主义自然会破坏了,这不是国民革命的工具吗? 许多人说,农工为国民革命的主力军,但我们商民如果协力拒绝仇货到底,则商民尤是打倒帝国主义的义军,请各位代表向各商民促其如此工作

---

[1]《省商民部扩大济难会组织》,《广州民国日报》,1926年4月21日。
[2]《省商民部通告扩大反段运动》,《广州民国日报》,1926年4月22日。
[3]《各属商民协会讨段宣言》,《广州民国日报》,1926年4月3日。

为要。"[1]之所以发表这番详细的说词,目的即在于使广大商民充分认识到,抵制洋货对于打击帝国主义,促进国民革命的成功有着重要的作用。

显而易见,这些活动的开展对于广大商民而言不无积极意义,可以说是当时广东省商民部"使其实际参加国民革命工作"的具体反映。为了保护商民的利益和促进商民参加革命,广东省商民部另还积极"调查商民痛苦,调查商民旧有组织,代商民转请政府废除病商苛捐,调解工商纠纷,及处断商民协会间互相纠纷等"[2]。

除广东省商民部之外,在此期间成立的广州特别市党部之商民部,也对广州地区商民运动的发展付出了努力,并取得了一定成效。据该部提交中央商民部的一份工作报告记载,在宣传工作、组织工作、调查工作以及动员商民参加反帝爱国运动等方面,都分别取得了一些成绩。在宣传方面,广州特别市商民部意识到"广州市商民运动正在萌芽,非多做宣传工作,实不易希望其进步。"其具体措施是,约同广州特别市党部各部部长,在总商会处所招待各商界代表,由部长"剀切解释商民入党之必要,并请市内各商会一律从速成立区分部,及宣布本部将来组织商民运动委员会,请各商民赞助,各商人表示态度极佳,……均继起演说,痛言革命之重要"。后又"复在总商会遍请各商会各行商领袖茶会,讨论组织商民运动委员会一切事宜,并请孙[科]部长出席演讲商民运动之意义,农工厅长刘纪文演讲工商联合之必要"。在组织方面,广州特别市商民部还派出职员区磐石、邓华卿等人,赴总商会及市商会,会同该会职员着手办理组织区分部,并指导商民关于入党一切手续。在调查方面,广州特别市商民部主要开展了两项调查,"一种是调查市内各商行、各商会内容之真相,一种是调查与商民有切身利害关系之税捐",前项调查由商民部职员直接进行,后一种为函托各商会商行代为调查,"盖捐税与商人有密切之关系,托其调查实较本部为周密

---

[1] 《省商民部召集顺德全县商民协会代表会议》,《广州民国日报》,1926年4月24日。
[2] 广东省商民部:《广东商民运动报告》,中央商民部编印:《商民运动》,第1期,1926年9月1日。

也"。在"进行对英经济绝交"斗争期间,广州特别市商民部采取的举措是,召集四商会在总商会讨论具体实施办法,并请国民政府主席谭延闿先生等到会报告及演讲,"是日商界到会人数极之踊跃,听各同志报告及演讲之后,大为感动,此商界中一种进步之现象也"[1]。

为了推动商民运动的发展,广州市商民部还制订了比较详细的"商民运动提案"。其具体内容包括:(1)设置商民运动委员会。凡各级党部已设立商民部者,皆须设置商民运动委员会,由商民部聘请该地富有商民运动之智识经验、热心商民运动之同志组成,委员名额不必规定,主席由商民部长充任。商民运动委员会之职权,主要是计划一切商民运动政策,交商民部执行;讨论商民部交议事件;提倡可以抵制帝国主义之新兴工业,并请政府特别保护及奖励之;协同商民部办理一切关于商民的繁难问题。(2)组织商民协会应注意之事项。各级党部应训令商界党员,一律加入所在地之商民协会,并授以从中活动方法;在县或市或区商民协会之下,应准各行商依职业组合方法,组织商民协会分会;各商店店员,既经中央执行委员会规定属于工人范围,各商民协会应禁止此项人员加入。(3)工商纠纷问题。应由工人部、商民部会同发生案件者所隶属之工会及商民协会代表,共同协调解决。(4)打倒资本家之口号,工商间之误解者甚多,此后做工人运动工作者,应向工人详细解释,以免妨碍商民运动。(5)隶属于各商民协会之党员,应切实组织党团。"运用本党的政策,使该会趋于革命化及党化。"[2]

在《广州民国日报》上我们还查到广州特别市商民部函托各行商调查各项捐税的原函,照录如下:

迳启者:苛捐杂税,为害商贾,吾党最深痛恨。惟广东政局,历

---

[1]《中国国民党广州特别市党部商民部八九月份工作报告》,1926年,台北,中国国民党中央委员会党史史料编纂委员会收藏档案,部10256号。谭延闿在此次演讲中阐明:"打倒军阀、帝国主义,要靠人民;人民之中,以农工为最多,以商界为最有力量,与军队之力量相等。……因帝国主义以经济侵略我,我不能以兵力反抗之,只有经济绝交一个办法以打倒之。"参见《全市商民大会之详情》,《广州民国日报》,1926年9月23日。
[2]《市商民部之商民运动提案》,《广州民国日报》,1926年10月21日;《市商民部之商民运动提案》(二),《广州民国日报》,1926年10月22日。

年以来,均为军阀把持,以致各项苛税,不特不能及时革除,而且巧立名目,愈出愈多。去年吾党统一广东之后,虽已取消多种,然为养兵以保障广东和平之计,一时犹未能彻底廓清,实深抱歉。现在吾党势力已逐渐向北进展,广东负担,亦可望逐渐减轻。兹为准备将来督促政府豁免苛捐,以苏民困起见,拟先将现在通行之捐税名目种类征额,从详调查,以资考核研究。惟是此种捐税,异常繁杂,非本部有限之耳目所能周详,用特送上调查表若干,敬希将贵会所知,一一按格填写,掷回本部。事关商民疾苦,及吾党政纲建设,想亦贵会行所乐闻也。[1]

确如广州特别市商民部所说,苛捐杂税在当时仍然是困扰工商、影响经济发展的一大敝端,取消苛税也是广东工商业者的急切要求。即使是在国民政府管辖的广东地区,类似的情况也并没有非常明显的改变。因此,市商民部为推进商民运动发展而进行的这一调查活动,自然会受到工商业者的支持与欢迎,同时,广大中小商民参与商民运动的积极性也会因此而得到提高。

## 三 广东商民运动的进一步发展

广东省是商民运动的发源地,而且又是国民政府的所在地。所以,商民运动在该地的发展更加迅速也是理所当然,同时也对带动其他地区商民运动的兴起具有某种示范作用。

据中央商民部萧汉宗 1926 年 9 月记述当年初广东商民运动的发展情况:"当其实本党适确定商民运动之进行,且在急激进行之中,由是广州市中小商人,先起而服从本党之指挥,组织广州市商民协会。……从此以后各县中小商人,继起组织商民协会者,计有中山、宝安、东莞、番禺、台山、新会、顺德、南海、广宁、澄海、潮安、潮阳、海丰、陆

---

[1]《市商民部调查本市杂捐》,《广州民国日报》,1926 年 9 月 15 日。

丰、增城、龙门、陵水、文昌、琼山、饶平、英德、高要、清远、罗定等二十四县,截至本年五月止,成立县会市会分会凡十九,会员三万余人,此其风起云涌之势,概可想见矣。"[1]"风起云涌"的描述似乎有一些夸大嫌疑,但广东商民运动得到了进一步发展却确实是事实。

在广东各地商民协会纷纷成立之后,全省商民协会的建立随之也提上了议事日程。1926年3月上旬,商民运动委员会即曾开会商议此事。据当时报纸报道,"各县之商民协会组织正式成立者,已有十余处,昨商民运动委员会开第五次常会,讨论筹备广东省商民协会,议决由中央党部商民部、省党部商民部、广州市党部商民部及广州商民协会,各派二人为省商民协会筹备员,择地设立筹备处,并由省党部商民部拟定筹备简章,限期本年五月以前正式组织成立。"[2]随后,中央商民部、广东省商民部、广州特别市商民部派出专人,与广州市商民协会共同商议筹备广东全省商民协会,以便集中和扩大商民革命力量,建立广东全省商民参加国民革命之大本营。[3]经过多次开会商议,最后确定择期召开全省商民协会代表大会,并由中央商民部从活动费内拨助筹备费用800元。

1926年5月20日,广东第一次全省商民协会代表大会在广州举行,出席会议的代表共计151人,会期6天,最后除表决广东第一次全省商民协会大会宣言之外,还表决通过了以下10余个重要议案:

1. 拥护中国国民党第二次全国代表大会商民运动决议案;
2. 拥护国民政府决议案;
3. 援助省港罢工决议案;
4. 农工商学兵大联合决议案;
5. 请政府出师北伐决议案;

---

[1] 萧汉宗:《广东第一次全省商民协会代表大会之经过》,中央商民部编印:《商民运动》,第1期,1926年9月1日。
[2]《筹备全省商民协会》,《广州民国日报》,1926年3月6日。
[3] 当时,中央商民部派出的代表是黄鸣一、萧汉宗,广东省商民部代表为刘中悟、黄孟康,广州特别市商民部代表则为区磐石、郭尚民,广州市商民协会派出的代表为蒋寿石、黄旭昇等人。全省商民协会筹备处设于广东省党部。

6. 促成国民会议决议案;

7. 拥护农工商学兵大联合决议;

8. 请求政府实行废除苛税杂捐决议案;

9. 请政府禁绝烟赌决议案;

10. 请政府划一度量衡决议案;

11. 请政府饬令印花税处对于处罚商民漏贴印花事须与商民协会共同办理决议案;

12. 商民协会应收回旧商会开投倒闭商店之权利决议案;

13. 本会及各地商民协会应倡办商业学校决议案;

14. 本会及各地商民协会应创办新商民日报决议案;

15. 各地商民协会会务决议案。

以上决议案从内容上看,大致可以分为这样几类:

第一类是商民协会代表广大中小商民公开表明政治态度与立场,如拥护商民运动决议案、拥护国民政府决议案、促成国民会议决议案、请政府出师北伐决议案等。此类议决案虽然并无实质性具体内容,但在当时特定的历史条件下仍不乏政治意义,一方面意味着商民逐渐摆脱所谓不问政治的"在商言商"传统,显示出国民党推行商民运动的成效;另一方面也意味着国民党的重要政治行动得到了商民的拥护与支持,不仅使因商团事变导致的商民与国民党政府之间的矛盾对立局面得到改观,而且体现出国民党获得了更多民众的拥护,尤其民众中重要的商民阶层的积极支持,使国民革命的阶级基础进一步扩充,从而有利于国民革命的深入发展。

第二类是商民协会在中央商民部和广东省商民部的号召下,为实现工(人)商(人)之间的联合,促进国民革命发展的决议案,如援助省港罢工决议案、农工商学兵大联合决议案、拥护农工商学兵大联合决议案等。当时,国民党既盼望商民运动能够获得迅速的发展,又希望商民运动的发展避免与工人运动、农民运动发生矛盾与冲突,尤其是商人与工人之间应实现联合,共同致力于国民革命。因此,国民党第二次全国代表大会通过的《商民运动决议案》专门列出了"商民运动与农工运动关系之解释"条文,并特别说明:"国民革命为各阶级民众之共同的革命,故在国民革命之进行中包容各阶级的革命分子一致进行,实为绝对的必要。本党现在一方注重于农工运动,一方又注重于商民运动,少数党员每以农工运动与商民运动不能相容,二者并行未免矛盾,实则商民运动与农工运动并不发生冲突,且有共同注重之必要。"[1]可以说,此时的广东商民协会在这方面是做出了积极回应并付出了一定努力的。其具体表现不仅是在全省代表大会上通过了拥护农工商学大联合的决议案,公开表明其态度,而且在省港大罢工期间工人遭遇困境时,商民协会在许多方面也采取了实际行动,公开给予了积极的支持。尽快由于种种主观与客观方面的原因,工人与商人之间的矛盾不可能完全避免,但在当时特定的历史条件下国民党倡导工商联合,再加上商民协会的积极回应,在短时期内形成了工商联合的发展趋向,这对当时国民革命的进一步发展确实有所裨益。[2]

第三类是关涉商人经济利益与商民协会权利的决议案,如请求政府实行废除苛税杂捐决议案、请政府划一度量衡决议案、请政府饬令印花税处对于处罚商民漏贴印花事须与商民协会共同办理决议案、商民协会应收回旧商会开投倒闭商店之权利决议案等。由此可以看出,商民协会虽然是国民党为组织广大中小商民参加国民革命而建立的团体,与以往的商会相比具有非常明显的政治色彩,但它毕竟也属于商人团体,不可能完全不过问商民的经济利益,否则也难以对广大中小商民真正具有吸引力。正因如此,广东全省商民协会代表大会对此非常关注,并借这一机会通过了多个相关的决议案,希望政府废除苛捐杂税,减轻中小商民的负担;划一度量衡,避免度量衡混乱所引发的工商纠纷。同时,商民协会还希望争取相关的权利,以便更有效地保护中小商

---

[1] 《商民运动决议案》,中国第二历史档案馆编《中国国民党第一、二次全国代表大会会议史料》(上),第393页。
[2] 有关这一时期广东地区工商关系发展变化的详细情况,可参阅霍新宾:《互助与合作:广州大元帅府时期的工商关系》,《社会科学研究》2006年第5期;《国共党争与阶级分野——广州国民政府时期工商关系的实证考察》,《安徽史学》2005年第5期。

民的利益,当然也有乘此机会削弱商会权利的企图,故而要求政府部门处罚商民漏贴印花事须与商民协会共同办理,并收回旧商会开投倒闭商店之权利,转交商民协会掌握处理。从后来的实际情况看,在废除苛捐杂税、统一度量衡等方面,商会与商民协会之间并无明显的矛盾,甚至还能够共同协调采取一致行动,但如果涉及到权利的争夺,相互之间的矛盾冲突则较为明显,有时还发展到较为激烈尖锐的程度,使工商界出现了分裂的状态,最终则造成商会与商民协会无法并存的结果。

第四类是有关商民协会自身建设与发展、以及商民协会所应从事的活动等内容,如本会及各地商民协会应倡办商业学校决议案、本会及各地商民协会应创办新商民日报决议案、各地商民协会会务决议案等。商民协会成立之后,自身的建设与发展存在不少问题,有的甚至连日常会务也难以顺利开展。广东省商民部当时对此不无了解,并曾在《广东商民运动报告》中针对商民协会的有关情况指出:"会员份子,虽经选择,但恐不肖份子,混入其间,故本部正着手,将已经成立者从事整理,未成立者严慎选择,务使其自身组织完善为止。"[1]商民协会自身对此同样不无认识,故而在第一次全省代表大会上专门通过了各地商民协会会务决议案,其目的就是希望以此规范商民协会的发展。另外,要求各地商民协会倡办商业学校、创办新商民日报,则是为了推动商民协会积极开展相关活动,提高商民的专业素质与政治觉悟,增加更多的新商报,扩大商民运动的声势与影响。

在广东第一次全省商民协会代表大会开会期间,代表们还曾到黄花岗公祭在辛亥革命前广州起义中牺牲的七十二烈士,赴东园慰问省港罢工工友,出席广州工人代表会欢迎会、广州市商民协会欢迎会、中央商民部和广东省商民部欢迎会,以及中华全国总工会、省港罢工委员会、广东全省农民协会欢迎会。

1926年5月25日,大会选举了广东全省商民协会职员。黄法哲、

---

[1] 广东省商民部:《广东商民运动报告》,中央商民部编印:《商民运动》,第1期,1926年9月1日。

萧汉宗等21人被选举为执行委员,邓品三、王宰宸等9人被选举为候补执行委员,李干宸、陈卧云等7人当选为纪律裁判委员。是日接着召开第一次全体执行委员会会议,投票选举萧汉宗、张浪石、黄法哲、陈国强、许庆之5人为常务委员,吕舜阶、邹晃2人为候补常务委员。随后,执行委员会又推选萧汉宗任总务部部长、陈国强任组织部部长、黄法哲任宣传部部长、张浪石为理财部部长、黄少初为仲裁部部长、吕舜阶为商务部部长、张骥甫为教育部部长。

是日,还通过了广东第一次全省商民协会代表大会宣言。"由起草人冯国文宣读一过,读毕,各代表一致鼓掌通过。"这份宣言,可谓充满了商民革命的激情与政治诉求:"我们认定我们商民现在所受的痛苦,都是帝国主义者和军阀给我们的,帝国主义者和军阀便是我们商民最大的敌人,帝国主义者和军阀一日不打倒,则我们商民一日不能求得生路,我们要集合在国民革命旗帜之下,一致参加国民革命,向帝国主义者和军阀反攻。我们从历年来感受痛苦所得的教训,我们已认定应该有新的团结与新的组织,虽然在我们广东各地,原本均已有商会的设立,但这些商会是旧式的,是代表少数的大商阶级的,是不能代表我们大多数的中小商民的。……所以我们大家起来组织商民协会,我们要集中我们的力量,扩大我们的组织,以增加我们在国民革命进行中的战斗能力,我们要联合全省的商民协会广东第一次代表大会,以组织我们全省的商民协会,这是我们商民要谋一个根本保障的方法。……我们更已知道在国民革命进行中,我们商民所负的使命,也是很为重大的,我们商民是应该和各阶级民众联合战线,一致奋斗,我们是要和农工学兵各民众联合起来。全广东的商民们,现在不是我们沉迷的时候了,我们现在唯一的出路,只有团结革命的力量,只有参加革命的运动。我们要统一广东商民的组织于革命旗帜之下,以谋国民革命的鸿展,以谋我们商民真实的利益。"[1]这样直白的革命要求,当然不可能是发自广大中小商民的内心。

---

[1]《全省商民协会代表大会二十五日开会情形》,《广州民国日报》,1926年5月26日。

6月2日,中央商民部颁发"广东全省商民协会印",以及"广东全省商民协会执行委员会之章"、"广东全省商民协会常务委员会之章"。至此,"广东全省商民协会,于是乎正式成立"。

广东第一次全省商民协会代表大会的召开和广东全省商民协会的正式成立,不仅是广东商民协会发展的一大盛事,而且也是国民党第二次全国代表大会通过《商民运动决议案》之后,商民运动获得新发展的具体反映。"从这个大会产生以后,商民对于党和政府已经完全了解,商民的痛苦已经完全诉说了出来,参加革命及发展实业已成为一致的主张。"[1]对于广东全省商民协会成立的意义与使命,萧汉宗当时即曾做出这样的描述:"顾今后应如何发扬而光大之,实为吾党同志,尤其是负起商民运动职责诸同志所应注意。夫商民协会本国民革命之宗旨而组织,是明明为革命商民之团体,今将此各个革命商民之小团体,统一成为全省革命商民之大团体,则其使命之重要,不言可知;其使命已如此其重要,则其组织宜固,训练宜严,亦不言可知。吾人当更使此种组织扩大于全国,以集合全国之革命商民,以扩国民革命之力量,以促进国民革命之成功,吾党同志乎!吾商民运动同志乎!吾革命商民乎!其努力今后之工作,以共同努力于国民革命之完成。"[2]中央商民部也将广东全省商民协会的成立视为其组织工作的一大成绩,该部于是年5月提交国民党中央执行委员会的工作报告认为:"该会成立后,广东全省商民协会已有统一之组织,其发展当较前更速。本部经着令该会注意于各协会会员之训练,务使各协会会员均成为真正的革命份子。"[3]

广州的一些报刊,对广东第一次全省商民协会代表大会的召开也给予了肯定,并希望广大商民能够真正联合起来,积极加入到革命的阵营中来。《广州民国日报》即曾发表一篇社论说:"现在,广东全省商民

---

[1] 张浪石:《广州市商民代表大会之成绩》,广东省商民部编印:《广东商民》,第3期,1927年1月20日。

[2] 萧汉宗:《广东第一次全省商民协会代表大会之经过》,中央商民部编印:《商民运动》,第1期,1926年9月1日。

[3] 《商民部五月份工作报告》,中国第二历史档案馆编:《中国国民党中央执行委员会常务委员会会议录》(三),广西师范大学出版社,2000年,第99页。

第四章　商民运动的起步：以广东为例　113

协会已成立了,这即是扩大广州商民协会的一个佳音。从此以后,我们相信商人在革命的途径,必然生出一番异彩。因为,从前商人不革命的缘因,既然是因为没有良好的领导商人的机关,现在商民协会的组织既然扩大,这就是指导商人的机关,已有坚固的良好的基础,那末,商民的革命运动,当然可以有长足的进步。"不过,这篇社论仍对广东商民提出了两点希望:"第一,所有广东的商人都统一在这个全省商民协会之下,因为从前固然有许多什么商会的等等名称的商民团体,然而这些团体从前的历史,谁人都晓得是反革命的大本营,谁人都晓得主持者多是买办阶级,故此,凡是革命的商人,都应该抛弃了这些灰色的团体,而加入革命态度鲜明的全省商民协会;第二,凡是商人都应该明了中国商人的地位和商人与革命的关要,并应该要知道商人的本身原是要革命的,能革命的,大家齐喊出'商民加入革命前线'的口号。"最后,社论表示"广东全省商民协会成立了,我们很祝颂他,然而我们更希望他能够永远努力,不要堕坏今日的光荣和民众的希望。"[1]

在此之后,广东全省商民协会作为代表广东省中小商民的新团体,在许多方面也确实发挥了一些作用。例如不久之后英国发生震惊世界的大罢工,广东全省商民协会曾公开发表援助宣言。宣言首先阐明了中国革命与世界革命的关系,认为"中国国民革命离不开世界革命,世界革命也离不开中国国民革命,亦即中国国民革命离不开中国商人,中国商人也离不开中国国民革命,那末我们中国的商人与中国国民革命的关系这样重大,即与世界革命有同一的重且大的[关系]。"这样的认识,似乎体现出广东全省商民协会的革命观已上升至世界范围的国际层次。接着,宣言又说明此次英国工人罢工的意义,也超越了英国一国之范围而具有世界意义,所以应该得到广泛的援助。"这次英国大罢工,并不是单独英国工人本身的问题,也不是单独英国一国的问题。如果单独是英国工人本身的问题,我们可以不必援助他,如果单独是英国

---

[1] 献声:《革命的商人快联合起来》,《广州民国日报》,1926年5月25日。本文作者系曾献生,曾担任广东省党部商民部部长。

一国的问题,更可以不必理他。须知英国在世界站在一个什么地位,英国工人在世界革命上怎样的重要,……这次英国大罢工不是英国工人反抗英政府与资本家的一个简单的意义,是全世界最革命最奋斗最有力量的无产阶级,向世界上最老最强大的帝国主义反攻的一个重大意义,有这个重大意义,全世界被压迫的阶级与弱小民族,无不表同情与英国工人的。"有了这样一番论述,广东全省商民协会对英国工人大罢工的援助行动,也就具有了充分的政治意义。"因为英帝国主义者,是我们共同最利害的剥削者,最大的仇敌,我们欲动摇帝国主义的基础,我们不能不要援助英国大罢工,我们要解放我们自己也不能不要援助英国大罢工,我们欲促国民革命的成功,则更不能不积极的实力去援助英国大罢工。……中国的商人,也不能落后于各界的援助。"[1]由此不难发现,广东全省商民协会成立后在促使中小商民更进一步关心中国和世界革命,以及在一些政治问题的认识上都有新的发展进步。

与此同时,由于代表中小商民利益的商民协会积极主动的参与,广东省农工商学的联合也取得了新的进展。1926年6月初,农工商学各界议决组织的农工商学联合委员会向国民政府呈请备案,阐明:"全国民众,皆有负担国民革命的使命,在今日此农工商学联合大会之中,尤需一致联合起来,解决民众目前迫切的需要。"[2]同时,农工商学联合委员会也希望国民政府能够接受和落实该会通过的7项议决案。对于农工商学各界加强联合的新趋向,国民政府当然表示欢迎与支持,故很快就予以批示:"国民政府成立以来,一切设施要在利民,农工商学联欢大会议决七项,既为广东全省民众目前最迫切之要求,政府自当以诚意完全接受,已逐项明定办法,严立限期,明令责成各主管机关,切实办理。尤望各界人民各尽其责,以辅助政府所不及,务使此项议决案,得以完全实现,不致徒托空言,有厚望焉。"[3]

稍后,广东全省商民协会还按照第一次代表大会通过的议决案,请

---

[1] 《全省商民协会援助英国罢工宣言》,《广州民国日报》,1926年6月7日。
[2] 《农工商学联合会呈请备案》,《广州民国日报》,1926年6月3日。
[3] 《政府接受农工商学会议决案》,《广州民国日报》,1926年6月5日。

求国民政府出师北伐,并阐明"吾商民之觉悟,而加入国民革命战线上,同时哀悯吾北方民众之惨受剥肤,认为有出师北伐之必要"。只有北伐取得成功,才能"促帝国主义者及军阀之崩溃,而实现总理之遗嘱"[1]。对于商民协会的这一愿望,国民政府同样也表示欢迎。

由上可知,对于广东第一次全省商民协会代表大会通过的一些决议案,广东省政府乃至国民政府还是比较重视的,这也从另一方面体现了广东全省商民协会的作用与影响。除上述情况之外,全省商协代表大会还曾通过有关商民协会应收回旧商会开投倒闭商店之权利决议案,会后广东全省商民协会又专门致函商民运动委员会,阐明:"现在商民协会经已成立,旧式商会已无存在之必要,开投倒闭商店,应由商民协会执行,庶直接足以巩固商民协会之威信。"其实这是一个较难解决的问题,因为涉及到与商会的复杂关系,不像其他问题比较容易处理。但商民运动委员会认为:"事关全省革命商民代表公意,敝委员会自当敬谨接受",并根据全省商民协会的要求,"相应录案备函"广东省政府,请"烦为查照施行,仍祈见复"。广东省政府经第142次省务会议议决,提呈中央政治会议核夺,"旋奉函饬移交商民部讨论办法"。广东省务会议又致函中央商民部,"希即查照商讨核定办法"[2]。可见,对于广东全省商民协会的这一要求,从广东省政府到中央政治会议都没有轻易予以否定,而是慎重进行研究,并且最后决定由中央商民部提出具体施行办法。

不过,广东全省商民协会的成立也并没有完全达到中央商民部和报刊媒体所设想的预期作用与影响。就理论上而言,广东全省商民协会的成立,即可解决全省各地商民协会组织与主持者纷繁复杂的局面,由全省商民协会统一协调指挥,但从实际情况看却并未能达成这种结果。由于各地方各派势力都想假借对商民协会的控制权,乘机扩大自身的实力与影响,因而在此之后仍多次出现纷争现象,有时全省商民协

---

[1] 《省商协会请政府出师北伐》,《广州民国日报》,1926年6月25日。
[2] 《广东省务会议致中央商民部函》,1926年9月24日,台北,中国国民党中央委员会党史史料编纂委员会收藏档案,部14009号。

会乃至省商民部也难以处理,不得不请由中央商民部出面协调解决。

例如顺德县大良商民协会与容奇商民协会素有隔阂,意见不一。在有关县商民协会会址设于何处的问题上又出现严重纷争,顺德县商民协会原定将会址设于容奇,大良商民协会担心容奇商民协会因此而扩大势力与影响,于是坚决表示反对,并与县商民协会也发生矛盾。各方相互指责攻讦,顺德县商民协会指控大良商民协会诸多越份妄为之举,得到广东省商民部的支持,省商民部轻易下令解散大良商民协会。大良商民协会强烈表示不服,地方上的工农团体及各界也开会集议,并发布通电,控告"顺德县商民协会乃不肖党员薛臻组织,其中商团分子甚多,前经各方致函县党部转呈上级党部在案。而省商民部不独不将此商团分子查办,反批准成立,并委不肖党员薛臻为特派员。该薛臻于去年侵吞追悼孙总理逝世大会公款,被押顺德县署监狱在案,其行为不端,已见弃于大良地方团体群众,今省商民部不独不查办不肖分子,又从而偏听之,将硕果仅存之纯粹小商人之大良市商民协会,用政府武力勒令为无罪名之解散。敝会等不料革命党革命政府之下,竟有此等无理摧残人民团体之事发生,所以顺德人民一闻此事,莫不愤恨不平。"大良地方各界团体大会还议决:(1)质问省党部商民部;(2)请中央党部恢复大良市商民协会;(3)要求中央党部改组顺德县商民协会;(4)请中央党部令政府立刻取消顺德一切苛捐杂税;(5)一致反对无罪名的解散大良市商民协会。[1]面对这一纠纷,新成立的全省商民协会根本无力予以调解。在此情况下,中央商民部只得派出专人,与省商民部、省商民协会的代表一起前往调查,多次召开联席会议,讨论解决办法,最后做出三项决定:停止顺德全县商民协会各种活动、改组容奇商民协会、派员前往大良重新改组该地商民协会。[2]这种处理方式显然是对纷争三方之商民协会都各自予以处罚,但却有利于原已被省商民

---

[1]《顺德各界大会通电》,1926年5月24日,台北,中国国民党中央委员会党史史料编纂委员会收藏档案,部6650号。

[2]《商民部六月份工作报告》,中国第二历史档案馆编:《中国国民党中央执行委员会常务委员会会议录》(三),第104页。

部宣布解散的大良商民协会。

在此期间,潮阳县陈鹤庭、詹天民、郑泽麟等成立商民协会之后,也被人指控为"土豪劣绅"而不予承认,指控者并另行组织一个商民协会,引发一系列纠纷。虎门县党部甚至支持被省党部执委谭植萼指责为"反动分子"的虎门商民协会职员,不理会省党部的撤换要求[1],在省县党部之间似乎也因此而出现了不同的意见。

鉴于这种情况,广东全省商民协会不得不呈文中央商民部,说明"职会为管理广东全省各地商民协会之权力机关,各地商民协会之组织,概由职会决定派员指导成立,始符定章。乃近日据各地商民协会呈报成立,有系由各县党部商民部核准成立者,有系由广东省党部各属特别委员会核准者,有系由广东省党部商民部核准成立者,事权既不一致,统属未免分歧,长此以往,不独妨害职会职权之行使,抑且影响于商民运动统一之进行。用敢呈请钧部察核通告本省各级党部商民部,嗣后关于各地商民请求组织商民协会,一律移归职会办理,颁发旗帜印信须由职会执行,各级党部商民部如存有各地商民协会各项名册者,亦须概行移送职会,以一事权而资统辖。"从广东全省商民协会呈文中透露的信息,可知该会成立以后,并没有真正拥有作为广东全省各地商民协会统一领导机关的职权,甚至连所属各地商民协会的成立与核准,广东全省商民协会也无从知晓,更谈不上发挥"以一事权而资统辖"的功能,这种状况当然不利于商民运动的发展。所以,对于广东全省商民协会在呈文中提出的请求,中央商民部表示同意,并根据其请求发布通告:"查广东全省商民协会未成立以前,各地商民协会自应由各商民部指导组织,以促商民运动之进行,现广东全省商民协会既经成立,则各地商民协会应概由广东全省商民协会指导组织,以符定章而一事权,至各地商民部应处于监督指导地位,协助商民协会进行。……为此通告各级商民部,嗣后关于各地商民请求组织商民协会颁发旗印,及存有各

---

[1] 参见冯筱才:《北伐前后的商民运动(1924—1930)》,第91页。

地商民协会各项名册者,即须一律移归广东全省商民协会办理。"[1]此后,类似的混乱状况才有所好转,但在其他一些具体问题上,广东全省商民协会仍常常会遇到力所不及、难以顺利统辖的情况。

不仅如此,在刚刚成立的广东全省商民协会内部也曾发生过纠纷。起因是谢日昇、欧祥光、王耀墀等10名执行委员,"指常务委员萧汉宗、黄法哲包办选举",萧、黄以及陈国强、张骥甫、黄少初等11人,"则指彼十人为受奸人利用,破坏会务进行",双方均呈文中央商民部,互相指责攻击,使广东全省商民协会成立伊始即陷于内部纷争的困境。中央商民部1926年6月份提交中央执行委员会的工作报告提及此次纠纷,只是谈到"本部接到双方呈文后,即函问该协会各执行委员此事真相,并将原件发交广东省党部商民部调查内容,拟具办法,并由本部核准执行,该纠纷现未解决"[2]。

此后,广东全省商民协会执行委员之间在讨论一些具体问题时,也因意见不一致而常常发生矛盾,从而给外界造成不团结的印象,产生了负面的消极影响。中央商民部最终不得不出面组织广东全省商民协会的执行委员召开谈话会,希望相互之间能够通过坦诚沟通,消除矛盾,团结一致。此次会议看来产生了一定的积极作用与影响。会后,广东全省商民协会在报纸上发表了一篇由全体21名执行委员共同签名的宣言,说明"我们既然负有领导商民参加革命的使命,那么,这肩背上是比较加重一点,这心胸里也当然认真一点,因此凡开一个会,或干一椿事,少不免要经过一定的程序讨论审查表决,才可以得全案或一部分的通过,但是在讨论审查和表决的当中,我们有时被那责任心、自信力和勇敢性所驱使,不由得不坚持自己认为最合理合法的,结果,是很容易生出偏见、曲解和武断的错误,但是求贯彻自己的主张,不免各走极端,所以近几个月来,生出内部的纠纷,惹起外界的误会,明白的露出一

---

[1] 《中央商民部通告》,1926年7月13日。台北,中国国民党中央委员会党史史料编纂委员会收藏档案,部0878—2号。

[2] 《商民部六月份工作报告》,中国第二历史档案馆编:《中国国民党中央执行委员会常务委员会会议录》(三),第103页。

条大裂痕给人们看,我们自身尚且不能团结,还配说和先进的工人们、农民们、学生们联合战线吗?"这里,广东全省商民协会的执行委员虽然承认内部存在着偏见、曲解和武断等错误,但又显然是想把矛盾和错误的产生,完全归究于执行委员对一些具体问题在认识上存在差异而导致的结果,甚至认为是因为执行委员具有责任心、自信力,敢于坚持自己的看法造成了一些纠纷,从而完全回避了个人利益与权力争夺等因素的影响。不过,这份宣言也表示:"我们本来无什么化除不去的意见,但能够彼此的主张,得相当容纳,即可认为有合作的可能的。谁都愿听从党的指导和调解的,况且我们一辈子都是革命党的党员,党的命令,是要绝对服从的。……我们从前因为一时的错误,停顿了许多工作,现在既然是相好如初了,自然要急起直追,刷新工作,完成我们重要的使命,打倒帝国主义,这才不愧一个全省革命商民的总枢纽。"[1]应该说,经过中央商民部的这次调解,广东全省商民协会执行委员之间的矛盾暂时有所缓解,但并不能从根本上彻底予以消除。[2]

广东全省商民协会成立的初期,与国民党广东省党部所设之商民部之间的关系也没有理顺,以致于引起省商民部的不满。商民运动是国民党开展的民众运动中的一项重要内容,成立商民协会则是商民运动的一项主要具体举措,当然应该接受国民党的领导。而代表国民党领导和指挥各级商民运动以及商民协会的机构,就是各级党部所设之商民部。前述广东全省商民协会向中央商民部呈文,抱怨各县与省党部及其各属特别委员会均各自核准所属商民协会的成立,使得广东全省商民协会无法统一事权,原因即是由于各级党部都认为这是其权力所在,并无不妥之处。此事后经广东全省商民协会呈请中央商民部以

---

[1]《广东全省商民协会执委宣言》,《广州民国日报》,1926年9月7日。
[2] 冯筱才揭示广东全省商民协会执行委员之间的这场争论,还有党派因素在其中产生影响。黄法哲、陈国强等人有中共身份,占据了权力要津,邹晃曦、许庆之等人系"右派团体"民社中坚分子,仅得一候补执行委员职务,对此表示不满,因而挑起其他执行委员发起责难,并曾一度拟联合各地商民协会另组"广东各地商民代表大会"。后来在中央商民部的调解之下形成妥协,实际上是达成了职位权力的重新分配。参见冯筱才:《北伐前后的商民运动(1924—1930)》,第91—92页。

通告的方式得到解决,暂告平息。但是,就理论上而言,广东全省商民协会应该接受广东省商民部的领导,各项事宜均应向省商民部请示汇报,然而广东全省商民协会遇事却往往越过省商民部,直接呈请中央商民部审核批示,随后又以中央商民部的批示作为令牌予以实施,广东省商民部也难以再做出不同的决策。上面所说各地商民协会的成立,经广东全省商民协会呈请并由中央商民部通告,改由广东全省商民协会核准及颁发旗印,即是一个明显的例证。如此一来,似乎形成了广东全省商民协会由中央商民部直接统辖指挥,而广东省商民部在中间被完全架空的局面。

这样的情形当然让广东省商民部难以接受。1926年10月,广东省商民部专门为此事致函中央商民部,要求明确规定广东全省商民协会由省商民部直接指挥监督,其函曰:

> 窃敝部乃管理省商民运动事项,故以引导全省商民参加革命为职志,对于全省商民运动总机关之商民协会,应就近指挥监督,方收训练之效。查广东全省商民协会自成立以来,向由贵部直接管辖,于权限上似欠明了。贵部系计划全国商民运动[之机关],敝部乃接受贵部之计划而执行全省商民运动,工作各有专责,权限不宜紊乱,否则纷乱无所措施,工作前途殊多窒碍。用特函请贵部,希为查照将广东全省商民协会拨由敝部直接指挥监督,庶权限分明,工作易于进行,实为党便。[1]

广东省商民部陈述的这番理由,应该说是比较充分的。此外,当时还只是广东成立了全省商民协会,如果以后各省商民协会都越过省商民部,直接受中央商民部管辖,其结果必然会导致中央商民部应接不暇,使许多重要事项得不到及时的处理。所以,中央商民部很快即回复广东省商民部:"查各省商民协会应受各省党部商民部之指挥监督,嗣后广东全省商民协会一切活动,应由贵部直接指挥监督之。准函前由,除函广

---

[1]《广东省商民部致中央商民部函》,1926年10月22日,台北,中国国民党中央委员会党史史料编纂委员会收藏档案,部0895号"附件"。

东全省商民协会知照外,相应函复查照。"[1]在此之后,广东全省商民协会即开始直接接受广东省商民部的统辖指挥。

即使如此,广东全省商民协会内部存在的矛盾也并未完全解除,因而在此后仍经常出现各种争执。例如1927年5月该会进行第二届职员改选时,内部又发生了不同派别集团间的攘权夺利之争。一直担任广东全省商民协会执行委员会常务委员的张浪石,在一些邮电中被他人或明或暗地指责为担任"走狗","包办"与"盘据"会务,于是张浪石不得不提出辞职,并且在报上向全省各级商民协会发表了一封公开信,多方进行辩解和说明:"查省协会自成立以来,会内二三人好为意气之争,无端而彼疆此界,无端而甲是乙非,正大者未敢苟同,软弱者望斗却步,驯至大好协会,沦为是非丛集之场,会务废弛,谁能讳饰。最近改选问题发生,忽而对浪石亦至四出闲言,丑诋备至,用意如何,殊难揣测。浪石自从事商运以来,其服从公意,属守党纪之处,在行动上在在可以证明。会务固非一二人可以把持,党令尤非一二人所得左右,党的指挥,或会中同志以正大手续,所献于商运进行之一切意见,莫不尽心尽力,企图实现,此其尊重会务,尊重党纪,不敢轻以私意为念,概可想见。浪石以人格所在,尤属不能作何人'走狗',受何人'指使',至于别人加我'包办'、'盘据'等,以并无其事,故绝对否认。"内部不断出现类似的各种纠纷,对广东全省商民协会确非幸事,连当时的报章在登载张浪石的这封公开信时,也针对省商协的内部纷争情况指出:"广东全省商民协会自成立以来,以会内分子复杂,经迭次发生纠纷,最近因第二届改选问题发生,致有对个人攻讦之邮电发见,殊非商运前途之福。"[2]

另外,除广东全省商民协会存在一些问题之外,在商民运动的初期,广东省各县市商民协会的成立虽然发展较为迅速,但同样也存在着这样或那样的问题,并且引起了中央商民部的重视。为此,1926年7月中央商民部专门发出了关于组织商民协会之重要通告,内容如下:

---

[1]《中央商民部致广东商民部函》,1926年10月26日,台北,中国国民党中央委员会党史史料编纂委员会收藏档案,部0895号。
[2]《广东全省商民协会近况》,《广州民国日报》1927年6月6日。

> 查商民协会之组织,其目的在团结商民,使之有完善之组织,以作商民本身之保障。尤在吸收商民中之革命分子,使之参加革命,以促国民革命之进行。惟其间不免有不良分子,或为帝国主义者所利用,或曾作反革命之行动,自未便任令加入,藉杜流弊。故章程第一章第一条有现任之买办、牧师及贪官污吏劣绅,不准加入之规定,第二章第四条,更有会员不得勾结帝国主义、军阀、贪官污吏、土豪劣绅之规定,其用意所在,无非欲使商民协会成为真正革命商民之集团。乃近查各地商民协会,根据此旨以组织者固多,而违反此项规定,任由不良分子发起组织,或任不良分子加入者亦属不少,尤足使商民运动之前途,发生危险。为此郑重通告,仰各级党部商民部及各级商民协会,嗣后对于各地商民协会之组织,务须审慎从事,勿令不良分子乘机加入。各级党部商民部负指导商民之责,尤须随时注意指导,以绝弊端。其有不依此项规定,滥行组织或任由不良分子加入者,一经查觉,定即执行解散,并将负责组织者严厉惩处。事关本党商民运动前途,仰各遵照勿违,是为至要。[1]

可以推断,中央商民部之所以要专门发出这一重要通告,而且语气甚为严厉,肯定是由于类似通告中所说之情况先前已曾出现,甚至有可能不是个别现象,因此需要以严厉之通告予以警示,防止这样的情况再度产生。

当然,广东作为商民运动的发源地,虽难免存在上述一些问题,但就总体而言,该地区商民运动发展的势头还是非常可喜的,应该给予充分肯定。特别值得指出的是,率先在广州兴起的商民运动呈蓬勃发展之势,对随后广东全省商民运动的兴盛起到了很好的推动作用。"广州因地理上政治上有特殊的情形,故广州商民运动,在广东各地商民运动中,居一重要的地位,而其发展的形势,亦比各地为蓬勃。"继广东第

---

[1] 《本部关于组织商民协会之重要通告》,中央商民部编印:《商民运动》,第1期,1926年9月1日。

一次全省商民协会代表大会之后,又曾举行广州市商民代表大会,"益令广州商民运动的空气,骤然紧张,……诚广州市商民运动空前未有之创举也"[1]。

广州市商民代表大会于1927年1月10日至13日在省党部礼堂举行,会期共4天。这次会议系省党部商民部发起组织,由省商民部、市商民部、全省商民协会、广州市商民协会、南郊商民协会、总商会、商会联合会、市商会等,分任筹备工作。大会的代表,"由广州六大商民团体选出,每一商民团体举四十人,共二百四十人。"大会的主席团由蒋寿石、萧汉宗、陈邦、林丽生、谭隶池、邹殿邦六人组成,由六个商民团体各推举一人。会议期间,大会邀请党部和政府要员分别作各方面重要之报告,包括甘乃光报告全国政治状况与社会状况,李济琛作军事报告,李禄超报告全国经济状况,吴倚沧报告中国国民党现状,甘乃光报告广东省政府最近设施,陈孚木报告广东商民与政治关系的分析,另还有广东省商民部部长曾献声、广州市商民部部长黄旭升,分别报告省市商民部一年来的工作状况。代表们提出之议案,不下百余件,其中经提案审查委员会核并而由大会表决者,总共34件。"此三十四件之决案,均为目前全省商民之重要要求,关系于全省商民至为重大,故大会特通过组织一议决案促成会,负责办理促成事宜,以期决案早日实现。"[2]

另外,大会开幕之日还发表了致全国商民团体电,说明"本日本大会在广州开会,代表全市商民,参加国民革命。尚愿一致奋起,共同反攻帝国主义者和军阀,以促国民革命之成功。"[3]大会公开发表的一份宣言,则阐明商民之所以遭受各种痛苦,根源在于帝国主义的侵略和军阀的压迫,因此,"我们要解除这种痛苦,便要打倒我们的大敌帝国主义者和军阀;要打倒帝国主义者和军阀,我们便要联合在国民革命旗帜之下,一致参加国民革命,向帝国主义者和军阀反攻。我们因为要做反

---

[1]《各地商民运动概况》,广东省商民部编印:《广东商民》,第3期,1927年1月20日。
[2] 同上。
[3]《广州市商民代表大会致全国商民团体电》,广东省商民部编印:《广东商民》,第3期,1927年1月20日。

攻帝国主义者和军阀的工作,我们便认定应该有新的团结。虽然在我们广州市指挥全市及指挥全省商民的商民团体,如广东全省商民协会、广州市商民协会、广州总商会、广州市商会、广东商会联合会、广州南郊商民协会,统共已有六个,可是没有联成一气,反攻帝国主义者和军阀的战斗能力便不大了。我们感觉到这一层,所以我们大家联合开广州市商民代表大会,团结我们的精神,扩大我们的力量,一致参加国民革命,反攻帝国主义者和军阀,以解除我们商民八十多年来的痛苦。"[1]

值得指出的是,这份宣言意识到商民协会应该与商会这一原有之商人团体联合起来,扩大商民的力量和影响,共同参加国民革命,而不是将商会作为不革命甚至是反革命的落后商人团体而加以排斥,这是一种新的认识。广州市的商民协会与商会六大新旧商人团体共同筹备、召开本次商民代表大会,已经显示了广州全体商民联合起来,共同支持和参与国民革命的可喜迹象。只可惜在这次会议之后,商民协会与商会之间仍存在一些矛盾,很难实现真正意义上的联合。

---

[1] 《广州市商民代表大会宣言》,广东省商民部编印:《广东商民》,第3期,1927年1月20日。

# 第五章　商民运动的扩展：以湖南为例

由于国民党在第二次全国代表大会召开时,已比较充分地意识到商民运动发展的滞后,其后果对国民革命影响甚大,遂在会上正式通过《商民运动决议案》,明确制定了商民运动的方略,于是,在此之后商民运动与以往的情况相比较,明显获得了迅速的发展。不仅国民政府所在地广东省的商民运动得到更进一步发展,而且很快扩展到其他地区,产生了更为突出的影响。本章主要以湖南商民运动的兴起与扩展为例,论述国民党"二大"之后商民运动的扩展。

## 一　国民党湖南全省第二次代表大会的召开

国民党"二大"召开之后,不仅广东省的商民运动获得了更进一步的发展,而且其他许多地区的国民党省市党部也先后成立了商民部。于是,这些地区的商民运动也相应开始进行。尽管其声势不及广东,但同样也产生了一定的影响。

相对而言,湖南省商民运动的兴起与发展较有特色,影响也比较大。这一方面是因为湖南在地理位置上紧邻广东,受广东省商民运动发展的影响更快也更直接;另一方面是国民革命军的北伐,首先也是抵达湖南,国民革命的日趋高涨,对湖南商民运动的兴起与发展产生了重要的促进作用。湖南的商民运动有其自身的特点,例如在对待商会的态度与策略方面,与国民党中央商民运动决议案所确定的方略明显不同。另外,在湖南商民运动兴起之初,尤其是在一些地区商民协会建立的过程中,该地区的共产党员发挥了比较突出的作用与影响,这种情况与国民党"二大"之后国共两党之争日益加剧,以及共产党开展民众运动策略的变化紧密相联。

由于在国民党"二大"召开过程中,已经反映出共产党人在国民党内部的地位与影响明显上升,加上通过这次会议之后共产党人又担任了国民党中央高层许多重要领导职务,权力也明显扩张,因而在国民党内部引发了诸多不满情绪,身拥军权的蒋介石也开始转变其先前较激进的"左"派面貌。此时,蒋与新来华暂时接替鲍罗廷的苏联顾问季山嘉(又名古比雪夫)和国民党主席汪精卫的矛盾猜忌,也愈演愈烈。于是,在"二大"闭幕后不久,即发生了所谓"三·二〇"事件。[1]该事件发生后,莫斯科方面并未对蒋介石的行动表达强烈的不满,相反还采取了较大程度的妥协退让策略,又调走与蒋有矛盾的季山嘉,派鲍罗廷重回广州,使蒋介石得以放下心来采取进一步行动。不久,在国民党二届二中全会上即通过了严重排斥和限制共产党的"整理党务案"。此后,由于共产党员在国民党中央不得再担任部长职务,致使共产党无法像先前那样从国民党上层扩充力量,只得转而改变策略,着重从国民党基层党部和民众团体等方面做工作,其中也包括积极参与组织各项民众运动,争取更多基层力量的支持。[2]正是在这样的背景下,一些地区的共产党员在本地商民运动兴起的过程中,特别是在商民协会成立的过

---

[1] 所谓"三·二〇"事件,又称"中山舰事件"。据杨奎松最近提出的新看法,主要是指蒋介石为阻止汪精卫和季山嘉的所谓倒蒋阴谋,于1926年3月20日下令在广州部分地区实行戒严,占领中山舰,逮捕身为共产党员的海军局代局长李之龙。为配合这一行动,免生变故,蒋还一度收缴了苏联顾问卫队的武器,暂时拘押担任卫成广州任务的第二师中的共产党员党代表,包围了省港罢工委员会。杨奎松认为,目前国内有关这次事件范围的说明,似有夸张渲染之处。见杨奎松:《国民党的联共与反共》,北京:社会科学文献出版社,2008年,第128页。

[2] 参见冯筱才:《北伐前后的商民运动(1924—1930)》,第95—96页。不仅如此,1926年9月中国共产党第三次中央扩大执行委员会通过的《商人运动议决案》还曾具体指明:"商民协会中如果有我们的同志,我们的党团工作,亦不可放弃,以图实现我们的政治主张。"见中国人民解放军政治学院党史教研室编:《中共党史参考资料》,第4册,1979年4月内部印行,第80页。

程中较为活跃,发挥了重要的作用,这可以称得上是湖南商民运动初期的一个较为明显的特点。

湖南省党部商民部于1926年4月成立,廖汉瀛任部长。在北伐军攻克长沙和湖南国民党第二次全省代表大会召开之前,湖南的商民运动虽已开始进行,但尚未真正兴盛起来。据省商民部秘书姜梦周同年8月在湖南省国民党第二次全省代表大会上的报告透露:"去年组织商民协会因在反动政局之下,大商与政府勾结,中小商人被其压迫,未能发展。至今年四月本部正式成立,曾发出告商人书,六月组织商民运动委员会,即通令各市、县党部,令即时成立商民运动委员会,本部派人往而指导之。"[1]但是,其实际工作主要限于召集商民代表开谈话会,组织长沙市商民协会筹备处,成立商界青年励进会等。由于没有开展更多的实际工作,湖南的商民运动当时并未真正兴起,只在宜章一地成立了商民协会,耒阳、永兴、浏阳、醴陵、湘乡等县的商民协会尚在筹备之中。姜梦周在报告中还说明,商民运动之所以未能兴起主要是因为存在三个方面的困难,即店东少店员多,利害又相冲突,不易组织;商民不愿牺牲其营业,故到会者少;商民多爱和平,难使其冒险以谋民众之福利。实际上,这三个因素虽有一定影响,但更重要的还是当时湖南省党部商民部的实际工作力度不够,国民革命在湖南的声势与影响也不是非常显著。

湖南的商业原本并不是很发达,因而大富商较少,中小商人居多,这一特点应该是有利于建立商民协会和商民运动的开展。湖南商民部对此也有认识:"湖南商业,素不发达,商民多为中小商人,大商人占极少数,且深处内地,一切金融活动,货物输入,均仰给于汉口外商,不能独立,是以商人无不受帝国主义之侵略,军阀之压迫摧残,加以土匪极多,杀人越货,层出不穷,故商人所受之痛苦,不减于农人工人。"[2]因此,在国民革命形势的推动之下,如果湖南省商民部广泛进行宣传与动

---

[1] 《国民党第二次全省代表大会四次会议记》,长沙《大公报》,1926年8月22日。
[2] 湖南省商民部:《湖南商民运动概况》,中央商民部编印:《商民运动》,第6期,1926年10月21日。

员,切实开展实际工作,湖南的商民运动很快就会得以发展。湖南省商民部对此也不无认识,成立之后"即发布告商民书数万份,使一般商民咸知欲解除本身痛苦,非自动组织加入国民革命不可"[1]。

随着国民革命军北伐进入湖南,特别是攻克了长沙之后,湖南的民众运动即迅速发展壮大,商民运动也随之很快得以开展起来。1926年7月12日,北伐军克宁乡,入湖南。在革命形势日益高涨之际,国民党湖南全省第二次代表大会于8月间召开,议决开展湖南农、工、商、学、青、妇运动各案,发表大会宣言,强调"目前应极力领导民众,集中政治上军事上一切势力,援助北伐军。努力以求北伐之成功,尤须发展湖南之革命势力,以巩固北伐军之后方"[2]。

本次大会议决通过了"关于商民运动决议案",确定了省党部大力开展商民运动的若干具体措施:

一、督促各级党部,注意商民运动,使各县市商人起来组织商民协会,一洗从前土豪劣绅及买办阶级大商人把持商场之恶习;

二、对于商民协会之扩大进行,应辅助革命的商人组织全省商民协会,使成为组织严密的辅助国民革命的及代表大多数商民利益的团体,以促进商民之革命意识及行动;

三、各市县党部,须增设商民委员;商民运动重要地方,须成立商民运动委员会,共策进行;

四、详细调查各地商场情形,制定商民运动策略,指定各地商民委员及商民运动委员会执行;

五、须出定期刊物及各种小册子,供给各地商民运动负责党员以各项资料,俾得以互相讨论;

六、须督促各地商民委员,向商民部作经常之报告,以便明了全省各地商民运动状况,并得以考核各地商民委员之工作情形;

---

[1] 湖南省商民部:《湖南商民运动概况》,中央商民部编印:《商民运动》,第6期,1926年10月21日。

[2] 湖南省志编纂委员会编:《湖南省志》第1卷,"湖南近百年大事纪述",湖南人民出版社,1959年,第508页。

七、确定商民运动经费；

八、限期成立重要县市商民协会：如衡阳、常德、岳阳、湘潭、益阳等，限大会后两月内成立；其他未成立各县，亦须积极督促于六个月内次第成立，但商民协会会员，不宜脱离现在商会，并须同时积极谋商会之改革与刷新，商民协会在不妨碍全体商民利益时，须与商会合作。[1]

由上我们可以看出，湖南商民运动在兴起之初还具有另外两个显著特点。其一，在领导商民运动的机构设置上，湖南省党部此前虽已设有商民部，但并未向广东省那样要求各县市党部均设立商民部，而是增设商民委员，另在重要地区成立商民运动委员会；其二，湖南商民运动决议案所定对待原有商会的态度与策略，与国民党第二次全国代表大会通过的商民运动决议案相比较，相互之间有着明显的差异。本书第三章曾通过分析国民党"二大"通过的商民运动决议案，论述了国民党初期推行商民运动的方略。该决议案认定"旧式商会不独不参加革命，且为反革命；不独不拥护大多数商民之利益，且违反之"。因此，需要组织商民协会来抗衡商会，"以监视其进行，以分散其势力，并作其整顿之规模"。最终目的，乃是"号召全国商民打倒一切旧商会"，以商民协会取而代之。而国民党湖南省第二次代表大会通过的商民运动决议案，却不仅未说商会是"反革命"的旧式商人团体，相反还强调"商民协会会员，不宜脱离现在商会"，并要求"商民协会在不妨碍全体商民利益时，须与商会合作"。两者之间在对待商会问题上的显著差别，几乎可以称得上是完全不同。尽管湖南商民运动决议案也说明应"积极谋商会之改革与刷新"，但这仍然是从正面希望商会通过改革与创新发挥积极的作用，与国民党中央的商民运动决议案中从反面所说之"监视其进行"，"分散其势力"，"并作其整顿之规模"，也同样存在着很大的不同。如果两相比较，结合当时的具体情况而言，湖南商民运动决议案对待商会的策略，显然更切合实际并且更具有可操作性，而且可以在

---

[1] 湖南省志编纂委员会编：《湖南省志》第1卷，"湖南近百年大事纪述"，第511页。

开展商民运动的过程中,减少商民协会与商会之间产生的矛盾冲突。

湖南商民运动决议案与国民党中央的商民运动决议案尽管通过的时间略有先后,但都是在1926年,间隔并不很长,为何在对待商会的策略上却相互之间出现这样明显的不同?由于未查到能够说明这一问题的相关具体资料,目前暂时还难以做出解释。[1]不过,经由这一事实我们可以发现,当时的商民运动虽由国民党中央统一部署进行,而且还通过"二大"制定的商民运动决议案确立了该运动的具体方略,但是,通过湖南的具体状况即可看出,各地开展商民运动的实际情形却仍然并非完全统一,甚至在某些重要策略方面有着较大的差异。因此,所谓商民运动的统一性和一致性是颇值得怀疑的。

除确定上述开展商民运动的各项具体措施之外,湖南商民运动决议案还特别强调在从事商民运动的同时,应大力保护商人及店员的利益。该决议案规定的相关条款包括:请政府统一财政,整顿金融,剔除厘金,免除苛捐杂税,肃清土匪并解散土豪劣绅及大商人把持之保商队、保商团及商团,禁止高利借贷,通令减轻行佃押租,不得向小商人摊派捐款,设法规定各行店员营业时间,改良学徒待遇,另还有设立商民银行,提供商民生产合作社及消费合作社等。关于"目前商民运动应注意之点",该决议案也说明"须注意宣传国民革命之意义,使其一致拥护革命政府,不至有碍革命进行的事实发生","乘革命潮流高涨的时候,多介绍比较有觉悟的商人入党,以扩大本党的组织"[2]。事实表明,只有尽力保护商人的切身利益,再加上广泛的宣传与动员,才能有效地吸引广大商人参加商民运动,支持国民革命。所以,湖南商民运动决议案的这一系列有关规定,有些后来虽因各种因素的限制并非全部得以付诸实施,但在当时仍具有相当的吸引力,对于促使湖南商民运动

---

[1] 从长沙县和长沙市商民协会(两会后来虽各保留名称,但实际上实行了合并)筹备成立的具体情况看,原长沙市商会会长左益斋是代表工商界参与其事的重要核心人物。像这样由原商会会长为核心,筹备建立该地区商民协会的情况,在此前的广东省尚很少见到。这恐怕也是为何湖南商民协会强调与原商会合作,而不是进行对抗的原因之一。详细情况后面还会论及。

[2] 湖南省志编纂委员会编:《湖南省志》第1卷,"湖南近百年大事纪述",第512页。

的兴起不无积极影响。

湖南第二次全省代表大会召开之后,省商民部确定的近期工作任务是:通告各县市党部,从速报告商民运动情形;派出专员数人,赴衡阳、岳阳、常德、益阳、湘潭等重要县市,指挥组织商民协会;督促长沙市即日正式成立商民协会;在最近时期内,组织全省商民协会;在近期发行刊物,及各种小册子,供给各地商人运动负责党员,作为讨论和宣传资料。当时的省商民部还意识到:"商人素酷爱和平,宣传加入革命,不免与其心理相违,故其组织比较农工各阶级为难。然当此湖南商民运动发轫之时,自当排除困难,努力进行,使商民运动不远落于农民工人运动之后。"[1]稍后,湖南省党部宣传部还曾专门向长沙市党部发布训令,规定"嗣后如遇各项群众运动,务必全体动员参加,如有故意规避者,以违背党纪论"[2]。

## 二 湖南商民运动的兴起与扩展

从相关史实看,在此之后不久,湖南的商民运动确实开始得到比较迅速的发展。特别是商民协会的成立,取得了较为明显的效果。同年9月间,湖南许多地区的商民协会都纷纷筹备建立,并且在成立之后积极开展相关活动。

9月17日,长沙县商民协会在湖北会馆召开筹备成立大会,"各行业到会人数约二千余人",可见会议规模之大。大会公推的三位临时主席之一、长沙市总商会会长左益斋(名学谦)率先发表演讲,说明农工学各界均已组织协会,"我商人不落人后,有组织商民协会之必要"。协会之宗旨,"是取广义的,对于店主店员学徒职工,均得为本会会员,将来执行委员,以行业为单位,无论店主店员学徒职工,均得为执行委

---

[1] 湖南省商民部:《湖南商民运动概况》,中央商民部编印:《商民运动》,第6期,1926年10月21日。
[2]《党员须全体参加群众运动》,长沙《大公报》,1927年1月20日。

员。对于劳工资本,不得区分阶级,……不主张由少数人包办。"随后,来宾及各会员也纷纷登台发表演说,"无非主张合商人群力,实行军民合作革命等语"。最后由筹备员提议大会讨论推举各业筹备员办法,"一致主张各业各举店东一人,店员一人,限三日内函报到会"[1]。两日后,长沙县商民协会又召开筹备员及各职员联席会议,议决各行业组织分会之名称,定名为长沙县商民协会某业分会;凡大小行业,尚未送达会员名册者,一律补发,并派员与该业接近之人接洽指导,俾了解三民主义之意义;各分会之成立日期,以旧历八月二十日以前,一律告成,会员名册,应如期造送来会。最后还议定致函省市县党部及省政府县长公署,报告本会筹备成立大会情形。[2]

与此同时,长沙县各业组织商民协会分会也异常踊跃。钱业率先行动,在长沙县商民协会筹备大会召开的前一日,钱业同人即为组织商民协会举行全体大会,"到会者一百二十余人"。公推王镇南为主席,"报告开会宗旨毕,议决成立'长沙钱业商民协会筹备处'",并推定了南路、西路、北路、东路各两名组织员,于会后各自"分途进行"[3]。紧随其后,其他各业也群起仿效。据当时的报纸报道:"省城各行业因长沙县商民协会已经筹备成立,照国民革命总司令政治部商民协会章程第九条之规定,即须同时组织各行商分会。省城各行商,除钱业首先组织分会外,近日苏广业、绸布业、南货业、药材业、红纸业,相继组织分会者,日有所闻云。"[4] 9月19日,纸业同人也为组织商民协会分会召开

---

[1]《长沙县商民协会昨日筹备成立大会》,长沙《大公报》,1926年9月18日。左益斋出生于1876年,湖南长沙县人。1896年中秀才,1902年入湖南公立法政学堂就读。戊戌变法时倾向于维新救国,在清末担任湖南咨议局议员,湖南光复时附和革命,出任都督府民政部民政司次长。后转入商界,参与创办湖南电灯公司、湖南实业银行、民众轮船公司等重要企业,成为长沙工商界元老。曾担任长沙市总商会会长、长沙市商民协会常务委员。1949年以后任湖南省政治协商委员会常委、长沙市工商联筹委会主任、省人民政府财经委员会委员等职。1951年2月去世。参见黄曾甫、黄曦龄:《左学谦的生平事略》,《湖南文史资料选辑》,第17辑,长沙:湖南人民出版社,1983年。

[2]《长沙县商民协会昨日之会议》,长沙《大公报》,1926年9月20日。

[3]《长沙钱业组织商民协会》,长沙《大公报》,1926年9月17日。

[4]《各行业纷纷成立商民协会分会》,长沙《大公报》,1926年9月19日。

全体大会,到会者百余人,议决"即日成立商民协会分会"[1]。

长沙市商民协会筹备处在湖南第二次全省代表大会召开之前即已成立,省商民部曾"通令长沙市商界一律加入,并努力吸收会员"。由于长沙市县之中枢机构同处一城,长沙县商民协会大张旗鼓地筹备成立以后,在许多方面与市商民协会出现了矛盾,甚至"彼此不无争执"。于是,如何协调市与县商民协会之间的关系,避免相互之间出现更大的矛盾冲突,也随之提上了议事日程。长沙县党部与省党部派员从中协调数次,希望两会合并。起初尚不顺利,后又提出变通办法,经多次磋商才获双方同意。9月下旬,长沙市县两商民协会各派代表在湖北会馆举行联席会议,形成如下决议:市商民协会与县商民协会,名义一体俱存,会牌挂在一起;会址地点设在湖北会馆内;筹备员市会推举15人,县会推定21人,合并筹备一切进行事宜。规定"双方筹备员以后不分彼此,合并在湖北会馆会址开会"。经过第一次联合筹备会,推选出了各部职员,左益斋任总务部主任,粟象尊任交际部主任,谢嘉陵任组织部主任,朱乐三任宣传部主任,文希牧任调查部主任。[2]随后,长沙市商民协会筹备处从原太平街贾公祠迁往湖北会馆,与长沙县商民协会筹备处合并办公。两会之合并,对于长沙商民协会之正式成立以及商民运动的开展,都具有重要的作用与影响。

1926年12月10日,长沙市商民协会宣告正式成立,上午10时在省教育会举行成立大会,庆贺之盛况空前。据当时报纸报道:"全城商店除张灯结彩外,门首一律张贴长条,上书'长沙市商民协会成立大会纪念';每一街口,张挂红布,大书'长沙市商民协会成立大会纪念',并扎松枝牌坊,缀以五色电灯。……各商店休息一日,庆祝三天。"次日午后一时,各分会会员又齐集省教育会,于三时开始"举行提灯游街庆祝,并发出通电"。这份通电首先说明:"本市依照国民政府颁布商民协会章程及组织程序,设立长沙市商民协会筹备处,分部进行,已逾两

---

[1]《长沙县商民协会纸业分会开筹备会》,长沙《大公报》,1926年9月20日。
[2]《市县两商民协会合并之经过情形》,长沙《大公报》,1926年9月29日。

月。各行业组织成立分会者,已九十余处,兹订于十二月十号开成立大会。"接着,通电号召广大商人在国民革命军北伐节节获胜,特别是湖南已处于国民政府领导的大好形势下,踊跃参加革命。"窃维我湘军事告终,训政开始,农工教育,均已组织会团,凡我商民,亟应团结精神,参加革命,非徒保护己身利益,亦以巩固北伐后防。惟是开办伊始,会务纷繁,尚乞时赐教言,以匡不逮。"[1]

长沙市商民协会成立之后,力量和影响都迅速壮大。有学者引用时人的回忆录称:"原属总商会各行业,乃一律加入商民协会,组织甫及一月,各行业分会成立近三百余处,会员达十五万人,盖长沙商人已全部加入,实为一最大商人团体。总商会虽未取消,然已等于虚设,无人过问矣。"[2]虽然这里所说各业分会及会员数据并不是十分精确,而且认为原总商会已形同虚设无人过问的结论也值得斟酌,但仍然可以反映当时长沙市商民协会在成立之后的短时期内迅速发展壮大的趋势。

在长沙市商民协会建立的过程中,中共党员发挥的作用值得注意。据当时作为花生囤业之代表、曾与全市83个行业推选之160余名代表共同参与长沙市商民协会筹备工作的陈伯勋回忆:"长沙市商民协会的筹备成立,曾得到国民革命军总政治部副主任郭沫若和国民党长沙市党部常委(后为市政处处长)朱剑凡的关怀和指导。"商民协会成立后,先选举了执监委员,复由执监委互推左益斋、粟象尊、苏可范三人为常务委员,周海龙为秘书长,陈达虞为秘书,王隐农为组织部长,徐亮彩为宣传部长,唐农阶为合作部长,葛味秋为仲裁部长,文斐为教育部长,

---

[1]《商民协会成立盛况》,长沙《大公报》,1926年12月10日。
[2] 见张亦工:《商民协会初探》,《历史研究》1993年第3期,第41页。这里需要说明,张文注明这段引文的出处为巴库林著、郑厚安等翻译的《中国大革命武汉时期见闻录:1925—1927年中国大革命札记》,中国社会科学出版社,1985年,第33页。但笔者查检该书此页乃至全书,却并未看到这段话,或许出处有误。因张先生已经离世,无法求证,只能暂时存疑。另外,当时直接参与国民党中央商民部工作达两年的黄诏年,在1927年曾编写出版了一本小册子《中国国民党商民运动经过》。据该书统计,截止1927年5月,湖南全省商民协会及分会有300处,但会员人数只有2万人(见台湾文海出版社影印之"近代中国史料丛刊"三编第60辑第33—34页),这与15万人的说法相差甚远。

唐乾五为财委会主任,魏伯熙、易静谦、柳迪猷、陈惠均、陈幼梧等人为干事。当时的行业代表中有共产党员周海龙、苏可范、王隐农(旅馆业)、徐亮彩(茶居业)、唐农阶(玻璃业)、缪青恒(油盐业)等6人,共青团员有陈惠均、朱省三、朱益三(刻字印刷业)3人。"市党部常委朱剑凡派组织部长陈龙骧、秘书查夷平来会指示,成立共产党员核心小组(对外不公开),以周海龙为组长,苏可范为副组长,在商协中起骨干核心作用。"[1]由此看来,共产党员在长沙市商民协会的筹备过程中,甚至到该会正式成立之初,确实发挥了比较重要的作用。

长沙市县两商民协会在筹建过程中虽然将各自的筹备处合并在一起,并使市会顺利成立,但从后来长沙《大公报》报道的一些情况看,两会仍经常单独组织活动,不过很少再见到相互之间发生冲突。1927年1月13日,长沙县商民协会也举行了第一次代表大会,"到会者十五乡镇,二十四个分会,计四十余人"[2],其规模和声势显然要比长沙市商民协会小得多。大会第二日,50余名与会者逐条讨论修改和通过了县商民协会章程之后,投票选举伍锡朋、朱绥若、李革新、张海涛、董海珊、文耀南、王仲谦、彭习之为执行委员,贺炎、李炳奎、周道为纪律裁判委员。最后,还就参与反英示威运动做出了部署,要求届时"到会集合,全体参加"。至此,"该会现因所有议案,均已议完,为促进实现起见,特定本日(十六)向省政府省党部县公署请愿,要求执行"[3]。在此之后,经过协商确定,长沙市区范围内属市商民协会统辖,市区以外的长沙区域由县商民协会统辖,两会办公地点仍然均设在湖北会馆。

除了在长沙,湖南各地商民协会也争先恐后地建立起来,反映了商人支持和参与国民革命的政治热情。例如醴陵县商民协会于1926年9月18日召开成立大会,各行业及各团体到会代表百余人,"由筹备主

---

[1] 陈伯勋:《长沙市商民协会的回忆》,《湖南文史资料选辑》,第17辑,湖南人民出版社,1983年,第198—199页。本文作者陈伯勋当时名为陈惠均,系共青团员。引文中提到的共产党员苏可范,1927年4月奉调担任茶陵农运特派员,赴该县组训农军,被国民党暗杀。
[2]《县商协代表大会本日开幕》,长沙《大公报》,1927年1月13日;《长沙县商民代表大会开幕纪闻》,长沙《大公报》,1927年1月14日。
[3]《县商民协会代表大会之第二日》,长沙《大公报》,1927年1月16日。

任萧乃愚报告筹备经过情形,次县党部代表及各界人士演说,再次议决要案,最后群呼'醴陵商民协会万岁'、'国民革命成功万岁'等口号,并表演各种游艺,始行散会"[1]。沅江县党部依据省商民部通告,组织商界人士,成立了商民运动委员会,推举委员若干名,于10月间召开成立大会,并且决定"即日成立商民协会筹备处,以谋商民切身之利益"[2]。益阳县商董在县党部敦促之下,当即召集会议,公推主任筹备员分别负责,于11月先行成立商民协会分会22个,至12月正式了成立益阳县商民协会,推选执行委员13人,纪律裁判委员5人。[3]宁乡县党部于10月间召集商民开会,推选出8人作为筹备员,同时成立各分会,至1927年1月正式成立了县商民协会,会员约三千余人。湘乡县商民自动组织起来,加上县党部派员指导,于1926年11月成立商民协会,分会有30余个,会员总计6412名。衡阳商人与县党部共同筹备,于1926年7月发起设立商民协会筹备处,至10月上旬正式成立分会者有79个,成立筹备处者12个,"会员总计在三万人以上"[4]。

衡阳商民协会的筹建以及成立初期,当地的中共党员也发挥了非常重要的作用。国共合作的初期,中共党员在国民党衡阳县党部中担任职务者即为数不少。1924年该党部成立时,7名执行委员中就有4名中共党员,担任秘书长的唐朝英也是中共党员。同年底衡阳工农商学联合会成立时,唐朝英又出任该会委员长。[5]这一情况也便于中共党员在筹建衡阳商民协会的过程中发挥作用。据时任衡阳商民协会宣传干事的肖远纶留下的遗稿透露:"衡阳商民协会的组成和活动,完全

---

[1] 《各县特约短信·醴陵》,长沙《大公报》,1926年9月18日。

[2] 《商运委员会成立》,长沙《大公报》,1926年10月12日。

[3] 《各县特约通信·益阳》,长沙《大公报》,1926年12月30日。

[4] 钟澄光:《湖南省商民运动概况》,中央商民部编印:《商民运动》,第16期,1927年6月25日。

[5] 衡阳市地方志编纂委员会编:《衡阳市志》(上),第五编,湖南人民出版社,1998年,第375页。

是在共产党的领导下进行的。"[1]当时,中共湘南特委指派四名共产党员参加衡阳商民协会的工作并出任要职。其中较重要的两人,一是担任组织部长的颜瑞,字永瑞,湘乡人,是衡阳最早加入中共的青年店员之一,原开设仁寿生药店兼诊所,先后担任衡阳雪耻会委员、衡阳公医院筹备主任、公产清理委员会主任等职务。二是担任宣传部长的陈锡圭,衡山人,原系中华书局店员,因思想进步,经湘南最早的中共党员之一同乡戴述人介绍,于1923年加入中国共产党。衡阳商民协会的一切对外活动,均由颜瑞出面主持。1927年5月湖南全省商民代表大会召开并成立省商民协会,衡阳商民协会推举的五名代表中也有陈锡圭、肖远纶两名中共党员,而且还被选举为省商民协会委员。长沙"马日事变"发生后,衡阳商民协会自行解散,颜瑞不久即被杀害,陈锡圭逃离衡阳,隐居老家衡山县。

与其他各县的情况相比较,湘潭县商民协会的成立经历了一番周折。该县客帮商人的力量也比较雄厚,与本帮商人形成对峙,相互之间难免在某些问题上形成利益冲突。在商民协会成立之前,湘潭商会进行了改选,双方为争夺商会领导权各不相让,导致改选陷入僵局,两派矛盾也愈益加剧。1926年9月19日,湘潭县商会改选会董时,因两派纷争而"大起冲突",连投票箱也被捣毁,根本无法正常进行选举。一方宣称此次选举"违法弄弊,黑幕重重",要求"呈报官厅查办"。另一方则指责对方"故意捣乱,侮辱会众,破坏选举,声请官厅究办。双方均走极端,两不相让"[2]。当时的报纸透露:"商会改选风潮,愈演愈烈。两派暗斗,各显神通,官厅处此,亦不能左右袒。现闻县署拟从调解入手,并于今日分缄慈善公所、劝学所、财产保管处、团防总局各机关董事,竭力向双方疏通意见,开诚布公,继续办理选举,俾会务不致久

---

[1] 肖伯麟:《大革命时期的衡阳商民协会》,《湖南文史资料选辑》,第17辑,湖南人民出版社,1983年,第205页。本文作者原名肖远纶,"马日事变"后改名肖伯麟,系衡阳宝华堂书局青年店主,因受新思想影响,倾向进步,经同业、原中华书局店员陈锡圭介绍,于1923年加入中共。"马日事变"后逃离衡阳,与曾省三到长沙,一度在省商民协会工作。1928年8月在长沙国民党市党部自首,嗣后在外谋生多年。1978年病逝。
[2] 《商会改选又决裂矣》,长沙《大公报》,1926年9月19日。

停,纠纷早日解决。"[1]

　　本帮和客帮商人之间利益纷争造成的这场商会改选风潮,也直接延续到湘潭商民协会成立的过程中。正是由于"湘潭各帮商人,近年因该会改选问题,闹成意见,两不相融,如同仇敌。自此次改选决裂后,意见越深,团体涣散",所以,在随后筹建商民协会时,双方都希望抓住此一机遇,力图利用这个新的商人团体得以占居主导地位。先是阎振启等商董积极活动,联络本帮各行业商人,发起"组织大规模之商民协会,藉作商会之替代机关"。接着,客帮商人刘沅臣等商董"亦仿照举行,以资对抗"。不仅如此,双方还"均请县党部核准备案,并恳派员前来指导,以利进行"。面对这一情况,县党部也颇感为难,派商运专员周汉考察详情,"查悉该两会组织之宗旨,尚无不合之处"。但按照规定,一县不能成立两个"如此对峙的机关",只能合并。然而双方意见冲突,县党部"亦无妥善办法,可以将两个商民协会使之归并一处",只得报请省党部商民部派专人前来调解。省商民部十分重视此事,派秘书廖友仁于1926年9月到湘潭,会同县党部"与该两会中坚分子多方疏通,力劝双方化除意见,通力合作"。后又决定邀请各行业会员,在县教育会召开会员大会,"正式推举筹备员,成立'湘潭县商民协会筹备处',筹备一切。至阎、刘两方面自行组织之商民协会机关,则归纳此处,合并办理"[2]。这次会员大会有30多个行业团体的300余人参加,廖友仁作为大会主席,首先阐明消除隔阂的重要性,随后就合并办法进行讨论,"各代表互相辩论",达成如下办法:统一的商民协会筹备处由各业推举筹备员2人,县党部指派3人。推定后,再由筹备员内互推3人,县党部指派2人,共计5人作为筹备处常务委员,执行一切筹备事宜。[3]这样,在省商民部和县党部的调解之下,湘潭县商民协会的筹建才步入了正轨。

　　截止1927年2月,据长沙《大公报》记载:"吾湘商民运动近来日

---

[1]《县署请公团调解商会纠纷》,长沙《大公报》,1926年9月30日。
[2]《省党部派员促进商民协会》,长沙《大公报》,1926年9月30日。
[3]《各县特约通信·湘潭》,长沙《大公报》,1926年11月1日。

益发展,故省商民协会现正积极筹备成立,兹将省党部商民部最近各县市商协已成立备案者,分志如下。"其中早已成立备案者,有祁阳、岳阳、衡山、郴县、汉寿、耒阳、长沙、平江、永兴、南县、宝庆、衡阳、益阳、湘潭、资兴、新田、醴陵、湘阴等县商民协会,另有水口山市、长沙市、锡矿山市、安源的市等商民协会,计22处。已成立未备案者,有沅江、临湘、东安、湘乡等4县商民协会。已成立商民协会筹备处者,有浏阳、新化、叙浦、安乡、常德、汝城等14县和津市、常德市两市。[1]可以说,当时的湖南商民协会数量之多,仅次于广东,在全国位居第二。

随着湖南各地商民协会的成立,长沙市商民协会又开始筹备全省商民协会。1927年1月初市商协召开执委会议,王隐农提议:"由常委即拟电致湘潭、常德、益阳、醴陵等各农(商)协会,各派代表一人,旅费自备,来省筹备省商民协会。全体通过。"[2]两日后,市商协执委会又专门开会商议此事,"议决致电各县召集代表来省,筹备省商协事宜"。省党部对筹备省商协之事也十分重视,商民部长廖维藩决定"拟具办法,召集长沙市商协全体执委,讨论筹备事宜"[3]。稍后,市商协常委及各部委员联席会议决定,"组织省商民协会案由省党部负责",市商协推选代表5人,长沙市总商会也推举代表2人,参与各筹备事项。但由于不久即发生了苏广业店员捣毁市商协会所的事件,无论是市商协还是省党部,都忙于应对和处理该突发事件,致使省商民协会的筹备事宜一度延搁下来。[4]

长沙市商民协会所被毁案平息之后,省商协的筹备又加紧提上了议事日程。1927年2月省市党部商民部部长出席市商协特别会议,决定

---

[1]《湘省商运近况》,长沙《大公报》,1927年2月21日。
[2]《市商协执委会议记》,长沙《大公报》,1927年1月8日。
[3]《筹备省商协会之积极》,长沙《大公报》,1927年1月10日。
[4] 据《广州民国日报》报道,似乎1926年11月下旬湖南全省商民协会即已成立。该报称:湖南"现各县商民协会纷纷成立者已有数十县,湘省党部商民部,乃联合数十县商民协会,组成湖南省全省商民协会,经电呈中央商民部察核,已由中央商民部颁发旗帜印信交省党部转发。查该会会员甚众,会务亦甚发达,湘省商民,均受该会指挥,将来商民保障,更加稳固矣。"(《湖南商民之大团结》,《广州民国日报》,1926年11月25日)但是,长沙本地的报纸却对此并无报道。

成立湖南全省商民协会筹备处,办公地点暂借市商协会址;召开全省商协代表大会的日期暂定于4月10号,在长沙举行。[1]省商协筹备处由时任市党部商民部部长的周海龙任常务委员,省党部商民部秘书廖友仁任组织委员,财务委员、宣传委员、文书委员则由市商协的左益斋、苏可范等领导人出任。该处成立后紧锣密鼓地开展相关工作,首先是讨论通过了湖南全省商民协会第一次代表大会选举法,规定代表大会的代表由各县市商民协会、分会会员选出初选代表,再由该县市初选代表大会互选产生;会员未满百人者,初选代表1人,每多百人增加1名初选代表名额;正式出席第一次代表大会的名额,会员人数2千以下者为1名,满1万5千者为2名,每多5千者增加1名。仍未组织商民协会的地区,也由省党部商民部斟酌情形,选派代表1人出席。各县市代表的选举,在2月25日至3月25日完成。代表选定后,各该县市商民协会"应即通知当选人,并呈报省党部商民部及湖南全省商民协会筹备处"[2]。随后,省商民协会筹备处向各县市商民协会发出了通告,要求按照代表选举法在规定的时间内,各自选举参加第一次全省商民协会代表大会的代表,报送到省。此外,中央商民部对此次大会也比较重视,并决定"派钟澄光同志前往长沙,指导湖南全省商民协会第一次代表大会,并监督该省商民协会成立"[3]。

在一系列的筹备工作完成后,湖南全省商民协会第一次代表大会在长沙举行,省党部宣传部长、商民部长出席会议并讲话。会议选举了全省商民协会执监委员,并由第一次执监委联席会议选举了主任委员和常务委员。这次会议的召开,对于扩大商民协会的影响和促进湖南商民运动的进一步发展,均产生了积极的影响。会后,全省商民协会虽名义上仍然存在,但并未发挥明显的实际作用。据当时曾参与其事的衡阳商民协会宣传干事肖远纶回忆:"省商民协会并无公费开支,省政

---

[1]《省商协成立筹备处》,长沙《大公报》,1927年2月19日。
[2]《全省商民协会第一次代表大会选举法通过》,长沙《大公报》,1927年2月20日。
[3]《本部迁鄂途中及最近两月来工作概况》,中央商民部编印:《商民运动》,第13期,1927年6月4日。

府也没有津贴,因此不能多设办事人员,只有一名干事,在会内看守文柜杂物,实际是一个空架子。为了解决这个问题,经执委会决定,凡有愿意来省商协办公,为商民运动效力的,可由各县市按下列标准自筹经费,大市县二百元,中等县一百五十元,小县一百元。衡阳商民协会筹款四百元(超过规定标准),由曾省吾以省商协常务委员名义和肖远纶以代理组织部长名义驻会,名为处理日常会务,实际已无公可办。"[1] 湖南省商民协会曾向省商民部请求经费支持,"并商得湖南省党部商民部之同意,连同预算书恳请鉴核准予提交财务委员会核准,转函湖南省政府按月如数拨给"。同时,湖南省商民部还向中央商民部请求援助,说明省商协"对于征收各县市会费一项,颇有困难,且因湘政变更,影响商运之处,亦属不少,故在会费未能整理,尚无正确收入以前,应由政府按月拨给,以资维持"。中央商民部表示:"该省协会经费支绌,尚属实在情形,故特准予提出中央执委裁夺矣。"[2] 由此可以看出,湖南省商民协会的日常维持经费确实比较紧张。

虽然全省商民协会较为松散,加上经费十分困难,未能发挥什么实际作用,但在此前后各地商民协会的纷纷建立,却是湖南商民运动迅速发展的重要表现。在此之后,广大商人以商民协会为依托,踊跃开展了各项活动,以前所未有的政治热情积极支持国民革命。许多商民协会也积极承担组织商人支持革命,以及保护中小商人利益和促进工商业发展的任务。

在北伐军自广东向湖南进军时,英帝国主义为了维护其在华利益,帮助吴佩孚、孙传芳等军阀进行抵抗,后又与美日等国各派军舰来华,停泊于长沙城外的湘江,日夜梭巡以示威慑。1926年9月,英帝国主义又在四川万县制造屠杀中国民众的惨案,引起中国人民强烈愤慨,反

---

[1] 肖伯麟:《大革命时期的衡阳商民协会》,《湖南文史资料选辑》,第17辑,湖南人民出版社,1983年,第208页。据其回忆,"马日事变"后,省商民协会尽管未与省农协会和省总工会一起被解散,但积极参与省商协和各县市商协的中共党员都纷纷受到迫害,或者被杀,或者逃离,也有的投降变节。到1927年底,湖南全省商民协会就逐渐销声匿迹了。

[2] 《关于湖南省商协请款之核议》,中央商民部编印:《商民运动》,第12期,1927年7月30日。

英运动日益高涨。为组织商人联合各界开展反英运动,筹备举行大规模反英游行示威,长沙县商民协会专门召集各业代表联席会议,议决各项具体办法:各业于8时前整队到达商民协会办公会所即湖北会馆;每业至少须派百人到会,而且越多越好,另派纠察10人,负维持秩序之责;符号和口号由商民协会先行制就,集会时核发,旗帜标语传单也由商民协会预备,届时分发;游行当日上午,一律休业半天,各店休业标语均书写"反对英帝国主义帮助吴佩孚、孙传芳进攻革命军"、"反对英国兵舰自由行使内河"、"取消中英间一切不平等条约"、"打倒英帝国主义"等。[1]如此周密地布置反帝运动,这在过去尚不多见,从中可以看出商民协会在组织商人开展政治运动中所发挥的重要作用。

至1927年1月,全国反英示威运动仍不断持续高涨,湖南省也不例外。湘省各界成立了反英示威及追悼汉口"一·三"惨案殉难烈士大会筹备处,并公开发出各界扩大对英经济绝交委员会公函,号召广大民众更加踊跃地参加反英运动。长沙市商民协会在运动中也十分活跃,与总工会、农民协会等民众团体积极配合,遥相呼应,紧急通告广大商民与各界采取一致行动,在反英运动中发挥应有的作用。在商民协会的呼吁与组织之下,广大商民也成为了这场运动中的一支重要力量,充分显示了中国人民万众一心的反帝爱国热情。此外,长沙市商民协会还曾在省党部和市党部的统一部署之下,与总工会等各团体协调行动,开展各界纪念"二·七"惨案活动,反对军阀的暴政。2月,益阳县商民协会为反对英国出兵案,议定由经济绝交部定期办理相关事项,一面快邮代电声援上海各团体,请求中央党部、中央政府、全国各报馆、各公法团,一致反对,一面报告县党部,通知各分会举行游街,并休业一天,显示了县商协在反帝运动中的积极表现。[2]

在积极参与反帝爱国运动的同时,当北伐军进入湖南尤其是进驻长沙后,长沙市总商会、商民协会都曾向各业募集捐款,慰劳北伐军,表

―――――――

〔1〕《商民协会联席会议记》,长沙《大公报》,1926年9月25日。
〔2〕《各县特约通信·益阳》,长沙《大公报》,1927年3月1日。

示对国民革命的声援与支持。"当北伐军攻克武汉时,长沙各界举行游行庆祝。市商协发动各行业募集大批慰劳物品,有南桔、毛巾、肥皂、香烟、牙刷等,堆存于鱼塘街商协戏台下面,由李光烈、陈惠均等轮流看守,随后用两个车皮运往武汉劳军。"[1]除此之外,处于澧水下游,北毗鄂西的津市商民协会,为动员广大商民支持革命,"按照市党部的统一布置,召开了多次群众大会,组织过游行示威,开展了宣传鼓动工作,还接待了进城的农协会员,配合工会、农会进行各项革命工作。所需经费,则由中小商户以捐赠方式自行筹集。"[2]在湖南其他地区,大多数县市商民协会也都曾组织商民,积极开展过慰劳北伐军或者是类似的一些活动。

组织商民学习革命理论,进行革命宣传,也是当时湖南省市党部和一些商民协会开展的一项重要活动。例如长沙市商民协会成立后,即建立了学习制度,每周日下午组织商协积极分子数十人,在第一师范附小学习两个小时。市商会修缮完毕后,学习地点改在该会礼堂,规模逐步扩大,参加人数也越来越多,还邀请市党部委员陈龙骧、熊瑾汀、干事尹健、查夷平等人轮流讲课。每个单元讲授之后,又进行分组讨论。这一措施对于帮助商民提高政治觉悟,增强政治热情都产生了较好的效果。此外,长沙市商民协会为更好地进行革命宣传,还在省党部的支持和领导下,克服经费和其他方面的许多困难,创办发行了《商民日报》,由周海龙任社长,书业的伍芋农任编辑。湘潭县商民协会还十分重视商民补习教育,经该会常务委员会议决定,开办四所商人补习学校,并议定在县商协会址开办一校,另在十八总唐兴寺、江西会馆和城内各办一校,于1927年1月间"均已次第筹备开学"[3]。

除了动员和组织商民支持国民革命,反对帝国主义,值得注意的是

---

[1] 陈伯勋:《长沙市商民协会的回忆》,《湖南文史资料选辑》,第17辑,湖南人民出版社1983年,第200页。
[2] 津市市政协文史资料委员会:《津市旧商会概况》,《湖南文史资料选辑》,第17辑,湖南人民出版社,1983年,第212页。
[3] 《县商协助行商民补习教育》,长沙《大公报》,1927年1月24日。

在进行商民运动的过程中,商民协会也注重保护广大中小商民的经济利益。实际上,这也可以说是针对商民的特点,从经济方面吸引商民投身于商民运动,支持和参加国民革命的具体措施。为此,在这方面商民协会也积极开展了一些活动,受到商民的欢迎。

首先是面对金融危机,采取各种措施维持市面,减少商民的经济损失。1926年湖南即出现了银根紧缩、周转困难的状况,商家亏损严重,普遍感到难以为继。"推其原因,一以受战事影响,商业凋零;一以银根紧迫,周转不灵。盖湘省金融威权,原操于汉口,汉口又须仰上海之鼻息。去年上海各银行以战事关系,不肯向汉口放款,湖南金融来源,因以断绝。加之贪官土豪去年先后避居上海,原存各钱店款项概行提去,以是钱店倒闭甚多,须俟沪宁克复后,金融商业,方可次第恢复也。"[1]与此同时,又因中央银行票币兑换处停兑,各种票币均难以使用,现银奇紧,真可谓雪上加霜,致使"商场方面,颇形恐慌"。当时,曾有舆论指责钞票停滞、现金短缺,缘于钱业暗中操纵票币买卖,使得钱业商家不仅亏损甚巨,而且名誉受害,甚感冤屈。值此之际,长沙市商协钱业分会公开出面说明金融停滞原因,为钱业商人解除不白之冤:票币系属一种辅助币,纯以信誉为之运用,欲求运用流通,则纯赖能够充分兑现。然湘省自湖南银行倒闭,票币信用,完全破产,因此全湘民众,对于行使票币,永具戒心。"以故自民七后,凡政府发行票币,除城市区内人民受压迫行使外,其余城区外县镇乡,皆不收受,此丧失信用之远因也。"票币仅能在城区内行使,钱业立于买者卖者之间,区内民众,接受此项票币,不能移地行使,故而求主卖出。而解款者遵奉明令法价抵解,故而求主买入,因此发生供求关系,此市价之由来也。"如果区内民众,依照区外民众及邮税机关办法,皆不收受,则无所谓市价,即等于废纸。此行使不通之近因也。"[2]

为应对金融危局,保护商民的利益,长沙市商民协会积极采取了许

---

[1]《农工政策实施后之湖南各方状况之一斑》,《汉口民国日报》,1927年3月8日。
[2]《钱业执委向市商协会声明金融停滞原因》,长沙《大公报》,1927年1月14日。

多措施。当绸缎业、钱业纷纷吁请维持中央票币时,市商协十分重视,随即专门呈文省政府,说明"中央银行各种票币,自发行以来,因设有代兑机关,故市面流通,信用昭著。自停止兑换牌示一出,商人持赴邮电各局及各征收机关,缴纳各项费用税款者,多予拒绝,以致市面顿形恐慌。非速谋救济,不足以恢复原状。"呈文还代商民详述停兑票币之影响,"商人方面,对于票币,须知随时收入,可以随时用出,自无不乐于使用。惟货物有限,票币无穷,若以所存货物,易成此项票币,不能向他埠办货,及完纳一切税款,在中小商人,势难忍此痛苦。"为此,呈文请求省政府"再行严令各邮电各局,及一切征收机关,关于中央各种票币,实行收用,一面催促中央银行,迅速筹设分行,以资调济。双方并进,庶可维系于无形。"[1]在长沙市商民协会的不断呼吁和请求之下,1926年底召开的市党部第二次代表大会,还通过了请政府整顿金融统一财政案、设立商民银行案、提倡商民生产合作社及消费合作者案,这些措施无疑都对当时的商民较为有利。[2]

稍后,在市商协的大力支持之下,钱业商协邀请省市党部商民部、商协、银行界头面人物又专门召开了救济长沙金融会议。市商协常务委员左益斋、省民会议商民主任王聘莘,以及中国银行、交通银行、上海银行之行长均出席了会议。经过商议后决定采取如下办法:(一)由三银行共同负责,"陆续运现来湘,救济市面金融";(二)"各钱庄联合持政府护照,派员赴汉,运现回湘救济"。紧接着,长沙市商民协会又致函中国、交通两银行,说明时下各县各埠均拒收钞票,吸收现金,金融危机日益严重。湖南银行倒闭后,湘省已无银行,全赖钱商在汉口转运现金接济,"刻下省垣生意凋落,汉口钱商不愿放款来湘",时逢冬令,入口货多,出口货少,现金有出无入,市面极为恐慌。"贵银行为吾湘金融枢纽,负有调济金融之责,务望即日由汉运集大宗现款,来湘放出,以轻利率,而维市面。"[3]

---

[1]《商民协会请设中央分行》,长沙《大公报》,1926年12月22日。
[2]《长沙市代表大会第六日》,长沙《大公报》,1926年12月26日。
[3]《关于救济长沙金融之要闻》,长沙《大公报》,1927年1月9日。

除采取上述措施,为了缓解市场交易中现金极端短缺的燃眉之急,长沙市商民协会还推出了一些临时性的应急举措。例如1927年1月10日,市商协合作部提议发行临时金融救济券100万元,"限期兑现收回,藉以维持市面"[1]。为慎重起见,长沙市商民协会还经过充分商议,拟订了发行金融救济券简章。该简章共计10条,第1条首先说明"本市商民协会为救济市面金融起见,发得(行)定期兑换证券,定名为'长沙商民临时金融救济券'"。该救济券发行总额为光洋100万元,分作5元和10元两种,自发行之日起,限6个月兑现,完全收回。凡本市商民得以动产、不动产及各种有价证券,向市商协抵押借款,每一商家借款以1千元为限。该简章由长沙市商民协会执行委员会议决后,呈请省政府核准施行。[2]在当时金融阻滞的特殊困难情况下,这一措施应该对商家不无帮助,能够产生一定的缓解作用。

在这一年的阴历年关将至之时,省政府也面临着比较严重的财政困难,希望长沙市商民协会"召集省垣较为殷实富商,先行筹借整款光洋十五万元,以应急需,而资周转"[3]。市商协站在广大商民的立场上,考虑到时值金融紧迫,商家普遍亏损严重的情况之下,不能再增加其负担,遂对省政府的借款要求委婉拒绝。接着,长沙县政府也向市商协提出组织各业进行摊派,筹借洋10万元,以完成省政府规定的筹款任务。市商协为了维护各业利益,对此也没有应允。

不仅如此,商民协会自成立之后,为了减轻广大商民的负担,还曾一再提出废除各种苛捐杂税的要求。在这方面,可以说商民协会发挥了与商会相类似的作用。1926年12月底,长沙市商民协会就曾通告各业,调查所受苛捐杂税痛苦,拟建议省民会议议决废除。通告指出:

> 查省民会议筹备处业已成立,对于商民建议事项,已设有专门委员,研究一切。现在我商界最感痛苦者,实为苛捐杂税,层出不

---

[1]《商民协会提议发行临时金融救济券》,长沙《大公报》,1027年1月11日。
[2]《长沙市商民协会发行金融救济券简章》,长沙《大公报》,1927年1月16日。
[3]《省政府向市商协抵借十五万元》,长沙《大公报》,1927年1月26日。

穷,以致商协(业?)日形凋敝。欲为取消之运动,非联合各团体在省民会议时议决,万难收效。惟各行业之情形不一,苛捐杂税之名目,亦复繁多,本会于短期间,难于一一查悉。兹特通告,仰各分会于文到三日内,将现在本业之苛捐杂税名目,以及征收方法,并其他关于商民应建议事项,详细列为议案,报告来会,以便汇送交省民会议筹备处,逐一决议,催促政府施行。事关本身利害,万勿延迟自误,是为至要。[1]

当时的报章刊登这则通告时,认为商民协会掀起了一场废除苛捐杂税之运动,并采用这一说法作为标题,以大号字体登载该通告。可见,市商协的这一举动颇受舆论的关注。

还应说明的是,在性质和功能方面商民协会虽有着明显的政治特征,但湖南有些行业成立的商民协会分会仍在某种程度上具有以往行业组织的某些经济功能,如长沙市商民协会协会瓷业分会发布的公启称:"本会为整顿行规起见,业经大会议决,凡在长沙市营瓷业者,须一致加入本会。并议决各种瓷品价格,划一不二,如有破坏规章者,即公同议罚。"[2]显而易见,整顿行规,尤其是制定本业商品划一不二之价格,并对违反该规定者予以处罚,都是传统行业组织行使的职能与权力。新成立的商民协会承袭了行业组织的这些职能,表明其兼有某些经济方面的功能与作用。

综上所述,可知长沙市与长沙县商民协会成立之后,发展较为顺利,声势和影响也比较大,在组织广大商民参与商民运动的过程中发挥了重要作用,由此促进了湖南各地商民协会的建立,也使整个湖南的商民运动获得了长足进展。但是,湖南的商民运动也曾遭遇其他地区少有的一些意外事件的影响。尤其是长沙市商民协会,于1927年1月被苏广业店员捣毁会所,使其经受了一次严峻的考验。有关具体情况,将在本书的第九章予以详细论述。

---

[1]《商民协会废除苛捐杂税之运动》,长沙《大公报》,1926年12月26日。
[2]《长沙市商民协会瓷业分会公启》,长沙《大公报》,1927年1月6日。

# 第六章　商民运动的发展：以湖北为例

1926年底北伐军节节取胜，连续北上攻克武汉等多个重要城市，国民政府控制的范围日趋扩大。到1927年初，商民运动也随之在更广泛的区域得以迅速开展起来，而且声势与影响也更加壮大。尤其是在湖北武汉地区，"汉口商民除了少数买办资产阶级站在帝国主义者方面外，其余大多数中小商人，本是直接间接地受尽了帝国主义者的经济掠夺与买办资产阶级的压迫，使得他们中小商人的革命性增加到很浓厚"[1]，加上国民政府于当年1月初从广州正式迁都武汉，促使湖北武汉地区的商民运动迅速高涨。

与广东、湖南相比较，湖北武汉地区商民运动的发展特点是：虽起步较晚，但发展迅速，影响较大，特别是长江流域商民代表大会的筹备与召开，标志着整个商民运动走向高涨。作为国民政府所在地的武汉，在这段时间也可以说在很大程度上成为了全国商民运动的中心；与此同时，湖北武汉地区商民运动获得进一步发展之后，与同样日趋高涨、声势更大的工人运动之间的摩擦也日益增多，因而协调工商冲突、实现"工商联合"，也成为这一时期在推进商民运动与工人运动发展过程中，国共两党都不得不面对的一个重要问题；另外，这一时期国共两党之间的矛盾冲突也越来越严重，使商民运动在发展过程中显示出一些新的趋向，随着蒋介石实行"分共"与国共合作的破裂，特别是到南京国民政府建立以后，商民运动的发展也相应转轨，与国民党的整个民众

---

[1]《汉口特别市党部商民部工作报告》，1927年4月—6月，武汉地方志编纂委员会办公室编：《武汉国民政府史料》，武汉出版社2005年，第376页。

运动一起从"革命的破坏"进入所谓"革命的建设"阶段。

## 一 湖北地区商民协会的建立

相对于广东、湖南两省而言,特别是与商民运动发源地的广东相比较,湖北商民运动的起步可以说为时稍晚一些。在国民党第二次全国代表大会上,汉口特别市党部的党务报告曾说明汉口商人团体与商民运动情况,认为汉口总商会是以银行、钱帮及买办阶级势力为主导、处于反革命地位的团体,各段商团则是中小商人团体,情形比较复杂,大部分对于革命运动表示同情,但他们性情散漫,不易结合,"因此向他们作革命运动格外吃力",往往是"用力多而成功少"。根据这一特点,汉口特别市党部所采取的办法是:用含混的名称吸收青年商人组织多数永久的团体,灌输革命知识,训练实际运动的人才。随之成立的团体具体有青年励进会、中国国货励进会、烟摊公会等,对商人的活动也因此得以逐渐开展起来。[1]事实上,这只不过是汉口特别市党部对其开展商民运动较为牵强的一种说法,当时的湖北省党部和汉口特别市党部均未建立商民部,也没有成立商民协会,商民运动实际上并未真正开展。[2]湖北省党部提交此次大会的报告,也介绍了该省民众运动开展的情况,认为工人运动、农民运动、青年运动、妇女运动都取得了一定的成绩,然而谈及湖北的商民运动时却不得不承认:"第一次省代表大会有关于商民运动之议决案,但省党部职员因工作之关系,无专人负责,故商人运动毫无进步。"[3]

不过,从全国范围看,湖北商民运动后来的起步也并不算太晚。1926年10月北伐军攻克武昌,11月底国民政府即决定迁都武汉,这对湖北武汉地区国民革命的高涨产生了明显的推动作用。连同商民运动

---

[1]《汉口特别市党部报告》,《中国国民党第二次代表大会日刊》,第15号,第5页。
[2] 从有关文献可以看出,在国民党"二大"之后国民党汉口特别市党部开始设立商民部。
[3]《中国国民党湖北省党部报告》,《中国国民党第二次代表大会日刊》,第3号,第11页。

在内的整个民众运动,也很快在武汉得以迅速发展。在武汉三镇中,汉口商民协会的建立与商民运动的发展最为引人瞩目。1926年11月,汉口特别市商民协会筹备会在市党部商民部的指导下宣告成立,随后即加紧筹建商民协会。12月上旬,汉口特别市商民协会已经正式成立。[1]该会设有秘书处、组织部、宣传部、仲裁部、会计部等机构,"各有专责,而由秘书处总其成"。"商民协会在政治上社会上之地位,确为国民政府革命商人团结之,作一团体受法律之保护。"[2]稍后,汉口商民协会还设立了图书馆、新剧团等外围机构,整个规模已十分可观。

汉口特别市商民协会正式成立之后,各业商人积极响应,踊跃组织分会,相关函件之往来,似乎使汉口市商民协会一时颇有应接不暇之感。为简化相关手续,1927年1月汉口市商民协会在报上发布启事:"本会自成立以来,各商民踊跃参加,纷纷来会,请求组织分会,函件往还,至费周折。为求简捷起见,嗣后凡请求加入本会者,先具节略禀词,呈候本会批示遵循,概不函复,特此通告。"[3]这也从一个侧面反映了汉口商民协会的发展较为迅速,对推动湖北武汉地区商民运动的兴盛

---

[1] 乔兆红认为:"北伐前夕,汉口特别市党部商民部根据中央商民部通过的《商民协会组织法》,成立了汉口特别市商民协会。"(见《1920年代的商民协会与商民运动》,第49页,中山大学博士学位论文,2003年)但作者并未注明此说的史料出处。李玲丽指出:"1926年12月4日,(汉口特别市)商民协会召开了成立大会",但同样也没有注明史料出处。见《北伐前后湖北的商民协会——以大革命时期的武汉为讨论中心》,华中师范大学硕士学位论文,2007年,第19页。冯筱才的《北伐前后的商民运动(1924—1930)》一书在论述湖北武汉商民协会的情况时,则没有说明汉口特别市商民协会成立于何时。但在介绍1926年11月29日成立的湖北劳资仲裁委员会时,依据丁觉群的《忆述武汉地区的劳资斗争和劳资仲裁活动》一文(《武汉文史资料》1984年第1期),说汉口商民协会在该委员会中拥有一名代表。另据1927年2月上旬汉口商民协会的一份会务报告称:"本会组织已足一年,而公开办公,仅有两月,故今日仅报告两月来之办事情形。"见《汉口商民协会分会执行裁判委员联席大会纪事》,《汉口民国日报》,1927年2月7日。黄诏年在1927年7月间撰写的《中国国民党商民运动经过》一文中,也说明汉口特别市商民协会成立的日期是1926年底。见武汉地方志编纂委员会办公室编:《武汉国民政府史料》,武汉出版社,2005年,第401页。由此看来,汉口商民协会正式成立的时间应该是在1926年12月上旬。但在此之前的筹备过程中,也可能以汉口特别市商民协会筹备会的名义参加或开展一些活动。

[2] 《汉口商民协会分会执行裁判委员联席大会纪事》,《汉口民国日报》,1927年2月7日。

[3] 《汉口特别市商民协会启事》,《汉口民国日报》,1927年1月17日。

不无积极影响。据两月后的汉口报纸称:汉口特别市商民协会当时已拥有141个分会,每个分会的会员平均500人左右。仅在汉口商民协会举行的一次全体会员大会及请愿行动中,参加的各业会员"总数约在十万人以上"〔1〕。冯筱才指出:照此数字估算,汉口商民协会有会员近3万人,各业分会会员的总数多达近7万人。不过,他认为这个数字并不十分可靠。〔2〕另外,黄诏年在1927年7月间撰写的《中国国民党商民运动经过》一文中,列举的汉口特别市商民协会会员概数为2万人。〔3〕这一数据大体上是可靠的,而报章所说之汉口商民协会分会的会员数却存在较大的疑问。就是这同一报纸,在三个月后刊载的汉口商民协会分会调查表更为详细,与上述说法即相距甚远。

笔者查到1927年6月12日至18日的《汉口民国日报》曾连续刊登汉口商民协会各业分会调查表,其中对有关各分会所属行业、分会会员数、会所地点、成立时间等各项相关记载,均更为具体,相对而言肯定也更为准确一些。该报在连续刊登这一调查表时特别说明:"自我军克复武汉,民众组织,异常发达。所有各种团体组织情形、沿革、地址及负责人姓名,均有记载之价值,亦均为社会所急欲明了。本报特派外勤记者,分别调查,为有系统之记载,以饷阅者,兹先将汉口特别市商民协会分会调查表录左。"〔4〕下面即是综合该调查表整理而成的"汉口特别市商民协会分会统计表"。

| 分会序号 | 所属行业 | 会员人数 | 常委姓名 | 会址 | 成立时间 |
| --- | --- | --- | --- | --- | --- |
| 1 | 混合 | 320 | 马懋巨 | 堤街陶家巷 | 1926.8.20 |
| 2 | 混合 | 130 | 吴义生 | 长墩子住户联合会 | 1926.11.4 |
| 3 | 混合 | 60 | 范正全 | 济生二马路 | 1926.8 |
| 4 | 拆药业 | 100 | 熊玉田 | 药王庙大巷 | 1926.12.15 |
| 5 | 西式皮鞋 | 57 | 蔡炳卿 | 老官庙 | 1926.11.19 |

〔1〕《大雨淋漓中之商协大会及请愿》,《汉口民国日报》,1927年3月14日。
〔2〕冯筱才:《北伐前后的商民运动(1924—1930)》,第171页注10。
〔3〕武汉地方志编纂委员会办公室编:《武汉国民政府史料》,第401页。
〔4〕《汉商协分会调查表》,《汉口民国日报》,1927年6月12日。

续表

| 分会序号 | 所属行业 | 会员人数 | 常委姓名 | 会址 | 成立时间 |
|---|---|---|---|---|---|
| 6 | 卷烟业 | 64 | 王直齐 | 清芬二马路 | 1926.12.28 |
| 7 | 混合 | 200 | 袁青山 | 黄陂街 | 1926.12.6 |
| 8 | 混合 | 207 | 余桢祥 | 老水巷 | 1926.12.14 |
| 9 | 混合 | 182 | 胡大成 | 歆生路 | 1926.10.16 |
| 10 | 混合 | 90 | 罗秀山 | 硚口罗家墩 | 1926.9.20 |
| 11 | 未成立 | | | 万寿桥 | |
| 12 | 混合 | 51 | 萧彩山 | 英界三码头 | 1926.10.10 |
| 13 | 混合 | 277 | 雷福顺 | 大智门 | 1926.11.25 |
| 14 | 印染花布 | 58 | 陈海卿 | 乔家巷 | 1926.12.27 |
| 15 | 混合 | 136 | | 沈家庙 | 1926.12.19 |
| 16 | 混合 | | | 三善巷 | |
| 17 | 混合 | 80 | 朱济川 | 万年街 | 1926.12.21 |
| 18 | 枢业 | 60 | | 安徽会馆 | 1926.12.16 |
| 19 | 理发摊担会 | 67 | 杜广太 | 多福桥 | 1926.12.2 |
| 20 | 铜器木器业 | 130 | 方可权 | 宝善堂 | 1926.12.13 |
| 21 | 鞋业 | 150 | | 六渡桥 | 1926.12 |
| 22 | 花布袜业 | 57 | 白鉴堂 | 大郭家巷 | 1926.12.10 |
| 23 | 鞭爆业 | 86 | 陈万顺 | 大通巷 | 1926.12.14 |
| 24 | 白铁锅业 | 248 | 汪正顺 | 观音阁 | 1926.12.20 |
| 25 | 西法洗衣 | 135 | 周顺泰 | 桃源坊 | 1927.1.11 |
| 26 | 浏阳鞭爆 | 105 | 沈丽青 | 大董家巷 | 1926.12.10 |
| 27 | 宝聚铜业 | 60 | 周朗斋 | 美仁街 | 1926.12.7 |
| 28 | 帽业 | 100 | 戴守礼 | 安徽会馆 | 1926.12.16 |
| 29 | 蛋行 | 73 | 马继彪 | 熊家巷 | 1926.12.7 |
| 30 | 混合 | 140 | 王松山 | 中段同益自治会 | 1926.12.22 |
| 31 | 未成立 | | | | |
| 32 | 板箱业 | 95 | 吴松甫 | 堤口正街 | 1926.12.26 |
| 33 | 山货业 | 232 | 董厚庵 | 洪益巷 | 1927.1.14 |
| 34 | 饮片药业 | 77 | 熊瀛洲 | 利济巷 | 1927.1.1 |
| 35 | 水土果业 | 54 | 伍玉村 | 龙王庙 | 1926.12.28 |
| 36 | 国货纱布业 | 54 | 杜怀甫 | 大郭家巷 | 1926.12.6 |
| 37 | 电业 | 80 | 金保纯 | 生成里 | 1926.12.11 |
| 38 | 报关业 | 93 | 王明生 | 清芬路 | 1927.1.20 |
| 39 | 针织袜业 | 132 | 潘云鹏 | 乔家巷 | 1927.1.7 |

第六章　商民运动的发展:以湖北为例　153

续表

| 分会序号 | 所属行业 | 会员人数 | 常委姓名 | 会址 | 成立时间 |
|---|---|---|---|---|---|
| 40 | 混合 | 156 | 金巽臣 | 堤口下段 | 1927.1.27 |
| 41 | 号栈 | 212 | 陈梁臣 | 升平街 | 1927.1.12 |
| 42 | 杂货业 | 120 | 舒静山 | 大火路 | 1927.3.23 |
| 43 | 混合 | 100 | 吴桂山 | 同益上段保安会 | 1926.12.24 |
| 44 | 旅馆业 | 72 | 王仲轩 | 文华巷 | 1926.12.1 |
| 45 | 混合 | 98 | 杨书斋 | 土挡火巷 | 1927.1.16 |
| 46 | 煤炭业 | 500 | 毛晋阳 | 江苏同乡会 | 1926.12.19 |
| 47 | 同业杂货 | 80 | 任谦泰 | 太和桥 | 1926.12.30 |
| 48 | 清茶业 | 600 | 高志明 | 济生一路 | 1926.12.24 |
| 49 | 混合 | 98 | 张少安 | 紫竹庵 | 1927.3.28 |
| 50 | 五金旧货 | 87 | | 永清桥堤街 | 1927.3.9 |
| 51 | 油漆业 | 70 | 王云山 | 洪益巷 | 1927.1.21 |
| 52 | 人力车业 | 68 | 祝春山 | 清芬一路 | 1926.12.27 |
| 53 | 机器米业 | 75 | 刘幼安 | 土挡雷祖殿 | 1926.12.11 |
| 54 | 杂色纸作坊 | 58 | 朱茂顺 | 大通巷堤街 | 1926.12.28 |
| 55 | 蛋水业 | | | 太平街 | 1926.12.7 |
| 56 | 混合 | 94 | 金松林 | 三新街 | 1927.2.22 |
| 57 | 海味糖业 | 66 | | 马王庙正街 | 1926.12.20 |
| 58 | 灯业 | | | 西马路 | 1926.11.6 |
| 59 | 元宵汤圆 | 66 | 余厚卿 | 牛皮巷口 | 1927.2.26 |
| 60 | 旧货业 | | | 同春里 | 1926.12.2 |
| 61 | 理发业 | 100 | | 大蔡家巷 | 1926.12.11 |
| 62 | 混合 | 68 | 李瑞堂 | 歆生路 | 1927.2.20 |
| 63 | 航轮业 | 58 | 贺夷九 | 同善里 | 1927.3.29 |
| 64 | 混合 | 64 | 朱惠泉 | 广益桥 | 1927.3.11 |
| 65 | 茶业工会 | 500 | | 瀛海茶楼 | 1926.12.16 |
| 66 | 西药业 | 50 | 糜之轩 | 通业里 | 1927.2.25 |
| 67 | 烟帮业 | 56 | 潘松亭 | 宝善里 | 1927.3.21 |
| 68 | 袜带毛巾 | 130 | 朱云卿 | 大水巷 | 1926.12.28 |
| 69 | 旅鄂煤业 | 320 | 刘崧生 | 宝庆码头 | 1926.12.1 |
| 70 | 混合 | 325 | 杨兰卿 | 剪子街 | 1926.12.30 |
| 71 | 印刷业 | 80 | 周华堂 | 大郭家巷 | 1927.4.2 |
| 72 | 窑业肥料 | 75 | 秦松 | 后稷宫 | 1926.12.20 |
| 73 | 油漆嫁货 | 54 | 黎同泰 | 大火巷 | 1927.3.18 |

续表

| 分会序号 | 所属行业 | 会员人数 | 常委姓名 | 会址 | 成立时间 |
|---|---|---|---|---|---|
| 74 | 棕业 | 50 | 刘立亭 | 兴隆巷 | 1927.1.26 |
| 75 | 金银首饰 | 69 | 盛润生 | 牛成里 | 1927.2.25 |
| 76 | 混合 | 138 | | 大水巷 | 1927.1.1 |
| 77 | 已取消 | | | 满春里 | |
| 78 | 拆货同业 | 62 | 徐振卿 | 鲍家巷 | 1927.3.1 |
| 79 | 花样业 | 50 | | 多福桥 | 1926.11.25 |
| 80 | □业 | 74 | 李文卿 | 药王庙 | 1927.1.16 |
| 81 | 炒业 | | 谢美利 | 桥口直马路 | 1927.3.9 |
| 82 | 酒业 | 53 | 彭纯斋 | 何家墩后 | 1927.1.23 |
| 83 | 板厂 | 50 | 田万顺 | 大水巷 | 1926.12.28 |
| 84 | 木器业 | 62 | 任培卿 | 济生堂 | 1927.3.4 |
| 85 | 瓜菜薯行 | 52 | | 邱家巷 | 1926.12.15 |
| 86 | 鞋帽钟表眼镜洋货 | 90 | 喻燮卿 | 生成里 | 1926.12.28 |
| 87 | 未成立 | | | | |
| 88 | 广货摊 | 57 | 胡梅村 | 太和桥 | 1926.12.20 |
| 89 | 混合 | 81 | 游书田 | 华清街 | 1927.2.20 |
| 90 | 袜器业 | 141 | 张洪兴 | 利济巷 | 1927.1.29 |
| 91 | 已取消 | | | | |
| 92 | 中西衣帮 | 56 | 李墨斋 | 土挡发连里 | 1921.1.12 |
| 93 | 成衣店 | 100 | 叶洪顺 | 清芬二路 | 1926.12 |
| 94 | 豆业 | 280 | 叶万顺 | 唐家巷 | 1927.1.7 |
| 95 | 湖南棉花 | 70 | 龚钧益 | 紫竹庵 | 1927.1.28 |
| 96 | 磁业 | 56 | 王义甫 | 大火路 | 1927.1.23 |
| 97 | 混合 | 120 | 胡敬之 | 四官殿 | 1927.2.10 |
| 98 | 混合 | 208 | 谌福堂 | 桥口古茶巷 | 1926.12.28 |
| 99 | 旅鄂湘商 | 50 | 谢仙槎 | 大董家巷 | 1927.1.29 |
| 100 | 棉花同业 | 128 | 杨逃廷 | 药王庙 | 1927.1.20 |
| 101 | 混合 | 174 | 杨著廷 | 模范村 | 1927.2.19 |
| 102 | 京杂货摊 | 50 | | | 1927.4.25 |
| 103 | 瓷器摊担 | 59 | 胡又元 | 遇字巷 | 1927.1.22 |
| 104 | 贩卖酒 | 30 | 何济川 | 小郭家巷 | 1927.1.21 |
| 105 | 淮南小作 | 62 | 李发兴 | 万安巷 | 1926.12.31 |
| 106 | 湘宜船票 | 52 | 朱子柏 | 大蔡家巷 | 1927.1.13 |
| 107 | 轮船客栈 | 53 | 张庆堂 | 苗家码头 | 1927.1.21 |

第六章　商民运动的发展：以湖北为例　155

续表

| 分会序号 | 所属行业 | 会员人数 | 常委姓名 | 会址 | 成立时间 |
|---|---|---|---|---|---|
| 108 | 绉纱 | 50 | 张竹坪 | 福建庵堤街 | 1927.1.18 |
| 109 | 混合 | 562 | 匡荣卿 | 同善里 | 1927.1.25 |
| 110 | 零剪销铲 | 50 | 萧子敬 | 大通巷 | 1927.1.26 |
| 111 | 未成立 | | | 升平里 | |
| 112 | 机器造面 | 252 | 陈春姗 | 西马路 | 1927.2.10 |
| 113 | 黄帮商人 | 178 | 胡履安 | 帝十宫 | 1927.1.24 |
| 114 | 洋广杂货 | 50 | | 花布街 | 1927.1.27 |
| 115 | 糖业商人 | 50 | 兰宏顺 | 汉口法院旁 | 1927.3.14 |
| 116 | 山货业 | 101 | 杨税清 | 郭家巷 | 1927.1.13 |
| 117 | 水笋海参 | 50 | 余殿臣 | 杨家河 | 1927.3.15 |
| 118 | 皮件皮鞋 | 50 | 顾汉章 | 仁寿里 | 1927.3.21 |
| 119 | 肉业 | 600 | 章万顺 | 双龙街 | 1927.4.4 |
| 120 | 衣业 | 115 | 彭春廷 | 四官殿 | 1927.1.29 |
| 121 | 麻线业 | 103 | 冯冀周 | 戴家巷 | 1927.1.29 |
| 122 | 杂皮笔料 | 140 | 邹洛斋 | 大董家巷 | 1927.1.30 |
| 123 | 江苏杂货 | 79 | 马星垣 | 宝善堂 | 1927.2.23 |
| 124 | 中西菜馆 | 130 | 刘锦福 | 后城马路 | 1927.1.27 |
| 125 | 华洋杂货 | 53 | 夏俊夫 | 宝寿桥 | 1927.1.27 |
| 126 | 洋油面粉卷烟 | 75 | 吴仁卿 | 花布街 | 1927.1.29 |
| 127 | 京货业 | 316 | 胡义盛 | 大火路 | 1927.3.4 |
| 128 | 玻璃料器 | 65 | 苏佩卿 | 药王庙 | 1927.2.21 |
| 129 | 未成立 | | | 清远巷 | |
| 130 | 铁货 | 142 | 黄锦昌 | 宝善堂 | 1927..3 |
| 131 | 石灰 | 56 | 聂炳臣 | 宝善堂上首 | 1927.2.21 |
| 132 | 修理钟表 | 60 | 李鸿盛 | 清芬一路 | 1927.2.25 |
| 133 | 贩卖布疋 | 600 | 杨顺发 | 济生三路 | 1927.3.30 |
| 134 | 牛皮贩运 | 89 | 沈从本 | 清芬二路 | 1927.4.1 |
| 135 | 香帮 | 70 | | 清莲楼三号 | 1927.4.11 |
| 136 | 脚花棉子纱 | | | 济生一路 | 1927.5.2 |
| 137 | 轮船厨房 | | 汪炳南 | 后花楼 | 1927.4.18 |
| 138 | 寿木作坊 | | 李燮堂 | 乔家巷 | 1927.4.18 |
| 139 | 贩运柴商 | | 华西记 | 小新码头 | 1927.4.29 |

这里我们之所以详细列出这一表格，是因为该表可以说明许多问

题,也可以纠正一些似是而非的说法。

第一,上表所列总计为139个分会,与此前《汉口民国日报》报道汉口特别市商民协会举行全体会员大会时所说之141个分会数基本一致(原表所列也为141个分会,上表剔除了2个重复排列的分会,故总共只有139个分会),但其中有5个分会实际上并未成立,另有2个成立后因故被取消。所以,根据上述表格之统计,截至1927年5月汉口特别市商民协会所属之分会实际上应为132个。尽管这个数字比前述之分会总数少了9个,如果算上被取消的2个分会则少7个,但仍然足以反映当时汉口商民协会迅速发展的明显态势。

第二,从上表列出的各分会的设立时间也可以证实,汉口特别市商民协会所属之各分会,均系在1926年底至1927年初较短的时间内,如雨后春笋般相继设立起来的,由此也较为突出地体现了汉口商民运动虽起步较晚,但却发展十分迅速的特点。具体说来,不包括成立后被取消的2个分会,在1926年底设立的分会总共即有57个,在1927年初设立的分会总计有75个。有待进一步考察的问题是,表中列出的第1、第2、第3、第5、第9、第10、第12、第13分会设立的时间,均在1926年12月初汉口特别市商民协会正式成立的时间之前。出现这种情况,一方面很可能是这些分会确实在此之前即已设立,后来附属于汉口特别市商民协会,反映了这些分会商人的主动积极性;另一方面,也可能是表中的记载有误。

第三,就一般情况而言,商民协会的分会都是由各行业中小商人设立,但汉口特别市商民协会的分会却并非完全如此。上表列出的132个分会,就并非全部都是由某一行业的中小商人建立,其中有28个分会未标明所属行业,只注明为"混合团体",即多个行业的商人混合设立。这或许是由于某些行业的商人无论数量和影响都十分弱小,只能联合起来设立商民协会。另外的104个分会,绝大多数系由各行业的中小商人设立,但其中也有少数分会并非如此,例如有第99分会由旅鄂湘商设立,第113分会由黄帮商人创办,仍保留了以往地域商帮的某些组织色彩。

第四,汉口特别市商民协会各分会的会员人数相差比较大,有的比较多,有的则非常少。例如肉业设立的第119分会、清茶业第48分会、贩卖布疋业第133分会的会员都多达600人,"混合"型的第109分会有会员562人,煤炭业分会500人,而会员人数很少的贩酒业分会则只有30名会员,另还有多个分会的会员只有50人。上文曾介绍先前有报纸报道,汉口特别市商民协会有141个分会,每个分会的会员平均500人左右,加上汉口商民协会的会员,"总数约在十万人以上"。看来,这个报道确实不够准确,而且与实际情况相差较远。从上表可以发现,分会的平均会员数远未达到500人。具体而言,会员数超过500人的分会只有5个,超过300人的分会也只有9个,超过200人的分会有18个,超过100人的分会有48个,其余84个分会的会员均不足百人。另外,汉口特别市商民协会及其分会的实际会员人数,自然也远未达到上述所说之10万人的数量。需要阐明的是,汉口特别市商民协会有些分会的会员人数较少,并不表明汉口中小商人对于设立分会以及参与商民运动的积极性不高,相反,却能够说明这些行业的商人虽然数量不多,但仍然在短时间内积极成立了分会,并且以设立分会的形式加入汉口特别市商民协会,在汉口商民协会的统一组织和领导下踊跃参加了商民运动。

毫无疑问,汉口特别市商民协会各业分会的纷纷设立,对于提高更多商人的政治觉悟和动员广大商人参加国民革命运动,均产生了积极的影响。在各个分会的成立大会上,通常都是由来宾先发表演讲,阐明商人参加革命之意义,随后商界代表也相继登台演说,表达商界投身国民革命之决心。因此,各分会的成立大会实际上可以看作是一次商界的政治动员会。例如由药业商人组织的汉口特别市商民协会第34分会,于1927年1月7日举行成立大会,与会者近百人。首先由国民革命军第十五军政治部代表沈国光发表演讲,随后商界代表刘一华等人也登台演说,表示:"现中小商人,均有觉悟,即联合战线,共同奋斗,打倒军阀,以完成革命工作。"[1]会场气氛十分热烈,与会之商人也情绪高昂,颇受鼓舞。

汉口商民协会及各分会成立之后,为了检阅其实力与影响,曾在汉口济生三马路举行过一次较大规模的集会,也被称作是该会的第一次全体会员大会。汉口商民协会常务委员会主席郑慧吾在会上阐明:"此大会有三种意义,(一)检阅本会力量;(二)拥护国民党及欢迎汪主席即日复职;(三)整顿印花税务。"出席本次会议的市党部代表李国瑄在发言中也说:"今日大会,表现商民之革命力量。国民党是拥护中小商人利益之党,希望中小商人拥护党部及政府。"虽然报载有超过10万商民协会会员参加此次会议的说法不无夸大,但其声势和影响确属前所未有。会后,全体会员又按照预定计划,冒着大雨列队举行游行请愿。游行队伍浩浩荡荡,"首为请愿团大旗,次为各种布制标语,再次为请愿代表郑慧吾等五人,最后为各分会每人手执各种标语小旗。沿途高呼口号,出会场,过三新街商民协会总会,至市党部请愿,由李国瑄答复:表示党部接受商民意见,并努力使之实现。群众认为满意,鼓掌如雷。由市党部出发,经特别区,至国民政府财政部请愿,……再转至南洋公司向中央党部请愿,由詹大悲答复:对于商民意见,完全接受"[2]。类似的大规模游行愿望行动,在以往的汉口商人中极少看到。由此可见,商民协会的建立与商民运动的开展,对于激发广大中小商人的政治热情与能量,有着不可忽视的重要影响。

紧随于汉口特别市商会协会之后,武昌商民协会也很快宣告成立并获得迅速发展。据1927年1月初发行的当地报纸报道:"武昌商民协会成立以来,谋群众之团结,图商业之发展,其进步大有一日千里之势。各界商户,加入组织,共已成立分会五十余部,刻尚在陆续组织之中,并扩充宣传、交际各部,参与群众运动,一致拥护国民政府,向革命战线上工作。"[3]大约两个月之后,为了促进更多商民协会的设立,武

---

[1]《商协三十四分会成立》,《汉口民国日报》,1927年1月8日。
[2]《大雨淋漓中之商协大会及请愿》,《汉口民国日报》,1927年3月14日。
[3]《武昌商协发展》,《汉口民国日报》,1927年1月18日。

昌市党部第二次全体执委会议还曾议决:"由商民部会同组织部,以地域为标准,组织商民协会。"[1]

武昌商民协会"为改善商民之组织,团结商民之力量,一致拥护革命起见"[2],经过一段时间的筹备,于1927年7月3日至5日举行了第一次代表大会。出席本次大会的商协代表共计200余人,来宾数十人。中央党部代表在致词中阐明:"革命中最重要的是经济基础,我们商界是经济基础中的重要成分,因此我们在革命队伍中,亦是重要的成分。……在目前情况之下,第一步要努力参加革命,然后能实行第二步保障自己的利益。"[3]接着,省党部代表、军事委员会代表、市党部代表以及全国农协代表等,也相继在大会上致词,气氛十分热烈。会议经过发言讨论,最后通过了拥护中国国民党议决案、拥护国民政府及现金集中议决案、拥护中央农工与工商业者联合决议案等一系列议决案,充分展示了武昌商民协会组织商民参与国民革命运动的作用与影响。

在武汉三镇之一的汉阳,首先是成立了汉阳商民协会,以其"作为一般中小商人的革命团体",与"少数大商人资本家所操纵的"汉阳商会相对峙。汉阳商会会长周仲宣"深恐影响商会组织,协谋破坏,种种罪状,已共见共闻"。1927年5月周仲宣因此而被捕,"商会账项财产,俱由县党部没收,交商民协会,接收办理"[4]。汉阳商民协会由此而得以壮大发展。为了更好地"领导全县商民,努力作革命运动,一方面以促成革命,一方面为我们自身谋保障",汉阳商民协会积极开展各项活动,并聘请原商民部长张忠缘为政治顾问。[5]

汉阳商民协会成立之后,汉阳鹦鹉洲的中小商人也发起成立商民协会。该地"商业大权,向为木行公所中一干行主所垄断,不顾中等商人利益,自不待言"。于是,中小商人积极组织商民协会,使得"被压迫

---

[1]《武昌市党部第二次全体执委会议》,《汉口民国日报》,1927年3月10日。
[2]《总政治部为武昌商民代表大会开幕告民众》,《汉口民国日报》,1927年7月3日。
[3]《武昌市商协代表大会开幕纪盛》,《汉口民国日报》,1927年7月4日。
[4]《汉阳小商人斗争胜利》,《汉口民国日报》,1927年5月13日。
[5]《汉阳商协第十次常会》,《汉口民国日报》,1927年7月3日。

的商人,从此得见天日"。该商民协会在成立大会上议决:改良市政,修筑街道,建设电灯电话;严防反动派,肃清流氓地痞;创兴学校,在最短期内创立平民学校三所;促成工农商学妇大联合,从速组织各界联合会;组织审判土豪劣绅委员会,严办反动派;免除苛税杂捐,取缔行业组织,反对高利贷借。"议决后全场欢呼,掌声不绝,颇能表现革命精神。"[1]

除武汉三镇之外,湖北各地的商民协会在此期间也纷纷成立,使商民运动很快扩展到湖北各地乃至一些较为偏僻的地区。例如在较为偏远的通山县,也于1927年初成立了商民协会。是年1月11日下午,通山县商民协会即举行了第一次全县代表大会,到会代表30余人,县党部商民部部长夏道辉、司法委员沈潜如、行政公署代表黄绍谷等人,作为来宾出席了此次大会,并在会上致词。会议"通过宣言、致省党部商民部电、各种决议案,并当场选举杨立仁、蔡琴富、方朝选、李俊敷、夏道辉、朱金声等,为执行委员,吴文杰、严文蔚为候补执行委员,罗皇斋等为纪律裁判委员。至五时许,选举毕,呼口号,主席致闭会词,宣告闭会"[2]。

咸宁县商人为积极筹备设立商民协会,首先是成立了商协筹备会,开展各项宣传与组织活动。据报道,"商协筹备会成立以来,工作积极进行,颇有端倪。近为扩大宣传起见,特于今日函请中央独立师政治部,派人帮助宣传。该部即派定学生六人,协同执委,分组往各商店宣传,颇有效果"[3]。

应城县商民协会原本已经成立,但其设立由于与商民协会组织法存在冲突之处,于1927年5月由县党部商民部出面实行了改组。据报道,"应城前已组织商协,惟因以行帮为单位,不易训练,闻该县党部商民部,为团结商人力量起见,已根据省党部商民协会组织法,实行改组"[4]。

---

[1]《鹦鹉洲中小商人大团结》,《汉口民国日报》,1927年5月16日。
[2]《通山商民协会正式成立》,《汉口民国日报》,1927年1月19日。
[3]《咸宁商协将成立》,《汉口民国日报》,1927年6月10日。
[4]《应城县党部改组商协》,《汉口民国日报》,1927年5月8日。

## 第六章　商民运动的发展：以湖北为例

当时，由中央商民部创办发行的《商民运动周刊》曾登载文章，介绍湖北商民协会的设立及商民运动发展概况。该文说明："在国民党领域之下，各阶级的民众均获有集会结社之自由，故民众团体的组织，便一天大似一天发展起来了。至于商民协会的组织，不消说自然也随着革命的进展而进展了。尤其是久处在吴老军阀淫威积压下，苦受横征暴敛的湖北商民，自从国民革命军底定武汉以后，更崛然兴起。其组织之发达，虽不及工会、农民协会，可是组织的成绩也还可观。据最近的调查，湖北各县商民协会已成立者，有二十多个以上，已开始筹备而尚未正式成立者，也有三十多县。"[1]

据黄诏年代表中央商民部在长江流域商民代表大会所作报告称，截止于1927年7月，湖北全省成立了200个商民协会，会员概数为35000人。成立较早的有汉口特别市商民协会、武昌市商民协会、汉阳县商民协会、武昌县商民协会、广济县商民协会、黄梅县商民协会、五峰县商民协会、宜昌市商民协会、蒲圻县商民协会、咸宁县商民协会、新堤市商民协会。除已正式成立者，当时正在筹备之中的县市商民协会还有40个，其中筹备已较完善者有11个。[2]

值得注意的是，与其他一些地区相类似，湖北地区的商民协会也同样存在一些问题。例如武汉地区的商民协会虽然发展十分迅速，并且促进了武汉乃至湖北省商民运动的兴盛，但在此过程中也存在一些问题。即使是汉口商民协会数量最多，发展最快，影响也最大，但是，"各分会有系依地段组织者，有系就行帮组织者，组织复杂，殊无系统。在国民政府首都之下，居全国商业中心之汉口，商民协会各分会，组织如此复杂，殊不足以模范全国"。为了改变这种状况，汉口特别市党部商民部曾提出计划，"拟将所有会员，按照各段街道，制造成册，再将全市划分为若干区，将全体会员拨归各区，成为若干分会。如此办理，即系

---

[1] 从蔓：《今后商民运动应该干的两点工作》，中央商民部编印：《商民运动》，第13期，第6页，1927年6月4日。
[2] 黄诏年：《中国国民党商民运动经过》，武汉地方志编纂委员会办公室编：《武汉国民政府史料》，第401页。

打破行帮组织,变更为地段的组织"。但汉口商民部也意识到达成此项目标的难度,根本不可能在短时间内付诸实现,"现在因客观的关系,只能制造各种表册,以及其他种种预备工作,实现恐须在本期计划之后"〔1〕。实际上,汉口商民部的这一计划始终未能全部完成。稍后,武汉的三个商民协会召开第一次执裁联席会议,根据已有实际情况共同议定:"行帮分会,可代表本帮利益;地域分会,便于训练会员,可同时存在,但会费均需分担。"〔2〕这实际上是在无法改变现状的情况下,不得不承认现实。

更为严重的是,有些商民协会还曾出现其他一些非正常现象。例如有不肖之徒,借设立商民协会分会之名义,行骗敛财,影响十分恶劣。为了防止类似情况继续发生,汉口特别市商民协会曾专门发布"紧要启事",阐明:"近闻有不肖之徒,在外藉组织分会名义,诈取金钱,非托言商民协会各部办事职员,索取开销费若干,即从中故意取巧,贪图利益。如果属实,不唯使一般商民感受痛苦,而且影响本会会务甚大,特此登报声明:以后凡有此种败类,在外骗诈金钱者,请各界人士,连同证据,扭送本会,转送官厅严惩,决不宽贷。"〔3〕

另有一些商民协会分会在初建时对入会的会员考察不严,导致会员成分较为复杂,鱼目混珠,有些并非商人也加入了商民协会,借此图谋私利,败坏了商民协会的声誉,也产生了消极的影响。为此,汉口商民协会及其各分会执委举行联席会议,专门商讨应对之策,并议决实施如下规定:"由组织部部务会议,决定各分会赶造牌名表、调查表";"由会员资格组织,审查会员中之反动分子土豪劣绅买办阶级,及无业流氓,非商人加入本会";"不准会员跨会籍";"分会雇员不得充当代表"〔4〕。会后,汉口商民协会还向各分会发出通告:"(一)各分会须拒绝非商人

---

〔1〕《汉口市商民部四、五、六三个月工作计划》,台北,中国国民党中央委员会党史史料编纂委员会收藏档案,部10393。
〔2〕《武商协第一次执裁联席会》,《汉口民国日报》,1927年21月15日。
〔3〕《汉口特别市商民协会紧要启事》,《汉口民国日报》,1927年1月6日。
〔4〕《汉商协总分会执委联席会议》,《汉口民国日报》,1927年1月16日。

## 第六章　商民运动的发展：以湖北为例　163

之其他一切人入会；(二)各分会所派之代表，须为正式会员；(三)各分会须时刻检阅其会员中，是否有非正当商人之投机分子，有则开除会籍；(三)商店已加入原有之分会，非经商民协会组织部之批准，不得自由脱离原有之分会；(四)欲立我分会者，须有五十家以上之商店盖章，造具节略送会。"[1]

商民协会即使按照规章运作，也难免遭遇一些困难，影响其顺利发展。例如汉口、武昌、汉阳商民协会于1927年2月召开第一次执裁联席会议，重点讨论的议题即是解决"本会组织问题"。被推举为会议主席的张卓群首先在会上强调指出："今天为第一次执裁联席会议，我商人团体要参加革命，必须组织健全，但其中有许多困难问题，急行解决。此次开会，即为此。望各代表详细讨论，并请上级党部及各团体代表指导一切。"[2]可见，商民协会在发展过程中需要克服的困难为数并不少。

在武汉，还有一个较为特殊的情况，那就是因为长江与汉水之阻隔，使得武汉的汉口、汉阳、武昌被划分为三镇，而且当时由于交通不便，三地之间的商民协会起初联络与沟通较少，也致使武汉地区商民协会以及商民运动的声势与影响受到限制。随后，汉口特别市党部商民部也意识到这一缺陷，希望加以改变。汉口商民部拟订的1927年4、5、6三个月工作计划，即提出"联合及统一商民运动"目标，并且阐明："武阳夏商民运动各自为政，不相关联，此实缺乏统一及联合之弊端。如武阳夏三商协，组织上、宣传上、政策上各不相同，是其明证。拟自今后武阳夏三商协多开联席会议，统一政策、组织及宣传，在可能范围内并须召开商民运动联席会议。"中央商民部对此也颇有同感，故批示该计划："查所拟尚称切实完备，殊堪嘉许，仍望努力，迅速一一实现。"[3]在武汉三个商民协会举行的执裁联席会议上，与会者也强调："我们汉

---

[1]《汉商协严密组织》，《汉口民国日报》，1927年1月20日。
[2]《武商协第一次执裁联席会》，《汉口民国日报》，1927年2月15日。
[3]《汉口市商民部四、五、六三个月工作计划》，台北，中国国民党中央委员会党史料编纂委员会收藏档案，部10393。武阳夏系指武昌、汉阳、汉口，汉口过去称夏口。

口、武昌、汉阳的商民协会,是要联络成一个整个的革命团体,打倒不革命的团体。"[1]

除此之外,湖北省有些县市的劣绅假借成立商民协会之机,打压民众运动,也产生了恶劣的影响。例如麻城县劣绅李训卿等人,贿赂县长,"对于县党部、县农协痛恨已极,因之伙合一般反对分子,组织伪商民协会,希图推翻县党部,并散布种种谣言,煽动人心,使之仇视县党部"[2],激起民众愤怒,联名呈文省党部、省农协一致要求予以惩处。

还有些商民协会系自行成立,未经县市党部核准,也产生了一些纠纷。稍后,湖北省党部商民部向各县市党部发出通告,明确规定:"凡市商民协会之设立,须经本部之核准,推举筹备员,呈请本部加委后,始能设立筹备处。"该通告还重申了第四次全省代表大会之相关决议,即此前已经成立,或正筹备设立之市商民协会,须由各县市党部将其组织情形,呈报省商民部审核后,"始克有效"。之所以重申这一决议,是因为"查各县比较稍大之镇市,多自行设立市商民协会,甚至有已经批驳,而仍保留市商民协会之名义者。此种以亡清及伪政府时代商会自由独立组织之封建思想而成立之市商民协会,若不严加制止,殊足为商运前途之莫大的障碍。特此通告各县市党部,凡属未经本部核准之各市商民协会,须一律解散,另行组织分会,如有抗不遵行,或仍保留市商民协会之名义者,应由各县市党部将其负责人之姓名,报告本部,请转政务委员会严行拿办,以示惩戒,而儆效尤。"[3]这样的规定,对于规范商民协会之组织程序当然有所裨益,但将商会领导人出面建立的商民协会一概视为按照"封建思想"设立的组织,则未免失之偏颇,其与湖南省党部、长沙市党部对待商会领导人出面组建商民协会的态度明显存在着较大的差别。[4]

---

[1]《武商协第一次执裁联席会》,《汉口民国日报》,1927年2月15日。
[2]《麻城县长刘芳联合劣绅摧残民众运动》,《汉口民国日报》,1927年2月19日。
[3]《省商民部通告限制商民协会组织》,《汉口民国日报》,1927年3月16日。
[4] 湖南省党部和长沙市党部对长沙市总商会领导人出面设立长沙市商民协会的举动,给予了积极的支持与保护。有关情况请参阅本书的第四章第一节。

## 二 武汉地区商民运动的兴盛

武汉地区的商民运动,随着汉口、武昌、汉阳商民协会的相继成立而很快趋于兴盛。其具体表现,除众多商民协会接连诞生之外,即是在省市党部商民部以及三地商民协会的领导与组织之下,开展了各项相关活动,广大中小商民的政治热情空前高涨,并形成了一定的社会影响。以下分别予以介绍,并作相关说明。

(一)广泛开展商民运动宣传,形成广大商民踊跃支持和参加国民革命运动的声势。

在武汉地区商民协会的筹备成立和商民运动初起的过程中,无论是商民部还是商民协会,一开始即非常注重宣传工作,并采取了各种具体的宣传措施,这项活动对于武汉商民运动的兴盛产生了重要影响。

例如汉口特别市党部商民部在宣传方面,精心安排布置,力争取得良好成效。仅从1927年4月至6月的汉口商民部工作报告即可看出其在宣传方面的举措与成绩。该部将宣传工作细分为以下三个层次:

第一,普通的宣传。主要是编辑发行《汉口商民》,刊登阐明商民与国民革命关系的论说、报道商民协会与商民运动的各方面消息。每期印刷3000份,分配给汉口特别市商民协会约2000份,所属各级党部约600份,其他各团体、各机关约400份。

第二,关于党员的宣传。在此期间,由于发生杨森叛变、夏斗寅倒戈、湖南事变等诸多事件,"一般中小商人极为动摇,武汉市面极形紊乱"。商民部除指导汉口商民协会与湖北全省总工会开联席会议外,并将工商联席会议决议刊印一万份,分发所属各级党部;"并召集商民党员大会,解释中央关于工商业者之训令,与拥护工商联席会议决议案,使每个商民同志都负起责任来。此外,如第二次北伐救护伤兵,慰劳伤兵,及欢迎北伐军凯旋等,都由属部通知各个商民同志,尽力唤起商民热力赞助,其成绩亦颇不恶"。

第三,关于商民的宣传。在杨、夏称兵市面恐慌之际,汉口商民部指导汉口商民协会多次召集各分会代表大会,或扩大代表会,或各会执裁联席会议,极力辟谣,并设法邀请中央委员或政府委员演讲,尽力解释安慰一般商民心理,收效颇大。此外如遇有各方面的相关活动,商民部也都指导商民协会"印发宣言,或粘贴标语"[1]。

鉴于"汉口为商业中心,商民运动,极为重要",亟需培养更多从事商民运动的宣传骨干和组织骨干。为此,汉口特别市党部商民部、宣传部、汉口市教育局与商民协会等,于1927年1月共同开会决定创办"汉口商民运动短期训练班"。该训练班名额确定为400人,修业时间5个月,授课时间每晚2个小时,凡商民协会会员以及其他志愿加入之商人,均可报名入校,"教育由市教育局、各政治部、市党部宣传部、工人部、商民协会等担任"[2]。

为了更好地开展宣传活动,汉口商民协会还采取了其他一些灵活多样的宣传方式。例如1927年2月在委员刘云生等人的建议之下,汉口商民协会决定组织新剧团,"表演化装宣传"。为此,商口商民协会还曾专门在报上发出通告:"敬启者:兹有刘委员云生等,发起组织本会新剧团,准备最近预演训练,正式出台,一为游艺娱乐,一为化装宣传,意义美备。兹为征求会员,嘱通告各分会,如会员有表演新剧之乐趣与经验者,本会新剧团极端欢迎,请于六天之内,来会报告,以便进行。"[3]以新剧团表演的方式从事商民运动的宣传,有着更强的吸引力,这一举措在其他地区尚不多见。

另外,汉口商民协会还决定委派周韶宜、周允齐、李波清、周正济等人为筹备委员,创设商民图书馆。经过一段时间的筹备,商民图书馆及阅报室定于1927年4月3日正式举行开幕式,并邀请各界人士出席。该图书馆简章明确说明:"本馆以提倡革命文化,增进市民知识,促成

---

[1]《汉口特别市党部商民部工作报告(1927年4月—6月)》,武汉地方志编纂委员会办公室编:《武汉国民政府史料》,第376页。
[2]《汉商协筹备训练班》,《汉口民国日报》,1927年1月23日。
[3]《汉商协筹备组织新剧团》,《汉口民国日报》,1927年2月12日。

国民革命为宗旨。"由汉口商民协会聘请会内会外人士若干名,"组织汉口特别市商民协会图书馆委员会,处理本馆一切事宜"。"本馆图书,汉口市民均有享受阅览之权利。"日常开馆时间,每日上午10时至12时,下午1时至5时,星期一闭馆休息。为了鼓励书店及市民捐赠书籍款项,还规定"凡书店或私人捐助本馆经费或书籍者,本馆登报答谢。其数值百元以上者,刊列姓名;二百元以上者,悬挂照片;五百元以上者,赠送纪念物品。"[1]上述商民图书馆和阅报室的创设,也称得上是汉口商民协会开展宣传活动较有特色的一项具体措施。

稍后由商民协会与省总工会联合成立的工商俱乐部,也十分注重对商民进行国民革命运动宣传。工商俱乐部是在武汉国民政府的支持之下,为调解工商纠纷而设立的专门机构。每日前往该俱乐部参与处理纠纷案的商友与工友均为数不少,由于需要调解的纠纷案较多,有时需要等待较长时间,难免产生烦躁情绪。针对这一情况,工商俱乐部"特议决设立书报股,募集购备革命书报、小说诗歌多种书籍,以备工友商友阅读。此种办法,不但可免工友商友久坐之烦,且可于无形中增长其革命信念及了解,殊为宣传之一助。"[2]

随着商民运动的发展,国民党中央对有关商民运动的宣传与组织工作也越来越重视。1927年4月初,汉口商民协会提出举办商民运动宣传周,并建议召开长江流域各省商民代表大会。汉口特别市党部商民部和中央商民部都表示大力支持,报请国民党中央执行委员会批示,经政治委员会第九次会议议决,组织一专门的委员会负责办理,"委员会以总政治部、中央宣传部、中央商民部、财政部、交通部会同武汉三镇总商会、商民协会、省市两党部组织之"[3]。随后,汉口商民协会积极参与开展"商民运动宣传周"的一系列活动,并为此在报上发表宣言,大力宣传"商民协会是革命商人的组织,是中小商人在政治经济方面

---

[1]《汉商协图书馆定期开幕》,《汉口民国日报》,1927年3月28日。
[2]《工商俱乐部增设书报股》,《汉口民国日报》,1927年6月28日。
[3]《中央商民部上中执会函》,1927年4月11日,台北,中国国民党中央委员会党史史料编纂委员会收藏档案,汉5083。

指挥的机关,是为中小商人拥护利益的团体"[1]。

(二)慰问与支持国民革命军,庆祝北伐胜利。

武汉地区商民协会的建立与商民运动的兴起,与北伐军胜利攻克武汉有着紧密的直接关系,甚至可以说是国民革命军北伐节节取胜的直接结果。因此,商民协会与广大中小商民,纷纷以慰问国民革命军和庆祝北伐胜利的形式,明确表达拥护国民政府和支持国民革命的政治态度。汉口、武昌、汉阳三地商民协会曾与工会、农民协会等民众团体一起,慰劳享有骁勇善战之"铁军"称号的国民革命军第四军,举行了规模甚大的军民联欢会。会场上的革命气氛十分高涨,与会的军民代表纷纷发表演说,各界团体还向"铁军"踊跃捐送了大量的慰劳物品。[2]

1927年1月2日,汉口特别市商民协会曾在三新街该会会所(即宁波旅鄂同乡会)专门举行庆祝北伐胜利及国民政府迁鄂大会。到会者有国民党中央委员徐谦(字季龙)、蒋作宾(字雨岩)、孙科,国民政府高等顾问鲍罗廷、汉口特别市党部委员李午云、市党部工人部长丁觉群、总工会代表李立三,以及商民协会各分会代表共计数百人,唐爱陆、郑慧吾、刘一华三人被推举为大会主席团成员。唐爱陆代表主席团率先发言报告开会宗旨:"略谓革命军以不怕死的革命精神,血战沙场,奋勇杀贼,未及三月,会师武汉,驱走吴佩孚、孙传芳,解除民众倒悬。这北伐的胜利,是我们应该庆祝的。从前我们商民处于万恶军阀铁蹄之下,受他们剥削和虐待,不是要商人助饷,就是要商人加税,今幸北伐胜利,国民政府迁到湖北,组织廉洁政府,这是我们商人的大幸福,颇有庆祝的价值。"徐谦、蒋作宾、鲍罗廷等也先后在大会上致词,其大意都是阐明:"商人要谋自己的利益,解除永远的痛苦,非参加革命不可,内须打倒军阀,外须打倒资本家,才能免除官僚、军阀、买办、劣绅、土豪、地主的层层剥削,以及帝国主义经济的侵略。"[3]此外,其他委员、商协代表也在会上踊跃发表演说,会场气氛十分热烈。最后,大会以全场高

---

[1]《汉商协举行商民运动宣传周宣言》,《汉口民国日报》,1927年4月24日。
[2]《空前未有之军民联欢大会》,《汉口民国日报》,1927年3月15日。
[3]《汉口水面游行及商协庆祝大会》,《汉口民国日报》,1927年1月6日。

呼打倒帝国主义、打倒军阀、取消不平等条约等口号而结束。当地的报纸随后在醒目的版面报道了本次大会的情况,充分显示了商人支持国民革命的态度与决心。

国民革命军克复上海、南京之后,武昌商民协会又在报上发表了热情洋溢的庆贺宣言:"各界同胞们!久被帝国主义和军阀所统治、所蹂躏、所宰割的上海南京,现在已为前敌将士与上海工友的牺牲奋斗,得到了最后的胜利,完全克复了。展阅前方的佳电,我们不胜欣幸之至,所以近日武汉各团体,都有极热烈的庆贺。可是我们一面庆贺,尤应一面努力北伐,拯救我们被压迫受痛苦的北方同胞们,一致得到共同的解放,才能完成总理的遗嘱。"[1]

不仅如此,汉口商民协会还曾于1927年的旧历新年来临之际,积极发动广大商人募款,以慰问劳苦功高的国民革命军。其募款宣言首先阐明商人之解除军阀和帝国主义之压迫,得益于革命军队的流血牺牲:"现值岁暮严冬,百物昂贵,有钱的人,轻裘饱食,沽酒买肉,正预备过愉乐的新年,但是数千万可爱的兵士,他们努力革命工作,牺牲性命,牺牲幸福,为国家社会奋斗,为主义奋斗,从数千里外打到武汉,驱逐了吴佩孚,扫除了反革命势力,使我们得到了自由,使我们脱除军阀及帝国主义的压迫,我们所得的一切,都是他们用性命换来的呵。"接着又说明士兵生活之艰苦,商人理应给予帮助:"各位想想,士兵的生活怎样呢?那真苦极了,十元毫洋一月,除伙食外,鞋袜费就很难了,所以现在许多兵士,还是赤脚单裤,四五人共一床棉被,吃的饭也是粗糙不堪,真苦极了。"因此,"兵士的责任既有如此大,兵士的生活既有如此苦,我们人民看了也实在难以为情,所以我们商民协会特发起自动筹款酬赠士兵,使他们过一个很好的新年,数目的多少,可不必计较,只要我们尽力就够了。"[2]这番募款文字情真意切,确实能够打动商人的心灵,唤起商人对国民革命军的同情与支持。汉口商民协会为能募集到更多

---

[1]《武昌商协庆贺上海南京宣言》,《汉口民国日报》,1927年3月28日。
[2]《汉商协募款劳军》,《汉口民国日报》,1927年1月28日。

的筹款,还派出许多筹款委员,分片前往各商店铺户募捐,产生了良好的效果。

1927年3月,汉口商民协会又进行了第二次募款劳军行动。此次募款方式为:"每分会推派一人为募捐员,依照警察区域组织十二队,分途募集,但去年该会已经募捐之商店住宅,不再认捐。"[1]武昌商民协会也召开执裁联席会议,议定以所属各分会为单位,向所在各商家店铺募款,慰劳国民革命军。[2]

(三)积极投身于反对帝国主义侵略和压迫的爱国运动,与各界一起要求收回汉口英租界,收回关税自主权。

汉口商民协会成立之后,首先参加的是因"一·三"惨案引发的武汉各界反英爱国运动。特别值得一提的是,这场反帝爱国运动声势浩大,成果显著,最终促使国民政府收回了汉口英租界。

自国民革命军攻占武汉之后,汉口民气激昂,英租界当局则十分恐慌,在租界一码头、二道街等处安置电网,堆积沙袋,戒备森严。1927年汉口各团体连日举行新年庆祝活动,游行演讲,1月3日与英国水兵发生冲突,死伤民众多人,激起全市公愤。次日,武汉工农商学各界团体代表700余人,即行召开联席紧急会议,提出收回英租界等八项条件,由此掀起了一场大规模的反英爱国运动。会后,又推举代表14人前往国民政府请愿,政府委员孙科出面接见,对所提条件允许全部接收,分别办理。

在这场反英爱国运动中,商民协会从一开始就公开表明其政治态度,积极动员和组织广大商民参与其间,发挥了重要的作用与影响。汉口商民协会曾在报上发表宣言,历数英帝国主义不断制造"五卅"惨案、沙基惨案、汉口惨案、南京惨案、重庆惨案、九江惨案等侵略罪行,杀害我国同胞,侮辱我国国格。尤其不能忍受的是此次"一·三"惨案,英国侵略者"竟在我们国民政府首都之下行凶,竟在庆祝北伐胜利的

---

[1]《汉商协继续募款劳军》,《汉口民国日报》,1927年3月8日。
[2]《武商协第一次执裁联席会》,《汉口民国日报》,1927年2月15日。

新年大纪念日,向我们赤手空拳的同胞行凶"。为此,汉口商民协会在宣言中向广大商民大声疾呼:"我们要下决心,要一致的与强盗英帝国主义作殊死战,复我们的仇,雪我们的耻,争我们的人格,争我们的自由,争我们国家的体面,同时也就是争我们的性命。……同胞们,我们要团结起来。从前五卅结果,我们业已得了很大的教训,但那是在军阀压迫之下,现在不然了,我们要坚决、要勇敢、要沉着,同时要担任秩序,担任纪律,竭力的援手政府,一致的向世界强盗首领英帝国主义作不断的斗争,不收回英租界不止,不收回海关自主不止,不废止一切不平等条约不止,不驱逐英人全体出境不止,不联合世界民族完全打倒杀人的强盗不止。"[1] 类似反对帝国主义的愤激文字与激烈的态度,可以说在以往反帝爱国运动中的商人团体与商界人士中都是很难见到的。

5日中午12时,农工商学各界宣布举行罢工、罢市、罢课,全体参加。下午,各界20余万人齐集于济生路,召开声讨大会。散会后,又举行了盛大的游行示威活动,游行队伍还进入了英租界。在武汉工农商学各界的大力声援之下,国民政府也颇受鼓舞,向英国领事提出严重抗议,并组织"英租界临时管理委员会",管理英租界公安及市政事宜。随后,国民政府与英方举行多次谈判,表达收回汉口英租界的决心。2月,迫使英国政府谈判代表同意签订国民政府《收回汉口英租界之协定》,这场反英爱国运动最终取得了胜利,以浓墨重彩书写了国民革命运动史上值得赞颂的篇章。汉口商民协会后来又曾在另一份宣言中呼吁:"同胞们!我们已经得到了相当的解放,我们要想完全的解放,要先一致的巩固革命的势力;要巩固革命势力,要坚持到底,打倒强盗的英帝国主义。"[2]

4月3日,在汉口又发生日军士兵坐车不付车费并打死车夫,以及日本总领事调日军水兵登陆枪杀华人的"四·三"惨案。5日,汉口商民协会就公开在报上发表宣言:"日本帝国主义近年在中国制造的罪

---

〔1〕《汉口商民协会宣言》,《汉口民国日报》,1927年1月8日。
〔2〕《汉商协欢迎蒋总司令、谭张两主席宣言》,《汉口民国日报》,1927年1月30日。

恶,已层出不穷,'顾正红惨案'、'青岛惨案'、'安东惨案'、'六三惨案'死者血迹未干,今又演出极大的惨剧来,似此屠杀不已,中国人还有生存之余地吗?像日本帝国主义者胆敢在内地任意屠杀,无非'租界'及'内地驻兵'两重不平等条约作祟。不平等条约不取消,屠杀中国人的惨剧,来日尤多。务望全国同胞一致力争,要求收回日本租界,取消内地驻兵权。本会愿率全体会员,誓为后盾。"[1]能够有这样的认识,对于商界团体来说已经称得上是难能可贵的进步表现。

6日,武汉各界拟在汉口济生三马路和武昌阅马场两地,举行追悼死难者和抗议日军屠杀罪行的群众大会。武汉地区的商民协会也积极出面,组织商民踊跃参与这场反日运动。汉口商民协会在报上公开发布命令:"四月六日下午一时,武汉各界在济生三马路举行对日大会,同时追悼四月三日日租界之死难烈士。汉口全体商民,务须于是日正午十二时至下午一时,全体闭市,停止一切动作,静默致哀,一时起罢市参加大会,不得有误。"[2]据报道,参与大会的各界民众多达数十万人,群情愤激,场面甚为悲愤壮观,广大商民也因此而又经历了一次爱国主义行动的洗礼。

除此之外,武汉地区的商民协会在国民革命军克复上海之后,除了代表广大中小商民表达庆贺之情,还阐明由于海关管理大权旁落外人,弊端丛生之厘金税制长期施行,使我国商业发展颇受摧残,商民饱受种种痛苦的切身亲历,并大声疾呼国人应齐心协力,争取废除不平等条约,收回关税自主权:

> 查此厘金制度,虽是摧残商业之一种恶制度,然究由外人管理海关,操纵金融,累政府受此压迫,无法可设,非再厉行此种恶制度,实无以图存也。今从根本解决,并为我们商人筹一生路,惟有先将关税自主权,从速收回,然后再废除厘金制度,则我全国商民,庶有一线生机之望,否则民穷国困,不独民难为民,并且国几不国

---

[1]《汉口特别市商民协会宣言》,《汉口民国日报》,1927年4月5日。
[2] 同上书,1927年4月6日。

矣。今幸革命军占领上海,已将英帝主义专用经济政策,侵略中国之大本营完全夺来,当此国事危急之秋,正是千载一时之会,惟望我全国商民,趁此时机,一致与工农学兵,大齐联合,共同加入国民革命战线上,激烈打倒帝国主义,取消不平等条约,并火速收回上海租界,恢复关税自主,用苏国内经济,解除人民痛苦。此不独我党国前途幸甚,税务前途幸甚,即我一切中小商民前途,均共庆有法图强,不至束手待毙矣。呜呼!国危矣,势急矣,时乎不再来,复难得而易失矣。如我国不欲图存则已,苟欲图存,非急起收回海关管理权,即无以制帝国主义之死命,而救我国之危亡。是我四亿同胞,岂可不憬然觉,恍然悟,各本良心之主张,发至诚之宣言,作最后之奋斗,俾收真正之胜利乎?敝会同志,只知爱国,不惜其他,故于生死存亡,吉凶利钝,无暇计及,惟有抱此一腔热血,用沥洒于全国各界同胞父兄姐妹之前,深冀群起奋斗,痛饮黄龙,以为政府前驱,此不禁馨香祷祝以俟者。[1]

上引这番有关中国关税自主权得失之重要性的论述,可谓条分缕析,鞭辟入里,不仅反映了工商界的心声,而且也表达了各界爱国人士的迫切愿望,可以说是后来南京国民政府和各界民众共同坚持致力于收回关税自主权运动,直至最终取得成功的重要前奏。

(四)尽力促进工商联合,巩固与扩大国民革命的联合阵线,形成各界民众共同致力于革命运动的良好局势。

随着北伐军的节节取胜,更多的地区成为了国民政府的辖区范围,国民革命的声势不断高涨,民众运动也相应得到迅速发展,产生了更大的社会影响。在这种形势下,不仅商民运动在湖北、江西、河南等地得以兴起和扩展,而且工人运动、农民运动、青年运动乃至妇女运动也都获得了前所未有的发展机遇。特别是武汉地区工人运动的发展最为迅猛,总工会及其各业工会的数量、规模和影响也最大,在各方面都显示出突飞猛进的发展势头。工人运动与商民运动发展的齐头并进,原本

---

[1]《汉商协三十八分会主张收回海关管理权》,《汉口民国日报》,1927年4月17日。

是国民党开展民众运动以促进国民革命发展的预定目标。但是,由于商人与工人之间,作为雇主与雇员这种经济地位和经济需求的明显差异,必然会导致双方的矛盾冲突在所难免。尤其是广大的店员,受工人运动发展和国民革命高涨的鼓舞,除积极投身于革命运动之外,也不断提出改善工作环境、减少工作时间和提高工资收入的种种要求,其结果势必与商家店主产生冲突。另外,由于工与商界限的划分在当时并不是很清晰,以致商民协会和工会之间,甚至为争夺会员也经常出现矛盾。因此,在国民革命时期民众运动的发展过程中,商民运动与工人运动之间的关系最为密切也最为紧张。

这种状况实际上早在民众运动初起的广东时期即已显现,在商民运动得以初步扩展的湖南时期,更发生了苏广业店员愤而捣毁长沙市商民协会的激烈举动,而到商民运动进一步发展的武汉时期,工商之间的矛盾不仅没有得到缓解,甚至大有更加激化之势。当时,工商纠纷亦即劳资冲突接连不断,双方均站在各自的立场上各执一词,相互对峙,互不相让,似乎已显现出工商分裂的趋向。如果任其蔓延发展,就将会导致民众运动的内部激烈冲突,使革命阵线出现分裂,对国民革命也将造成严重的危害。所以,国民党和国民政府希望工商两界不要出现纠纷,应该进行联合,共同反对帝国主义和军阀,同时也对发生的工商冲突竭力进行了调解。在此情况下,商民协会与工会采取何种态度,就显得十分重要了。

在省市党部的指导之下,武汉地区的商民协会和工会也希望能够加强工商联合,巩固与扩大国民革命的联合阵线,因而配合省市党部做出了一些努力,没有使工商两界完全公开分裂的情形出现。在湖北省政治委员会的召集之下,省市党部商民部、工人部、商民协会、总商会、总工会等各自选派代表,成立了湖北劳资仲裁委员会,如遇有劳资纠纷,即由该委员会进行调解和仲裁。援引此例,湖北省其他县市也设立了类似的机构。汉口商民协会的领导人还曾在各分会执行委员首次联席会议上,特别强调了商协与商会的不同,以及与工会的友好密切关系:说明"商民协会与国民政府及国民党的关系是连带的,……与工会的关系是密切的兄弟的"[1]。1927年2月汉口商民协会又积极参与设立解决工商纠纷委员会,并推举蒋伯良、周鸿云、熊步云3人任该委员会委员。[2]

解决工商纠纷委员会主要由省总工会、商民协会的代表组成,汉口特别市党部会同总政治部也派员参与其间。该委员会成立后,曾议决处理工商纠纷的9项原则,就一些具体问题做出了明确的规定,对于减少相关的工商纠纷可以起到一定的作用。

经省市党部的推动,商民协会和总工会随后都为消除工商两界之间的矛盾隔阂,加强联合,又共同采取了一些相关行动。据当时报纸报道,1927年5月16日,"湖北全省总工会与汉口特别市商民协会,为解释工商间之误会,并讨论具体工商联合,及集中革命力量起见,特就商民协会开两会全体执行委员联席会,……对于工商联合问题,议决组织小组委员会,专责起草及筹备工商联合之组织及宣传诸事宜"[3]。联席会议的气氛比较融洽,议决相关事项也比较顺利,表明工商两界团体的合作与联合态势。

随后继续举行的工商联席会议,取得了更为突出的成果,会议一致通过了以下决议案:(1)关于改良店员待遇问题;(2)关于店员工作时间问题;(3)关于工商界限问题;(4)关于用人问题;(5)关于营业收歇问题;(6)关于营业管理问题;(7)关于工商谈判问题;(8)关于平抑物价问题;(9)关于工商联合问题;(10)关于救济失业工人问题。此次工商联席会议通过的议决案共有14项,另加有"附录"4条,除上列10条,还有劳动童子团问题、工人对店东算总账问题、码头工人运货问题、停工参加大会问题等。[4]

---

[1]《汉商协总分会执委联席会议》,《汉口民国日报》,1927年1月16日。
[2]《汉商协推出解决工商纠纷委员》,《汉口民国日报》,1927年2月10日。有关劳资仲裁委员会、解决工商纠纷委员会的具体情况,请参阅冯筱才著《北伐前后的商民运动(1924—1930)》第四章第二节的内容。
[3]《工商联合集中革命力量》,《汉口民国日报》,1927年5月18日。
[4]《工商联席会议决议案》,《汉口民国日报》1927年5月24日。《工商联席会议决议案》(续),《汉口民国日报》1927年5月25、26、27、28日。

工商联席会议嗣后每月举行一次,讨论凡此前尚未解决之工商间一切悬案。同时,确定由"商民协会负责向店东宣传解释,制止一切谣言"[1]。工商联合的这种发展趋向,在当时的情况下无疑有利于国民革命的进一步深入进行。汉口特别市党部商民部在工作报告中称:"湖北全省总工会与汉口特别市商民协会联席会议以后,……增加了工商间的感情,巩固了工商间的联合战线。过去的商民运动,可以说这一期是最有意义、最有效力、最有价值的一期。"[2]

1927年5月28日,武汉工商联合代表大会隆重召开,中央党部、国民政府及省市机关要员均出席,汪精卫、徐谦等党政领导人还在会上发表了演说(徐谦演说辞由其代表代为宣读)。总工会委员向忠发致开幕词,汉口市党部詹大悲、汉口商协刘一华、总工会刘少奇、许白昊,以及中央工人部蓝辛堂等人,先后登台演讲。会议通过了工商联合宣言与"组织工商俱乐部"等提案。随后,于6月1日举行第一次工商俱乐部委员会会议,以阴历五月初八日为执行工商联席会议决议案之日期,另还决定将工商联合宣言及决议案分寄全国各报馆、各团体、各机关、各军师政治部、各党部,以广宣传[3]。在此期间,工商联合宣言相继在各报章发表。不久,工商俱乐部正式成立,在调解商事纠纷和维护工商联合方面,发挥了十分重要的作用。尽管工商俱乐部"召集谈判无结果,或一方未到,延迟不能谈判者,共有二十二件",但能够及时解决将近一半的纠纷案,在当时也称得上是成绩可观[4]。上述工商联席会议的召开与宣言的发表,以及工商俱乐部的成立,虽然不可能从根本上消除工商之间的矛盾与冲突,但在当时以蒋介石为首的反共集团实施所谓"清共"政策,武汉国民政府面临极大压力的特殊历史条件下,工商两界能够实现表面上的联合,对于在短时期内缓解武汉国民政府的压力,仍有积极作用。

---

[1]《工商联席会议决议案》(续),《汉口民国日报》1927年5月28日。
[2]《汉口特别市党部商民部工作报告》,1927年4月—6月,《武汉国民政府史料》,第376页。
[3]《工商联合之消息》,《汉口民国日报》,1927年5月31日。
[4]《工商俱乐部之一周》,《汉口民国日报》,1927年6月28日。

## 第六章　商民运动的发展：以湖北为例

除此之外,汉口商民协会与省总工会后来还曾召开两团体全体执行委员会联席会议,共同议定"童工问题执行条例",规定童工的每日工作时间,必须限定在八小时以内;"童工学徒在店,店东、师傅须授以工作上的技能,不为私人服役"。"童工每日须有九时之安眠时间,以晚十时至晨七时为限"。另外,童工与学徒在店工作,"须依其工艺能力之高低,给予工资",最低限度第一年每月不少于1元,第二年每月不少于2元。"童工有加入工会及充当童子团之自由,店东不得压迫及用别种方法诱惑。"[1]这些规定,应该说对于保障童工和学徒的权益,减少有关方面的冲突,也可以产生一定的积极作用。

（五）在各方面维护商人的经济利益,尤其是由商民协会代表广大中小商人向党政官厅建言献策,使商人得以切身体会到革命与自己的密切关系,从而进一步提高参加革命的积极性。

各阶层民众参与国民革命的目的,除了打倒帝国主义和军阀,就是要改善自身的经济状况,能够过上更好的生活。解除帝国主义和军阀的压迫,使工商业得到顺利发展,也是当时国民党为吸引广大中小商人支持和参加革命而说明的主要理由。所谓"商民是各阶级之一,是同在被压迫剥削者之一,所以商民是需要革命的,是应当努力参加革命的,在过去的事实中,在在皆足证明。严格些说,国际资本帝国主义的经济侵掠,直接的首当其冲还是工商业者。看那洋货的充斥,不是工商业者的致命伤？托辣斯跑到内地,我们的工商业者不一一被他们打了个落花流水么？党的有商民运动便在此,商民应参加国民革命也在此。"[2]所以,工商业发展方面的改良与变革要求,在这一时期的工商界中也显得较诸以往更为活跃,并且也成为商民运动兴盛的另一种具体表现。

关于税收改革之建议与要求,是武汉工商界与商民协会在商民运动期间较为关注的问题之一。

---

[1]《童工问题执行条例》,《汉口民国日报》,1927年7月12日。
[2]《中国国民党商民运动经过》,《武汉国民政府史料》,第398—399页。

汉口商民协会较早即设立了货税委员会,专门研究和讨论税收改良问题。1927年2月,汉口商民协会向所属分会发出征求改良厘税意见的通告。通告阐明:"查取消苛税杂捐,商民亟应努力作伟大之运动,以期督促政府,克日实现。本会研究货税委员会,即为辅助政府,作废除苛税杂捐之运动者。各行帮商户,或受厘税之痛苦,或悉厘税之积弊,应如何整理改良之处,当各有所见,集思广益,真理自明。其各踊跃陈述,用资参考,则厘税可得改良之途径,商民也享解放之幸福也。为此通告各分会一体知照,迅即搜集改良货税之一切事实意见,陈明本会,以供研究为要。"[1]汉口商民协会开展此项活动,一方面是为了推动厘税改革,减轻商人的负担;另一方面也是为前文所述之提出收回关税自主权要求,搜集更为充分的事实依据和理由。

1927年3月汉口商民协会举行全体会员大会,会后又冒雨进行游行请愿,其目的之一,也是为了向政府表达整顿印花税务的要求。据苏联人A.B.巴库林的回忆录记载,商民协会向国民政府呈交的请愿书指出:

> 印花税是从清朝开始征收的。随着中华民国的成立,买办把持了全部税收工作,他们总是千方百计的逃税,只有小商人才是真正的纳税者。
> 
> 现在,国民政府迁到武汉来了。我们十几万商店、小铺和作坊的经营者,渴望解除自己的痛苦。鉴于政府当前财政拮据,我们知道请求完全免除印花税是行不通的。但是,为了能生存下去,我们不得不请求容许商人参加税务管理机关,检查税务局的账册。政府的印花税收入太大了,商人不应该负担过重。政府的预算收入,不应全部依靠印花税。尊敬的政府,请允许我们参加印花税机关的工作吧。[2]

---

[1]《汉商协征求改良厘税意见》,《汉口民国日报》,1927年2月15日。
[2]〔苏〕A.B.巴库林著,郑厚安等译:《中国大革命武汉时期见闻录》,中国社会科学出版社,1985年,第104页。

另据当时的报纸报道称:声势浩大的商民游行队伍到国民政府财政部请愿,提出整顿印花税务的具体意见,由全省印花税处处长唐肇凯答复,"谓商协所提出第一条暂缓检查,第二条由商协会同支处布告检查,第四条罚款全数归公,第五条由商协派员审查支处不法行为,第六条撤办陈绍基,均认为可行,仅第三条草账不贴印花,留待下星期一日,由商协与财政部共同讨论"[1]。可见,政府对商民协会提出的税务改革要求,还是比较重视的。

但是,在后来有关改良印花税的实际处理过程中仍遇到不少困难,特别是商民协会与印花税处之间,对某些具体问题的意见并不一致,故而难以协调而达成共识。最后,在汉口商民协会的反复要求之下,于当年5月间由中央商民部出面,召集汉口市商协、省市两党部商民部、汉口总商会、印花税总支两处,多方共同协商,才确定了以下解决办法:"商民协会与印花税支处,关于其他罚金一律归公,进出流水草簿不贴印花,组织审查违反税法委员会。"除此之外,"关于米盐两项:除大批营商出入若干吨石口外,凡系日常店铺购备食用者,一律免贴印花。其他必须品,如柴煤食油面粉杂粮等项,至五元以上者,在新法未颁布以前,暂行照章贴用;其他物品在一元以上者,均照章贴用"[2]。上述解决办法,虽未全部满足商民协会提出的要求,但在草账不贴印花、罚款归公、成立审查违反税法委员会以及米盐两项不贴印花等主要方面,商民协会都基本上实现了预期的目标,因而仍可以说取得了相当可观的成效。

1927年1月,汉口商民协会还曾向市党部商民部提出主持货税报验所的要求,并希望能够在汉口公定局董事会增加商民协会代表。汉口市党部在第十二次执委会议上经过议决,同意"转请政府准商民协会会同总商会主持货税报验所",有关"商民协会提出汉口公定局董事会应加商民协会代表案,议决照办"[3]。可见,当时的市党部对商民协

---

[1]《大雨淋漓中之商协大会及请愿》,《汉口民国日报》,1927年3月14日。

[2]《印花税纠纷完全解决》,《汉口民国日报》,1927年5月17日。

[3]《市党部十二次执委会议纪》,《汉口民国日报》,1927年1月17日。

会提出的一些有关参与税收管理的要求,还是尽量给予了满足。

1927年5月,汉口商民协会又对当时的征收税法提出了系统的修订意见和建议,并在报上予以刊布,希望能够从根本上解决长期悬而未决、愈演愈烈的捐税过重问题。汉口商协首先是阐明了现行税法之弊端以及亟须改革的紧迫性:"中国工商业之不振,民生之凋敝,莫不以苛捐杂税为之厉阶。如果涓滴归公,在政府虽负暴敛横征之名,尚有聚敛之实。无如员司中饱苛索,超过公家收入几有一二倍之多,是不啻为贪吏而设生财之机关也。且苛捐杂税,名目繁多,究竟所订税率,并不甚高,而人民只见其名目百出,与夫员司之苛索,致使政府成为怨府,即令改善厘税,剔除中饱,然而耳目难周,有治法而无治人,亦属舍本逐末,敷衍治标之下策,终非彻底之改革。"为此,汉口商协提出了自认为能够标本兼治的税收改良方案,具体而言就是废除厘税,兴办统捐。汉口商协指出:"敝会采取汉口方面三万余革命商人之意见,及历察数十年来税法之积弊,惟有请求政府于最短时间,兴办统捐,在出产地将货税一次征足,其收入必当较一切杂税统共之收入为多,所有政府规定及地方另征各项捐税名目,骈枝机关,概行撤销,以节糜费,而免中饱,更免繁苛之虚名,而得征收之实际,政府人民交受其益。"不过,汉口商协也意识到,改办统捐并非易事,"手续繁多,一时不能实现,加以关系全国,一省难能独行。因此,在统税未实行之先,敝会对于现行厘税制度,应兴应革之处,提出意见如左"[1]。

汉口商民协会所谓在改办统捐之前,对厘税制兴革之意见,主要包括改善税局、取消各骈枝捐局、商协应有监察权等几个方面的具体内容。关于税局的改善,汉口商民协会总共提出了12项建议:(1)拟订持平税率,不得随时增加附税;(2)"取消比较制",实征实解;(3)取消复查制,裁撤复查局卡;(4)划一度量衡;(5)票面应填具丈量单;(6)票面应注明正附税数目;(7)票上免贴印花;(8)核照运货单完税;(9)设置趸船以便盘仓点货;(10)设置工作簿;(11)慎用职员;(12)明定奖

---

[1]《汉口特别市商民协会对于现行征收税法之意见》,《汉口民国日报》,1927年5月11日。

惩。[1]关于取消各骈枝捐局,具体是指取消硝磺、烟酒、糖、竹、木、牛羊各骈枝捐局,"将税则拟订,统归税局照章征收,既易监督查核,且节省政府糜费,减少中饱机关,而免人民感受杂税之繁苛。"至于商民协会之所以对厘税征收要求享有监察权,则是因为"厘税积弊与痛苦,惟商民直接感受最深,知之最切,查明核□,而商协所随时条陈应兴应革事项,党部政府均特别注意,随时改善"[2]。

前已提及,当时的商民协会主张废除厘税,兴办统捐,是与收回关税自主权和反对帝国主义侵略掠夺联系在一起的,这也体现了商民运动时期商人要求税制改革的一个明显特点。为了能够最终达到这一目标,商民协会除了揭露厘税的种种弊端与危害,还说明厘税的实施与帝国主义攫取中国海关管理权有直接的关联,因此只有收回关税自主权,才能使厘税真正得以废除。但由于手续繁杂,加上西方列强的反对,收回关税自主权和废除厘税还需要一个较长的过程,也需要对许多相关具体问题进行研究和探讨。汉口商民协会深知个中奥妙,不仅较早即成立了货税委员会,向所属各分会征求改良厘税之意见,而且后来又专门设立了加税运动委员会,探讨加税裁厘的具体操作方案。据当时报纸报道,"汉口商民协会为急谋收回海关,以为取消不平等条约之初步,特组织一加税运动委员会,现已正式成立,并推石和湘、刘云生、万凤逸、江白良、胡瑞卿、杨慧廷、张竹清、黄少吟、万雨香、柯义生、王冰僧等十一人为委员,作加税裁厘运动,一方面主张,政府兴办统捐,在出产地一次征足货厘,废除杂税,以便商民"[3]。

武昌商民协会在第一次代表大会上通过的诸多议决案中,也包括了有关税收和改善金融方面的议案。例如请政府严惩各税局卡营私舞弊员司案、请政府速定公平税则以减轻中小商人负担案、设立商民银行

---

[1]《汉口特别市商民协会对于现行征收税法之意见》,《汉口民国日报》,1927年5月11、12、13日。

[2]《汉口特别市商民协会对于现行征收税法之意见》(续),《汉口民国日报》,1927年5月13日。

[3]《汉商协运动加税裁厘》,《汉口民国日报》,1927年5月12日。

以活动金融案等,可见商民协会对税收问题之重视。[1]

由于这一时期的国民党与国民政府都号称为民众谋福利,也包括要帮助商人解除各种痛苦,所以,从当时的实际情况看,商民运动期商民协会代表中小商人提出的减轻税收负担乃至对整个税制改革的要求,有不少得到了国民党党部和国民政府的支持,甚至有些也能够被政府采纳,即使是像取消厘税、改办统捐这样一时难以实现的要求,政府同样给予了一定的理解和支持。因此,在商人要求取消苛捐杂税的过程中,并没有像以往那样与政府形成尖锐的矛盾与冲突,这也可以说是商民运动时期税制改革的另一特点。

但是,在商民运动期间,也并非各级党部和政府都对商人的减税要求给予了理解和支持,有些商民协会的类似要求也曾被严词驳回。例如武昌商民协会要求取消鱼捐包办处,以便减少鱼捐征收过程中的弊端,即遭到市党部的拒绝,并因此而受到"不应干涉行政"的训戒。武昌市党部收到武昌市商民协会的这一请求之后,在第二次全体执委会议上议决:"商协不应干涉行政,只有监督政府,函商协取消鱼捐委员会,征收鱼捐,应交政府办理。"[2]这个事例也说明,税收毕竟是政府最重要的财政来源,故而在减少税收的问题上,商民协会与党部、政府之间不可能完全取得一致的意见,在某些方面难免会出现矛盾甚至是冲突。

除税收改革方面的建议与要求之外,维持金融运转,保障市场秩序,也是在商民运动期间,商民协会积极主动地采取各种措施,维护商人利益,促进工商业发展的主要职责。

在北伐军克复武汉以前,武汉地区的经济已出现衰败趋向,国民政府迁都以后,由于受帝国主义和军阀的封锁,武汉金融阻滞、商业凋零的状况仍较为严重。在当时的特殊情况下,尽快恢复经济发展,维持金融运转,不仅是广大中小商人的强烈愿望,也是维护北伐胜利果实和巩

---

[1]《武昌商协第一次代表大会》(续),《汉口民国日报》,1927年7月7日。
[2]《武昌市党部第二次全体执委会议》,《汉口民国日报》,1927年3月10日。

## 第六章　商民运动的发展：以湖北为例

固国民政府的生存,进一步推动国民革命运动深入发展的迫切需要。因此,商民协会在这方面的努力,明显具有经济与政治的双重意义。

由于武汉地区金融阻滞十分严重,"中央银行所发行之钞票,久已通行湘鄂间,讵行使湖北,反发生扣折滞涩之现象"。为此,汉口商民协会于1927年1月间"呈请中央党部呈文国民政府委员联席会,设法挽救,以维中央信用,谓善后之道至简而易,由政府出示晓谕,官吏民人等,一体照面额实足遵用,不得折扣挑剔,一面筹备相当兑现以资调剂,则不难立时挽救"[1]。

武昌商民协会则提出了设立武昌商民合作银行,以维持金融,保障工商业发展的建议。"合作银行物质的目的,在以低利放给会员必要的资金,及使得储金之便益,而谋会员营业及经济之发达;其精神的目的,则在以互助自助、同情同组、共忧共乐之精神,训练团体的生活,以建将来新社会组织之基础。"之所以称合作银行,是因为"全是会员相互的结合,银行的主人,固然限于会员,银行的顾客,原则上也只限于会员。"武昌商民协会在公开发表的筹备合作银行意见书中还呼吁:"这是解除商民痛苦的唯一生路,我们应该团结起来,快快的筹备,储集股本,踊跃加入,巩固银行的基础,集中小商民经济势力,那才可以打倒国内的资本家,更进一步,就可以打倒国际资本主义,得着我们永久的自由幸福。生死关头,在此一举。中小商民,大家起来,起来。"[2]随后,武昌商民协会召开各分会执裁联席会议,正式议决设立商民合作银行,"整股一百元,零股为十元,由各分会推举十二人筹备"[3]。

每当市面出现恐慌,人心惶惶之际,商民协会往往都会配合政府出面予以维持,并向广大商人解释和说明相关情况,以便稳定人心,恢复

---

[1]《汉商协请维中央钞票信用》,《汉口民国日报》,1927年1月20日。
[2]《武昌市商民协会请筹备武昌市商民合作银行意见书》,《汉口民国日报》,1927年2月12日。关于"打倒资本家的口号"当时曾引起某些误会,在汉口商民协会的一次总分会执委联席会议上曾对此进行过讨论,较为一致的意见认为:只有那些"买办阶级、官僚、军阀才为资本家,为商人的,够不上说是资本家",否则会因对资本家的误解而产生负面影响。见《汉商协总分会执委联席会议》,《汉口民国日报》1927年1月16日。
[3]《武商协第一次执裁联席会》,《汉口民国日报》,1927年2月15日。

正常的商业往来活动。例如1927年5月,汉口商民协会"为讨论维持市面秩序,特召集各分会代表,开临时紧急会议"。通过召开本次会议,"解释汉口市面谣诼繁兴之原因,无非为一般反动派乘机捣乱,蛊惑民众,而奸商宵小,更希图操纵渔利,以致一般无知市民,捕风捉影,纷纷自扰不遑。经过委员详加解释之后,到会商民代表,均涣然冰释,欣然奋发。每讲至拥护政府维持治安、防止奸商、严缉宵小之处,全场鼓掌如雷,一致赞助"[1]。

由上可以看出,商民运动时期的商民协会,在国民党最初开展民众运动的整体设计中,是一个由中小商民组成的与原有商会进行对抗的革命性团体,其职能与作用自然也主要是偏重于政治方面。但就实际情况而言,在商民运动进行的过程中,商民协会虽然主要也是发挥了动员和组织广大中小商民参加国民革命的政治功能,但同时也兼具了一部分经济职能,在减免商税、保护金融、维持市面等方面,商民协会为维护广大中小商人的切身经济利益,同样也积极开展了一些相关活动,并且产生了不可忽视的积极作用。由此可以说,商民运动时期的商民协会兼具了政治与经济两个方面的职能,而且这两方面的职能与作用,又存在着一种相互关联或者是互为因果的密切关系。

## 三 国共纷争之下的武汉商民运动

在国民革命时期,国共两党在共产国际的推动和帮助之下一度实现了合作,其主要方式是全体中共党员以个人身份加入国民党,并且有不少中共党员在国民党中央党部及相当一部分省市各级党部中担任了重要职务。因此,在国共合作完全破裂之前,国民党开展的民众运动和国民革命,在很大程度上应该说是在国共两党的共同领导下进行的。商民运动的展开,同样也是如此。

---

[1]《汉商协关怀时局》,《汉口民国日报》,1927年5月20日。

## 第六章　商民运动的发展:以湖北为例

国共合作期间,不仅国民党在第二次全国代表大会上通过了商民运动决议案,中共也在 1926 年 9 月举行的第三次中央扩大执行委员会议上通过了《商人运动决议案》,其主要内容如下:

中国商人在民族运动中有三个倾向:最反动的是洋行买办、银行、钱业、大的百货公司等洋货商,这是纯粹买办阶级,他们差不多已经没有民族观念了。其次就是由大商买办进步到新兴的企业家、纱业、丝业、航业等,他们因为企业扩张,需要政治的扶助,有了点政治觉悟,也有了一点民族观念;然而他们未尽脱离买办阶级的意识,希望以改良手段向帝国主义者及军阀得到一点利益,尚不敢公然与民众接近。中小商人则多倾向革命,至少不反对革命;他们和帝国主义者无直接经济的关系,他们受军阀的苛杂捐税和大商排挤两重压迫,而时有破产的恐惧,他们又没有工厂,不怕工人罢工,因此他们能够和革命的工人学生群众接近,并且他们自身就是很广大的群众。

我们商民运动之对象,正是中小商人的群众,他们是民族运动的联合战线中一重要成分,城市运动中有了他们,才免得工人学生孤立,乡村运动中有了他们,才免得农民孤立。

我们商民运动之方法,乃是用商民协会等类形式,组织中小商人群众,以图改造现有的商会,而不是仅仅联络现有的商会;因为现有的商会这种机关,尤其是大都市的商会,不但为大商买办所盘据,不能代表中小商人,并且空洞没有群众。

商民协会,应该是个纯粹中小商人的组织。不加入大商,同时在资本化的大都市,不宜加入下级店员,因为这些地方的下级店员应该归到商业职工的组织,他们和其他商人有特殊地位及利害冲突。

在政党的关系上,革命的中小商人,应该是国民党左派的群众,在任何地方我们都应该尽量集合这些群众于国民党,以充实其左派的力量。如果该地国民党左派在商人群众中已有势力,则可经过国民党指导商人的组织及行动。商民协会中如果有我们的同志,我们的党团工作,亦不可放弃,以图实现我们的政治主张。[1]

由上可知,当时的中共在《商人运动决议案》中确定的商民运动方略,与1926年1月国民党"二大"通过的《商民运动决议案》有许多相同之处,实际上国民党"二大"通过的有关决议案也可以说是在中共影响下制订的。其共同的策略是,都认定中小商人是商民运动的主要对象,而商民运动的方法,也都是主张通过成立商民协会这一新的商人团体,将中小商人组织起来参加国民革命。不过,在从事民众运动的过程中,中共对工农运动用力甚多,可以说是进行了直接领导,而对商民运动则采取了较为间接的进行方式。按照《商人运动决议案》制定的策略,中共并没有单独开展商民运动,而是利用在国民党内担任领导职务的这部分中共党员,"经过国民党指导商人的组织及行动"。

在国共合作期间,两党之间的明争暗斗实际上并没有完全停息,只不过以新的方式呈现出来。由于国民党内部始终存在着顽固反共的右派集团,他们一开始就反对"容共",只是因为敬畏于孙中山的权威而无法阻止。孙中山逝世后,国民党内部的反共集团开始以种种方式限制和约束中共势力的发展,不断发生矛盾与冲突。在国民党中央党部和国民政府北迁武汉的过程中,拥有军权而身在江西的蒋介石曾通过召开中央政治会议,主张将党政最高机关暂设于其掌控的南昌,引发迁都之争,不仅中共党人表示反对,而且在国民党内部也形成明显的两派之争。此后,蒋介石虽表面上同意迁都武汉,将国民革命军总司令部设在南昌,实际上已开始加紧筹划与中共和武汉国民党人决裂的计划。1927年3月,国民革命军相继占领上海和南京。蒋介石拥有了号召全国的政治资本,遂加快了另立中央以及与共产党决裂的步伐。4月9日,蒋到南京,同日即发生拥护武汉中央的江苏省党部和南京市党部先后被捣毁的事件,上海总政治部机关也被查封。接着,蒋介石密令清党,12日发生解除共产党控制的上海工人武装,用武力镇压工人罢工

---

[1]《商人运动决议案》,中国人民解放军政治学院党史教研室编:《中国党史参考资料》,第4册,1979年内部印行,第79—80页。

第六章　商民运动的发展：以湖北为例　187

的事件,即"四·一二"事变。至此,蒋介石已经公开与中共和掌握武汉国民政府权力的国民党左派完全决裂。此后,出现了短暂的所谓"宁汉分裂"时期。

这一系列的政治纷争,对商民运动的发展势必也会产生一些影响。作为中小商人团体的商民协会采取何种政治态度,也是值得关注的问题。与其他地区的情况有所不同,在宁汉分裂前后,武汉仍然是国民党左派和共产党联合主导的中央党部和国民政府所在地,对蒋介石的一系列反共行动,武汉国民政府起初进行了针锋相对的斗争。在这种特殊的氛围下,武汉地区的商民协会也曾一度参与了对蒋介石的政治讨伐行动。这一时期,由于武汉国民政府面临严重的政治危机和经济危机,实施了约束工农运动某些"过火"行为,限制店员的一些过分要求,以及对商民进行保护和让步的政策,所以,武汉地区的商民运动并没有受宁汉分裂的影响而趋于萎缩,相反还在原有基础之上更进一步地发展壮大。

其实,武汉地区的商民协会对作为总司令领导国民革命军北伐有功的蒋介石,最初是非常敬佩的。1927年1月中旬,蒋介石、谭延闿、张静江等人到武汉出席国民党中央临时联席会第十四次会议,汉口商民协会曾专门发表欢迎宣言,表达了热情洋溢的期待与景仰之情:"久已宣传来鄂的蒋总司令和谭张两主席,现在真到湖北来了,我们应该怎样的欢迎?他们是国民党的中坚,是劳苦功高的革命领袖,是值得我们欢迎的。……我们各界的同胞,尤其是我们商民,所需要的种种设施,如废除军阀遗留的税捐等项,得到了亲切的指导,必能实现我们的希望,这是我们应当欢迎的。……现在政府虽因民众的要求,暂时收回了英租界,但租界内的政治权、司法权、内河航行权,以及中英间一切不平等的条约,还未一概废除。强盗狡猾,是世界尽知的,我们已经到了和他短兵相接的时期,就是革命势力和我们一切民众的存亡关头。现在蒋总司令和谭张两主席洽如此时来了,我们各界的同胞,尤其是我们商民,直接在关税、航权、银行、金融的种种操纵把持之下,得到了一个更需要的指导方针,必能达到打倒英帝国主义的最后目的,这是我们更当欢迎的。"[1]言词之间,对于蒋介石的到来,似乎如同大旱之中盼来久违的甘露,充分显示了商民协会对蒋介石的殷切盼望与热情期待。

但是,在随后蒋介石采取一系列反共夺权行动,受到武汉国民党中央的指责时,武汉地区的商民协会对蒋介石的态度也开始相应有所转变。这当然主要不是出于政治方面的考量,而是配合所在地区国民党政府的协从行动。1927年3月中旬,在蒋介石密谋授意之下,重组江西省党部,并先后将国民党左派控制的南昌、九江市党部捣毁解散。武汉方面的中央党部和国民政府对此行径予以强烈抨击,汉口商民协会随后也发布通电加以谴责:

> 本月十六日,江西非法省党部,突然下令将南昌市党部解散,通缉执监委员,捕去会计一人,更封闭学生会,通缉学生会执监委员,同时封闭左派所办贯彻日报。十七日,九江市党部、总工会、六军政治会,均被反对派手持枪械,全部捣毁并杀伤市党部同志五人,总工会一人,六军政治部重伤九人。惨耗传来,群情大愤。查江西为蒋总司令介石驻节之地,反动派胆敢一再猖狂,毫无顾忌,事必有因,决非偶然。除通电声讨外,务望中央党部、国民政府下令缉拿肇事凶手,严厉处置。同时并下令解散江西非法省党部,以慰舆情,而平众怒。[2]

此时的汉口商民协会在通电中语气尚较缓和,只是委转地说"事必有因,决非偶然",并没有像武汉其他激进团体那样,在通电中直指蒋介石"不独违背总理之主义,且为党国之叛徒,民众之公敌"。

宁汉分裂之后,对于武汉国民政府而言,能够形成各界民众共同讨伐蒋介石、支持武汉国民政府的形势,自然是十分重要也是需要努力达成的目标。连汉口特别市党部商民部的工作计划,首先也强调需要通过开展商民运动,动员中小商人支持讨伐蒋介石。其原因是:"商民运动在这一个时期,可以说是最吃紧的时期。因为武汉的商业,以蒋介石

---

[1]《汉商协欢迎蒋总司令、谭张两主席宣言》,《汉口民国日报》,1927年1月30日。
[2]《汉口市商协电》,《汉口民国日报》,1927年3月22日。

勾结帝国主义的经济封锁,致令汇兑不通,货物来源断绝,结果使武汉商业,呈一种不生不死的现象。所以要把武汉的商业,回复旧观,必须使武汉商人明了,出兵讨伐蒋介石,为武汉商人唯一的出路,并且使之热心赞助。"[1]从有关史实看,武汉地区的商民协会也像其他民众团体一样,积极响应武汉中央党部和国民政府的号召,举行会议通过讨伐蒋介石决议案,开始公开讨蒋,而且语气也变得十分强硬与坚决:"现在我们唯一的出路,是打倒蒋介石。不打倒蒋介石,经济方面不得解决,武汉商民的痛苦,不得解决。"[2]很显然,此时的商民协会已将蒋介石视为头号敌人。

自从宁汉分裂后,不久又相继发生国民革命军第20军军长杨森倒向南京蒋介石一边,以及夏斗寅和许克祥叛变事件(即"马日事变"),武汉三镇兵临城下,国民政府形势更加危急。在此危急时刻,商民协会仍支持武汉国民政府讨伐这些反共的分裂行为,澄清各种政治经济谣言。汉口商民协会为讨论时局,维持市面秩序,专门举行各分会代表重要联席会议,邀请国民党中执会委员陈其瑗、韩麟符,省政治委员会委员陈公博,省总工会委员长向忠发等人出席,"报告政治军事及市政种种问题,其大旨为报告夏斗寅此次受杨森愚弄之情形,及我方军事应付之计划,与扑灭之迅速。并解释汉口市面谣诼繁兴之原因,无非为一般反动派乘机捣乱"[3]。

另据报纸报道,"武昌中小商人当此严重时局,一般未觉悟者,固无所表示,然一般觉悟者,则甚愤激。有发誓与工农合作,打倒反革命势力,以求解放之慨。故代表他们之商民协会,特发表宣言。"武昌商民协会发表的宣言首先呼吁,革命已经到了生死存亡的关键时刻:"亲爱的同胞同志们,时局一天一天的紧张了,时局一天一天的严重了,我们已知道了,我们已认识了,这就是我们革命的生死关头日期到了。换句话说,就是我们革命的与他们反革命的存亡关键日期到了。"面临这

---

[1] 《汉口特别市党部商民部工作计划》,《汉口民国日报》,1927年7月11日。
[2] 《武昌市商协代表大会开幕纪盛》,《汉口民国日报》,1927年7月4日。
[3] 《汉商协关怀时局》,《汉口民国日报》,1927年5月20日。

种危急关头,应该采取何种对策?商民协会的宣言接着即明确表示:"我们现在唯一出路,只有更忠实更亲密的与工农兵学携着手儿,用我们的枪炮和刺刀,向着围困我们的敌人,蒋介石的走狗夏斗寅、杨森等,努力奋斗,杀上前去。所以我们的主张是:(一)要求赤色恐怖镇压白色恐怖,(二)革命的民众,工农商学一致武装起来,听命中央党部、国民政府的指挥,杀尽围困我们的敌人。(三)以最严厉的手段,肃清一切反动派,巩固革命后方。我们的态度是:(一)我们中小商人一致团结起来,积极的拥护中央党部、国民政府,应付这个严重时局。(二)很镇静的不听反动派造谣,免中奸人诡计。(三)我们能忍受目前的痛苦。"从上述主张和态度不难看出,在危急关头商民协会是代表广大武汉中小商人坚决支持中央党部与国民政府的一支重要社会力量。在这篇宣言的最后,还向社会各界提出了充满期待与信心的希望:"亲爱的同胞同志们,我们的主张和态度,希望大家一致的实行,忍受着目前的痛苦,渡过这个生死关头,最后的胜利一定是我们的呵!"[1]

与此同时,汉口商民协会也与湖北全省总工会、湖北农民协会联名呈文武汉国民党中央执行委员会,谴责"蒋逆竟公然勾结杨森、夏斗寅、张联升称兵谋叛,扰乱北伐后方,希图颠覆我革命政府。彼等以反共赤的借口,而其实则屠杀农工及革命分子,摧残党部及革命团体,完全违反我总理之三大政策,背叛本党之主义、政纲。"呈文还坚决表示,一致拥护中央党部与国民政府的北伐讨蒋决策与其他各项政策法令,巩固革命的联合战线,共挽危局。"当兹时局紧张,北伐战事方殷,后方秩序不靖之时,我民众为拥护政府北伐,巩固后方安全起见,特召集各团体代表联席会议,一致议决完全诚意的接受我政府所决定及发布之各种政策及命令,尤其要切实执行巩固农工及工商业者之革命联合战线,与对农民运动等之政策。吾人认为民众与政府彻底合作,一致行动,乃挽救目前危局之唯一出路。……总之,当此严重时期,我民众团体绝对服从我政府命令,接受政府一切政策,与政府彻底合作,一致行

---

[1]《武昌中小商人对时局之热烈表示》,《汉口民国日报》,1927年5月21日。

## 第六章 商民运动的发展:以湖北为例

动,拥护北伐,巩固后方。"[1]

当时,武汉国民政府不仅在政治上和军事上面临着严峻的挑战与考验,而且在经济上和交通上又遭遇帝国主义的重重封锁,形势日益恶化。金融困顿,资金奇紧,工商业衰退,工人失业剧增,武汉三镇的上空可谓一片愁云惨雾。经济衰败导致人心惶惶不安,进而又使市面更加恐慌,形成恶性循环。在此情况下,国民政府不得不采取了一些临时性的应急举措,而商民协会大多也给予了协助与支持,发挥了重要的作用。尤其是在整顿维持金融、保障日常生活必需品流通、平抑物价等方面,扮演了不可或缺的角色。

例如在财政极为困难的情况下,武汉国民政府为摆脱资金严重短决的困境,决定实行"现金集中"政策,即禁止现金使用、流通及纸币兑现,规定仅中央银行及中国银行、交通银行的发行的纸币方能使用。作为权宜之计的这项政策,颁行之后引起上海等许多地区银行界的反对,上海银行公会当即通告各地银行公会,与汉口各银行一律停止金融往来。[2]实际上,这一举措对国民政府可以暂时缓解一时之需,但对武汉的金融困境却不仅不能有所缓解,相反还会导致更为严重的结果。因此,国民政府一开始就希望得到商人的理解和支持,以便使这项政策能够顺利实施。集中现金条例颁行之后,省党部又发布敬告武汉商民书,"希望我们武汉的商民同胞,在这严重时期,要同农工一致的来拥护国民政府,切实做到下列几点:一、要切实信用中央银行纸币,提高中央银行纸币;二、要切实信任且拥护国民政府'现金集中'的经济政策;三、要切实制止一切谣言和扰乱市面秩序的举动;四、不要收藏铜元,抬高物价。"[3]尽管"现金集中"政策的实施对金融和商业都有一些负面影响,但商民协会还是给予了理解和帮助,从而使这项政策能够得以执

---

[1] 《湖北全省总工会、湖北省农民协会、汉口特别市商民协会呈中执会》,1927年5月28日。台北,中国国民党中央委员会党史史料编纂委员会收藏档案,汉13711。
[2] 有关详情请参阅冯筱才:《自杀抑他杀:1927年武汉国民政府集中现金条例的颁布与实施》,《近代史研究》,2003年第4期。
[3] 《省党部敬告武汉商民》,《汉口民国日报》,1927年5月22日。

行。同时,汉口商民协会也向国民政府说明:"自金融集中条例颁布之后,申汉汇兑不通,交易不能活动,市面恐慌,工商停顿,失业工人日多,非恢复申汉汇兑,不足以济市面,而救恐慌。"[1]国民政府对商民协会所述之情况十分重视,曾多次开会讨论如何疏通沪汉汇兑,并默许米业商人以现洋采购米粮,以缓解民食供应之紧张状况。

另外,商民协会还致力于维护正常的市场秩序,打击唯利是图的商家在商品短缺之际囤积居奇,抬高价格,牟取不义之财。例如在1927年5月武汉粮食紧张,市面出现恐慌时,武昌商民协会即曾发出通告,警告米业商家不得垄断把持,否则将采取取缔行动:"机器米厂,囤谷居奇,为其惯技,贫民受害,良非浅鲜。刻武昌曹祥泰、张万泰,两家依旧垄断专利,把持涨价,冀图其大资本主义之好梦。日前公民联合会开会,一致决议,函请市政府阻止,救济贫民,并闻武昌商协对曹祥泰、张万泰之行动,颇引以为憾。决先提出警告,倘不接受,即行呈请市政府取缔。"[2]

与此同时,为了解决市面上米粮短缺,价格居高不下导致人心惶恐的紧张状态,武昌商民协会还于1927年6月28日召开各分会执委联席会议,讨论筹款运米与拥护政府发行的国库券等事项。会议决定,由各分会推定1人负责,并筹款千元,以为运米之用;由总会派员2人,各分会推举2人,各米店也公推2人,"同赴湘运米来鄂,接济民众粮食"。实际上,在此之前商民协会已经组织各米店运粮来鄂。会前据各米店报告,24日由粤汉路运米200余包,另由湖南运米300余石,由京汉路运米400余包,从广水运谷1千包;25日由府河到米船3艘,载米约200余石,另从湖南运米百余石。[3]商民协会的这一举措,对于帮助当时处于危急之中的国民政府,无疑具有积极的作用与影响。

---

[1]《解决工商业困难问题之呈请》,《汉口民国日报》,1927年5月26日。
[2]《武昌商协警告米商居奇》,《汉口民国日报》,1927年5月10日。
[3]《商民尽力接济粮食拥护国库券》,《汉口民国日报》,1927年6月28日。汉国民政府财政部于1927年4月17日发布国库券条例,说明"民国政府财政部为补助国库,调剂金融起见,发行国库券,以九百万元为额"。见《国民政府财政部国库券条例》,1927年4月17日,《武汉国民政府史料》,第229页。

事实表明,商民协会设法筹款运米,接济民众粮食的措施,也很快见到成效。至7月初,在武汉民国政府的大力支持与商民协会的坚持努力之下,武汉地区的米价有所回落。"米价愈低落,生活愈乐观。近日不仅湘赣之米,源源而来,邻近各县米谷,亦大批涌到,米价日形低落。目前,每担已跌去三元之谱,顷又续跌二元。市面米担所售之米,每升仅售钱四百数十余文。又武昌商协十五分会,开会筹款一万五千元,赴湘办米。"[1]

在武昌商民协会召开的各分会执委联席会议上,还讨论了对于政府发行国库券一案,"各代表均能站在革命观点上立论,一致主张拥护,最后议决七条,呈请财政部鉴核"[2]。这七条建议办法为:请政府认定数目;请汉口中央银行加盖图记;明令取消还本日期;通令各厘卡关税,一律行使;中央银行有负责之保证;此券亦不能长期使用,如金融流通时,得随时收回,不必用完;以后发行钞券,应得人民团体同意。虽然武昌商民协会在上述七条中也提出了一些自己的要求,但其拥护国民政府发行之国库券的态度与行动,对国民政府在非常时期所采取的这一特殊措施,仍然称得上是难能可贵的有力支持。汉口商民协会也曾专门召开代表联席会议,讨论如何使国库券能够更方便使用事项,会上对直鲁豫陕等省国库券在汉使用,而票面无湖北或鄂省字样,各征收机关及局所拒收国库券,给商人带来不便等具体问题,进行了商议。出席此次会议的国民政府财政部代部长张肇元对这些问题分别进行了解释和说明,并承诺将由国民政府"再通令一律照收,否则随时可以拿办",另还对商民协会等民众团体的支持表示感谢,阐明"现在武汉财政状况,是在封锁之中,但比较南京、北京财政,还有办法,所以有办法的原因,全在民众团体的合作,民众的拥护。"[3]

在形势危急之时,商民协会还响应中央党部与国民政府的号召,尽量减少店主与店员之间的冲突,加强工商联合,共同渡过武汉政权的政

---

[1] 《米价日益低落》,《汉口民国日报》,1927年7月3日。
[2] 《商民尽力接济粮食拥护国库券》,《汉口民国日报》,1927年6月28日。
[3] 《汉商协代表会提出对国库券数项意见》,《汉口民国日报》,1927年7月2日。

治经济危机。武汉三镇商民协会与省总工会联名发表的宣言阐明："工友们,商友们,帝国主义和军阀是如何的欺压凌辱我们,南京上海的买办阶级、大资产阶级是如何不顾中国政治经济的独立,承受帝国主义新旧军阀的意旨,实行对武汉的经济封锁,惨杀蹂躏我们;夏斗寅叛变的时候,武汉反革命的买办阶级及大资产阶级,是如何在那里收藏铜元,断绝粮食,拒用中央钞票,阴谋颠覆为我们谋解放的国民政府。我们能够忘记这样最大的仇敌吗?我们能够不赶快结成坚固的联合战线,去打倒这些仇敌吗?虽然蒋介石没有能力来进攻武汉,李济琛灭亡在即,杨森、夏斗寅业将覆灭,河南战争的大胜利,但我们工商内部的联合战线没有巩固,革命前途的胜利,仍旧没有保障,我们相互的经济生命没有出路。我们从今日起,工商坚固的联合起来;我们的联合,是向我们的朋友让步,向我们的敌人示威。"[1] 这一举措,对武汉国民政府同样也是另一种形式的拥护与支持。

特别值得指出的是,虽然受到"四·一二"事变后宁汉分裂的影响,武汉地区的经济形势随后又趋于恶化,但武汉的商民运动似乎在这一时期并未趋于停止或是倒退,相反还在某些方面又获得了新的发展。长江流域商民代表大会的隆重举行,即集中反映了这方面的情况。[2]

长江流域商民代表大会的举行,经过了一段较长时间的酝酿与准备,并非匆忙进行的应付之举。虽然在大会的筹备阶段遭遇"四·一二"事变和蒋介石的一系列反共行为,使武汉国民政府面临严重的政治经济危机,以至在大会正式举行时,讨伐蒋介石成为了该次会议的一个重要内容,但在武汉省市及中央党部、国民政府以及汉口商民协会发

---

[1]《工商联席会议宣言》(续),《汉口民国日报》,1927年6月3日。
[2] 乔兆红似乎认为长江流域商民代表大会的召开,是武汉以及长江流域商民运动由盛而衰的标志。其《论长江流域商民代表大会》(《江汉论坛》2007年第3期)一文曾说明:"本文即以长江流域商民代表大会为中心探讨武汉国民政府时期中国商民运动由盛而衰的历史概貌"。这一说法可能并不十分准确,长江流域商民代表大会的召开应该说是武汉及长江流域商民运动获得新发展的重要表现。该次会议之后,随着武汉国民党中央的"分共"及宁汉合流,以及随后下令湖北全省民众团体停止活动,政治局势出现了新的重大变动,湖北武汉地区的商民运动才相应衰落,但这一变化与长江流域商民代表大会并无什么联系。

起召开长江流域商民代表大会的初衷,却并不在于此,而是为了推动商民运动在原有基础上获得进一步的深入发展。

关于长江流域商民代表大会的发起者,现有论著多语焉不详。有的说是武汉国民党中央执行委员会于1927年4月上旬召开中央政治会议第九次会议,重点讨论两湖及长江流域的商民运动情况,决议于近期内在国民革命的首都武汉国民政府所在地——汉口,召开长江流域商民代表大会。[1] 照此说法,似乎长江流域商民代表大会的召开,是由国民党中央执行委员会在第九次政治委员会的会议上提出并确定的。实际上,最早提出举行长江流域商民代表大会建议的是汉口商民协会。目前,虽然尚未找到汉口商民协会在何种场合以何种形式提出这一建议的原始资料,但从其他的一些相关旁证史料中可得到证实。因为在许多记载中,都较为明确地指出长江流域商民代表大会最早是由汉口商民协会发起的。"汉口特别市商民协会,发起召集长江流域商民代表大会,长江各省一致赞成,即粤桂闽省,亦允派代表参加,以谋革命商人之团结,步骤之统一,预计六月十五开会之日,我国民政府经济势力必有充分发展。该会之召集,现已呈请中央商民部批准,财政部届时亦将派熟知金融情形人员参加,以便讨论适合于政府与商民交利之计划。"[2] 按照常理,国民党中央执行委员会讨论和决定的事项,一般也都不会由中执会自行提出最初之动议,而是由中央相关各部提出并呈请中执会讨论,并由中执会做出是否进行和如何进行的决定。

可以推断,长江流域商民代表大会的召开,应该是由汉口商民协会最早提出建议,再由汉口商民部呈报中央商民部,然后又由中央商民部报呈中执会,最后在中央政治委员会的第九次会议上获得了批准。而本次政治会议是在"四·一二"事变发生之前的4月初召开的,汉口商民协会提出这一建议的时间只会更早。因而无论是汉口商民协会,还是各级商民部乃至国民党中央,之所以一致主张召开长江流域商民代

---

[1] 乔兆红:《论长江流域商民代表大会》,《江汉论坛》,2007年第3期,第94—95页。
[2] 《中央商民部批准召集商民代表大会》,《汉口民国日报》,1927年5月11日。

表大会,其初衷显然并不是出于营造商人一致反对蒋介石的形势,也不存在以此挽救武汉国民政府政治危机的目的,而只是为了进一步促进商民运动的发展。但由于后来政治局势的变化,在客观上使长江流域商民代表大会具有了这些目标。

　　武汉国民党中央对长江流域商民代表大会的举行,应该说是相当重视的。为了更好地筹备这次盛会,中央政治委员会第九次会议决定,由中央商民部、中央宣传部、国民政府财政部、国民政府交通部、总政治部、湖北省党部、汉口特别市商民协会、汉口总商会、武昌总商会、武昌市商民协会、汉阳县商民协会筹备处、汉阳县商会等13个机构与团体,各派代表1人,组织长江流域商民代表大会筹备处。[1]另据中央商民部上中执会函透露,1927年4月7日中执会曾发文商民部,"提议以一星期之时间,专做对商民宣传工作,定期召集长江流域各省商民代表大会,业经本会政治委员会第九次会议决议:'组织一委员会办理。委员会以总政治部、中央宣传部、中央商民部、财政部、交通部会同武汉三镇总商会、商民协会、省市两党部组织之。相应函知,请烦查照办理。'"这里所说的委员会与上面所说之筹备处略有文字上的差异,而且参与机关加上了市党部,但实际内容并无太大差别。4月9日,中央商民部与中央宣传部、总政治部商定,于11日在中央商民部召开第一次筹备会议,"除财政部未派员出席外,莅会者计十一团体。议决先草拟筹备委员会组织大纲及召集各省商民代表大会章程,以资进行"[2]。会后,中央商民部当日即专函向中执会报告了此次会议的情况。《汉口民国日报》报道此次会议共议决三项内容,即推举中央商民部王兆龙、中央宣传部潘云超、汉口商民协会刘一华、省党部卢玉成,"及某同志组织提案委员会";致电长江流域各省,报告大会召集日期;各省代表川资

―――――――
〔1〕《本会筹备经过》,《长江流域商民代表大会日刊》,创刊号,1927年7月8日。《武汉国民政府史料》,第397页。
〔2〕《中央商民部上中执函》,1927年4月11日。台北,中国国民党中央委员会党史史料编纂委员会收藏档案,汉5083。

旅费,由各省担负。[1]

从1927年4月11日召开第一次筹备会,到7月6日长江流域商民代表大会预备会议的举行,在这两个多月的时间内,大会筹备委员会总共召开了多达13次的筹备会议,可见在武汉的中央及省市各级党部商民部和武汉商民协会对本次会议的重视程度相当之高。下面是各次筹备会议及其讨论的具体问题列表[2]:

| 次 别 | 时 间 | 讨论内容 |
| --- | --- | --- |
| 第一次 | 1927年4月11日 | 确定内部组织分为宣传、组织、总务三科,推定各种章程之起草员。 |
| 第二次 | 1927年4月14日 | 通过各种章程,呈请中央政治会议审查。 |
| 第三次 | 1927年4月17日 | 起草计划、预算各书,呈请中央发给经费。 |
| 第四次 | 1927年4月27日 | 通过呈请中央发给开办费500元。 |
| 第五次 | 1927年5月3日 | 讨论游艺、印刷、宴会等项费用,及开会日期 |
| 第六次 | 1927年5月10日 | 讨论召集代表文电及计划来汉之旅费。 |
| 第七次 | 1927年5月20日 | 确定派员往长江上下游各省市敦促代表,将计划书、组织法等印刷品分寄各处。 |
| 第八次 | 1927年5月25日 | 讨论呈请中央发给上下游之代表旅费500元。 |
| 第九次 | 1927年6月8日 | 报告派出特派员赴上下海经过情形,讨论大会会场及宣传工作。 |
| 第十次 | 1927年6月22日 | 讨论招待地址及刊登广告、印刷宣传品、制纪念章。 |
| 第十一次 | 1927年6月27日 | 讨论组织审查代表资格委员会、起草大会组织总章 |
| 第十二次 | 1927年6月30日 | 审查总章,规定代表报告之五项大纲。 |
| 第十三次 | 1927年7月3日 | 决定将会场从南洋大楼改为汉口总商会,并选举大会秘书处各职员。 |

---

[1] 《简讯》,《汉口民国日报》,1927年5月12日。另有《长江流域商民代表大会日刊》创刊号上的"本会筹备经过"一文,说明"中央商民部奉中央政治会议之命后,遂于四月十一日召集各机关开第一次筹备会议,着手进行。当初决议:内部组织分为宣传、组织、总务三科,并即推定各种章程之起草委员,筹备处遂即正式成立"。武汉地方志编纂委员会办公室编:《武汉国民政府史料》,第397页。

[2] 此表系根据《长江流域商民代表大会日刊》创刊号(1927年7月8日)上的《本会筹备经过》一文整理而成。参见《武汉国民政府史料》,第397—398页。

筹备委员会拟订的大会计划书,对本次会议的具体工作、演讲、提案、印刷、游艺、经费等各项问题,均做了具体说明,确定大会名称为"中国长江流域商民代表大会",召开日期自6月15日至25日,后来实际上延期举行。大会之工作,约分演讲、提案、审查、印刷、游艺、宴会六项,演讲主要由中央执监委员、省市党部商民部部长等,做详细的政治经济报告。关于大会提案,应关涉下面几方面内容:国民政府与全国与全世界政治经济状况,及政府召集此次大会的意义与目的;"注意研究全国财政状况,尤其是扬子江的商计";"要政府用相当能力和相当程度,使中国商人输出品畅销和增加";关于扬子江商人所要求的经济上改良;其他有关商人利益者。关于印刷者,确定在大会期间印刷关于商民问题之小册子传单,分发各会员;印刷关于商民问题之标语、画报,分贴武汉三镇;制备长江流域商民代表大会纪念章,分送各会员。关于经费预算,各项费用合计,约需2万3千元。[1]为充分征集广大商民的意见与建议,切实反映商民的利益,开好长江流域商民代表大会,筹备委员会还曾在会前广发告示,说明"大会开幕在即,关于商民所受疾苦,及其改良办法,本筹备会认为十分重要,兹为博征意见,俾便解决计,特此登报征求,即希商民同胞,从速发抒具体意见"[2]。

经过两个多月的紧张筹备,至7月初长江流域商民代表大会的召开日期已日益临近,筹备委员会又发出"长江流域商民代表大会开幕宣言大纲"。宣言大纲开篇即郑重阐明:"在此严重的环境中间,代表中国中部商民利益的长江流域商民代表大会已进行召集了,而且在短期内,便要在武汉开会了。在此次大会开幕之后,吾人将益见中国中部商民自身力量之集中和巩固,同时可以开拓一新方面,使国民革命益趋进步。所以这回的大会,是极含有深远的意义,而值得长江流域乃至全国民众加以注意和宣传的事件。"同时,宣言大纲还向广大商民也说明

---

[1]《召集长江流域商民代表大会计划书》,《武汉国民政府史料》,第403页。
[2]《长江流域商民代表大会筹备委员会启事》,中央商民部编印:《商民运动周刊》,第16期,第15页,1927年6月25日。

了召开本次大会的重要意义和作用。"就中国商民过去之事例以观,类多具有一种软弱的心理,'在商言商,不问政治'之思想,即系这种心理之具体表现。……大多数之商民,似犹未能有所觉悟也。此次商民代表大会之召集,即欲打破此种不负责任的态度,一面并引导商民以参与政治之机会,及民权的享受,此时亦务宜充分宣传,使商民明了此点,良以商民的痛苦,必要在大会中,始能达到解放;商民的利益,亦须在大会中,始能得到保障,离开大会,便将于一无所得也。"〔1〕该宣言的发布,对于扩大长江流域商民代表大会的声势与影响,在原有基础上又进一步产生了的较好的作用。

1927年7月6日下午4时,长江流域商民代表大会召开预备会,选举汪精卫、经亨颐、卢玉成、郑慧吾、李郁、丁伯勋、周立方7人为大会主席团成员,中央商民部部长经亨颐任大会主席团总主席。另还通过了大会规则、大会组织总章草案。

7日上午,长江流域商民代表大会在汉口总商会大礼堂终于正式开幕。较为遗憾的是,由于帝国主义、军阀的交通封锁,以及蒋介石的多方阻挠,苏浙皖等省及上海的代表均未能赴汉与会,只有湖南、江西、四川等省的代表出席了会议,不仅外省的代表减少大半,仅20余人,只能以湖北省的代表为主,而且整个正式代表的人数也只有57人(大会通电称有61人),比预期的代表人数减少了一半还多。〔2〕尽管如此,长江流域商民代表大会的召开,在商民运动发展史上仍写下了重要的

---

〔1〕《长江流域商民代表大会开幕宣言大纲》,中央商民部编印:《商民运动》,第17期,第1—2页,1927年7月2日。这篇宣言大纲还制定了大会口号,分别是:长江流域商民代表大会是巩固革命商民利益的大会、长江流域商民代表大会是集中商民革命力量的大会、确定革命商民的一切权利、革命的商民联合起来、打倒帝国主义及买办阶级、打倒操纵金融破坏革命的奸商、打倒一切新旧军阀、服从国民政府保护工商业者的训令、拥护国民政府集中现金政策、拥护中央执行委员会及国民政府、革命的商民团结胜利万岁、国民革命成功万岁、世界革命成功万岁。

〔2〕根据中央商民部呈报中执会文,各省市与会代表人数为湖北、湖南、四川、江西、安徽、江苏、浙江省商会、省商民协会各派代表7人至10人,上海特别市、汉口特别市商会、商民协会与省同,芜湖、九江、沙市、重庆商民协会各3人,武昌商会3人,商民协会3人,汉阳商会2人,商民协会2人。见《武汉国民政府史料》,第403页。

篇章。

不过,7月上午举行的第一次大会出席者仍为数甚多。除正式代表之外,在汉国民党党政军各级要员、各界民众团体代表近百人与会。经亨颐作主席报告,武汉国民党中央主席汪精卫及国民政府委员彭泽民相继发表了训词。随后,省党部代表吴德峰、市党部代表丁觉群、省总工会代表向忠发,以及各民众团体的代表,均发表演说祝贺大会开幕,阐释大会的重要意义。

本次大会的会期为9天,期间休会一日,开大会共7天,至15日闭幕。在第二日的大会上,各省代表分别介绍了本地商况,中央商民部黄诏年作"中国国民党商民运动经过"报告。江西省商民协会代表龙云超临时提议,以长江流域商民代表大会名义,发布请求政府明令讨蒋、通电反对帝国主义经济封锁政策、通电请冯玉祥出兵讨蒋、通电全国商民拥护孙中山三大政策、通电反对日本出兵华北,经大会表决获得通过。大会发布的拥护孙中山三大政策通电表示:"我被压迫之革命商人,在此革命部队中,既与农工同属主要成分,为解决相互痛苦计,为完成国民革命计,自愿秉孙中山先生之遗教,建立工农商学兵之联合战线,并拥护合乎革命需要之三大政策,此亦决无疑义者也。"大会请求国民政府讨蒋的通电则说明:"蒋逆为反动之渠魁,南京伪政府为反动之渊薮。……伏迄明令讨伐旌旗东指,解东南数省人民倒悬之苦,进而谋国民革命之成功。敝会誓率长江流域数百万商民,以作党国后盾,俾得共张鞑伐,大祸早除,党国幸甚。"[1]这份讨蒋通电语气之坚决与态度之强硬,似乎难免使人有出自共产党人手笔之感觉。

税收问题仍是长江流域商民代表大会关注的重点内容。在第三日上午的大会上,詹大悲报告国民政府治下之厘税状况,请商民与政府合作,监督厘局员司,调查物价实情,辅助税制改革。湖南代表在大会报告中,阐述了该省征收局之苛捐,厘金实施之繁杂,"希望各代表要求政府裁厘"。大会议决:组织讨论厘税委员会,委员5人,由江西、湖南、

---

[1]《长江流域商民代表大会第二日》,《汉口民国日报》,1927年7月8日。

四川、湖北四省及汉口商民协会各推举1人。汉口商民协会代表在当日下午的大会上,提出了在全国商民协会成立以前,长江商民应组织统一指挥机关案。大会经过讨论,决定组织长江流域商民联合会,由大会组织特种委员会起草组织大纲,委员会成员从代表中推出5人,中央商民部1人,省市党部各1人。[1]该委员会成立之后,抓紧时间开展有关工作,在大会结束前夕拟出了长江流域商民联合会组织大纲,随后还在报上刊出。这份大纲共计8章19条,主要包括名称、地点(汉口)、组织、职权、选举、会议、经费、附则等,内容已较为完备。[2]

7月15日,长江流域商民代表大会如期闭幕。当地报纸对每日的大会都进行了比较详细的报道,而且在最后对这次大会的作用给予了充分肯定,认为"此次大会会议,各代表均能深刻报告本地商运情形及其困难,并商榷今后商运具体方法,结果甚为圆满"[3]。由中央商民部编印、在大会期间出版的第18期《商民运动周刊》,曾专门发表了一篇题为《长江流域商民代表大会之意义》的文章,阐明本次大会的作用与影响,以及对广大商民的期待。可以说,长江流域商民代表大会的召开确有其特殊意义与影响,不仅反映了武汉及长江流域,甚至在很大程度上也体现了全国商民运动在新形势下的新发展。

但是,对这次大会的实际作用却不能估计过高。在本次大会上,各代表提交会议的提案甚多,讨论也比较热烈,可以说充分体现了商民的要求与愿望。"在提案中,废除苛捐杂税一类占最多数,如整理厘税及杂税,如米盐不再加税,如废除苛捐杂税,如速定公平税则,如减轻国货税率,甚至如收回海关及租界也是和这一类有关系的。其次,便是保护商业的,如商业保护法,如公安问题,如肃清各地土匪,如严惩贪官污吏等是。又其次为关于调济金融的,如统一币制,如恢复汇兑是。又其次关于军事,如明令讨蒋,继续北伐是。又其次为维持水陆交通,再其次

---

[1]《长江流域商民代表大会之第三日》,《汉口民国日报》,1927年7月10日。
[2]《长江流域商民联合会组织大纲》,《汉口民国日报》,1927年7月20日。
[3]《长江流域商民代表大会今日闭幕》,《汉口民国日报》,1927年7月15日。

为关于工商纠纷,如店员隶属商协,如颁布取缔工商纠纷办法是。"[1]这些问题绝大多数都关乎商人的切身利益,也是商民迫切希望能够尽快解决的问题。然而,事实却又表明,这些难题根本不可能通过召开这样一次会议,即可一劳永逸地得到解决,实际上会议召开之后问题依旧,甚至有些还更为严重。所以,长江流域商民代表大会更多地只是在当时的商民运动历史进程中,具有一种象征性的政治意义,在经济方面则较少实际作用与影响。

另外,长江流域商民代表大会经过如此之长的时间进行筹备,最后虽得以召开,但由于受当时政治局势重大变动的影响,以及与会代表为数太少,实际上也并没有达到预期的目标。原本与会代表即比预料的减少了大半,而且开会期间有许多代表又不到会。根据《汉口民国日报》对每次大会的报道可知,第二、第三、第六次大会都只有31名代表出席,缺席者达26人,第四次大会也只有34人出席,第五次大会出席36人,几乎每次大会都有20余名代表缺席。本来代表人数就很少,再加上这么多代表缺席,每次只有30余人开会,根本显示不出大会的规模与气势,其作用与影响也会因此而大打折扣。

对于长江流域商民代表大会的举行,中央商民部后来在工作报告中曾作了这样的说明:"本来这次大会的地域约有六个省区,但因为各种的缘故,代表仅来了四省的,即湖北、湖南、江西、四川,出席的代表共有五十七人,湖北三十二人,湖南六人,四川四人,江西十五人。在这次大会中决案有三十七件,内有属政治的和经济的和军事的及其他各若干件。此次大会之成绩虽不甚好,然而也算商民运动史上有价值的一页。"[2]应该说,中央商民部对长江流域商民代表大会的这个评价还是比较客观的。

还有一点值得指出的是,为了更进一步促进商民运动的深入发展,除积极筹备召开长江流域商民代表大会之外,汉口商民协会还希望借

---

[1] 《长江流域商民的迫切要求是什么》,中央商民部编印:《商民运动》,第20期,第2页,1927年7月30日。
[2] 《中央商民部工作报告》,第3、4、5期合刊,《汉口民国日报》,1927年8月3日。

长江流域商民代表大会召开,众多省市之商民协会代表汇集汉口这一难得的机遇,接着再举行全国商民协会第一次代表大会,并成立中华全国商民协会。[1]因此,在紧锣密鼓地开始筹备长江流域商民代表大会不久,汉口商民协会常务委员会主席郑慧吾就于1927年4月下旬,向中央商民部呈文提出成立全国商民协会,"以集中革命力量而统一商民革命组织"。呈文阐明:"今者青天白日普照寰中,久蒙痛苦之商人,亦得与农工学联成革命战线,以谋民众全体痛苦之解除。惟以无全国直接指导之最高机关,为商民组织立一标准,为商民工作划一范围,遂致团体失其领导,行动亦见纷歧,而党中商民运动之策略,亦难有集中讨论、有力执行之缺憾矣,故全国商民协会有早日成立之必要。……属会苦心孤诣,引导商民趋革命之途,明示其革命前方之敌人,为帝国主义者、军阀及买办阶级、贪官污吏、土豪劣绅,颇收商人认识革命之成效。惟以地限一隅,且无确定具体工作标准,时感会务进行之困难,亦深知各地商民组织顾虑。为此不揣冒昧,谨特备文,呈请钧部鉴核,本巩固国民革命联合战线之精神,与促进商民革命力量集中之策略,迅即筹备全国商民代表大会,以便全国商民协会早日成立,则商民之地位之幸,亦革命之幸也。"[2]

稍后,汉口商民协会与中央商民部还拟订了较为详细的全国商民协会代表大会计划,其主旨是"指明商人在何种形式下去革命","指明帝国主义者勾结买办阶级,侵略中国,以及买办阶级、军阀剥削商人之情形"。大会筹备委员会由中央商民部、湖北省及汉口市商民部、以及武汉三镇商民协会共同组织,以中央商民部部长为主席;凡已成立的商民协会,或获得中央商民部允许筹备之商民协会,均可派代表出席,未筹备商民协会的省及特别市,由省市党部指派代表参加;"代表人数,

---

[1] 乔兆红在《论长江流域商民代表大会》一文中也提及此事,但同样没有说明召开中华全国商民协会第一次代表大会系由汉口商民协会率先提出,而是认为由"国民党中央商民部与武汉国民政府开始计划在武汉召开中华全国商民协会第一次代表大会"。见《江汉论坛》2007年第3期,第96页。照此说法,中央商民部似乎就成了召开全国商民协会的首倡者。
[2] 《汉口特别市商民协会常务委员会主席郑慧吾呈中国国民党中央商民部》,1927年4月20日。台北,中国国民党中央委员会党史史料编纂委员会收藏档案,部0820。

按照所能代表之人数而定",会员千人选代表3人,不足1千者也选3人,每增加2千人,加选代表1人,未筹备商民协会的省及特别市,指派代表3人出席。"计选派代表共九十一人,指派代表共六十九人,合共一百三十八人。"[1]本次大会会期预计为10天,开会20次,"内容分报告、讨论及选举三项"。报告及讨论的具体内容包括:中华全国商民协会章程、国民党商民运动策略、国际政治经济情况、国内政治经济情况、全国商民经济改良之要求、政府如何畅销和增加输出品、中国关税制度、中国的对外贸易状态、商人在革命中之地位及工作、买办阶级与中小商人、什么是帝国主义、国民政府的财政状况、工农与商人在国民革命中之关系、各地商民协会工作报告等。上述内容可谓相当全面,而且大多是当时面临的重要政治经济问题。另还计划在本次大会上,成立中华全国商民协会执行委员会,委员25人。会议召开的具体时间,预计为1927年7月15日或8月1日。[2]

全国商民协会第一次代表大会后来虽因时局的重大变动,最终陷于流产,但在此之前汉口商民协会以及省市商民部仍较为重视,并也曾数次共同开会商议筹备相关事项。例如6月1日在汉口商民协会举行的筹备会,确定以中央商民部经亨颐、鲁佛民,市党部唐爱陆、省党部卢玉成、汉口商协刘一华、汉阳商协陈吉安等人,组成全国商民协会第一次代表大会筹备委员会,由经亨颐任主席;主席以下分三科,文书科鲁佛民、刘一华,宣传科卢玉成、唐爱陆,经济科陈吉安;各科在必要时得函聘干事;办事处附设在汉口商民协会;推举刘一华起草筹备委员会组织大纲;通知全国各地商协知照。[3]

7月初,全国商民协会代表大会筹备委员会向全国各省市商民部和商民协会发出快邮代电,说明:"召集全国商民协会第一次代表大会,成立全国商民协会筹备会议多次,业经议决召集各地代表来汉,于

---

[1] 这个数字有误,实际上选派代表和指派代表两数相加并非138人,而是160人。另从其具体列出的各省代表的数据看,指派代表应为57人,选派代表91人,合计为148人。
[2]《全国商协第一次代表会计划》,《汉口民国日报》,1927年5月27日。
[3]《全国商协将开代表大会》,《汉口民国日报》,1927年6月3日。

本年八月一日举行会议,务祈贵部贵会,按照代表大会组织大纲规定人数,派遣代表,于七月二十六日以前来汉参加会议,是所至盼。"[1]

就在长江流域商民代表大会加紧筹备和召开期间,各地相继发生不同形式的反共行为,以汪精卫为首的武汉国民党中央,实际上也在加紧策划从"联共"走向"分共"的行动,预示着政治局势即将出现大的改变。5月21日,国民革命军第35军何键部团长许克祥在湖南发动反共、反工农的"马日事变";29日,一直摇摆于南京与武汉政权之间的朱培德,在江西用所谓和平的方式,礼送共产党人离赣;6月1日,武汉国民党中央政治会议决定解除聘任鲍罗廷为顾问;19日,冯玉祥在徐州与蒋介石举行会议,鼓吹宁汉合作,联蒋反共;28日,驻武汉的何键发表反共宣言;7月9日,武汉国民党中执会扩大会议通过限制共产党在国民党内的活动,取缔共产党在国民革命中宣传共产主义的决议;14日又召开秘密会议确定分共,15日,即长江流域商民代表大会闭幕之日,武汉国民党中央通过了分共的三项决议案,公开走上了反共的道路,30日,宣布武汉戒严,禁止自由开会和游行,湖北全省总工会被解散。8月4日,武汉国民党中央更训令其各级党部,全体动员镇压共产党。随后不久,宁汉合流,武汉国民政府迁往南京,与南京国民政府合并。

武汉国民党中央从联共走向分共,并搜捕镇压共产党人,对湖北武汉地区商民运动的发展是一次沉重的打击。尤其是武汉的商民运动,由于积极参与组织和领导者有不少是以个人身份加入国民党的共产党员,甚至负责国民党中央商民部日常工作的秘书鲁佛民,也是共产党员。在此之后,参与此项工作的共产党员全部离职。8月7日,南京国民党中央政治委员又做出决议,训令湖北省各人民团体立即停止一切活动,听候改组。在此情况下,不仅无暇顾及举行全国商民协会第一次

---

[1]《全国商协代表会近讯》,《汉口民国日报》,1927年7月2日。

代表大会,连原有的武汉三镇商民协会也面临着被迫改组的命运。[1]

为了使其对商民协会等民众团体的改组获得合法依据与舆论支持,国民党方面对此前的武汉商民运动乃至长江流域商民代表大会均给予了否定,认为完全是由共产党一手操纵,给商民利益带来了极大的损害。所谓"武汉总工会、商民协会全系共产党活动,名为代表工商利益,实则毫不能代表工商利益。如上次武汉商民协会所订的条件,表面似于商人有利,询之商人,则谓如此种条件实行,商店只有闭门了。又如上次所召集的长江流域商民代表大会,名称未尝不冠冕堂皇,查其内幕,则所谓代表者,不过由共产党随意指定某某学生为某省代表,而指定的代表又没有到过某省,商务经济,一概不知,此种包办的演剧式的把戏,岂非欺蒙天下耳目"[2]。这样的指责,显然是想一笔抹煞共产党在推动商民运动发展过程中的正面作用,甚至是加以妖魔化,从而达到排斥共产党和控制商民运动的目的。

在此期间,汉口特别市党部商民部的主要工作,"就是以大部分的努力,对付商民协会及以前的店员总工会之改组问题。"其具体安排是:"一、派人参与商协改组委员会,协助办理一切接收事宜;二、指导各级商协之登记事宜;三、督促各级商协正式成立。"[3]1927年8月13日,汉口特别市党部改组委员会召开第四次常会,决定派李星亚、郑慧吾、唐椿萱、刘云生、唐爱陆五人,组成汉口商民协会改组委员会(李、唐二人均为汉口特别市党部改组委员会委员,郑系汉口商民协会原常务委员会主席),"即日接收汉市商协,从新改组,并请将接收改组情形,具报该会,以便转报中央"[4]。次日,五人奉命在汉口商民协会召

---

[1] 武汉国民政府决定迁往南京之后,全国商民协会第一次代表大会筹备处曾向各地商协发出通告说:"现奉中央执行委员会转中央商民部函开,略称党部政府,已决定迁宁,全国商协代表大会,亦拟变更地点,该筹备处应暂时结束,交由本部俟迁宁后,再继续办理。"(《全国商协代表大会迁宁开会》,《汉口民国日报》1927年9月1日。)实际上,全国商民协会代表大会一直未能正式举行。

[2] 《顾孟余委员演说》,《汉口民国日报》,1927年8月8日。

[3] 《汉市商民部最近工作计划大纲》,《汉口民国日报》,1927年9月7日。

[4] 《改组汉市商协》,《汉口民国日报》,1927年8月14日。

集会议,推出李星亚、郑慧吾、唐爱陆担任常务委员,赵敏初代理秘书长,唐椿萱任组织部长,李慎安任宣传部长,刘云生任仲裁部长(后改由刘幼安担任),报市党部备案。后又由潘云鹏顶替刘云生,任汉口商民协会改组委员会委员。随后,商民协会改组委员会要求所属各分会一律停止活动,听候接收改组,并"限三日内,将钤记图记条戳文卷记录簿据会员名册及银钱收付等项,赶紧造具清册,以便派员接收。俟接收完竣,由本会派员指导,从新改组"[1]。

为配合改组商民协会的进行,湖北省党部商民部还曾发布告商民书,大肆宣传共产党"破坏国民革命的联合战线","把持商界种种团体的组织",且以鼓动阶级斗争之手段,"挑拨各民众间的感情,使之互相仇杀,尤其是挑拨店员与店东的恶感"。告商民书明确要求:"先将工商间最易发生纠纷的商民协会、店员总工会两团体,同令在本部指导之下活动,以杜绝反动分子挑拨离间的机会,并且帮助你们整顿组织,扩大组织,伸张你们在国民革命进程中的联合战线。"同时,"商民要解除切身的痛苦,为本身谋利益",就必须"确定今后的信仰,竭诚拥护中国国民党,极力援助国民政府"[2]。

汉口特别市商民协会改组委员会也刊发了宣传大纲,竭力向商人宣传商民协会改组的原因和意义。关于商民协会为何需要改组,宣传大纲无非也是强调由于以前受到共产党的影响,现在需要清除。"从前我们党里有一部分共产党人,从中作祟,用种种卑劣手段蛊惑了我们。……我们的会,是根据党的指导进行的,我们的党既然受了共产分子的一些儿毒,我们的会自然不知不觉的沾染一点。我们的党现在已经觉悟了共产党人的阴谋,把叛党的共产分子肃清,从新改组;我们的会,跟着党的领导,也应改组,这是本会要改组的原因。"同时,这份宣传大纲还大力宣传所谓改组商民协会的重要意义,以便使商民能够顺从地接受改组。"最要紧的,就是纠正以前的错误,确切遵奉三民主

---

[1]《汉商协协通告》,《汉口民国日报》,1927年8月20日。
[2]《省党部商民部告商民书》,《汉口民国日报》,1927年8月25日。

义,跟着国民党的领导,参加国民革命的联合战线,来打倒国内军阀,国外帝国主义,完成我们最大的使命——国民革命。"实际上,国民党的真正目的是要通过改组,确立对包括商民协会在内的民众团体的绝对领导与控制地位,使民众团体认识与服从"国民党是用三民主义来领导国民革命的唯一机关,党的权力比一切权力在上"[1]。

在国民党中央党部和国民政府迁都南京时,汉口商民协会改组委员会也借此时机发布告商友书,攻击和谴责共产党,将武汉工商界当时面临的各方面痛苦,不无牵强地说成是以前"共产党阻挠中央党部国民政府迁都南京酿出来的",并且声称"迁都南京是我们商友们的救生圈",因此应该"竭诚拥护南京新都"[2]。

为了使商民协会的改组顺利进行,特别是使各分会的改组完全遵照国民党的既定方针办理,汉口商民协会改组委员会不仅向各分会陆续派遣了改组委员,而且还制定了分会改组条例。该条例第一条规定:"凡各分会改组委员呈报就职后,须经本部派员参加会议一次,始得认为合法。"[3]这显然是对各分会之改组不能完全放心,需要进行严格监督而做出的规定。据称,至1927年9月上旬,已经履行相关手续接收了108个分会,正在接收过程之中的分会只有9个。"已接收之分会前来谈话者,计六十四分会;已接收未到会谈话者,计四十四分会;已谈话经指派改组委员者,计五十四分会,未经指派者计十分会;已谈话就职者,计二十二分会;已谈话未就职者,计二十二分会。"对于尚未接收或尚未谈话就职的分会,改组委员会再次要求"必须限期改组成立"[4]。

武昌商民协会的改组,由武昌市党部改组委员会指派商民部负责进行,决定"市商协由商民部派员前往接收保管,并利用机会考察现在职员之言论行动,及平日办事之成绩,与有无反动与腐化之情形"。据说在此期间武昌商民协会曾有"会内土豪劣绅乘机大肆活动,宣传商

---

[1]《汉口特别市商民协会改组委员会宣传大纲》,《汉口民国日报》,1927年9月3日。
[2]《汉商协改组委员会为中央政府迁都南京告商友》,《汉口民国日报》,1927年9月8日。
[3]《分会改组条例》,《汉口民国日报》,1927年9月6日。
[4]《汉商协改委会改组分会状况》,《汉口民国日报》,1927年9月6日。

协取消,商会复活。……部长睹此情形,乃移各员于会议厅,将改组之原因,与今后之责任,现在时局各要端,逐一详细说明,各职员听后,甚为满意"[1]。

武昌市党部商民部在工作计划书中,针对商民协会之改组问题,还认定以前的商协"组织未善,共产分子及地痞流氓混杂其间,致失商民信仰。此次改组,应以纯粹商民为重心,不但共产分子在所铲除,即地痞流氓与大土劣之辈,亦应严格淘汰。以巩固商民之结合,加入革命战线,使武昌商协为本党真正党团,以别于旧商会,使商协会员为本党基本队伍,以别于甘为共产工具之包办团体。"按照其设想,改组后的武昌商民协会必须具备严密的纪律,完全听命于党部指挥。"下级党团应绝对服从上级党团命令,会员应绝对服从团体命令,……各级商协职员,应努力党团工作,不得藉公营私舞弊,一经查觉,即予严惩。"[2]这显然是想要通过改组,完全消除共产党在商民协会中的影响,并对商民协会实行更为严格的控制。

由于国民党认为在此前一度成为"赤都"的武汉,商民协会等民众团体受共产党的影响最深,因而在宁汉合流之后,国民党率先下令湖北武汉地区的商民协会等所有民众团体停止活动,一律进行接收和改组。这样,在国共合作破裂和政局变动后,商民运动直接受其影响而停止先前迅速发展势头的情况,最初主要是在湖北武汉地区。其他地区商民运动的发展,虽然也因此而或多或少地受到一些影响,但都不如武汉地区这样显著和突出。甚至在有些地区,商民协会的建立与商民运动的进展,与以往相比仍呈现出某些新的发展趋向。另外,国民党在全国范围内对各类民众团体统一进行整顿与改组,也是后来采取的行动,而且主要针对的改组对象是商会和工会,当然也包括商民协会,其方式与力度与对湖北武汉地区民众团体的改组也均有所不同,并未实施一律接

---

[1]《武昌市商协接收情形》,《汉口民国日报》,1927年8月24日。
[2]《武昌市党部改组委员会商民部计划书》,《汉口民国日报》,1927年8月29日。

收,再直接委派改组委员进行改组的方式。[1]可见,国民党当时是将武汉民众团体的改组作为一个特例,视作刻不容缓的决策而率先进行的一次特殊整顿行动。

  需要注意的是,在商民协会改组期间,武汉地区的商民运动虽趋于衰落,但商民协会并没有完全停止活动。此时的商民协会,主要是以改组委员会的名义定期召开会议,并且代表商民开展调整工商纠纷等相关活动,同时还就一些全国性的重大事务发布通电。例如1927年9月上旬,上海特别市商民协会主张关税自主,拥护政府收回海关管理权,"并通电全国请求一致动作,表示赞助"。汉口商民协会改组委员会接此通电后,立即公开回电表示:"贵会领导沪商同志,握海上经济之枢纽,为吾国革命之中坚,尚望登高一呼,万山皆响,作民众之先导,为政府之后援。敝会誓率汉口全市商界同胞,尽力赞助,务期达到关税自主之目的,解除工商桎梏,收回海关,完成国家主权。国计民生,于焉是赖。"[2]另外,9月下旬武汉三镇市面出现食盐销售紧缺的状况,汉口商民协会改组委员会也发出通告,"设法调查盐荒之原因,制止奸商之把持"[3]。因此,不能简单地说改组期间武汉的商民协会不复存在,商民运动也完全停止了。

---

[1] 1927年5月国民党对上海总商会率先进行的接收改组也是一个例外。在北伐军与军阀孙传芳部激战时,时任上海总商会会长的傅筱庵曾"供给敌饷",并将招商局之商轮"为孙逆运输之用"。因此,北伐军攻克上海之后,国民党即公开通缉傅筱庵,对上海总商会也进行了接收改组。

[2] 《汉商协通电拥护关税自主》,《汉口民国日报》,1927年9月8日。

[3] 《汉商协注重武汉食盐》,《汉口民国日报》,1927年9月30日。

# 第七章 商民运动的余波：以上海为例

国共合作分裂之后，民众运动的发展因此而受到诸多影响，但影响较为突出的主要是工人运动和农民运动，商民运动虽也受到一定影响，但仍然继续进行，只是进入到了商民运动的余波阶段，并且呈现出若干新的特点。南京国民政府建立前后，国民党开展的整个民众运动实际上都已开始转轨，从所谓"革命的破坏"进入到"革命的建设"时期，商民运动以及整个民众运动的目标都有所调整。这一时期，国民党逐渐确立商民协会与商会并存的新方略，但却并未平息两者之间的纷争，因而仍然面临如何对待和调适两者关系的难题。

上海的商民运动虽然此前已开始进行，但商民协会却成立较晚，可以说是在商民运动余波阶段的前夕才正式建立。不过，与上海商会的情况相类似，上海商民协会建立之后的影响在全国也比较突出。[1]特别是随着宁汉合流迁都南京之后，武汉作为全国商民运动中心的地位很快也随之丧失，上海则有取而代之的趋势。这一阶段，上海商民协会与商民运动的发展，在全国颇有影响。因此，本章主要以上海为例，对余波阶段的商民运动情况进行考察和论述。

这一阶段上海商民运动的特点，首先是在商民协会的成立过程中即出现了各派商人之间，借创设商民协会以争权夺利的现象。由于这

---

[1] 较早即有学者指出："各地商民协会中，比较有影响有代表性的，首推上海商民协会。"见张亦工：《商民协会初探》，《历史研究》1992年第3期，第41页。但确切地说，在商民运动起步、扩展与进一步发展的前三个阶段中，上海商民协会还谈不上在全国具有影响和代表性，甚至还没有正式成立。只是到了商民运动的余波阶段，即南京国民政府建立之后，上海商民协会才逐渐具有了相当的影响和代表性。

一特殊原因,再加上其他因素的影响,在初期产生了两个商民协会,不得不由上海特别市党部出面进行协调,使之合二为一。不仅如此,上海商民协会从1926年最早开始筹备,到1928年3月初召开第一次全市商民协会代表大会,总共经过了历时将近两年的五个历史时期,类似的情况非常少见。其次,从上海商民协会的筹备员直接由中央党部委任,上海商民协会的章程也直接报请中央党部审核批准等前所未有的情况看,此时的国民党对成立商民协会,尤其是在上海这一特殊地区建立新的商民协会,仍然是非常重视的。再次,上海商民协会在筹备建立阶段,似乎即与商会出现某些纠葛。商民协会筹备处动员商民起来组织商民协会分会的宣传,就注重说明商会的种种缺陷,已将商民协会与商会置于对立的地位。复次,在商民运动余波阶段的上海,商民协会建立之后,也与商会之间的矛盾冲突比较突出,尤其是关于商会存废之争持续不断,并且使上海成为了这场争论的中心。

## 一 上海商民协会的建立

与广东、湖南、湖北地区的商民协会相比较,上海商民协会建立的时间显然要晚得多;同时,上海商民协会也不像上述地区的商民协会那样,经过较短时间的筹备即顺利宣告正式成立,而是经历了一个较长时间的筹备阶段,甚至是经过了一番周折之后,才得以正式成立。

据说,早在1926年5月,在上海即有商人酝酿筹备组织商民协会。当时,上海并不属国民政府的辖区,因为国民革命军尚未控制上海。所以,上海商人筹备商民协会的行动,"嗣因环境之压迫,以致停顿"[1]。但在当时,拟筹备成立的这个商人团体并非称为商民协会。

经查阅《申报》相关记载,可以发现以上所说上海商人筹备商民协

---

[1]《新组织之团体》,《时报》,1927年3月25日。转引自张亦工:《商民协会初探》,《历史研究》1992年第3期,第41页。

会的行动,应该指的是组织名为沪商协会的新商人团体。1926年4月中下旬,上海商界姚宝生、钱玉成、陈洪洲等50余人,"鉴于沪上华商外受洋商之操纵,内受战争之影响,恐慌日甚,痛苦日深,苟非群相团结,不足以图挽救。而原有之各马路商联会与总商会则或以商铺为单位,个人无加入之可能,或以入会手续繁重,不能遍及于普通商人。爰特发起组织沪商协会,以便大小商人均得团结于此种组织之下,共谋商界同业之利益。"[1] 4月24日,召开了第一次沪商协会发起人大会,推举汪醒斋、张静庐、钱育才、王汉良等25人为筹备委员,廖陈云、姜昌年等5人为候补委员,并议定征求会员的办法,一为登报征求,二为印刷传单,由发起人分头征求。[2] 7月1日拟召开第二次发起人大会,但刚有10余人到会,即"为老闸捕房饬派探捕到场,禁止开会。后至者亦均被拒绝,因以未能开会"[3]。

遭此挫折之后,沪商协会的筹备再无任何新的进展,实际上是陷入了停顿。直至1927年3月下旬,受国民革命军攻克上海的鼓舞,沪商协会的筹备才又继续开始进行,但起初仍然未用商民协会之名,而是沿用沪商协会旧名。1927年3月25日的《新闻报》曾登载了一篇《沪商协会恢复之宣言》,阐明:"本会同人鉴于生存今日,时势所迫,潮流所赴,必也团结坚固,始能所向成功。因于去年五月间发起沪商协会,本商民之公意,企商业之发皇。筹备以来,蒙商界同人勇跃参加,进行颇为顺利。嗣因环境之压迫,以致停顿,未获即行成立。今民军抵沪,民气伸张,吾人应乘此恢复,努力进行。"[4] 上文提到的所谓1926年5月上海商人酝酿筹备组织商民协会,引用的"嗣因环境之压迫,以致停顿"这句话,实际上应该就是出自于这篇《沪商协会恢复之宣言》。在1927年3月恢复建立之后,沪商协会则开始以上海商民协会自居。该会的王汉良、汪醒斋、胡风翔等人,希望借此成为上海最早建立的商民

―――――――――――

〔1〕《组织沪商协会之发起》,《申报》,1926年4月20日。
〔2〕《沪商协会昨开发起人大会》,《申报》,1926年4月25日。
〔3〕《沪商协会昨日开会被阻》,《申报》,1926年7月2日。
〔4〕《沪商协会恢复之宣言》,《新闻报》,1927年3月25日。

协会,从而在上海商界中拥有一席之地,但却引起了一些争议。

后来担任正式成立的上海特别市商民协会秘书长的严谔声,曾对沪商协会的筹备成立过程以及该会为何未使用商民协会的名称,进行了如下的说明:

> 商民协会为国民政府统治下商民集合之法团,其宗旨为改善组织,集中力量,以求达到增加商民利益,解除商民之痛苦之惟一目的。简言之,则商民应组织起来,共同参加革命,以冀获得革命后所应享之利益也。上海商民以素富革命思想著称,六三运动、五卅运动,均曾留有最光荣之历史。故商民协会之名义虽自革命军抵沪后始行发现,而商民协会之精神,实自六三运动后无日不弥漫于上海市尘也。
>
> 就最近的历史言之,当五卅运动终了,奉军以武力压迫上海民众之时,上海商界即有沪商协会之组织,主其事者为王汉良、杨涌润、汪醒斋诸同志等,曾因在岭南楼召集开会,为帝国主义的租界当局所干涉。此实为上海商民协会最初最早具有雏形之第一个时期。盖其时军阀势力正张,商民协会四字绝对不能存在于方受压迫之上海,故才不得不用沪商协会之名义。[1]

按照严谔声的说明,上海商民协会从1926年最早开始筹备,到1928年3月初召开第一次全市商民协会代表大会,正式选举执行委员、候补执行委员和纪律裁判委员,总共经过了历时将近两年的五个历史时期,这样漫长而复杂的筹备过程,在其他地区确实是非常少见的。

严谔声所说的上海商民协会筹建的第二个时期,是在国民革命军底定浙江后,"上海同志闻风兴起"。这一时期,原沪商协会的王汉良"以努力党务,未及兼顾商运"。于是,由陈勇三、王延松、潘冬林等人出面,邀请部分商界人士谋划成立商民协会,严谔声也曾参与。当时,以上海三马路证券里凭余屋作为临时办事处,由"王延松同志实独任

---

[1]《市商民协会积极筹备代表大会》,《申报》,1928年2月27日。

经济之责"。这一时期的筹建工作,实际上并无非常明显的进展。

北伐军甫抵上海时,王延松、邬志豪等人也发起召集工商各业代表大会,筹组上海商民协会,进入所谓上海商民协会筹建的第三个时期。1927年3月20日,召开了上海商民协会筹备大会,各业代表200余人出席。王延松首先作为会议主席宣告开会宗旨,"略谓同人应时势之需要组织本会,以谋商民之幸福,并以解决商民间一切困难"。陆文韶接着报告筹备经过,并提出"先产生执行委员,办理一切"。经投票选举,陈勇三、虞洽卿、袁履登、王晓籁、王延松、邬志豪、严谔声等31人当选为执行委员,沪商协会的王汉良也名列其中。当时,召开第一次临时执行委员会,推举王延松、王晓籁、陈勇三、张振远、程祝荪、严谔声、陆文韶、潘冬林、邬志豪等11人为常务委员,组成常务委员会。[1] 22日,又在报章刊登上海商民协会临时执行委员会第一号公告,公开宣布该会于20日成立临时执行委员会办理一切。

3月24日,召开第二次临时执行委员会,除讨论扩充会员问题,还通过了简章草案,并议决推举邬志豪、王延松前往总商会商借会所。随后,《新闻报》曾刊登了本次临时执委员会讨论通过的商民协会章程草案37条。但在次日,王汉良等人也对外发表了《沪商协会恢复之宣言》,由此形成了同时分别筹备两个商民协会的状况。

在此情况下,上海特别市党部出面对商民协会的成立进行了干预,进入到严谔声所称上海商民协会筹备之第四个时期。上海市党部"以沪商协会去年确具艰难缔造之精神,而商民协会虽有少数人之利用时机,希图捷足,究亦未能一概抹煞"。从其口吻似可看出,当时的上海市党部对王汉良等人筹备沪商协会更为支持,而将王延松、邬志豪等人筹备商民协会的举动,称之为"利用时机,希图捷足"。因此,上海特别市党部第14次执行委员会议决:"为遵照法规,统一商民协会之组织起见,因即于两会之中选任王汉良、汪醒斋、章郁庵、陈芝寿、许云辉、王晓籁、陆文韶等七人出而重新组织,并定于今日正午十二时在功德林开委

---

〔1〕《商民协会筹备会纪》,《新闻报》,1927年3月21日。

员会,讨论进行办法。"[1]

在上海特别市党部确定王汉良等7人重新组织商民协会之后,王延松、邬志豪等人先前发起召集工商各业代表大会推举的31名临时执行委员,被一律取消。而上述7人名单中并无王延松和邬志豪。据严谔声在后来的回忆录中称:"王延松、邬志豪两人的被排出,原因是当时国民党部内部左派势力占有相当地位,而王延松正被开除国民党党籍,邬志豪始终加入不进国民党,尽管他俩及早下手,在当时他俩的野心还不能得逞。后来王延松靠了CC系支撑,才登上了商业团体的领导地位。"[2]当时,上海商界中王汉良、邬志豪等人与李立三、林钧等接触较多,王汉良加入国民党后,陆续介绍邬志豪、俞国珍、余华龙、许云辉、虞仲咸等人也加入国民党。王汉良还曾任市党部商人部长,余华龙、许云辉相继任四区党部商人部长。"至北伐时,上海出现一个左派市党部和一个右派市党部。"前者系国共两党共同建立的市党部,后者是国民党西山会议派建立的市党部。王延松一度担任左派市党部的商人部长,他与广东方面有直接联系,联系人为陈果夫。但王在任商人部长时,曾引起部分商界国民党员不满。特别是在北伐军迫近上海时,王执行罢市命令不力,市党部将他开除出党,到北伐后又恢复党籍。邬志豪曾为傅筱庵奔走效力,在1926年引起所在之上海各路商界总联合会成员普遍不满,"北伐初期,市党部不承认他为国民党员,直到'四·一二'事变后,邬又被认为党员"[3]。

上海特别市党部做出两个团体合并的决定后,即于1927年4月5日向原商民协会筹备处发出公函:"贵会既与沪商协会旨趣相当,自应

---

[1]《市党部议决组商民协会》,《新闻报》,1927年3月31日。
[2] 严谔声回忆:《商民协会的成立经过》,1965年10月7日,上海市工商业联合会档案史料室藏。转引自上海市工商业联合会等编:《上海总商会组织史资料汇编》,下册,上海古籍出版社,2004年,第894页。
[3]《原商总联成员座谈商总联会与当时政界关系概况》,上海市工商业联合会等编:《上海总商会组织史资料汇编》,下册,第983页。参加座谈会者有前商总联会会长余华龙,副议长文书严谔声,委员蒋梦芸、虞仲咸、许云辉、曹志功、张静庐。

由两方同志合作,改组为上海商民协会,并希努力进行之。"[1] 8日,沪商协会和原商民协会两会之部分执行委员共计30余人,共同召开会议,联合成立了新的临时执行委员会,临时执委总共61人,先由两会共推52人,其余9名暂空,"以待商业重要团体之加入"。同时,原商民协会发出通告:"本会现与沪商协会合并,加推执行委员。……凡各区各业之已经筹备商民协会分会者,请来会接洽为要。"[2] 13日,又首次以上海特别市商民协会筹备处名义在报上刊登紧要启事,宣称:"本会为国民政府法定商民团体,遵照国民政府法令依法组织。旨在集中商民力量,解除商民痛苦,发扬三民主义,以谋商民幸福。……本此目标,共尽天职,总期就商人之范围,谋商人自身之幸福。至于其他种种派别,皆非本会所愿闻也。"[3]

经上海特别市党部干预,沪商协会与原商民协会实现了合并,似乎预示着上海商民协会的正式成立已是指日可待了。但不久之后,情况又发生了某些新的变化。严谔声在回忆录中描述这一新变化时说:"这时已是四·一二事变的前夕,国民党内部的右派势力占了统治地位,王延松亦在此时开始登上了特别市商民协会的重要地位,因此在四月十二日召开了临时紧急会议,主席就由王延松担任,议定了绝对拥护三民主义,绝对拥护国民革命军领袖蒋总司令等决议。会后王延松用王承志的名字打电报给国民党表示绝对拥护,当时我们都不知王承志是谁呢。从此时起商民协会已经完全向右转了。在四月二十日召开的一次会议上,王汉良、张振远、张梅庵曾提出辞职,决议挽留。"[4] 笔者查到当时《申报》对严谔声回忆录提及的4月20日会议内容的报道,该会系当日下午举行,到会者共30余人,"公推王延松为主席,严谔声记录"。会上首先由各科报告工作经过,接着讨论来函,第一封来函即

---

[1]《改组商民协会之公函》,《新闻报》,1927年4月6日。
[2]《上海特别市商民协会通告》,《申报》,1927年4月9日。
[3]《上海特别市商民协会筹备处紧要启事》,《申报》,1927年4月13日。
[4] 严谔声回忆:《商民协会的成立经过》,1965年10月7日,上海市工商业联合会档案史料室藏。转引自上海市工商业联合会等编:《上海总商会组织史资料汇编》,下册,第894页。

为王汉良等3人之辞职信,"公决一致挽留"。王汉良等人之所以要求辞职,看来与商民协会筹备处的人事变动,即王延松等人成为主要领导人有直接关联。这次会议还公决"电贺国民政府迁都南京及恢复国民党党权",另还议决一致欢迎上海商业联合会加入商民协会。[1]

这里附带加以说明,在北伐军到沪之后,身为上海工商界头面人物之一的虞洽卿,联合上海县商会、闸北商会、上海银行公会、钱业公会、交易所联合会等19个上海工商团体的代表数十人,还曾发起成立另一个新的商人团体——上海商业联合会,而该团体也与后来上海商民协会的组建有一定的关系。上海商业联合会于1927年3月下旬宣告成立,其会员也是"以商业团体为限,每团体推二人至六人为代表"。据当时曾参与其事的赵晋卿回忆:"商业联合会成立,主要是对付总商会。因为当时总商会在傅筱庵手里,同时北伐军到上海后需要有一个新的商业机构,商界比较好讲话一些。"王晓籁也在回忆中说:"上海商业联合会是虞洽卿发起。它是北伐军到上海以前,因为上海总商会会长傅筱庵帮助孙传芳阻挠北伐,而虞洽卿又和傅筱庵是对头,所以筹备成立这个会。"[2]

上海商业联合会实际存在的时间并不长,同年11月下旬在上海总商会开始整顿改组之时,该会就发表结束宣言,宣告解散。但在1927年4月,上海商业联合会曾以该团体的名义,向所属各商业团体发出促组上海商民协会的告示,阐明:"以近日工潮澎湃之中,各业职工会亦随之风起云涌,良因潮流所趋,难以自抑。然工商两途,不能混而为一,因时制宜,吾各业商民似应组织法定之商民协会,以互助之精神,作自

---

[1]《商民协会开会纪》,《申报》,1927年4月21日。报道中提及的"电贺国民政府迁都南京及恢复国民党党权",并非严谔声回忆录中所说之王延松以王承志名所拍之电文。该报道同时刊登的电文内容是:"政府移宁,万众腾欢。从此统一党权,奠定国都,发挥三民主义之精神,不为跨党份子操纵。先总理在天之灵,实式凭之。谨本上海全体商人之热忱伸贺。上海商民协会筹备处叩。"

[2] 赵晋卿回忆:《商业联合会成立的目的和它的外交委员》,1965年7月19日;王晓籁:《回忆商业联合会的筹备》,1965年5月10日,均为上海市工商业联合会档案史料室藏。转引自上海市工商业联合会等编:《上海总商会组织史资料汇编》,下册,第885页。

卫之团结。本会六十余团体,请各业推举代表二人,参照政治部所颁行之商民协会章程,筹备组织各业商民协会分会,将来再由六十余分会合并,而为上海市商民协会。则我商界有巩固之基础,然后可以有正当之发展等因。相应函达贵会,务望急速开会,讨论进行,于最短时间内促其实现,慎毋坐失时机。"[1]可见,上海商业联合会也曾一度设想以其为基础,组织上海商民协会,但却没能付诸实现。随后,该会决定以团体为单位加入正在筹备的上海特别市商民协会。

即便如此,上海特别市商民协会的正式成立在这之后也仍然拖延了较长时间。"商民协会临时委员会征求商业联合会同意,合并组织正式商民协会。往返磋商至三至四,而石芝坤、陈翊庭、沈田莘诸同志更详加解释。至六月中,乃由上海商业联合会、上海特别市商民协会临时委员会各抄送全部委员名字,送交特别市党部,呈请中央党部组织部遴选加委。"[2]直到1927年6月下旬,才由上海特别市党部转发国民党中央党部的委任令,委任王承志(即王延松)、王汉良、陆文韶、陈鹏(陈翊庭)、严谔声、虞洽卿、吴蕴斋、王晓籁、冯少山、叶惠钧、朱吟江11人为上海特别市商民协会筹备员,严谔声兼任筹备处秘书。7月6日在上海总商会大厅举行的筹备员就职典礼甚为隆重,景况前所少见。到会之人员,有中央执行委员会代表黄惠平,上海特别市党部代表商民部部长俞国珍,中央宣传部驻沪办事处代表陈德征,上海特别市清党委员会暨淞沪警察厅政治部代表冷欣,国民革命军第二路总指挥部政治训练部代表钟震之,工会组织统一委员会代表费公侠,上海总商会代表陆凤竹,上海县商会代表顾馨一,上宝二县闸北商会王彬彦,上海各路商总联合会成燮春及各级商民协会代表,加上银行钱业等各团体代表,总共多达500余人。

虞洽卿代表全体被委任之筹备员发表就职宣言,表示"和德等职虽筹备,负责非轻,敢竭忠诚,力行下事:(一)于最短时间将各级商民

---

[1]《商业联合会促组商民协会》,《申报》,1927年4月18日。
[2]《市商民协会积极筹备代表大会》,《申报》,1928年2月27日。

组织完成;(二)促成工商合作,实行总理劳资协调之政策;(三)领导商民参与国民革命;(四)打破以前同业嫉妒之陋习;(五)树立商民得达到自由平等地位之基础;(六)树立商民在国际贸易上得充分发展之基础。"黄惠平宣读了国民党中央执行委员会的训词,内中说明"本委员会对于上海市商民协会筹备员人选问题,一再审慎,而后委派"。不难看出,连筹备员都需要由国民党中央委任,可以说国民党对上海商民协会是前所未有的重视。之所以如此,是因为国民党中央意识到,"上海特别市为东南重镇,外人荟萃,万商云集。名为特别市,而实为全国经济之枢纽。总揽经济枢纽者,责在商民。故上海特别市之商民,责任实至为重大"。上海特别市党部的训词也说明:"上海为中国商业中心,尤为世界大商场之一。中国之繁荣,虽需全国民众共同努力造成,而执其牛耳之重任,不得不加诸上海特别市商民肩上。……本党中央党部对于上海市之商民协会非常重视,故所委筹备员不求其量,而求其质。盖认诸筹备员均为革命的,忠心党国的,熟悉商情的负巨投艰之人。"除此之外,各机关、各团体与会代表约15人均在会上发表了致词。[1]

筹备员上任后,成立了新的筹备处,并在第一次会议中确定了分组委员,王晓籁、朱吟汉、冯少山3人为常务委员,虞洽卿、吴蕴斋2人为财务委员,王延松等5人为组织委员,严谔声负责秘书处工作。新筹备处的主要工作,是督促各商民协会分会的筹建,以使上海特别市商民协会能够尽快正式成立。1927年8月初,筹备处曾发表告商民书,强调:"在从前的时候,商会是没有我们参加的权利,官厅是不把我们放在眼睛里。好了!现在是有了地点!地点在那里?就是这个从革命得到的商民协会。"另还向商人阐明不能误以为有了商会,就不需要组织商民协会,"因为商会是以业组织的,是店行公司组织的,他所认识的是一个商业的机关,是一个商业上的法人。商民协会则不然,认识了一个一个的商民,完全以商民为基本的组织,求商民的福利。……上海是全国

---

[1]《商民协会筹备员就职典礼》,《新闻报》,1927年7月7日,同日的《申报》也有此内容之报道。

商业中心,上海的商人有显著的革命工作,上海商民协会应当做成功全国各省商民协会的模范。所以特地由最高的中央党部委任了筹备委员十一人,秘书一人,这是很可以看出中央重视上海商民的意思。"[1]筹备处的告商民书同时还附有蒋介石以国民革命军总司令名义,于5月间发布的告全国民众书中有关商民部分的内容,号召上海广大商民赶快起来组织商民协会。

另据1928年2月上海市商民协会筹备处致电国民党中央第四次全体会议透露:"本会筹备处各筹备员,自奉前南京中央党部组织部委任以来,迄今九月,以沪上商业地位之重要,商业种类之繁复,殚思竭虑,随时根据政府制定之商民协会条例,并商承上海特别市党部商人部之指导,督促各业商[协]会,自动组织。……举凡昔日军阀时代,为一般社会所蔑视之商业,始渐能有组织、有团结,以谋增进本业之福利,解除本业之痛苦,不致因会费之巨大而彷徨,不致因系统之差别而畏缩。"[2]由此看来,上海商民协会新筹备处建立以后,还是积极开展了各项相关工作。

与此同时,上海特别市商民协会章程也奉国民党中央核准。在此之前成立的商民协会,基本上都是由所在地区的党部审核章程并予以批准,很少由中央直接审核章程。但上海的情况较为特殊。上海商民协会的章程草案除经上海特别市党部审查修正之后,又由市党部呈请中央党部组织部审核批准。

不过,在此后上海商民协会正式成立的过程中,也并非十分顺利。随后出现的一个有争议的问题是,店员究竟应该加入商民协会,还是应该加入工会。其实,这个问题在此前已经成立商民协会的一些地区,就已经发生过争议。"自中央颁布之商民协会章程第六十三条有商店职工字样,而附议者遂谓商店职员应为商人之一。但按工会条例第一条,凡同一职员相率附入工会。因此之故,商店职员或主为商,或主为工,

---

[1] 《发表告商民书》,《新闻报》,1927年8月4日。《商民协会发表告商民书》,《申报》,1927年8月4日。
[2] 《商业团体对中央全会之表示》,上海《民国日报》,1928年2月7日。

聚讼纷纭,莫衷一是。数月以来,纠纷迭起,弊之所至,必陷工商于危险之境。"[1]

上海商民协会在筹备成立的过程中,即遭遇该问题的困惑,不得不经由上海市商人部呈请中央执行委员会明定工商标准。中执会函复,经第91次常务会议议决,前此规定之"非商人不得加入商民协会,其义明甚。……所谓商店职工系带有商人性质,于商店资本有关系者乃得适用,非谓凡商店职工即为商人,即须加入商民协会,其义更属显然。"中执会的这个解释,与上海商民协会希望店员加入的初衷不一致,所以感到非常失望。于是,又分呈中央政治会议及上海政治分会,认为"中央所解释者,与市党部商民部之函示,显有不同",并说明"商店店员如果划入工会,则商业前途覆亡可待"。上海商民协会仍然请求在审订商民协会条例时,明白划分工商界限,"将商店店员划入商民协会范围之内,以保障商业之安全,在未得中央正式解决以前,仍遵照市党部商民部所指示办理"[2]。

在这个问题的争议之中,商民协会似乎与商会有着某种共同的利益。因为店员划入工会,经常通过工会向店东提出各种要求,当时的劳资纠纷中又多为店员店东之争。商会同样属商人团体,当然也会与商民协会一样卷入各种纠纷之中,面临诸多难以解决的困难。因此,上海商民协会筹备处还曾致函上海总商会,希望商会也能够出面提出相同的请求,"一致力争"。上海总商会接受了这一要求,呈文中央执行委员会,阐明划分店员之工商标准,应以职业为别,不应以资本为断,"盖以资本为区别,而不以职业为区别之结果,必致工与商争,商与工争,子矛子盾,纷扰转无已时,不如各就其职业以为区别之为得也。……商店职工受雇而来,大率仅作劳务,并不附股,其有资本关系者,殆不足全部商店百分之一,而出资者恒多居住别地,并不亲自经营业务。此等情形,不止上海一处为然,如徽帮之南业,西帮之汇业,绍帮之染业、烛业

---

[1]《各省区商民协会请重定工商标准》,《申报》,1927年10月20日。
[2]《请于审定条例时划分工商界限》,《申报》,1927年5月28日。

等,略举一二,其余尚难枚举。若照贵会所定之标准,必致此等商店见屏于商人之外,无从根据章程保障其应得之权利,此尤窒碍之大者。用特函具详陈理由,敬请贵会将前项解释重加审查,予以修正,至深感祷。"[1]

上海商民协会的筹备成立拖延时间甚长,有关这个问题的争议也为时不短。直至数月之后的1927年10月,冯少山还以各省区商民协会代表会议主席的名义,领衔各省区商民协会再次呈文中央党部请求重定工商标准。呈文从另一角度说明:"今之解释工商区别者,碍于商协章程暨工会条例之规定,不得不以误就误,两全其说。动辄曰以与商店资本有关系者为商人,而以商店资本无关系者为工人,牵强误解,莫逾于此。……在商协章程、工会条例尚未明文修正以前,务请钧会明定工商标准,变更原有解释,通令工商团体一体祗遵,以清界限,而免纠纷,无任感戴。"[2]

在商民协会和商会的反复要求之下,特别是冯少山领衔各省区商民协会呈文后不久,国民党中央各部委员会第6次联席会议根据中央商人部的提议,议决采取一种变通的办法,即"嗣后各地店员工会应一律改称为店员总会,概归中央商人部指挥监督之下"。中央商人部在致冯少山的指令中还具体解释说:"现行工会条例及商民协会章程,对于工商界来说颇有出入,在未经中央修订以前,未便为确切之解释。……此后店员团体之名称既已变更,且与商民协会同隶商人部之下,两方之利益,既易调节,一切纠纷,自可减少。来呈所举窒碍情形,亦可谓已得相当之救济。"[3] 不难看出,当时的国民党中央以为实施这一变通办法,将原隶属于总工会的店员工会,改变名称隶属于各级商人部,可以避免或减少商民协会反复所说之纠纷。实际上,这一措施并不可能真正达到其预期目的,但在当时却可以使有关重定工商标准的争议暂告一个段落,也使上海商民协会能够早一点得以正式成立。

---

[1]《总商会呈请修正工商标准》,《申报》,1927年5月29日。
[2]《各省区商民协会请重定工商标准》,《申报》,1927年10月20日。
[3]《中央商人部明定工商标准》,《申报》,1927年10月28日。

上海商民协会的筹备过程拖延如此之长的时间,在此前的其他地区都很少见。当时,连中央商人部都曾多次催促该会尽快成立,以便随后筹开全国商民协会。1927年11月,中央商人部向上海特别市党部商人部下发第175号令,内称"查上海市商民协会筹备已久,现尚在筹备期间,仍未成立,实属延缓。本部现正统筹全国商民协会之组织,该会若再迁缓,恐不能参加全国商民代表大会,仰即转知该会,促其早日成立,以免阻碍"[1]。随后,上海市党部商人部也奉令敦促上海商民会尽快成立。据上海商民协会筹备处发给各业的一份通函透露:"此次党政统一,中央对于商民益复注意,特于中央党部内增设商人部,以为领导商运之最高机关。敝会又一再奉商人部训令,催促成立,以便筹备全国商民协会,集中力量共同努力。嗣因本市区域辽阔,商业繁盛,市会未能即速成立,当推派组织委员王延松赴都呈述经过情形,并报告近况。又奉中央商人部面嘱,赶速抄呈上海银行、钱业、纱业、木行等商业领袖姓名,以便训令筹组各业商民协会等因。"[2]在这份通函中,上海商民协会筹备处说明其曾一再奉中央商人部训令,催促成立,同时也指出了该会未能迅速正式成立的一个原因,是由于上海特别市区域辽阔,商业繁盛。在这方面,上海确有不同于他处之特点,在某种程度上似乎也可以看作是延宕上海商民协会迅速成立的原因之一。

不过,本节上述之上海各派商人相互为争夺在商界的主导地位,各自分头筹设商民协会,加上"四·一二"事变前后国共两党势力在上海市党部的消长,对商民协会筹备处临时委员会的数次改组等,都是导致上海商民协会未能在短时间内正式成立的原因。除此之外,还有一个可以说是在操作程序上的技术性原因,也阻碍了上海商民协会的正式成立。在此之前,广州市、长沙市、汉口市的商民协会,都不是等待所属各业分会全部设立之后才成立,而是在当地一部分行业的分会建立后,即宣告市会正式成立。另一部分所属行业先前未成立分会,是在市会

―――――――――――
[1]《中央商人部令催沪商民协会成立》,《申报》,1927年11月15日。
[2]《商民协会积极筹备成立》,《申报》,1927年11月16日。

建立之后才相继成立。但上海特别市商会协会的建立,却要等待所属各区各业分会都筹备成立之后,再选举职员正式成立市会。而上海特别市的区域更广,商业贸易又最为发达,所属行业也最多,众多行业分会建立的行动步骤都不一致,由此势必会延误市会正式成立的时间。1927年11月上海商民协会筹备处曾向各业发布通令,说明:"本市商民协会迭奉中央商人部训令,催促即速成立。当经筹备会议议决,提早于十二月一日正式成立。惟是各级商民协会必须在本市市会成立以前组织完成,届时方得推派代表参加选举。合亟通令严催,各级商民协会应积极筹备,努力进行,务于本月二十五日以前宣告成立,完成组织,领导商运。党国前途,实利赖之,希各奋勉为要。"[1]

然而,尽管上海商民协会筹备处向各业发布了如此严厉的通令,并拟出了具体的时间表,要求各业分会务必于11月25日以前宣告成立,以便市会在12月1日也能够正式成立,但最终却仍未能按此时间表正式成立上海商民协会,其原因还是有些行业建立分会拖延了时间。转眼之间,上海商民协会的筹备即进入到了1928年。此时,上海商民协会筹备处已不得不改变原订程序,不再等待所属各区各业分会建立之后再宣告市会成立。2月下旬,筹备处即开始加紧筹备上海特别市商民协会代表大会及举行选举。连日来均"极为忙碌,昨日星期仍照常办公。昨日办公时间,亦展至下午九时为止。各业分会已经推出之代表,至昨日为止有七十八人,秘书处对于会务报告、经济报告议案,均在编制中"[2]。

1928年3月1日下午,上海特别市商民协会第一次全市代表大会终于在上海总商会议事厅举行。到会者有上海特别市农工商局长潘公展,交涉公署代表郭德华,淞沪卫戍司令部代表丁国萃,市党部代表张鹃声,浙江省商民协会代表顾速明,上海县长江家珝,暨各公团代表数十人及各业分会推出之代表,共计110余人。大会首先推举冯少山、王

---

[1]《商民协会积极筹备成立》,《申报》,1927年11月16日。
[2]《市商民协会积极筹备代表大会》,《申报》,1928年2月27日。

延松、王汉良、严谔声、陈翊庭5人为主席团,由王汉良致开会词,"谓今天为商界革命成立正式团体之日。我们回想数月前共党之捣乱情形及商人地位之危险,经不少奋斗,始有今日。诸君此后应格外团结,继续努力"。接着,严谔声报告了上海商民协会从最初筹备到正式成立的五个历史时期,其中仅中央党部于1927年6月下旬委任11名筹备委员后,"筹备委员自奉令筹备以来,已有八月,其间因共党之扰乱,及党务军事政治之未能完全迅速进展,惟筹备员等始终抱定稳当慎重之态度,余月以来幸未陨越。以期时论,似属延缓,以事实论,得有今日之代表齐集一堂,差可告慰"[1]。

不知由于何种原因,上海特别市商民协会第一次全市代表大会的开幕式,在场面上远不及当初筹备员就职典礼隆重。不仅到会之党政军要员的层级较低,而且人数也较少,甚至连中央商人部也未派代表出席。另外,各团体代表的出席人数也不多,因而与筹备员就职典礼有总共多达500余人参加的场面相比较,上海特别市商民协会第一次全市代表大会的开幕式仅100余人,自然不可同日而语。大会召开之前,冯少山等人曾电告南京中央政府,希望能够派人到会致训词。但蒋介石只是致电陈果夫,"请就近前往代表",而陈果夫却因患病未痊,也未能与会,只给大会写了一封书函,希望"上海特别市商民协会为上海商民自身计,为中国国家计,为全国人民计,均应协助国民政府努力。亦惟在此种努力上,可以表现商民协会有设立之必要"[2]。

3月4日下午,上海特别市商民协会第一次代表大会举行选举大会。全市代表代表总计134人,有113人到会参加了选举。结果是骆清华、邬志豪、诸文绮、陆文韶等31人当选为执行委员,冯少山虽也当选,但得票数却排列在倒数第二,仅得36票,与得88票排在第一的骆清华相差多达52票。同时,还选举了姚泉荣、陶洪范等11人为候补执行委员。另又选出纪律裁判委员9人,候补3人。[3]数日后,执行委员

---

[1]《市商民协会第一次全市代表大会纪》,《申报》,1928年3月2日。
[2] 同上。
[3]《市商民协会选举大会纪》,《申报》,1928年3月5日。

31人、纪律裁判委员5人又举行复选,选出邬志豪、诸文绮、骆清华、陆文韶、成燮春5人为常务委员,并推选仲裁部、交际部、宣传部、组织部、合作部、教育部各部委员及主任。[1]在执行委员选举之后,一直担任商民协会筹备委员并兼任筹备处秘书的严谔声,即致函执行委员会提出了辞职。辞职函称:"谔声从事商民运动十年于兹,商协发起之初,即与尽案牍之劳,嗣奉中央委任,益复责无旁贷。惟负责迄今,已越八月,竭其驽钝,幸无陨越,而一木支持大厦,个人统筹全局,实已筋疲力尽。当此正式执纪委员即将就职,负责有人,观光可待,所有谔声兼秘书职务,务恳另聘贤能,继续办理。谔声亦得稍资休养,另图报效,曷颂盼祷。"[2]但经挽留,严谔声此后实际上并未辞职。

有韩国学者指出,以往研究上海商民协会的一些成果,将1927年的沪商协会与商民协会合并而成的上海商民协会,与1928年正式建立的上海特别市商民协会,视为同一性质的商民协会有所不妥。因为1928年的上海特别市商民协会的31名执行委员、11名候补执行委员、9名纪律裁判委员及3名候补纪律裁判委员,总计52名职员中,只保留了6名1927年商民协会的职员,其余48人全部均为新人,因此从职员构成上看,两者之间有很大的不同。这些新人的身份大多数不得而知,只能"推定他们是趁着政治激变期欲掌握商民协会的地方政治投机者"。所以,"应把1928年3月的商民协会与之前的商民协会区分开来"[3]。这些新人是否属于政治上的投机者还需要考证,不能轻易下此结论,但将前后不同历史时期的上海商民协会加以区别对待,则无疑是正确的。

上海特别市商民协会宣告正式建立之后,在上海出版的《民国日报》曾为此专门发表了一篇社论表示祝贺。这篇社论指出,上海商民

---

[1]《市商民协会选出常务及各部委员》,《新闻报》,1928年3月11日。
[2]《市商民协会秘书辞职》,《新闻报》,1928年3月10日。
[3] 李升辉:《1920—1930年代上海商会的组织形成及意义》,提交"近代中国的社会流动、社会控制与文化传播——第三届中国近代社会史国际学术研讨会"论文,2009年8月,贵州贵阳。

协会的成立具有特别重要的意义,因为"在这五花八门无奇不有的上海特别市中,民众的团体,实在是最需要而且最宜慎重的了。尤其工人团体和商人团体,因劳资互助或劳资纠纷的事件,决不在少,所以更宜严密地组织起来。"不仅如此,"上海的商人团体,原有的总商会、闸北商会、县商会、各马路商界总联合会,这几个商业团体,本身组织,固已有相当基础,但加入的或者是资本较大的商家,或者是因地段关系而加入的,非上海特别市以内的上海商人全体。所以,以业务为单位的商民协会,不惟按照党纲应有这么一种组织,即商人本身的联合上,也有如此组织的必要。"这篇社论还肯定了上海特别市商民协会筹备委员的作用,认为"上海特别市商民协会自去年筹备至今,因筹备委员之惨淡经营,一方面因受党的领导,所以筹备的成绩斐然而观,至于今日,乃正式宣告成立,我们不但为全市商人前途贺,亦当为本党前途祝了"。最后,社论还对上海特别市商民协会提出了若干希望,期盼其发挥重要的作用与影响:"我们希望从上海特别市商民协会成立以后,商人利益,能得有相当的保障;商业团体的组织,也逐渐能有统一的指挥;劳资双方,能发生相谅的同情;全市商人,均能奔赴国民革命的最前线。因为能如是,才算尽了商民协会之职责,才算不负本党对于商民协会希望之殷和托付之重。"[1]

1928年3月9日下午,上海特别市商民协会举行了第一届执纪委员就职典礼。市党部商人部代表田四维在会上致词:"略谓商民协会为商人参加革命的团体,希望各委员抱总理大无畏之精神,不畏难,不苟安,以解除商民之痛苦,增进商民之福利。"全体执纪委员也在会上宣读了就职誓词,郑重地表示:"余誓以至诚,为上海特别市商民协会努力,不畏难,不苟且,以廉洁的行为,强毅的精神,求会基巩固,求会务发展,领导全上海商民,向革命的成功上进行,以实现解除商民痛苦,增进商民福利之目的。"此外,全体执纪委员还公开发表了就职宣言,宣称"吾总理唤起民众共同努力之遗嘱,一日不贯彻,吾商民协会之责

---

[1] 德征:《祝上海特别市商民协会成立》,上海《国民日报》,1928年3月1日。

任,一日不能卸除"[1]。

上海特别市商民协会在筹备期间,曾拟定所属区会的暂行章程,规定区分会均定名为上海特别市商民协会第○区会,直隶于上海特别市商民协会。区会之下设有三种组织,即上海特别市商民协会第○区第几分会、上海特别市商民协会第○区某某业分会、上海特别市商民协会第○区特别分会。各区会"本革命之宗旨,改善商民之组织,解除商民之痛苦,而增进其幸福"。关于会员,章程规定"凡居住本区会区域内之商民,不论性别,年龄在十六岁以上,依照本区会章程,遵守本区会纪律,履行本区会议决案,并奉行上级会之命令者,皆得加入本区会所属分会为会员"[2]。但中央商人部在给上海市党部商人部的批示中指出:"分区组织,于本部规定商民协会章程不符,应即指导其改组,依章组织各业分会,将区会名义撤消,以符定章为要。"[3]于是,上海商民协会又不得不修改章程,取消区分会名称,在后来正式成立后也是按行业建立各个分会。

据上海特别市商民协会呈报市农工商局文称,在1928年2月"各业依法筹组商民协会分会,现在已成立者计有绸缎业等四十四个,正在筹备尚未成立者,计有铜锡业等二十三个"[4]。下面是上海市工商业联合会档案史料室收藏的一份统计表,从中可以进一步看出稍后上海特别市商民协会分会的相关具体情况。

**上海特别市商民协会所属各业分会一览表**[5]

| 会　名 | 地　址 | 常务委员姓名 | 人　数 |
|---|---|---|---|
| 绸缎业分会 | 天津路福绥里70号 | 骆清华　张鸿荪　屠仲英 | 235 |
| 药业分会 | 西藏路文元里495号 | 张梅庵　费慎斋　岑志良 | 80 |

---

[1] 《市商协会执纪委员就职》,上海《民国日报》,1928年3月10日。
[2] 《上海特别市商民协会所属区会暂行章程》,上海市工商业联合会等编:《上海总商会组织史资料汇编》,下册,第917—918页。
[3] 《中央部人部令催沪商民协会成立》,《申报》,1927年11月15日。
[4] 《市商协会呈报属会会名址》,《申报》,1928年2月20日。
[5] 《上海特别市商民协会所属各业分会一览表》,上海市工商业联合会等编:《上海总商会组织史资料汇编》,下册,第922—925页。

续表

| 会 名 | 地 址 | 常务委员姓名 | | | 人 数 |
|---|---|---|---|---|---|
| 南货业分会 | 城内也是园浜崇义堂 | 胡鉴人 | 陈子翔 | 程东屏 | 227 |
| 酱酒业分会 | 邑庙酒业颂扬 | 张大连 | 沈维亚 | 胡幼庵 | 326 |
| 纸业分会 | 爱多亚路80号 | 刘敏斋 | 曹显裕 | | 105 |
| 米业分会 | 福佑路丹凤街嘉谷堂 | 张念萱 | 陆文韶 | 史鸿勋 | 338 |
| 布业分会 | 北泥城桥鸿祥里 | 唐继寅 | 朱伯雄 | 陈宝德 | 141 |
| 茶业分会 | 南市太平六内东街 | 杨尚廷 | 汪彩堂 | 翁约初 | 136 |
| 农业分会 | 南京路61号 | 郝海珊 | 金培庆 | 朱勉椿 | 164 |
| 书业分会 | 三马路西藏路平乐里 | 丁云亭 | 陈协恭 | 张叔良 | 85 |
| 煤炭业分会 | 四马路东合兴里 | 毛春圃 | 陈祺生 | 潘以三 | 306 |
| 彩印业分会 | 白克路18号 | 陆凤竹 | 樊竞美 | 黄仲明 | 72 |
| 铜铁机业分会 | 虹口华德路206号 | 赵孝林 | 钱锦华 | 吕时新 | 188 |
| 水炉业分会 | 老北门穿心街 | 杭国治 | 陈文彬 | | 507 |
| 旧花业分会 | 共和路镇安里西四弄 | 巫濂毅 | | | 90 |
| 理发业分会 | 斜桥同德里后 | 顾发泉 | 邱紫亭 | 潘镇山 | 55 |
| 丝光棉织业分会 | 爱多亚路瑞麟里 | 诸文绮 | 严光第 | 潘旭升 | 121 |
| 皮钉楦业分会 | 闸北新民路飞星里 | 张海记 | 董余卿 | 黄金桂 | 109 |
| 梳妆镜箱业分会 | 城内虹桥大白栅 | 陈恒龙 | 徐德仁 | 解建德 | 239 |
| 花粉业分会 | 城内王医马弄91号 | 汪献廷 | 杨厚生 | 张馥卿 | 77 |
| 牙骨器业分会 | 城内北张家弄 | 王守安 | 陈庆龙 | 汪绍荣 | 115 |
| 人力车业分会 | 小南门外复善堂街 | 王荣清 | | | 147 |
| 牛羊业分会 | 虹口密勒路慎安里 | 陈广海 | 张文鳌 | 陈九皋 | 112 |
| 广帮杂货业分会 | 天潼咱联安里44号 | 陈道生 | | | 51 |
| 镴业分会 | 邑庙文昌阁 | 吴鹤松 | 范志恒 | | 54 |
| 面馆业分会 | 小南门外大街42号 | 姚泉荣 | | | 69 |
| 履业分会 | 也是园后金家棋杆 | 黄正卿 | 孙长庆 | 周元敬 | 114 |
| 烛业分会 | 大南门内凝和路 | 童观文 | 厉宸卿 | 厉梅生 | 50 |
| 饭业分会 | 小南门内硝皮弄对面 | 周杏园 | 王升泉 | 吴文渊 | 69 |
| 笔墨业分会 | 城内王医马弄91号 | 汪衡远 | | | |
| 裘业分会 | 城内曲尺湾 | 毛逢知 | 张松年 | 谢福昌 | 50 |
| 火腿业分会 | 北河南路富庆里 | 詹志良 | 阙儒卿 | | 83 |
| 绣业分会 | 九江路陶米里182号 | 杨涌润 | 刘因斋 | 熊凯南 | 50 |
| 板箱业分会 | 七浦路桃源坊226号 | 王竹林 | 陶海泉 | 钱金发 | 149 |
| 酱园业分会 | 法界茄辣路新福里 | 朱云生 | 宋星绥 | | 200 |
| 鲜肠业分会 | 北浙江路华兴坊9弄 | 周凤鸣 | 谢万亨 | 潘灿斌 | 50 |
| 飞花棉业分会 | 自来水桥七浦路 | 鲍国梁 | 李厚椿 | 胡桂笙 | 116 |

续表

| 会名 | 地址 | 常务委员姓名 | 人数 |
|---|---|---|---|
| 洋装钉书业分会 | 闸北香山路两宜里 | 丁贵卿 楼维卿 石钟玉 | 54 |
| 熟货业分会 | 小东门中华路67号 | 周钜康 潘宗熙 朱祥赓 | 98 |
| 邑庙豫园分会 | 邑庙文昌殿 | 张筱堂 胡文翰 陈云吉 | 260 |
| 浦东分会 | 浦东烂泥渡大街 | 张载伯 | 377 |
| 水电业分会 | 南京路61号 | 刘耕华 丁涤新 俞铭巽 | 54 |
| 书画扇业分会 | 邑庙花园内豫园路 | 周五明 叶树泉 黄志浩 | 58 |
| 藤器业分会 | 爱文义路戈登路口 | 吴春泉 金春亭 沈根水 | 57 |
| 茶食业分会 | 中华路迎勋路 | 朱永清 周荣昌 张兰亭 | 51 |
| 吴淞分会 | 吴淞车站对面 | 程松龄 | 83 |
| 七宝分会 | 七宝东圣堂 | 李瘦竹 冯葆生 李友贤 | 104 |
| 江湾分会 | 江湾乡公所 | 沈宝贤 王雨荪 姚应魁 | 77 |
| 木器业分会 | 小南门复善街三德里 | 郑朝锡 邵岩森 葛佐周 | 50 |
| 参业分会 | 小东门咸瓜街 | 姚长卿 余仰周 凌芷霞 | 51 |
| 洋漂印业分会 | 老北门西城脚平安坊 | 卢云通 谢凤祥 鲁玉堂 | 77 |
| 阳伞业分会 | 北京路余荫里 | 王建勋 朱纯伯 倪国卿 | 80 |
| 粢饭业分会 | 华兴路华兴坊240号 | 徐鸿山 瞿云山 瞿云标 | 145 |
| 保险业分会 | 九江路384号 | 董仲章 陈也桥 张星辉 | 51 |
| 香业分会 | 梅家弄一区党部 | | 103 |
| 铅印业分会 | 福州路太和坊内 | | 51 |
| 袜机业分会 | 小西门少年路63号 | 易长生 张桂岸 胡苏郎 | 73 |
| 弹花业分会 | 闸北宝兴路公兴路 | | 105 |
| 鸭贩业分会 | 南市青龙桥安澜里 | 蒋元清 宓信大 沈键荣 | 153 |
| 邮运业分会 | 浙江路洪德里483号 | | 74 |
| 粉面业分会 | 南市吾园路50号 | | 74 |
| 高桥分会 | 浦东高桥镇 | 孙荣德 孙晋康 吴履昌 | |
| 鲜猪贩运业分会 | 陆家浜南仓街仁吉里 | 黄志扬 丁隆盛 单卓斋 | 75 |
| 鸡贩业分会 | 闸北虬江路139号 | 王桂 金文祥 沈裕生 | 72 |
| 水果食物摊贩业分会 | 里马路会馆弄福兴路一弄3号栈房内 | 朱小宝 李金华 陈凤山 | 98 |
| 五金杂货业摊贩业分会 | 里马路会馆弄福兴路一弄3号栈房内 | 赵林森 祁金波 李光斗 | 77 |
| 棉纱线业分会 | 法租界打铁浜得胜里 | | 54 |
| 成衣业分会 | 英租界老大沽路马安里 | 姚君毅 孙鼎 陈福祥 | 115 |
| 鲜肉业分会 | 闸北大统路安祥里 | 叶享显 沈燮 范芝祥 | 53 |
| 糕饼业分会 | 海宁路文昌里万金号 | 赵锡珊 张福元 蔡荣卿 | 53 |

续表

| 会　名 | 地　址 | 常务委员姓名 | 人　数 |
|---|---|---|---|
| 驳船业分会 | 画锦里西延康里343号 | | 无形解散 |
| 袜成染踏业分会 | 九亩地开明里68号 | 胡张基　吴福云　单梧生 | 53 |
| 镜木业分会 | 闸北宝通路严家角 | 陈大裕　陈勤芳　张瑞松 | 73 |
| 皮件业分会 | 广西路683号 | | 筹备中 |
| 旧货业分会 | 北浙江路华安坊294号 | | 筹备中 |
| 菜货铜业分会 | 小南门大街42号 | | 筹备中 |
| 铜锡业分会 | 小西门外利涉桥 | | 筹备中 |
| 报关业分会 | 四马路青云里60号 | | 筹备中 |
| 典质业分会 | 城内侯家浜吴家弄7号 | | 筹备中 |
| 帽业分会 | 邑庙飞丹阁 | | 筹备中 |
| 砖灰业分会 | 老闸桥轮记砖灰行 | | 筹备中 |
| 先施、永安闵行分会 | 新新特别分会南京路永安公司五楼闵行市 | 筹备中 | |
| 曹家渡分会 | 曹家渡救火会 | | 筹备中 |
| 北新泾分会 | 北新保卫团 | | 筹备中 |
| 江桥分会 | 江桥 | | 筹备中 |
| 呢绒业分会 | 南京路民永里145号 | | 筹备中 |
| 报贩业分会 | 虬江路文孝坊 | | 筹备中 |
| 牛奶业分会 | 小南门大街42号 | | 筹备中 |
| 绍酒业分会 | 大东门内麦家弄 | | 筹备中 |
| 小猪贩运业分会 | 江湾第七区党部 | | 筹备中 |
| 唱机业分会 | 闸北宝通路严家角 | | 筹备中 |
| 菜摊业分会 | 虬江路文孝坊15号 | | 整理中 |

　　上表所列上海特别市商民协会的分会共92个,其中已成立者73个,有一个成立后已无形解散,正在筹备成立的分会有19个,其中有一个处于整理过程之中。由于上海特别市商民协会是在许多分会已经建立之后,才正式宣告成立,故而在其正式成立之初,即拥有数量较多的分会,也便于开展各项相关活动,这可以称得上是上海特别市商民协会的一个特点。

## 二 新局势下的上海商民运动

在商民运动的余波阶段,特别是宁汉合流以及南京国民政府正式建立之后,国民党内部不同派别之间的政治纷争从表面上看暂告一段落,国民革命军的北伐也已接近尾声。不久之后,国民党中央确定包括商民运动在内的民众运动,从军事时期的"革命的破坏"进入到训政时期的"革命的建设"阶段。在这种新局势下,上海的商民运动即有与此前广东、湖南和湖北商民运动相同的某些表现,也呈现出某些新的特点。

这一时期的商民运动,不再经常卷入国民党内部的派别之争,国共合作破裂后共产党人受到清洗和镇压,也不再像以往那样在某些方面受共产党的影响。上海的商民运动除在商民协会成立的过程中,相关参与人员的变动曾一度受到国民党左派的影响之外,到后来较少受其影响。值得指出的是,与其他地区商民运动的一个相异之处,是上海特别市商民协会在宣布正式成立以前,即以筹备处名义开展了一系列相关活动,甚至还曾发起召开苏浙皖粤桂闽六省商民协会代表会议,似乎已具有了登高一呼、众商皆应的号召力和影响力。类似的情况,在其他地区的商民协会中是不曾有过的,由此可见上海商民协会的独特之处。

对于上海市商民协会筹备处的提议,六省商民协会均给予了积极的回应,踊跃选派代表前往上海参加本次会议。1927年8月21日,举行了六省商民协会代表会议的预备会,讨论确定正式会议日期,组织提案审查整理兼起草委员会,推定大会主席等事项。23日,会议如期正式举行,主要讨论议决了以下若干提案:"一、关税自主,裁厘加税,事关商民切身利害、全国经济荣枯,应由本代表会议通电全国一致主张案;二、关税自主,系取消不平等条约之初步,即所以打倒帝国主义者之经济侵略,应由本代表会议发表对外宣言,以为政府后盾案;三、电请政府切实实行关税自主,但裁厘加税,因种种手续关系,应展缓六个月,至十七年三月一日起施行,俾得美满案;四、呈请政府采取德国经济立法制度,于最短时间(至多不得过四个月),召集经济会议,容纳关于经济团体代表为委员,讨论裁税税则,及关税管理等重要问题案;五、呈请政府在裁厘加税以前,修正出厂税,颁布奖励金条例,并征收洋货销场税案;六、时局不定,民生困疲已极,应由本代表会议发表宣言,主张迅即扫除残余军阀,恢复全国,劝告宁汉两方忠实同志,切实合作,以期于最短时间,完成国民革命案;七、劳资两方,关系密切,应由本代表会议发表宣言,劝告双方切实合作,以谋共同发展案。"[1]上述提案,较多地涉及关税自主与裁厘加税方面的内容,既与收回国家主权有关,也与商人切身经济利益紧密相联。同时,还有涉及政治方面的提案,如第六案即属于这方面的内容。关于处理劳资关系的提案,也是关涉政治与经济两方面内容的提案。

本次会议为期三天,上海市商民协会代表冯少山被推举为大会主席。会议除讨论上述提案之外,与会代表还提出"各省商民协会不相联络,一切商民共同问题,无从讨论,应由本代表会议发起,组织全国商民协会筹备处,俾得交换意见,共策进行"。经过详细讨论,大会议决:"欲联络各省商民,则全国商民协会,自应从速筹备,会址应在国都所在地,拟主南京,惟筹备处为便利各省交通起见,拟设上海,所有筹备名额,将本会议到会各省各特别市代表衔名履历,开单呈请中央党部指派,以昭郑重。"同时,另有代表提出"商民运动事关重大,应由本代表会议拟订商运大纲,呈请中央党部颁布施行案",大会讨论议决:此案"留待全国商民协会筹备处成立后,再行提出讨论"[2]。

会议结束后,各省商民协会代表共同在大东酒楼设宴,答谢上海特别市商民协会发起召开本次会议。主宾相继在宴会上演说,"均希望

---

[1]《各省商协代表会议今日举行》,《申报》,1927年8月23日。

[2]《各省区商协代表会议续纪》,《申报》,1927年8月25日。国民党中央也曾同意筹备全国商民协会,有报纸报道:"日前上海各省区商民协会代表会议呈请中央组织全国商民协会,并请以上海为筹备地点,当经中央批示,准如所请办理。闻中央商人部业已指令上海各省区商协代表会议,遵照本部拟定办法,从速筹备。"《中央批准筹备全国商民协会》,《申报》,1927年11月2日。

商民协会代表能致努力,使全国商民,成一大团结,扫除一切殃民祸国之恶势力,而今日到会各代表,为此大团结之基本军队,所负责任,当更重大"。另外,会后还以各省商民协会代表会议的名义公开发布通电,历数年来工商衰败与商民遭受之痛苦,支持关税自主与裁厘加税,呼吁"全国同胞,一致努力,协助政府,积极实施。同人代表各省商民,愿为前驱弩负,务使八十年来祸国病民之恶制,一举廓清,重立规模,更图建设,福民利国"。另又发表通电呈请政府召集经济会议,"容纳关于经济团体,如农工商学与劳资两方等代表,及政治、法律、财政、经济、外交专家为委员,讨论决议新税税则及关税管理、保管、征收等重要问题,并创制一切关于经济之法案,由该会议呈请钧府公布施行"[1]。

从总体上看,这次六省商民协会代表会议还是开得比较成功的。1928年下半年,南京国民政府即先后在上海召开了全国经济会议与财政会议,并取得了一定的实际成效,上海市商民协会推选两名代表出席了全国经济会议。[2]但本次商民协会代表会议的议决案,有些因受客观条件的限制,也未能很快达到目的。例如会议议定成立全国商民协会,会后又专门呈文国民党中央执行委员会,阐明应从速组织全国商民协会,"事关全国商运重大建议,理合录案,连同代表名单,具文呈请鉴核,敬乞俯赐允准,指定派委,商运幸甚,党国幸甚"[3]。但从有关史料看,全国商民协会的成立并不顺利,一直拖延了比较长的时间也未能付诸实现。

除上述情况之外,余波阶段的上海商民运动与以往的商民运动比较,也有一些相同之处,其主要表现乃是在反帝爱国运动中仍然比较活

---

[1] 《闭幕后之各省商协代表会议》,《申报》,1927年8月27日。
[2] 由财政部召集的全国经济会议于1928年6月20日在上海举行,最初并未邀请上海市商民协会派代表出席。上海市商协致电财政部指出,"此项经济会议,原系本会召集各省商民协会大会议决呈请案件。……本会既为党治下商民集合之团体,并为本案原提议者,贡献意见,愿尽其愚,当仁不让,责无旁贷。用特电恳钧部,准予推派代表两人,列席会议。"(《经济会议明日开始》,上海《民国日报》,1928年6月19日。)随后,财政部接受了上海市商民协会的这一请求。
[3] 《各省代表请组全国商协会》,《申报》,1927年8月28日。

跃。上海特别市商民协会成立之后,全国的反日运动日益高涨。先是发生日轮厚田丸号违章行驶,撞沉大通公司新大明号轮船之惨案事件,导致死客沉货,损失惨重。政府交涉无果,并将扣押之日轮放行,激起国人愤怒。上海特别市商民协会也积极参与这场反日运动,公开发出要电,表示"凡属国民,同深义愤"。并呼吁国民政府"迅饬严重交涉,勿再让步,……于最短时间,达到抚恤赔偿惩凶之目的,以维人权而伸冤愤"[1]。在社会各界的一致强烈要求之下,国民政府不得不再与日方进行交涉,要求给予赔偿并惩治肇事凶手。外交部还曾专门电复上海市商民协会,解释和说明有关交涉的具体情况。[2]

在北伐军挥师齐鲁之际,日本帝国主义以保护侨民为借口,再次出兵山东,引发各界群起抗议,函电纷驰,形成一片反对之声。上海特别市商民协会同样也以全体会员名义发布了通电,愿作政府与北伐军之后盾,反对日本帝国主义的侵略行径。通电表示:"当此革命行将成功之际,苟有阻挠,即属国民共敌。本会谨敢代表全体会员,对于日本出兵山东,绝对反对,愿以全力,作国民革命军后盾,务乞政府方面严重抗议,民众方面一致表示,庶几凯歌克唱,大功可奏,革命成功,胥在于此。"[3]上海商民协会连同上海总商会、各省商会联合会、上海县商会、各马路商界总联合会等团体的通电,表达了整个上海商界的一致要求,再加上农工学界各团体的通电,形成了整个民众团体的共同呼声,产生了较大的声势与广泛的影响,对于提高广大商人的民族主义爱国热情不无积极作用。

随着济南惨案的发生,全国抗议日军暴行的反日运动更趋于高涨。此时,上海特别市党部民众训练委员会也发出了告商民书,阐明"国际帝国主义对中国的压迫,以经济侵略政策为最烈,而直接感受这种痛苦的,便是中国商民。……中国商民之参加国民革命,实以'六三'为滥觞。而国民革命,自从这支生力军加入之后,声势大壮,遂在中国革命

---

[1]《商民协会昨发三要电》,上海《民国日报》,1928年3月25日。
[2]《外部复商协会电》,上海《民国日报》,1928年3月28日。
[3]《商学界严重反对日本出兵》,上海《民国日报》,1928年4月21日。

史上开一新纪元。革命的商民们,国民革命是全国民众共同的要求。我们的敌人,便是压迫全国民众的国际帝国主义者。最近日人又在济南不断的残杀中国军民,强占中国领土了,我们应该团结起来,继续'六三'的精神,抵抗外来的暴力侵略,拿着'经济绝交'的武器,向日本帝国主义进攻。"〔1〕

当时,各界团体除要求政府坚决进行抗争之外,还积极采取了其他一些具体措施,包括抵制日货的行动。上海特别市商民协会公开发表的宣言即表示:"本会谨于愤慨之余,掬诚宣言,期我全国同胞,共起奋斗。世界和平公正之神,与我总理在天之灵,昭鉴于上,则帝国主义,终必有打倒之日,而革命事业之完成,或因此而更迅速、更稳固也。"〔2〕不仅如此,上海特别市商民协会还在常务委员骆清华的建议下,召开全体执行委员会议,议定"联合本埠各商业团体,作一致有力之对付",组织商界反日出兵委员会,"从事抵制日货工作"。会后,商民协会致函各商业团体,阐明"兹经敝会执行委员会议决,联合上海总商会、上海县商会、上宝两县闸北商会、上海各路商界联合会、国货维持会,对于此次日本横暴事件,为一致之表示,作共同之努力,在商业上、经济上予以相当之惩戒,以促日本田中内阁之觉悟,而为国民革命军强有力之援助。用特函请贵会推定代表五人,于三日内示知,以便召集联席会议,讨论完善办法。事机急迫,同舟共济,务祈迅饬示复,毋任企盼。"〔3〕这一举动,可以说是上海特别市商民协会成立之后,为数很少的与其他商人团体,特别是主动与商会联合采取的共同行动。

在该日举行的全体执行委员会议上,上海特别市商民协会执委会即一致决定联合各商人团体,成立上海商界反日出兵经济绝交委员会,并由各商业团体召集全体会员特开代表大会,"从事宣传调查等运动",另还通电"各省各特别市商业团体,一致进行"〔4〕。对于商民协

---

〔1〕《市民训会告商民书》,上海《民国日报》,1928年6月3日。
〔2〕《上海民众对日兵暴行之义愤》,上海《民国日报》,1928年5月6日。
〔3〕 同上。
〔4〕《商协执委会组织反日会》,上海《民国日报》,1928年5月6日。

会的动议,各路商界总联合会和国货维持会给予了积极响应,很快即推举了代表,与商民协会的代表共同商议开展各项相关具体活动。

1928年5月7日,上海市党部组织各界人士在总商会举行大会,讨论反日事项与办法。市商民协会与总商会、县商会、各马路商界总联合会以及其他各界团体的千余名代表出席了会议,议决成立上海各界反对日军暴行委员会,以各团体为单位,推举委员。市商民协会的代表在大会发言中,介绍了该会发起成立上海商界反日出兵经济绝交委员会的动议,希望能够纳入上海各界反对日军暴行委员会之中,大会议决交执行委员会决定办理。商民协会还应允率先与各省商会联合会总事务所共同筹垫200元,用于反对日军暴行委员会开支所需,如有不足再另行筹措。[1]

5月9日,各界团体在总商会大厅隆重举行五九国耻纪念大会,不仅市商民协会派代表出席大会,而且有衣业、茶业、火腿业、豆腐业、梳装洋镜业、煤炭业、皮钉楦业、米业、南货业、药业等10余个行业的商民协会分会,也都积极推举代表出席了本次大会。加上其他各界近千个团体的四千余名代表,一起参加了这次纪念会,充分显示了上海各界民众高度的爱国激情。[2]

5月17日,上海各界反对日军暴行委员会接受市商民协会等五个商业团体的建议,拟订对日经济绝交进行计划大纲,并予以公布。该大纲对已购未售之日货、已订未到之日货的处理方式,做出了若干原则性规定,具体实施办法另订细则。市商民协会等商业团体根据这一情况,"以经济绝交计划大纲,现已由反抗日军暴行委员会议决实行,一俟施行细则规定后,即由五商业团体召集所属各分会、各公所、各公会,遵照办理。一面将由全国商会总事务所所函各省商会,一律照行,藉求一致。"[3]上海特别市商民协会还召开全体执委会议,议决将对日经济绝交计划大纲"分送各业分会,遵照办理"。同时还规定:"各业分会之有

---

[1]《各界积极反对日军暴行》,上海《民国日报》,1928年5月8日。
[2]《全沪民众誓雪国耻》,上海《民国日报》,1928年5月10日。
[3]《对日经济绝交已有具体计划》,上海《民国日报》,1928年5月18日。

日货关系者,应即推派代表二人至三人,由市商民协会备函,随时与反日暴行委员会接洽,以便处置。"[1]

随后,经市商民协会最初发起的上海商界反日出兵经济绝交委员会,由上海总商会、上海县商会、闸北商会、各路商界总联合会以及市商民协会等上海五大商人团体的代表多次商议,决定以该会名义共同发出紧急通告,正式实行停止订购日货,已购未售者检出登记。如有阳奉阴违商家,查出即予重罚。通告指出:"济南惨案,旷古奇耻,凡属国民,无不愤慨,努力救亡,责在同胞。兹经本会等公同议决,自即日起,各商号应一律停止订购日货,所有已购未售各货,各店应自行检出登记,静候处置办法。持之坚毅,行以恒心,国耻未雪,此志不懈。特此通告,愿各遵守。"[2]至此,上海商界之反日运动达到高潮。此前,也有商家赶将日货转运出口,以免遭受经济损失。据报道,轮船业接总商会通告,从下周一开始,各报关行、华商轮船公司一律停止装运日货,"如有阳奉阴违,查出重罚"。于是,"各客家争将买定之劣货,赶运出口。昨日长江船出口,均满装劣货也"[3]。

不过,实行对日经济绝交之后,对日货在华销售立即产生了明显影响。例如"糖业决议停进日糖,并要求定货延期交割",尽管日商各洋行多方施加压力,"惟华商方面,亦坚决抵制,日内日糖进口,必将搁置。因之连日日糖市面,业已低落,日商极为惶恐"。另外,"日本有光纸及报纸,长江一带,销路极旺。日来各埠抵制颇力,加之华商不为运送,是以销路完全停顿"[4]。由此可见,抵制日货的斗争成效显著。当时的上海《民国日报》刊文报道相关消息,还用醒目文字表示,抵制日货使"日商方面已感极大恐慌,中国方面并无十分不便"。

为了进一步扩大抵制日货斗争的范围与影响,上海特别市商民协会还通电各省各特别市各县商民协会,呼吁在抵制日货斗争中共同采

---

[1]《标本兼施之爱国运动》,上海《民国日报》,1928年5月25日。
[2]《五重要商业团体昨日通告停止订购日货》,上海《民国日报》,1928年5月20日。
[3]《本埠新闻·航界特讯》,上海《民国日报》,1928年5月30日。
[4]《抵制日货之两方面》,上海《民国日报》,1928年5月19日。

取一致行动,并注意防止出现以往在类似斗争中持续短暂而被人诟病的弊端。通电指出:

> 此次日军暴行,薄海同愤,各处对日抵货,亦经自动进行,具见人心未死,国魂犹在。惟是在空间应求统一之组织,在时间应求持久之办法,方能一洗以前五分钟热度之耻,而予彼方以经济上之重大打击。现在上海各界反抗日军暴行委员会,业经通过经济绝交计划大纲,切实执实,施行细则,及救国基金简则,亦复继续公布,计划周详,规定妥善,所有各地反日团体,均应一致采用,以厚力量。因念商民协会,为领导商民努力革命之集团,其责任至为重大,投袂奋起,责无旁贷,用特检附计划大纲、施行细则、基金简则各一份,务希贵会提出当地反日团体,根据执行。如当地尚未有反日团体组织者,并祈迅速筹组,统一意志,集中力量,幸无蹈以前商业团体因循懈沓之覆辙,丧失商民协会革命之精神,致负先总理改善商民组织之愿望。临电神驰,谨祈鉴纳。[1]

除上海特别市商民协会积极投身于反日运动之外,其所属之行业分会也踊跃参与。例如布业商民协会也专门召开了全体执纪委员会议,议决如下办法:"一、电请政府严重交涉,驱逐山东日兵,人民愿为后盾;二、积极劝募二五库券,接济前方忠勇同志,俾早完成北伐;三、唤醒同业,速起组织大规模之国货工厂,以为日货彻底之抵制。"[2]又如绸布业商民协会执委会也做出决定,"对于抵制日货,议决一致严厉执行。所有本业日货登记办法,议决遵照上海各界反抗日军暴行委员会对日经济绝交大纲施行细则第四条之规定,组织本业登记处,即日开始登记。凡本业商号所有已购日货,或已定未到,已到未出,各项日货,应分别来会领取登记表,照章登记。除分函所属各商号一体知照外,并登本埠各大报封面通告,一面呈请上级会备案。"[3]熟货业分会举行全体会

---

[1] 《商协会电各省进行经济绝交》,上海《民国日报》,1928年5月24日。
[2] 《悲痛难抑之五九纪念·布业商民协会》,上海《民国日报》,1928年5月9日。
[3] 《工商界实行抵货》,上海《民国日报》,1928年5月13日。

员大会,议决"反日运动宣传案"。其具体实施办法是,"组织家庭宣传队,由各会员在本店宣传,并劝导各朋友及家属,一律不买日货"[1]。

在反日运动日益高涨之际,上海特别市商民协会又进一步呼吁废除不平等条约,要求国民政府宣布关税自主。为此,上海商民协会曾专门致电国民政府外交部,阐明"总理奋斗四十年,其最大目的,为打倒帝国主义,废除不平等条约,以求中国之自由平等。……不平等条约中最重大之束缚,为关税协定,不打破关税协定,不能达关税自主之途,而中华民族之生存,始终蒙其不利"[2]。当时,美国政府曾表示愿与中国政府修改商约,赞成中国实行关税自主。因此,与上海总商会等其他商人团体一样,上海市商民协会也对美国的举动深有好感,认为"今美国政府,毅然首先废约,此种光明的正大的自动的友谊的举动,我中华人民,自应表示热烈的感谢,与真切的同情"。上海市商民协会还曾致函美国驻沪总领事,"代表上海全体革命的商民,以十二分的诚意,向贵总领事表示热烈的感谢。因贵国政府,首先修订商约,赞助敝国政府之关税自主。……本会再以诚恳之意,希望贵总领事,转达贵国政府,贯彻此项正大光明之主张,将对华一切不平等条约,概予废除,重缔新约,树立中美两国新的关系于正义人道之上,以共图民族之发荣与向上,实所深企"[3]。

稍后,上海市商民协会又为督促进行关税自主交涉,解决各项外交悬案事宜,致电中央政治会议、国民政府及外交部,阐明"北伐成功,南北统一,值兹国庆,应表欢忭。此后努力,端在对外,将如何使本党对外政策,一一实现,擘划尽善,群公是赖。而实行关税自主,尤为商民一致之愿望,惟是时间短促,交涉务需迅捷,而悬案不决,外交上自无从进行。用特电恳迅饬各属,宁案依次解决,中德新约早日签订,济案交涉着手开始,集中全国上下之力量,以共争关税自主之成功"[4]。

---

[1]《熟货业商协会记》,上海《民国日报》,1928年6月12日。
[2]《商协会电请贯彻废约目的》,上海《民国日报》,1928年7月29日。
[3]《市商协会对美表示好意》,上海《民国日报》,1928年7月31日。
[4]《市商协请解决外交悬案》,上海《民国日报》,1928年10月5日。

1928年8月,中英开始修约。同时,国民政府外交部针对日本之复牒,预备起草第二次对日照会,"坚主废约"。在此情况下,上海特别市商民协会特致电外交部部长,呼吁支持国民政府的废约行动。电文指出:"披阅钧部发表中英宁案文件,悬案结束,修约开始,开中英两国在外交上新纪元,使彼蔑视国际道德与蛮横无理之日本帝国主义者,知所警觉,革命外交,得奏至功。本会同人,深为钦佩。仍盼部长本继续奋斗之精神,一方面修订中英平等条约,一方面贯彻对日废约主张,庶友我敌我,有所区别,而公理人道,得以昭彰。本会具有决心,愿作后盾。"[1]

对于关税自主之问题,上海特别市商民协会十分关注,给予了高度的重视。当时,国民政府已确定实行关税自主,并预定于1929年1月1日开始实施,但却一直未正式予以公布。上海特别市商民协会认为"此系中国前途之一大转机",政府应该迅速明令公布,以鼓舞国人。为此,上海市商民协会经执行委员全体会议决通过,不仅呈文市党部,而且还通电全国商民协会请采取一致主张与行动:

> 自中外通商,八十余年以来,我国原有实业,完全破坏,新兴实业,攸起攸灭。推原其故,实由于关税之不能自主。进口税之不能增加,故实行关税自主,实为今日全国人民所渴望,而认为我商民解放之发轫,中国实业前途进展之一大转机也。惟是关税自主之日期,虽经明定为十八年一月一日,而我政府迄未正式明令公布,大好良机,恐易错过。爰经本会第三十一次执行委员会议决,应通电各地商民协会,一致主张,请政府迅于期前,正式自动地明令公布,并通告全国,准于十八年一月一日起实行关税自主,无论如何,决不延期。事关重大,务恳一致主张,以达实行关税自主之目的。[2]

在其他一些相关具体问题上,上海特别市商民协会对外人采取的有损华人的行动,同样也曾明确表示反对。例如上海公共租界公部局拟将

---

[1]《市商协贯彻废约主张》,上海《民国日报》,1928年8月15日。
[2]《市商协会请宣布关税自主》,上海《民国日报》,1928年11月7日。

电气处公开向外资商家出售,转为私营性质。报纸报道有日资和美资商家均有意收购,冀以此图谋大利。消息传出,上海市商民协会与租界纳税华人会即相继公开发表宣言,坚持予以反对。商民协会的宣言指出:"电气处之发达,吾华市民实造成之。且公共产业,既为全体市民所公有,决不能由少数办事者任意出售。本会用特郑重宣言,对于公共租界工部局出售电气处之行为,绝对反对,无论如何,工部局决无擅卖之权力与理由。本会更因此主张,对于华董头数,应尽量增加,俾租界内占居绝对大多数之主人翁,有其监督市政与处置市政之权能。务希我外交当局及各团体、各房客联合会、各商界联合会,暨全体华市民,共起注意,严词抗议,一致主张,期达目的,毋任盼切。"纳税华人会除发表宣言,阐明"电气事业,关于一般市民之公共利益甚巨,性属独占,不得私营,藉免垄断",另还致电国民政府外交部和江苏特派交涉员,请出面交涉。外交部及时复电:"已据令特派江苏交涉员,查明交涉阻止。"[1]

除此之外,上海特别市商民协会还针对当时在反日运动中,有所谓一致对外,忽视打倒军阀之相关言论,公开主张迅速完成北伐,使军阀与帝国主义无从相互勾结而共同压迫中国人民。为此,上海商民协会发表宣言指出:"此次日本帝国主义者,在山东之横暴行为,凡属中华国民闻此消息,莫不发指。……我国民当五九国耻纪念将临之日,又受此创深痛巨之大刺激,其为愤怒,自难遏止。惟是北伐军正在进行,革命成功,系于一发。今如果因日本挑衅事件,阻碍进行,则是予奉系军阀以苟延之余地,而我国民革命之势力,亦即不能彻底。本会于此打倒军阀打倒帝国主义两大任务,齐头并进之际,惟恐有未能认识革命之真意义者,易为一致对外之言,淆乱听闻。用敢郑重宣言,认为在此十分重要之时期,各方将士,应努力杀敌,完成国民革命之大业,同时以坚毅的容忍的沉痛的深刻的态度,用积极而有效的手段,以对付日本帝国主义者之横暴。吾人应深切了解,此次惨案之发生,由于军阀与日帝国主

---

[1]《两会反对出售电气处》,《申报》,1929年2月19日。

义之勾结,故打倒帝国主义之成功,必在打倒军阀成功之后。……中华国民与革命同志,应共注意,勿为一致对外之谰言所惑,而使帝国主义者,窃笑其企图之成功也。"[1]上海市商民协会的宣言提醒国人,不能因反帝而忽视打倒军阀的政治任务,并且呼吁迅速完成北伐取得最后胜利,这在当时的情况下应该是值得肯定的。

不仅如此,上海特别市商民协会还曾发动所属各业分会捐款慰劳北伐将士。据报载,"上海特别市商民协会以慰劳北伐将士,为商民应尽之责任,当经分发捐册,送交各业分会劝募。兹已据十余业分会将捐款送到,商民协会昨特先函送钞洋一千元,请商界慰劳北伐将士募捐委员会查收。一面函催各业分会,迅将捐款捐册送会,以便汇交结束"[2]。

除了积极参加反日运动,主张迅速完成北伐并募款慰劳将士,上海特别市商民协会稍后还曾提出组织裁兵协会的主张,并希望各省各市有影响之各界团体共同努力,力争达此目标。1928年7月,上海市商民协会向南京及各省各特别市党政军机关、各团体、各报馆发出通电,首先阐明裁兵为革命建设真正得以取得成功之一大要素:"北伐之成功也,非革命之成功也。革命者以破坏始,以建设终。今日以前,为革命破坏时期;今日以后,为革命建设时期。建设成功,革命乃真成功。惟建设事业,千绪万端,而开章明义,首在裁兵。盖民国以来,国人之苦兵多久矣,公论所在,举国同声,皆曰非裁兵无以救国也。然而言满天下,卒鲜实行。"紧接着,这份通电说明了裁兵在当时的重要影响,"盖兵不裁,则财不能足;财不足,则政不能举,乃至一切建设事业,如教育、交通、实业者,非特丝毫无从发展,且必日臻于凋弊。"同时,上海市商民协会还认为,当时是实现裁兵目标的最好时机:过去"与军阀政府言裁兵,实不啻与虎谋皮,其何能成?今日者,河山再造,天日重光。一切武力,悉隶于党,而党之行动,乃为民众谋利益,裁兵既为全国民众一致之要求,吾知军事当局,必然以晓然之羞意,与毅然之决心,反求诸己,

---

[1]《市商协会主张迅速完成北伐》,上海《民国日报》,1928年5月8日。
[2]《商协送慰劳北伐将士捐款》,上海《民国日报》,1928年7月24日。

请自隗始,盘根错节,必期有成,则昔时所谓裁兵易,裁将难者,至今日而不成问题矣。"事实证明,上海市商民协会的这种认识也是不切实际的,但在当时仍有其积极意义。最后,这份通电指出:"裁兵既为国民之公意,更必有赖于国民之合作。……兹事体大,努力是亟。敝会之意,以为各省各特别市乃至各县各市,均应认定目标,一致主张,集合各地公正有力团体,组织裁兵协会,以为监督协助之机关,全力以赴,事在必成。"[1]

这一时期的商民运动,另一比较突出的特点是较多地在经济上提出了各种要求,故而在开展商民运动的过程中,上海特别市商民协会比较注意维护商人的切身利益,尤其是在减免各种苛捐杂税方面,更是竭力设法为商人减轻负担。

例如在上海特别市商民协会第一次代表大会召开之前的1928年2月上旬,该会虽未正式成立,但仍以筹备处的名义,致电国民党中央执行委员会全体会议暨财政部长宋子文,请求废除苛细杂捐及节省经征费用。电文如下:

> 窃以立国之要,首在民生,戎马之后,培养宜亟。虽北伐尚未完成,饷糈艰于筹划,而竭泽何以能渔,去皮毛将焉附。自国民政府奠都南京以后,未及一载,司农三易,对于本党财政计划,以格于形势,非特未能将苛细杂捐,铲除净尽,且有层出不穷之势。一税之收入几何,而设局置长,宛然衙署,剥削掊克,怨腾市廛,徒损民生,无补国计。况一税一局,一局数长,凡国家经征之官,几成私人酬庸之具,揆之总理民生主义之纲领,实已南辕而北辙。当兹中央会议开幕之日,本会仅代表全沪商民,有所申请,对于一切苛细杂捐,无论旧有新设,应即一律撤废,并请大会议决,定为成案,嗣后如有巧立名目,迹近聚敛者,概行禁止,统一税收机关,施行正当赋税,节省经征费用,裁减冗赘官长,庶几国得其利,民受其惠。[2]

---

[1]《商民协会主张组织裁兵协会》,上海《民国日报》,1928年7月7日。
[2]《市商协会致中央全会要电》,《申报》,1928年2月8日。

上海商民协会筹备处为商请命的这份电文,无论用词还是口气,似乎都不像一般意义上的哀求之请,倒是显得有些尖锐。但对于这样的电文,国民党中央执行委员会和财政部也并未予以斥责,时任财政部长的宋子文还亲自批示:"查从前原办税捐,均系承奉中央命令办理,其有挟策建议,请行新税者,本部察其事关苛细,无不体恤商艰,立予驳斥。所请各节,应予存备参考。"[1]

当时,国民党召开了第二届第四次中央全会,执行委员何应钦(字敬之)在会上提出废除苛细杂捐,保护新兴工业之提案,深得商界之拥护。上海特别市商民协会筹备处还曾致电表示感谢。但在这份电文中,上海商民协会同时也再次表达了商界的不满之意:"国民政府成立以来,对于国家财政,及国民经济两问题,以军事倥偬、党务纠纷之故,未能多所致力,且以筹饷责重,有竭泽而渔之势。苟其人有聚敛之方,即不难膺以轻微之任,民生大义,不复关怀,遂使怨声腾于市廛,贪婪得以幸进,昔日一般民众所热烈希望于国民政府及吾党者,至今日渐起怨望。本会各筹备员受中央党部委任筹备上海特别市商民协会之重,宣传慰藉,均感困难。"[2]显而易见,这封电文也直言不讳地表达了上海市商民协会筹备处对国民政府及国民党中央忽视发展经济、苛税聚敛的不满情绪,连同上文提到的致电国民党中央执行委员会全体会议暨财政部长宋子文,要求废除苛细杂捐及节省经征费用的尖锐语气,可以说在某种程度上显示了上海市商民协会筹备处并非唯命从是,而是体现了不惜甘冒风险,积极为商请命的勇气。

上海特别市商民协会正式成立之后,仍继续不断吁请政府废除各种苛捐杂税,保护商业的发展。在1928年3月举行的江苏全省商民协会代表联席会议上,上海市商民协会提出了五项提案,其中第一项提案即为请政府切实实行废除苛捐杂税案。该提案指出:"废除苛捐杂税,为商业上唯一之生命。前中央第四次全体会议,曾经何敬之委员等建

---

[1]《请免苛捐杂税之财部批示》,《申报》,1928年2月19日。
[2]《市商协会同情何敬之主张》,上海《民国日报》,1928年2月9日。

议,凡我商民,同声称颂。惟是实行之期,未有时日。最近如征收箔类特税,各县酿成罢业风潮。当此北伐进展之时,后方秩序,关系重要,如果以一发牵动全局,则影响于党国者为何如。商民协会以免除苛捐杂税,为唯一之重责,应请本联席会议,电请中央党部及政府,俯顾商民公意,将各项苛捐杂税,无论新征旧有,一律废除。其各项特税,于国家收入无几,于商民受累滋多,亦应明令废除。此后应请政府随时采纳商民之呼吁,将各业除正税外,一切征收,酌量情形,分别减轻,或予豁免,以苏商困。"[1]从中不难看出,上海市商民协会将免除苛捐杂税的为商请命之举,视为当时商民协会的"唯一之重责",足可见其对此方面之职责与使命的高度重视。

除了免除苛捐杂税,在其他方面上海市商民协会也较为重视帮助所属各业的顺利发展,注意发挥政府与商人之间的桥梁纽带作用。例如"据酱酒业分会呈请,以现行盐务缉私制度不良,商民受困",上海市商民协会"当经据情呈请工商部核办",工商部批复"盐务缉私事属财政主管范围,现已咨行财政部查核办理"[2]。

与此同时,上海市商民协会还曾致电国民政府财政部与工商部,再次说明:"废除苛捐杂税,为国民政府政纲之一。自国民革命军抵沪以后,商民渴望解放,将原有军阀时代倡设之各项苛捐杂税,于青天白日之下,一举廓清,庶几商货得以流通,经济不致枯竭。不料数月以来,事实与愿望,适得其反。非特旧有者,撤消无望,且有新置者,纷至沓来,一物之征,科以特税,一市一镇之僻,分所稽征,商业痛苦,莫此为甚。"[3]言词之间,在在反映了商人遭受苛捐杂税盘剥的痛苦与不满。

又如煤炭业分会就因税收过重,同业不堪承受,向上海特别市商民协会报告:"属会接受会员之请求,同称煤类特税一项,为苛税之尤,不发生于军阀末期,而实征于党治时代,因之去年煤业亏耗独多,彼始作俑,固无其后,而此痛苦,讵可延长?"煤炭业分会的报告还说明:"查同

---

[1]《商民协会提议五要案》,上海《民国日报》,1928年3月21日。
[2]《商协请改盐务缉私制度》,上海《民国日报》,1928年7月8日。
[3]《商民协会请取消新捐税》,上海《民国日报》,1928年3月23日。

业各行号具报到会者,计有八十七家,自十六年七月起至十七年二月底止,仅八阅月之间,被征税额,已达大洋四十四万二千五百余元之多,而后来未报告者,行号尚有百余,为数谅亦不少,俟后继续报告。今幸贵会正式成立,执纪委员业已就职,是敝同业商民之痛苦,解除有望矣,合亟录会员之请求情形,至贵会查照,转电国府,恳切陈情,迅将煤矿类特税,即予废除,以苏商困,而复民元。"鉴于这种情况,上海特别市商民协会当即按照煤炭业分会之请求,分别致电裁厘委员会和国民政府财政部长宋子文,阐明"煤类特税,迹近苛征,病商阻与,残伤国体,自应废除,以孚民望,用特转电奉达,敬恳即予废除,不胜企翘待命之至"[1]。虽然后来工商部答复说,"此项税收,列入特税之中,自应照常征收,以重国课,业经财政部另案函复在案,所请免征煤类特税一节,应毋庸议"[2],但上海市商民协会积极维护商家利益的态度与行动仍然是值得肯定的。到1929年初,煤炭业商协分会与煤炭业公会又曾召集同业大会,讨论请求取消煤类特税方法。"讨论结果,根据财政部前批,俟裁厘加税实行,乃将此项特别税即日尽数裁撤成案,积极向国府请求实行取消煤税",并公推陆祺生等五人为代表,赴京请愿;"次同业有主张此时即停付煤税者,公决国府在明令取消前,应照常纳税"[3]。

1928年7月,江苏省财政厅拟开始征收丝织品产销税,并决定派员对上海丝织厂驻厂征收,引起各丝绸厂家强烈不满,认为该税系"变本加厉之变相厘金",坚持表示反对。上海绸缎业商民协会分会为此召开临时紧急会议,讨论对付办法。"佥谓此种税率,实为摧残国货与工业之厉阶,且派员驻厂征收,将来骚扰流弊,在所不免。一致主张呈请市商民协会、市党部声援,及电请中央党部转函国府命令取消,并迳电主管机关,力争撤消。"上海市商民协会应绸缎业分会之请,当即致电中央党部、工商部、财政部、江苏财政厅,阐明"当此建设伊始,提倡国货之时,如果实行此项税收,实足以妨害工业,阻止国货之进展。……敬

---

[1]《市商协会请废除煤类特税》,《申报》,1928年3月22日。
[2]《国煤征税之部复》,上海《民国日报》,1928年8月5日。
[3]《取消煤税大会》,上海《民国日报》,1929年3月3日。

第七章 商民运动的余波:以上海为例

祈钧部钧厅俯赐鉴核,特令撤销,以维工商"[1]。工商部复电表示,"已据情函请江苏省政府酌核办理"。在绸缎业和各级商民协会的强烈反对下,江苏省财政厅"允将产销税取消,改办消费税,以抵补裁厘后之税收。其征收方法及税率,尚待拟订"[2]。由此可见,上海商民协会反对新征税收,保护商家利益的行动是比较迅速的,并且产生了一定的效果。数日之后,上海市商民协会又曾应飞花棉业分会之请求,致电江苏财政厅要求取消飞花及乱纱头等项税收。[3]

为进一步敦请国民政府废除苛捐杂税,制定颁行劳工法,上海市商民协会还曾于1928年8月派代表赴南京工商部请愿,向工商部长面呈苛捐杂税病商之弊。工商部随后批复:"据该常务委员等面请废除苛捐杂税各节,业经本部据情函商财政部核办。至劳工法典,一俟拟订完妥,当即呈请核准颁布施行。"[4]

在国民政府宣布关税自主和裁厘委员会议决裁厘之后,上海特别市商民协会还曾为废除苛捐杂税,致电蒋介石、财政部长宋子文、工商部长孔祥熙以及裁厘委员会,阐明"今幸我国民政府宣布关税自主,及裁厘委员会有裁撤厘金之决议,于是工商各界,额手称庆,有来苏之望。乃事实上,在昔军阀时代,所征收之种种苛细杂税,仍依然存在,未见蠲免。而厘金变相之苛捐杂税,如出口二五附税,复进口半税、邮包税、产销税等,层出不穷,反有增而无减。本会责在解除商民痛苦,叠经转据各业分会,吁请撤消,迄未蒙准。瞻念商业前途,无任惶恐,谨再电恳请将上开各税,明令撤消,以恤商艰,而安工商。"[5]不难发现,上海市商民协会自成立之日起,即为促使国民政府废除苛捐杂税,减轻商人的负担,保护商业的发展,持续不断地呼吁上书,可谓不遗余力,坚持不懈。

在此之后,凡所属分会有减免捐税之请求或是其他正当要求,上海

---

[1]《各团体反对丝织产销税》,上海《民国日报》,1928年7月18日。
[2]《丝织品产销税改消费税》,上海《民国日报》,1928年7月24日。
[3]《商协会请取消飞花乱纱头等税》,上海《民国日报》1928年7月20日。
[4]《市商协通告分会》,上海《民国日报》,1928年8月22日。
[5]《市商民协会再请废除苛捐杂税》,《申报》,1929年2月26日。

市商民协会也仍然予以积极支持,并电请国民政府相关部门体恤商艰,准如所请,以保护工商业的发展。例如1929年1月,邮运业分会致函上海市商民协会,说明"上海邮运同业代客寄递邮包,薄取酬资,以存生计,经营此业者不下千人。今以邮包一物,除完纳产销税外,必再纳邮包税,二者兼完,方能寄发,苟一先后,重罚随之。如是烦苛,何甚消受"。鉴于此情,上海市商民协会当即致电国民政府财政部,表示"该业既纳产销税之后,复再征收邮包税,实违政府一物一税之原则,而苛扰纷烦,使商民莫知适从,尤为不取。当兹国政肇新之际,共抱来苏之望,对兹小本微业,亟宜加以仁泽,俾愉悦之气,满充市廛之间。据电前情,合行电请钧部体念商艰,于二税之间,取消其一,以免苛扰"[1]。

又如上海飞花棉业所设厂号有百十余家,系将纱厂中之残废棉花,用弹花机车重弹改制,并用硫磺为之薰灼,需求量较大。硫磺只能在硝磺局购买,"惟该局硫磺货品既多不佳,而价格之昂贵,又较普通售价大至一倍有余",使商家不堪其累。飞花棉业分会遂致函上海商民协会,希望能够请求政府批准"赐给硫磺护照一件,俾属会各会员每月所需,凭照自购,减轻成本,以利营业"。上海商民协会认为此系正当之要求,遂也致电国民政府财政部,"务乞俯允所请,以恤商艰,而利营业"[2]。

在力请废除苛捐杂税的同时,上海特别市商民协会还大力支持国货运动,以促进国货之畅销,抵御外国资本主义的经济侵略。为此,上海商民协会曾向全国各省市商民协会发出通电,呼吁广大商民踊跃认购国货股款。通电指出:"现在革命成功,军阀打倒,最后努力,当在解除国际经济侵略之束缚,以挽回此十二万万五千万元之极大漏卮。着手方法,惟在振兴实业,提倡国货。政府主持于上,民众黾勉于下,一德一心,群策群力,三年见效,十载有成。欲求中国之自由平等,此实其唯一之途径。"除此之外,通电还说明:"商民协会会员对于提倡国货,更属负有重责,前驱后盾,义不容辞。……当此国货银行与国货公司均在

---

[1] 《市商协会两电》,上海《民国日报》,1929年1月27日。
[2] 同上。

招募股份之时,亟盼全国各界人士共起认股,襄此伟举。而商民协会会员,尤应尽力宣传,随时劝勉,首先认缴,以为之创。庶几国货事业,得以发展,民生主义,渐能实现。"[1]稍后,中华国货股份有限公司请求上海市商民协会帮助劝募股份。上海市商协也十分重视,经执行委员、纪律委员会议讨论,议决"分函全体执纪委,分头劝募"[2]。

在其他一些社会问题上,上海特别市商民协会有时也积极表明其态度,并提出一些具体建议,呼吁政府予以重视并加以解决。例如对禁烟问题,上海市商民协会就曾致电国民政府内政部,提出"守法应自上始,党政人员应为表率"。电文阐明:"鸦片流毒,既深且酷,遵照总理遗训,自应切实严禁。所有以前寓禁于惩办法,根本不能适用,狃于小利,贻污党政。……今政府既有决心,守法应自上始,所有中央各省委员、服务党务人员及奉行公务者,应先断绝烟毒,以资表率。如或被人控告,查系属实者,即严加惩办,勿稍宽恕。其各机关长官既负督率之责,应受失察之咎。如此严厉执行,持以毅力,三年有成。"[3]上海市商民协会的这一独特主张,不仅表明了其自身的态度,而且对当时的禁烟之举也不无裨益。

为了更进一步扩大商民协会的影响,奠定上海商民协会的地位与影响,该会在商民运动的余波阶段,还曾多次提议召开全国商民协会代表大会。1928年7月,上海特别市商民协会即曾致电江浙两省和南京特别市商民协会,提议共同发起召集各省各特别市商民协会代表联席会议。电文指出:"商民协会以改善商民组织之方法,求达解决商民痛苦之目的,鉴于以前之商业团体,仅为少数商人之代表,平民商人,置喙无地。现在党义照烁,首重平等,扶助弱小,著为政纲。商民协会既为全国第二次代表大会议决设立之商民集合唯一法团,应如何勖勉从事,振导前进,期在全国第三次代表大会以前,完成使命,告慰代表。惟是各省各特别市,因党务之迭有变化,政治之未臻稳定,劳资之时起纠纷,

---

[1]《商民协会提倡认募国货股款》,上海《民国日报》,1928年9月26日。
[2]《商民协会执会纪》,上海《民国日报》,1928年12月9日。
[3]《商协会请彻底禁烟》,上海《民国日报》,1928年8月19日。

商民之昧于党义,因此商协组织,未足尽副中央期望。现在北伐完成,训政伊始,而五中全会,瞬将召集,兹经敝会执行委员会议决,拟于最近期间,召集各省各特别市商民协会代表联席会议,报告以往之工作,讨论此后之进行,并切实筹备全国商民协会,务期于第三次全国代表大会以前,正式成立。"[1]

稍后,上海市商民协会又再次电陈中央党部,请求在沪召集全国各地商民协会代表大会,"讨论组织全国商民协会办法"。电文说明召集此会之意义,在于"南北统一,训政开始,建设亟务,应共勖勉,而促成关税自主,积极提倡国货,实行发展实业,尤赖商民之共同努力。……现在各地商民协会,自东南各省,以至平津汴洛粤桂,均已次第成立,缅怀全国第二次代表大会所予商民协会责任之重大,与期望之深切,则集思广益,急起直追,实属刻不容缓之图"[2]。上海市商民协会多次发起召集全国商民协会代表大会,除其上述原因之外,似乎也还有另外因素的影响,那就是能够希望像号称中国"第一商会"的上海总商会那样,在全国林林总总的商民协会中也确定其领袖群伦的地位与影响。

最后需要指出的是,余波阶段的上海商民运动,与此前其他地区商民运动有所不同的另一特点,是商民协会与商会的关系呈现出一种新态势。尽管国民党中央确立了商会与商民协会并存的策略,但上海商民协会和上海市党部仍不断提出统一商人组织,取消商会的要求,上海总商会也不断予以反击,双方之间的矛盾在国民党第三次全国代表大会召开前后愈演愈烈,最后甚至发生了带有某种暴力色彩的事件,导致国民党中央设立上海商人团体整理委员会,停止上海商民协会和上海各级商会的一切活动。不久之后,又宣布取消全国所有的商民协会。由于最终结局涉及到商民协会乃至商民运动的命运,有关这方面的详细情况,将在本书的最后一章进行专门论述。

---

[1]《商协会主张召集全国会议》,上海《民国日报》,1928年7月11日。
[2]《市商协会请召集全国会议》,上海《民国日报》,1928年10月30日。

# 第八章　商民运动期间的商民协会与商会

商民运动期间商民协会与商会之间的关系,是影响商民运动发展进程以及商民协会最终命运的一个重要问题。对这一问题已有的相关研究成果均较为重视,并进行了初步的探讨,但认识却不完全一致。有的论著更加强调商民协会与商会之间的冲突,认为许多地区的商民协会都与商会产生了纷争乃至较为激烈的冲突。[1]但是,另有论著指出,商民协会与商会之间也有相互合作的表现,特别是商民协会在成立初期,与商会组织互相渗透,行动互为表里,二者团结合作,共同致力于反帝反军阀的斗争。商民协会与商会的矛盾与冲突,是在大革命失败和南京国民政府建立以后,才不断发生进而激化。[2]

考察有关史实,笔者认为商民运动期间商民协会与商会之间的关系,是一个比较复杂的问题。两者之间确实并非只存在矛盾与冲突,在某些方面也有一些合作,因此应该注意商民协会与商会之间冲突与合作两个面向的关系,既不能因为强调两者之间的冲突而忽视其合作的一面,也不能由于重视两者之间的合作而忽略其冲突。同时还应注意,不同地区的情况是有差异的,有些地区的商民协会与商会冲突较多,合作较少;有些地区则是合作稍多一些,冲突不是那么明显。另从整体上看,商民协会与商会之间的矛盾冲突,实际上早在商民协会成立之后不久即已开始出现,并不只是在大革命失败和南京国民政府建立以后才开始不断发生。至于商民协会与商会关系的恶化,则是由于商民运动

---

[1] 冯筱才:《北伐前后的商民运动(1924—1930)》,第193—196页。
[2] 乔兆红:《1920年代的商民协会与商民运动》,中山大学博士学位论文,2003年,另见其《论1920年代商民协会与商会的关系》,《近代中国》(台湾)第149期,2002年6月。

转轨之后,商民协会产生反弹,与一部分国民党地方党部联合要求取消商会,引发商会存废之争所导致的结果。

在如何对待商会的问题上,国民党表面上从一开始就通过《商民运动决议案》,制定了以商民协会取代商会的方略,似乎是政策明确,态度坚定。但是,在开展商民运动的实际操作过程中,国民党对待商会的政策却或是左右摇摆,或是不断变化,甚至是相互矛盾。不仅如此,国民党内部也并非铁板一块,国民党中央或是中央商民部与一部分地方党部对待商会的态度与政策,有时并不完全一致,或者是党部与政府的决策相互抵牾,这些都给商民协会与商会两者之间关系的发展走向增添了许多复杂不定的因素,也是我们在考察商民运动时期商民协会与商会之间的关系需要注意的一个重要方面。

## 一 商民协会与商会冲突的原因及表现

商民协会成立后,在实际运作过程中与商会也存在着诸多矛盾与纠葛。前已提及,国民党在推行商民运动初期所采取的一项重要举措,就是想用新成立的商民协会取代原有的商会,但《商民运动决议案》只是规定对原有商会"用严厉的方法以整顿之",并没有下令强行解散所有的商会。而且由于种种原因,国民党当时也未采取什么具体行动真正对商会全面进行整顿。因此,在商民协会成立之后,各地的商会依然存在并基本保留原有独立的民间商人社团特征,从而随之出现了商民协会与商会并存的新态势。

如果国民党在开展商民运动时,一开始就真正强行将商会取消,以商民协会取而代之,就不会有商会与商民协会并存的情况,当然也就不会有商民协会与商会之间的矛盾冲突发生。但这事实上又是不可能做到的。姑且不论国民党建立的国民政府,最初的辖区仅限于广东一隅,对全国广阔的区域并无管辖权,自然不可能取消全国各地为数众多的商会,即使是随着国民革命军北伐的节节取胜,不断克复一个又一个重要的城市，国民政府的辖区范围随之不断扩大，已经逐步拥有对东南许多省份的管辖权，但同样也不可能将各地商会一举取消。在商民运动与国民革命的发展过程中，国民党中央商民部也已经逐渐意识到，商会在盘根错节的工商界早已奠定了根深蒂固的地位与影响，如果轻易地实施取消商会的决策，不仅难以贯彻执行，而且还会自找诸多麻烦。另外，对于国民党和国民政府而言，商会在某些方面也有利用的价值。所以，除少数例外情况予以特殊处理之外，在多数情况下国民党实际上不得不以灵活方式承认商会的合法性，对商会既限制又利用，等到认为时机成熟的条件下才考虑取消商会。

由于商民协会与商会这两个商人团体同时并存，相互之间的矛盾与纠葛也就难以避免。有学者指出，"商会之所以引起商民协会的攻击，主要原因之一便是因为商会在商界拥有的权利。……商民协会成立后，经常汲汲于此类商界权利的攘夺"。其二，"劳资冲突中，究竟谁代表资方？这一点也是商民协会与商会争执焦点之一"。其三，"商民协会成立后，因会址问题，也经常与原有之商会发生冲突。由于一般各地商会会所都有较大规模的建筑，因此新成立的商民协会如果不是商会主导者，多半都对商会的会所有所企图"[1]。除上述三个方面的原因与具体表现之外，商民协会与商会之间经常出现矛盾与冲突，乃至于许多地区的商民协会不断要求取消商会的一个根本性重要原因，其实主要还是缘于国民党最初在确定商民运动方略时，对商民协会与商会的不同政治定性以及拟订的相关政策。在1926年初举行的国民党"二大"会议的讨论发言以及通过的商民运动决议案中，认定商民协会是由中小商人组成的革命团体，而旧商会则是买办、大商人控制的不革命甚至是反革命的团体。这实际上就是在政治决策的最高层面上，将商民协会与商会这两个商人团体列为了政治对立的地位，也可以说是在很大程度上定下了两者之间必然出现矛盾冲突的政治基调与根源。正因如此，许多地区的商民协会与商会发生冲突时，即使是由于其他各种

---

[1] 冯筱才：《北伐前后的商民运动（1924—1930）》，第194—195页。

具体原因所致,但商民协会对商会进行攻击或指责时,也往往会首先列举商会属于不革命或反革命团体这一理由,造成反革命的商会压制革命的商民协会这一舆论悲情,以求获得党部、政府与社会的支持。

不仅如此,当时的国民党不仅对这两个商人团体做出了不同的政治定性,而且还确立了要以商民协会取代商会的策略。尽管在后来进行商民运动的实际操作过程中,国民党采取了灵活的方式加以处理,甚至以某些方式认可了商会的合法性,但国民党并没有正式否定商民运动决议案确立的这一策略。因此,在两者之间冲突白热化,出现商会存废之争时,许多地区的商民协会和地方党部主张取消商会的重要理由,就是援引国民党"二大"以及商民运动决议案确立的这个方略,将其作为最重要的政治依据,这也使国民党中央处于了两难的尴尬处境。可以说,国民党早先制定的商民运动方略,既为商民协会与商会之间埋下了矛盾冲突的种子,也为自己后来处理两者之间的纠纷带来了困惑,在较长的时间里只能左右摇摆,企图二者兼顾,直至最后在迫不得已的情况下才忍痛做出抉择。

且不说国民党的初衷就是要用商民协会取代商会,即使仅就这两个商人团体所具有的不同特点看,也不可避免地会经常产生矛盾与摩擦。在工商业比较发达的大都市,商会的主要领导人都是各行各业的头面人物,连会员也大都是各行业的代表,基本上属于工商界上层,而商民协会的成员除少数大商人之外,主要以中小商人为主,还包括店员在内,因而无论是经济利益还是政治利益都不可能完全趋向一致,自然会在一些相关的问题上意见相左。尽管商民协会是国民党直接组织的商人团体,有国民党强大的政治势力作后盾,但成立已数十年的商会也早已在工商界奠定了不可忽视的地位与影响,在与商民协会的冲突中并非都处于下风,常常形成针锋相对的局面。

商民协会与商会之间的矛盾也并不是在南京国民政府建立之后才不断发生的,而是早已有之。即使是在商民协会与商会合作较多的广东,情况也是如此。其具体表现,首先就是在许多场合之下,无论是商民部还是商民协会,都经常强调商民协会是革命的团体,而商会是不革命和反革命的团体,对商会需要进行改造,甚至是予以取消,由此使这两个商人团体处于政治上的对立地位。

广东省商民部在各地组织商民协会,大力开展商民运动时,从一开始也同样是将商会与商民协会作为性质不同的两个对立团体。在总结1925年11月至1926年5月广东商民运动的报告中,广东省商民部即明确指出:"我国人民素无团结,外人讥为散沙。近年以来,商民虽有商会之组织,为商民团体机关,然组织不善,常为少数者所把持,利用该机关以为升官发财机会,不独不足以筹谋商民利益,甚至有用商会以压迫一般中小商民,及勾结帝国主义者及其工具军阀、官僚、买办阶级,故宜根本改造,另指导一般有革命性的商民,组织商民协会,从事训练指导,使其筹谋商民自身利益,及参加国民革命。"[1]显而易见,按照广东省商民部的工作设想与思路,之所以要尽快组织商民协会,就是因为旧商会具有种种弊端,需要有新的商人革命团体与之对抗,并对旧商会进行"根本改造"。

1926年5月广东第一次全省商民协会代表大会举行,出席会议的代表共计151人,会期6天,最后除议决广东第一次全省商民协会大会宣言之外,还表决通过了10余个重要议案,在当时产生了较大的社会影响,也成为广东商民运动迅速发展的重要表现。但此次重要会议不仅将商会排除在外,而且在开会期间仍继续制造舆论,攻击商会是反革命商人团体,宣传商民协会是唯一的革命商人团体。连报章登载的一篇文章也直言不讳地指出:"从前的商人,与革命绝缘,这并不是商人本身之过,而是从前领导商人的机关及领导商人的领袖,都是反革命派的缘故。我们任看那一省的商会,所谓会董,所谓总理,有那一个不是劣绅?有那一个不是买办阶级?有那一个不是亡清余孽?这些人都是反革命的急先锋,帝国主义的走狗,试问以这种人而领导商人,则商人又怎能会革命?故此,我们与其说商人不革命,或者商人没有革命性,

---

[1] 广东省商民部:《广东商民运动报告》,中央商民部编印:《商民运动》,第1期,1926年9月1日。

就不如说领导商人的不是人,和集合商人机关不良好。……在中国国民党指导之下,我们承认只有一个广州商民协会是受着党的指导去努力革命的;他们在革命的阵线里,虽然没有怎样明显的工作,然而,他们终归是一个革命团体,这个团体,我们实在有使他扩大的必要。"[1]实际上,本文作者尚未明言之意,是要在扩大商民协会的同时,在各方面限制和改造商会,这样才能使更多的商人同情或是支持革命。

1926年9月广东省务会议致国民党中央商民部的一份公函,同样也透露了商民协会与商会之间的矛盾。由该函可知,广东全省商民协会先前曾致函省政府,提出广东第一次商民协会代表大会通过的决议案指明"各地倒闭商店从新皆由旧商会开投,种种舞弊情形不知凡几,现在商民协会经已成立,旧式商会已无存在之必要,开投倒闭商店由商民协会执行,庶直接足以巩固商民协会之威信,间接足以打倒旧式商会之根基"。这显然是要削减商会的权力并取而代之,也是商会所无法应允的。广东省务会议商议此事后,认为"事关全省革命商民代表公意","自当敬谨接受",遂呈报中央政治会议核夺,旋奉函饬移交商民部讨论核定办法。[2]此事的最终结果虽不得而知,但却已经反映出商民协会与商会之间存在的矛盾冲突,其意欲"打倒旧式商会之根基"的言词,也和盘托出了商民协会对待商会的态度。

1927年1月广东第二次全省代表大会通过的商民运动决议案,仍强调要进一步扩大和扶植商民协会的发展,对商会进行改造甚至在必要时予以解散。该决议案第二条的内容是:"对于旧式商会之为买办阶级操纵者,须用适当的方法,逐渐为之改造,或遇必要时,应用相当的手段解散之。一面并指导各地中小商人,组织商民协会,及全省商民协会,尤须特别注意此种协会之组织及分子,有无复蹈从前买办阶级把持

---

[1]《革命的商人快联合起来》,《广州民国日报》,1926年5月25日。
[2]《广东省务会议致中央商民部函》,1926年9月24日,台北:中国国民党中央委员会党史史料编纂委员会收藏档案,部14016。1926年5月举行的广东第一次全省商民协会代表大会,总共通过了15件决议案,其中第12件即为商民协会应收回旧商会开投倒闭商店之权利决议案。

的旧商会之恶习的危险,并以全力助其发展,使全省商民运动,收指挥统一之效果。"[1]可见,该决议案对商会的政治定性以及拟采取的对策,在当时并无任何改变。

即使不断有上述指责和攻击旧商会为反革命商人团体的言论,但广东省党部和国民政府也并没有真正对商会采取实质性的打击活动,商民协会更不可能单纯依靠自身的力量,对商会加以限制和约束。不仅如此,商民部有时也会对商会采取另一种态度。1926年8月间,接任广州特别市党部商民部部长职务的简琴石,还曾在广州总商会召集会议,邀请市党部各部部长、总商会会长、会董及各行商领袖数十人出席。在这次会上,简琴石反复说明商人加入国民党以及参加国民革命的重要意义,"商民为各阶级重要分子,要革命应要求商民加入,否则阶级不完全。……故今日趁此机会,与诸君解释,革命成功,亦即商民成功。商界诸君,赶快加入,有福同享"。按照常理,如此向商会动员商人参加革命,其前提应该是不将商会定性为反革命团体,否则只会是对牛弹琴。据报道,在简琴石作长篇发言之后,"再由总商会会长胡颂棠及林丽生、梁培基、陈远峰、潘琴航、杨公卫、许坚心等十余人发言,皆极言革命之重要,淋漓痛快,直至六时半乃散会"[2]。

在处理工商界的一些纠纷以及相关事务时,商民协会与商会之间可能会有一些合作,但也经常发生矛盾与冲突。例如许多地区在调解劳资纠纷的过程中,商民协会与商会之间往往是在省市党部商民部与工人部的指导下,共同合作,与工会一起达成调解意向。但在广州却曾出现例外情况,商民协会与商会的意见并不完全一致,双方为争夺商界主导权甚至还产生了新的矛盾。

按照惯例,许多工厂店铺在旧历新年初二之后,会辞退一部分工人和店员。但在国民革命时期,工人的组织程度得到提高之后,此举很容易引发劳资冲突。因为工会成立后,站在被辞退工人的立场上多方维

---

[1]《全省代表大会商民运动决议案》,《广州民国日报》,1927年1月4日。
[2]《市党部招待本市商界详纪》,《广州民国日报》,1926年8月25日。

护其利益,并且有组织地对这一辞退工人的惯例进行抵制。1927年旧历新年后,广州各店厂被辞退工人较多,工会组织各业工人店员进行大规模请愿,要求商家不得任意辞退工人。但各商家坚持"仍遵旧习惯,开除工友",致使失业工人徒然新增5千余人。广州工人代表大会执行委员会为此公开发表告商界同胞书,表示"新年初二开除工人,此本旧有习惯,惟方今国民政府之下,百度维新,在新时代中此种旧习惯,似无再行维持之必要"[1]。在此期间,一部分失业工人还采取了抓捕或伤害店东等某些过激行动。于是,店铺商家作为资方也针锋相对地采取行动,在总商会等商人团体的领导之下,组织广州、佛山、石龙1万多名商人向政府举行大请愿,并发表请愿宣言,指责劳方"自立规例,强迫商人服从,或提条件,勒令商人承认,自由之身体,可以私擅逮捕,宝贵之生命,可以随意杀伤……彼者愈闹愈凶,甚至雇主用人权限,亦欲限制,数百年相沿习惯,亦欲将其推翻"[2]。很显然,劳资双方的这一矛盾如果得不到妥善解决而任其发展,势必会引发更大的冲突。报纸舆论也对此甚为担忧,希望双方彼此谅解,"共存共荣",不要形成两败俱伤的局面,给国民革命造成消极影响。

　　国民党广东分会和政府深知此次事件任其随意发展的恶果。在2月10日商界万人大请愿后,省政府当即议决组织解决工商纠纷仲裁会,以农工、实业两厅厅长、省市党工商两部,以及商界之总商会、市商会、商会联合会、商民协会,工界之广东总工会、广州工人代表大会、机器工会、革命工人联合请愿取消年初二团等,各派代表一人参与仲裁会,由农工厅出面召集,并由该厅厅长担任主席。广州总商会认为商界之请愿行动颇有成效,希望借此机会进一步扩大其声势,巩固在商界的主导权,遂提议筹备成立广东革命商人代表大会,并草拟了代表大会筹备处简章,第一条规定"以四商会每会五人组织之",实际上商民协会在其中只占5人,其他15人均来自于商会,而且筹备处附设于总商会,

---

[1]《广州工人代表会敬告商界同胞书》,《广州民国日报》,1926年2月11日。
[2]《告广州工商界》,《广州民国日报》,1927年2月12日。

当然只能由总商会主导。商民协会对总商会的这一动向也不无警觉，一开始即表示反对。15日，广州三大商会与商会协会代表40余人，在总商会举行会议讨论相关事宜。当总商会代表提出这一动议之后，与会的商民协会代表黄祖培等人，"以本会主张援助此次解决工商纠纷之仲裁会，而不主张与党纲不同之组织，故未便遽然加入，当即声言退席"。随后，广州市商民协会又正式致函总商会做出如下声明：

> 敝会为有党的指导之组织，会员亦受党的训练之会员，对于革命工作，自愿一致努力，对于商人利益，自应极力保障，以故对于此次解决工商一切纠纷之仲裁会，敝会竭其全力，以任后援，不肯稍落人后。惟对于此次与解决工商纠纷仲裁意义不同之组织，敝会未经党令许可，不敢苟且赞同，敝会是日对于贵会等发起组织之广东革命商人代表大会，一致退席，此为上述原因，诸祈谅察。惟对于此次预备提案出席仲裁会议，尚有在晏公街总商会再开会议之处，敝会依然参加讨论，努力以求增进商民幸福，为党牺牲，何足介怀，愿贵会等共勉之。再以前敝会承贵会等之请，选出筹备员五人，所有责任，同时声明解除，并希查照。[1]

该函开篇强调商民协会受党之指导，会员受党之训练，显然是要以商民协会天生所具有的革命性，在政治声势上将总商会压倒，因为商会唯独在这方面无法与商民协会相提并论。至于"敝会未经党令许可，不敢苟且赞同"的这一理由，只不过是商民协会反对由总商会主导这个商人代表大会的一种托词。颇有意味的是，尽管商民协会表示反对，但总商会难得有此机会扩大其势力与影响，故仍然成立了筹备处，举定总务、文书、组织、宣传等7部之正副主任，加紧进行各项筹备工作。同时，总商会还公开致电广东各地商会、各法团与各商店，说明："我广州、佛山、石龙等处商人联合请愿团，于十二日假座广州总商会开全体大会，一致议决将请愿团改组广东革命商人代表大会，先成立筹备处，

---

[1]《商民联议组织代表大会纪》，《广州民国日报》，1927年2月17日。

并决定组织大纲,其宗旨在团结商人之实力,与自身之联合,进而与各界联合,参加革命工作,拥护革命政府。无论大小商店,每一商号,应举代表一人,即为会员。将来本会成立,一以解工商之纠纷,商业盛衰,在此一举。尚望一致奋起,踊跃参加,俾全省商界得一线生机,以促全民政治之实现,有厚望焉。"[1]

不过,广州商民协会也不会坐视总商会的这一行动以大获成功而圆满收场,转而呈请省市党部商民部出面予以阻止。当时,在商民协会与商会产生矛盾或争执时,除了个别例外,商民部一般都是站在商民协会一边,对商会予以压制。在此次事件中,广东省商民部的态度同样也是如出一辙。就在广州总商会信心十足地加紧筹备之际,2月25日广东省商民部即决定报请取缔广东革命商人代表大会:"现在市面发生有所谓革命商民代表会,查其组织原因,系应付年初二问题,而其深意,则为对抗工人之行动。此会成立,乃为永远的,即其代表之选出,乃以每街每店为单位,故以其组织觇之,实为一新生之商会。本党对于商人团体,本应扶植,惟其掠革命美名,而为非革命之举动,此则非取缔不可。且在革命的国民党底下商民,如果实行革命,除了归于国民党旗帜底下,自无立场。而在党指导之下,已有商民协会,该商等离开革命的商民协会,而另外组织革命商民协会,其革命两字,固无根据,即此类行动,亦应取缔。故特提出第十四次执行委员会议,请将该会取缔,最低限度亦须饬令将革命二字取消,当经决议饬令取消革命二字云。"[2]广东省党部在第十四次执委会上,根据商民部的这一报告,议决"除饬该会立即将革命二字取消"之外,并通报广东省政府、广东省实业厅、广东省执行委员会,"如该会仍用革命商民代表大会名义请求立案,请勿批准……以正视听"[3]。其后,广州总商会虽仍然继续筹备召开广东第一次商民代表大会,但却不得不取消了"革命"二字。在维持了作为

---

[1]《商人代表大会筹备之进行》,《广州民国日报》,1927年2月25日。
[2]《省商民部请取缔革命商民代表会》,《广州民国日报》,1927年2月26日。
[3]《省党部请省政府不准假借名义之革命商民代表会立案》,《广州民国日报》,1927年3月1日。

唯一商人革命团体的独尊地位之后,广东全省商民协会最终也同意接受总商会的邀请,派张浪石、许庆之、陈国强三名委员参与全省商民代表大会的筹备工作。[1]

可以说,在这次短暂的纷争中,总商会是否能够使用"革命"字眼成立商民代表大会,似乎成为了一个争执的焦点。广州总商会是希望在当时"革命"口号颇为风行和大行其是的年代,通过发起成立广东革命商人代表大会,使自己也能够变相穿上"革命"的外衣,由此摆脱其被视为不革命和反革命的被动政治地位,从而名正言顺而又理直气壮地掌握整个商界的主导权。在商民协会看来,商会就是不革命和反革命的旧式商人团体,虽然在某些方面可以与其进行合作,但在"革命"的大是大非问题上不能含糊妥协。如果商会也变成了革命团体,那么在其他许多方面都远远不及商会的商民协会,就没有任何与商会进行抗衡的资本了,最终只能依附于商会之下。就国民党而言,任何所谓革命的民众团体都应该是在其直接领导和指挥之下,而商会却由于历史的原因并非直接接受国民党的领导,因此不能让商会也穿上革命的外衣,否则就有可能为商会创造更好的发展条件,国民党却无法直接进行控制,也就谈不上将来实现对商会从根本上进行改造的目标。所以,广东省商民部坚决要求总商会将广东革命商人代表大会的"革命"二字予以取消。

有论者在分析这场因"年初二"解雇工人旧例而引发的大规模劳资冲突中,将商界完全视为一个统一而无分歧的整体看待,并认为"广州商人受商民运动的党化控驭,其革命性已有明显提高"。"四商会一改昔日的组织松散状态,增强了其内部的团结凝聚力";"四商会的'一体化'行动在应对此次劳资纠纷中发挥着举足轻重的作用"[2]。从商界联合举行大请愿并发表请愿宣言以及其他方面的行动看,似乎较诸从前确实显得比较团结,以上论断似也可成立。但这样的看法,还是有

---

[1]《省商协会昨日之会议》,《广州民国日报》,1927年4月18日。
[2] 霍新宾:《"无情鸡"事件:国民革命后期劳资纠纷的实证考察》,《近代史研究》2007年第1期,第54、50—51页。

意无意地忽略了在此次劳资纠纷中商民协会与商会之间的上述分歧。所谓商人经过商民运动"其革命性已有明显提高"的说法,应该主要也只能针对商民协会及其所属之中小商人而言。而对于商会,在当时仍被认为是不革命的商人团体,所以当总商会筹备成立广东革命商人代表大会时,省商民部认定这是"掠革命美名,而为非革命之举动,此则非取缔不可"。

再次,商民协会与商会之间在其他一些具体问题上,也常常会发生冲突与纠纷,甚至出现一些极端行为。例如在武汉,新成立的汉口商民协会原本与总商会并未发生较为激烈的冲突,但双方之间也不可能建立十分友好的关系。在商民协会看来,商会乃是落后的旧式商人团体,国民政府能够允许其暂时存在,只是出于一时之需要和特别的原因。两者之间只要有一点小磨擦,商民协会都会大肆指责商会的落后性甚至是反动性,以使商会在政治上处于被动地位。例如,1927年1月汉口商民协会决定募款慰劳北伐军,即与汉口总商会产生了一些纠葛,由此而引发对总商会的强烈不满,甚至将总商会副会长强行掳去关押。事后,汉口商民协会还在各分会执行裁判委员联席会上,向与会的市党部代表和各分会全体委员指责"总商会为数买办所把持,什么会长,无非洋行买办,与军阀参议之类,每次效敬军阀之款,尽由各中外商人负担,而该会把持人且中饱其囊,国民政府暂许总商会存在之原因,系别有所在,并非保护总商会之发展"[1]。显而易见,汉口商民协会如果有所需要,就会对总商会予以攻击,而且警告总商会,不要误以为国民政府暂时允许商会存在,是为了保护商会得以发展,只不过是一时的权宜之计。这种说法,在很大程度上确实也反映了当时国民党与国民政府对待商会的策略。但商民协会之所以强调商会会长乃报效军阀、中饱私囊之买办,则是为其强掳和关押商会领导人寻找借口。在这次冲突发生后,汉口商民协会还坚决要求取缔不支持革命的汉口总商会。

客观地看待此次冲突的全过程,无论是就冲突的起因而言,还是就

---

[1]《汉口商民协会分会执行裁判委员联席大会纪事》,《汉口民国日报》,1927年2月7日。

冲突发生之后商民协会采取如此极端的行动,强行关押总商会之副会长,商民协会都确有处理不当之处,应承担主要责任。由于商民协会与商会之间的这次冲突影响较大,很快就惊动了武汉国民党中央和国民政府高层。1927年1月26日,刚成立一个多月的中国国民党中央执行委员、国民政府委员临时联席会议(简称武汉临时联席会议),在第18次会议上专门讨论如何处理这次冲突。汉口市市长刘文岛列席了本次会议,并在会上报告商民协会与商会产生冲突的缘由及市政府的初步处理情况。据其透露,1月25日,"商民协会有数十人到总商会,迫令该会副会长签捐款二十五万元之字。此事起因,据云市党部因前方兵士很苦,应由民众募款接济,商民协会亦担任募款,要商会出二十五万元。近日,商会因财政部筹款帮同办理,因将此事搁起,而商民协会不明此中情形,以为藐视,要罚商会二十五万元。其时正会长适赴财政部,乃将副会长迫去"[1]。显而易见,商民协会为北伐将士募款并不为错,但要总商会出25万元却是强人所难,因当时总商会正帮助财政部筹款,无暇他顾。见总商会没有马上应允捐款,商民协会又勒令总商会罚款25万元,这更属无理要求,而强行关押总商会副会长,就更是蛮不讲理的极端行为了。商民协会之所以敢于对总商会提出无理要求,并且随后又接连采取了更加无理的一些行动,显然是依仗着自己作为革命团体的这一政治资本,而商会是不革命乃至反革命的团体,当然可以强行要求他们捐款支持革命。

如何处理这次冲突,是对武汉临时联席会议的一次考验。当时,国民党一方面要大力支持作为革命商人团体的商民协会,不能挫伤其革命积极性;但另一方面,虽然国民党早就认定商会是不革命的商人团体,需要加以改造,但在当时的历史条件下,又需要保留并且利用商会,不能完全满足商民协会取缔总商会的要求。冲突发生之后,刘文岛即代表市政府亲赴汉口商民协会进行调处。商民协会又提出以下四点要求:(1)释放副会长,"但须担保正副会长不他适";(2)25万元仍须筹

---

[1] 郑自来、徐丽君主编:《武汉临时联席会议资料选编》,武汉出版社,2004年,第285页。

出;(3)总商会"前助吴逆款项,闻不止二百万元,要查账";(4)"总商会为少数人所把持,要取消,其公物房屋须交出"。据刘文岛在武汉临时联席会议上报告:"经本人疏解,前三点已有解决,即(一)担保释出两会长,对两会长则云:因筹款紧急,特来请,勿灰心,无所谓保释;(二)签字取消,募款则能筹多少算多少,不用罚款形式;(三)公布为吴逆筹款之账目。以上三点,业经双方答允,惟第四点应请示联席会议如何办理。如取消总商会,上海总商会必生反感,各商人亦必恐慌,经济必生影响,而政府筹款紧急,尤为重要。商协方面经解释后,现答应不再坚持,听候中央党部与国民政府解决,不生异议。"刘文岛在报告中还提出:"拟请予总商会以保障,俾其机关本身不生问题,可以帮忙财政,可否请联会为简单迅捷之表示?俾本人即去总商会开会宣示。"[1]作为武汉市市长的刘文岛,显然并不主张在当时的情况下取消总商会。

联席会议在讨论时,只有作为汉口特别市党部代表出席会议的詹大悲在发言中指出:"此次商协之事,总商会组织上之不能代表多数商人确是事实,应有相当解决。"但针对此次冲突的具体处理办法,多数委员原则上赞同刘文岛的提议,有的还认为民众团体现在经常出现一些过激行为,应注意纠正,以免产生不良影响。例如宋子文即说明:"汉口人民团体凡有事故,动辄勒令、搬房、抓人之直接行动,应有适当之处理,免与政府信用生妨碍。"孙科也强调:"民众团体之行动,应守相当之纪律。……最近民众团体,如粤汉铁路工友之捕梁佐[作]英,及该路工会因要求发薪事之捕去财政部秘书,使机关不能办事,政府发生困难,俾外人得借口造谣政府无维持能力之口实,此次商协与总商会事件亦复可知借口,应由中央党部与政府设法纠正。"经过一番讨论之后,此次联席会议最后做出如下决议:"由湖北省党部、汉口特别市党部通知总工会、商民协会等,现在时局严重,各该会等应约束会员,不得自行捕人及有其他越轨行动,如发现反革命分子及其他反革命事件,必

---

[1] 郑自来、徐丽君主编:《武汉临时联席会议资料选编》,第285—286页。

须报告政府办理。总商会仍应存在,但希望能与各商民团体合作。"对于詹大悲在会上提出的"总商会组织上之不能代表多数商人确是事实,应有相当解决"这一问题,联席会议主席徐谦表示:"此点前在广州时亦已见及,拟另制商会组织法,现在可以决定总商会于商会法未公布前暂照旧。"[1]

随后,在1927年2月11日召开的武汉临时联席会议第23次会议,又曾经讨论湖北政务委员会提出的拟暂行整理湖北商会条例。此动议系由汉口总商会提出,其目的是希望明确,商会究竟是遵照旧章,还是重拟新章,以免无所适从。不过,此事也从一个侧面反映出由于商民协会对商会之不满有所增加,国民党拟采取某种变通方式对商会做出处理。詹大悲在会上对暂行整理湖北商会条例案提出的缘由进行了如下说明:"此案已经政务委员会通过其条例草案,所以拟订此条例之原因,乃近来武汉及各县商会与商民协会之间时常发生争议,我们现时因承认旧商会之存在,然旧商会事实上却不能代表大多数商人,只能代表买办阶级,一般商人深致不满,为其确为少数人所霸占,即旧商会自身近来因环境关系亦感到有改善之必要,俾将来可在金融上负点责任,及为政府财政帮多少忙,政委[务]委员会为适应此种情况,故通过此案呈请联席会议决定批准。"[2]会议主席徐谦提出,本案应先组委员会将条例交付审查再议,推财政、司法两部长及原提案人为委员。经讨论,联席会议照此通过。

结合詹大悲在前述武汉临时联席会议讨论处理汉口商民协会与汉口总商会冲突时的发言,可以发现他是当时汉口特别市党部中主张在

---

[1] 郑自来、徐丽君主编:《武汉临时联席会议资料选编》,第286—287页。耐人寻味的是,1927年2月23日的《广州民国日报》报道此次武汉临时联席会议通过的决议案时,却只字未提"总商会仍应存在,但希望能与各商民团体合作"这一决议案,不知是何原因?
[2] 郑自来、徐丽君主编:《武汉临时联席会议资料选编》,第335页。

各方面支持商民协会,尽快对商会予以整顿改组之人。[1]詹大悲在这次联席会议上所说的这段话,也再次透露出如下的信息,一是由于商民协会与商会之间经常发生争执,需要加以应对解决;二是商会确系少数买办大商所垄断,不能代表多数之商人,在目前仍承认商会存在的前提下,应该采取整理的方式予以处理;三是商会自身也有改善之要求。实际上,前两个因素应该是促使湖北政务委员会提出整理商会的主要原因。在1927年6月15日举行的国民党中执会政治委员会第29次会议上,曾讨论是否将店员工会撤消问题,詹大悲在发言中再次强调:"所谓商会只能代表少数的商人,商民协会才是多数商人的代表,取消店员工会的要求,乃是商会进一步的反攻。"[2]可见,詹大悲对待商会与商民协会的态度一以贯之,并无什么改变。

值得注意的是,在武汉临时联席会议做出"总商会仍应存在"的决议之后,汉口商民协会与总商会之间的矛盾也并未因此就得以消除,而是埋下了更深的芥蒂。只要有机会,汉口商民协会都会进行打倒旧商会的宣传。例如在武昌商民协会于1927年2月15日举行的一次执裁联席会议上,应邀与会的汉口商民协会代表在发言中特别指出:"在汉商协成立之后,与商会发生许多纠纷,如汉商协会址问题,组织商民图书馆问题,尤其是劳军问题,与总商会反发生交涉。今天要贡献各位的几点,则工人和商人同是受压迫的,商民协会是革命的团体。在革命未到武汉以前,如果不坐包车汽车,我们没有资格进总商会的。所以,我们汉口武昌汉阳的商民协会,是要联络成一个整个的革命团体,打倒不

---

[1] 1927年4月国民党中执会为研究解决汉口金融困顿,决定成立金融讨论会,组织者共15人,其中汉口总商会5人,银行公会和钱业公会各3人,中国银行、交通银行各1人,另加财政部长及中央银行行长2人。在国民党中执会政治委员会第14次会议上,孙科发言时转述了詹大悲对金融讨论会组织成员之不同意见,认为"湖北省政府财政厅长同商民协会也应该加入,因为商民协会是代表中下级商人的,而总商会只是代表上级商人"(中国第二历史档案馆编:《中国国民党第一、二次全国代表大会会议史料》下册,第1067页)。结果这一提议在会上获得通过。可见,詹大悲处处都强调商会与商民协会的这一区别,而且特别注重支持商民协会获得与商会相等之待遇,甚至欲使其超过商会。
[2] 中国第二历史档案馆编:《中国国民党第一、二次全国代表大会会议史料》下册,第1249页

革命的团体。"[1]以上所说之应该被打倒的"不革命的团体",显然就是指的总商会。

类似商会会长被商民协会抓捕关押的情况,并非仅仅只在汉口曾经发生。据国民党中央江西特派员陈其瑗在1927年5月12日举行的中执会政治委员会第20次会议上所作报告透露,在江西的南昌,也曾发生总商会正副会长等3人被抓捕,总商会会址被商民协会强占的激烈冲突事件。陈其瑗到赣后,国民革命军第三军军长朱培德担忧地表示:"总商会被占,总会长被捕,他们还是否同从前一样来拥护我们?"随后经陈、朱二人的干预和说服,召开各界联席会议,"提出了缓和的政策,省、党各团体都一致接收[受]朱同志的意见,以统一宣传、统一革命为原则,议决了七项:(一)总商会被捕的三人,放两人扣一人,并声明是因为总商会长个人有毛病,并非对总商会有什么过不去。至于总商会的会址仍然是发还,另外为商民协会找地方"[2]。武汉和南昌的这两个极端事例都说明,商民协会对待商会的态度和行动,较诸当时国民党中央对待商会的政策还要更加激进,以至于冲突发生后不得不由国民党各级党部出面对商会予以某种程度上的安抚。

我国有台湾学者论及汉口和南昌商民协会与总商会的这两次冲突时,认为产生冲突的原因,是共产党利用商民协会压迫所谓"大商买办阶级",才导致了商民协会实施这样的"暴行"。但其列举的依据,主要只是中共中央通过的商人运动决议案中的有关内容,即"我们商人运动之方法,乃是利用商民协会等类形式,组织中小商人群众,以图改造现有的商会,而不是仅仅联络现有之商会",除此之外并没有具体指明共产党中之何人,用何种方式,指挥汉口和南昌的商民协会对总商会采取了这种极端的行动。[3]因此,这一结论是值得商榷的。实际上,在此之前国民党"二大"通过的商民运动决议案,也有与此非常相似的内容,同样都是明确规定商民协会是革命的中小商人组成的团体,其用意

---

[1] 《武商协第一次执裁联席会》,《汉口民国日报》,1927年2月15日。
[2] 中国第二历史档案馆编:《中国国民党第一、二次全国代表大会会议史料》下册,第1147页。
[3] 蒋永敬:《鲍罗廷与武汉政权》,第235—237页。

也是希望以商民协会对抗买办和大商人组成的商会,而且制定了改造商会甚至是取消商会的方略。如果认定在武汉国民政府时期由于共产党人与国民党左派掌控了武汉政权,是共产党的商民运动政策,导致发生汉口和南昌商民协会与商会之间的这种激烈冲突,那么,在国民党实施"清共"之后,共产党人已全部退出国民党的两年中,仍不断发生商民协会与商会之间的冲突,甚至商民协会要求取消商会的呼声日益高涨,最终发生上海总商会被打砸的恶性事件,不知又将作何解释?而这一时期商民协会与商会之间类似冲突的发生原因,显然不能再归究为共产党唆使商民协会的结果,因为共产党人已不可能像以前那样通过在国民党中任职而产生任何作用与影响。所以,商民协会与商会的矛盾冲突,不能简单地认为是共产党蓄意挑起的纷争,而是国民党长期实行偏激的商民运动方略带来的必然结果。

1927年5月,在武汉又发生了汉阳商会会长周文轩被逮捕、其产业也被查封的案件。此案虽非商民协会直接所为,但却与商民协会不无关联。该案发生以后,当地报纸曾以"汉阳小商人斗争胜利"为题,在"社会新闻"专栏中做了如下报道:"汉阳商民协会为一般中小商人的革命团体,汉阳商会为少数大资本家所操纵,与商协利益绝对相反。该会会长周仲[文]轩等,因见商协势不可侮,深恐影响商会组织,协谋破坏,种种罪状,已共见共闻。日昨周已就捕,商会账项财产,俱由县党部没收,交商民协会接收办理。"[1]然而,后来的事实表明,此案绝非如此简单地就能了结。

此前,武汉国民党中央刚刚颁布了保护与联合小资产阶级、防止过激行为的政策,但接着即有该案发生,似乎给人的印象是"国民政府令不出门",真可谓不无巧合。逮捕商会会长周文轩并查封其产业,是在汉阳商民协会的吁请之下,由汉阳县党部于5月11日下令采取的行动。中执会政治委员会主席团接到报告之日为周六,当即匆忙召集省市两党部派人商议,但省党部方面的人员未到会。"主席团的意思,认

---

[1] 《汉阳小商人斗争胜利》,《汉口民国日报》,1927年5月13日。

第八章　商民运动期间的商民协会与商会　271

为当现在极力联络小资产阶级的时候,汉阳县党部居然不呈请上级党部,擅行逮捕,显系违背中央的政策,并使一般小资产阶级的商人要说中央对他们是在用欺骗的手段。……因此,主席团就命武汉公安局释放被捕的周文轩,并发还他们的产业。不料汉阳县党部竟敢借口没有得着省党部的命令,抗不遵行。"[1]汉阳县党部抓人之前不呈请批准,事后又拒不执行中央要求放人之命,这种现象显然有违常理。

5月16日,中执会政治委员会第21次会议对此案的处理进行了慎重而充分的讨论,并请汉阳县党部、汉阳商民协会代表和汉阳县长到会作说明。汉阳县党部代表在说明中,列举了周文轩的11项反动行为,包括破坏工会、破坏现金集中政策、勾结蒋介石、阴谋破坏本党、散布谣言等,另还有"破坏商民协会,使其党徒一一混入,复藉口记名选举法不良,改用不记名选举式,于是得与周仲暄被举为商民协会正副会长"。县党部代表同时还辩解说:"县党部自知逮捕的手续不对,要向上级党部请罪,但如果将他释放,恐怕民众心中不服。"当时作为湖北省党部代表参加会议的董必武,在会上发言说省党部未收到主席团周六开会之通知,故而未派人与会,另还说明:"省党部本决定遵照中央的命令将周文轩等开释,但因为有汉阳商民协会等许多团体来请求不要释放,所以还是将他们拘押。……省党部对于中央的命令未能遵守,也自知不当。但希望中央对于此事还要加以调查。"由此可以发现,周文轩之被捕与政治委员会主席团下令释放后仍继续遭关押,都与商民协会有关。汉阳商民协会的代表还在会上表示:"商会无存在之必要","周文轩、周仲暄在商会有八、九年之久,账目从未公开,后来混进商民协会。……种种的反动行为,有电灯工人可以证明。"[2]

汉阳县县长原本对到中执会政治委员会会议上做说明颇感为难,他在孙科先前请其到会时表示:"来报告是可以的,但报告之后不能回汉阳县了。"其原因是"恐怕党部要同他过不去"。但他后来还是到会

---

[1] 中国第二历史档案馆编:《中国国民党第一、二次全国代表大会会议史料》下册,第1160页。
[2] 本段中之各引文,见中国第二历史档案馆编:《中国国民党第一、二次全国代表大会会议史料》下册,第1160、1161、1162页。

报告了此案之经过情形。董必武的发言本有为汉阳县党部减轻责任之意,认为"并不是县党部直接逮捕,乃是县公署命公安局去捉的"。但汉阳县长则说明,完全是遵照县党部之命而为。先是得到县党部某执行委员之函(后有内容完全相同之县党部正式公函),同时还有县商民部长来署说明,要求将周逮捕,遂命警备队予以逮捕收押。后又接县党部致审判土豪劣绅委员会函,要求处分周之财产,14日审判土豪劣绅委员会即开会予以处理。到15日中午,县公署接武汉公安局公函称,奉中央命令,将周释放。汉阳县长解释其为难之处,如照县党部第一封写给县公署的信解释,属于行政方面之案件,可以马上释放,但县党部第二封信函是写给审判土豪劣绅委员会的,县长虽是该会主席,但不能一人作主,需开会决定,因为会未开成,所以未能遵从中央的命令将周释放。这个理由,实际上并不能令人信服地解释其拒不执行中央命令的原因。

在汉阳县党部、汉阳商民协会代表和汉阳县长分别做了说明退席后,中央政治委员会又就如何处理相关问题做了较长时间的讨论。对于周文轩的处置,有立即释放并发还其产业或送交相关部门调查处理两种不同意见,谭平山、董必武、顾孟余等人提出应送法庭或革命军事裁判所调查处理,徐谦则认为应该执行国民政府放人的命令,最后议定:"令武汉公安局将查封财产发还,周文轩、周仲暄二人释放。"至于周文轩被指控之反动行为是否属实,会议指定由司法部重新进行审查办理。

关于对汉阳县党部的处理,作为顾问的鲍罗廷提出:"将汉阳县党部解散,因为革命最注重的是纪律。汉阳县党部近在咫尺,竟敢违背中央保护小资产阶级的政策,则离中央较远的地方,更要不服从中央的命令。"徐谦、谭平山对此基本上表示赞成。但董必武有不同意见,认为"汉阳县党部违抗中央的命令,本来是应该解散,但这事是商民协会、农民协会等许多民众团体的公意,可否请中央还考虑一下。"鲍罗廷立即指出:"民众团体可随时提出要求,但汉阳县党部应该明了中央的态度,不然,如何还配领导民众。"于是,董必武也只好表示:"省党部当然服从中央的命令,随便中央如何决定。"但后来谭延闿也认为汉阳县党部不执行中央的命令,本应解散,"但姑念他们是初犯,可以从宽,只警告一下"。对于该问题的讨论持续了较长时间,身为主席的汪精卫对汉阳县党部的行为十分恼怒,他强调:"汉阳县党部既未遵照处分逆产条例,又不服从中央要他们放人的命令,国民政府令不出门,还要国民政府作什么?关上大门,岂不大家清静。如果主席团处置不妥当,主席团应该受处分。如果汉阳县党部违法,汉阳县党部应该受惩戒。现在只有这两条路。"但到最后所做出的决议,仍然并非是解散汉阳县党部,而是"汉阳县党部应由湖北省党部予以严重之警告,如再有违法行为,着即解散"[1]。除汉阳县党部之外,会上原本还曾议及对武汉公安局长和汉阳县长也要予以处分,但最后议定此条撤消。汉阳商民协会在此次案件中并非直接当事者一方,只是以民众团体的名义为汉阳县党部起推波助澜的作用,当然也不会受到什么处分。

根据有关情况推断,汉阳县党部此次下令逮捕汉阳商会会长周文轩并查封其产业的行动,可能与部分共产党人有关联。因为在当时的湖北省党部及许多县市党部中,共产党人都居于重要的主导地位。另外,在中执会政治委员会讨论处理此案的过程中,作为湖北省党部代表的共产党员董必武,又多方为汉阳县党部的行动加以辩解,而且反对立即释放周文轩和解散汉阳县党部,这也从另一方面又间接证实了上述推断。但是,也不能简单地认为此案系共产党人周密策划的一次行动。从中执会政治委员会讨论过程的细节可以看出,无论针对是否释放周文轩及发还其产业,还是是否解散汉阳县党部,持不同意见的双方人员中,都既有共产党人,也有国民党人。如果共产党人事先即有所策划,相互之间应该保持相同的立场和意见,不应该自身还存有完全不同的意见。

5月19日,武汉公安局接奉命令,于次日将周文轩、周仲暄释放。

---

[1] 本段中之各引文,见中国第二历史档案馆编:《中国国民党第一、二次全国代表大会会议史料》下册,第1165—1166页。

21日和22日，武汉公安局又接连两天派人至汉阳，与汉阳县长及逆产临时管理委员会约同两周之代表，将所没收之财产清查发还。在5月25日召开的中执会政治委员会第24次会议上，徐谦还报告了司法部重新审查周案的情况，认为"汉阳县党部所列举的十一条罪状，经审查之后差不多都不能成立。例如说周文轩组织机器联合会以谋破坏工会，但机器联合会在革命军未来之时，早已就有了。再如说他通电勾结蒋介石，那还是阴历正月初间的事，而当时的蒋介石也和现在的蒋介石不同。……总之，所谓罪状都没有事实上的根据"[1]。至此，该案才终于尘埃落定。

## 二 商民运动期间商民协会与商会的合作

在少数地区，当商民协会刚刚建立以及商民运动兴起的初期，商会与商民协会即不乏合作关系。因为这些地区的商民部在筹建商民协会的过程中，并不像其他地区那样排斥商会，而是通过商会对商民进行动员。因此，这些地区商民协会的成立，即与原有商会存在着密切联系，甚至其发起筹备成立者，就是商会的领导人。类似的情况，在湖南长沙较为明显。

1926年4月成立的湖南省党部商民部，为了推动湖南商民协会的兴起，成立了商民运动委员会，"召集总商会及各行行董开谈话会，将北伐及政府筹饷意义与商民应参加之工作，详细说明，各商民已略有领悟"，后组建了长沙市商民协会筹备处，"通令长沙市商界一律加入"[2]。长沙市商会的领导人左益斋，是商民协会筹备处非常活跃的主要负责人之一。像这样由原商会领导人为核心，筹备建立该地区商民协会的情况，在此前的广东省未曾有过。1926年8月国民党湖南全省第二次代

---

[1] 中国第二历史档案馆编：《中国国民党第一、二次全国代表大会会议史料》下册，第1205页。
[2] 湖南省商民部：《湖南商民运动概况》，中央商民部编印：《商民运动》，第6期，1926年10月21日。

第八章　商民运动期间的商民协会与商会　275

表大会召开,议决开展湖南农、工、商、学、青、妇运动各案,其中包括《关于商民运动决议案》,确定了省党部大力开展商民运动的若干具体措施,第八条明确指出:"商民协会会员,不宜脱离现在商会,并须同时积极谋商会之改革与刷新,商民协会在不妨碍全体商民利益时,须与商会合作。"[1]这样的规定,在其他地区也是很少见到的。

1926年12月10日,长沙市商民协会正式宣告成立,左益斋又被当选为执行委员会常务委员。还有一种说法,甚至认为"原属总商会各行业,乃一律加入商民协会,组织甫及一月,各行业分会成立近三百余处,会员达十五万人,盖长沙商人已全部加入,实为一最大商人团体。总商会虽未取消,然已等于虚设,无人过问矣。"[2]按照这种说法,长沙市商民协会与商会几乎是合二为一了,这显然有夸大之处。实际上在此后的当地报纸上,仍然可以经常看到报道商会积极开展活动的消息。

湖南湘潭的商民协会也是由原来的商会职员发起成立的。先是湘潭商会的阎振启等商董积极活动,联络本帮各行业商人,发起"组织大规模之商民协会,藉作商会之替代机关"。接着,客帮商人刘沅臣等商董"亦仿照举行,以资对抗"。双方都"请县党部核准备案,并恳派员前来指导,以利进行"。后经省商民部派员协调,会同县党部"与该两会中坚分子多方疏通,力劝双方化除意见,通力合作"。在县教育会召开会员大会,正式推举筹备员,成立'湘潭县商民协会筹备处'。至此,阎、刘两方之本帮与客帮商董分别组织之商民协会机关,"则归纳此处,合并办理"[3]。湘潭县商民协会的筹建也步入了正轨。

有的论者指出,商民协会与商会之间也有相互合作的表现,特别是"商民协会在成立初期,与商会组织互相渗透,行动互为表里,二者团

---

[1] 湖南省志编纂委员会编:《湖南省志》第1卷,"湖南近百年大事纪述",湖南人民出版社,1959年,第511页。
[2] 张亦工:《商民协会初探》,《历史研究》1993年第3期,第41页,此系张文转引巴库林著、郑厚安等译《中国大革命武汉时期见闻录:1925—1927年中国大革命札记》,第33页。
[3] 《省党部派员促进商民协会》,长沙《大公报》,1926年9月30日。

结合作,共同致力于反帝反军阀的斗争"[1]。从一部分地区的情况不难发现,在要求废除苛捐杂税、发展工商业和反对帝国主义的奴役等斗争中,商民协会确曾与商会共同联合开展过一些活动,这并不奇怪。因为尽管商会以大商人居主导地位,商民协会以中小商人为主,相互之间虽存在矛盾,但同为商人团体又在某些方面有利益相通之处。如苛捐杂税损害整个商人的经济利益,发展工商业则是整个工商界的一致要求,帝国主义的奴役更是对整个中国民众的凌辱,所以在这些问题上商会与商民协会并没有什么明显的利益冲突,能够协调一致地合作开展活动。

在反对帝国主义的侵略和压迫,维护国家主权的对外抗争中,商民协会与商会一般都没有什么明显的分歧,而且往往能够联合行动。1926年2月,担任粤海关税务司的英国人贝尔,借口省港罢工工人纠察队拘留未经海关查验的八艘货艇,使其无法行使职权,竟然宣布将粤海关封闭,"停止验货,不准起卸",企图以此手段断绝广州一切对外进出口贸易。这次"封关事件",激起广东各界民众的坚决反对。商会与商民协会也联合行动,表示强烈抗议。广州总商会、市商会、广东全省商会联合会、广州商民协会、中华全国总工会等团体,联名对贝尔发表公开宣言,坚决表示:"断不容贝尔一人,而断中国与各国通商之交通;更不容以贝尔一人,而绝我全省之命脉。"[2]稍后,广州市总商会又公开发出通电,"请各地商人一致协力对外,将关税主权收回",并"表明与革命政府合作"[3]。

随后开展的仇货运动,作为反抗英帝国主义侵略的方式广泛进行。为了更好地开展仇货运动,广州工商界在国民政府指导下成立了审查仇货委员会。该委员会根据工商联席议决封锁港澳之善后条例而设,所有执获违背工商条例之货物,予以充公。但是,"因工商审查仇货委

---

[1] 乔兆红:《论1920年代商民协会与商会的关系》,提交"北伐战争暨汀泗桥、贺胜桥大捷75周年学术讨论会"论文,2001年10月,湖北咸宁。
[2] 《工商联合对粤海关税务司贝尔宣言》,《广州民国日报》,1926年2月24日。
[3] 《广州总商会请将关税主权收回》,《广州民国日报》,1926年3月3日。

员会开办以来,对于一切进行办法,缺点殊多,致令商民对于该会隐抱不良之感想"。于是,国民政府"特发起召集四商会联席会议,讨论改善审查章程暨厘定办事细则,以利进行,而资改善"[1]。在本次联席会议上,"四商会"即广州商民协会、广州总商会、广东商会联合会、广州市商会共同拟订了提议书,提交审查仇货委员会讨论通过。这一事例,再次证明国民政府需要利用和依靠商会解决相关问题。稍后,广州市商民协会又曾与广州总商会、市商会联名,"对于英舰武装驶入省河,水兵登岸,占据西濠口各码头事,会衔布告",阐明英国侵略者"死心不息,必欲乱我后方,近拟驶船来粤,希图骗我士商。奉劝各位同胞,须要立定心肠,无论如何利诱,誓必杯葛勿忘,仇货固不可买,接济更昧天良。如有私通敌船,甘心为虎作伥,定必严惩勿贷,决不任令猖狂。倘能各界一心,胜券操在我掌,诸君试目以俟,英国鼠窜下场"[2]。

除此之外,1926年9月农工商学联合会还致函广州市党部商民部,主张扩大对英经济绝交,打击英帝国主义在华经济利益。函曰:"此次省港罢工,香港帝国主义既无诚意解决,吾人自应奋斗到底,除设法捐款援助,及介绍省港工人职业外,公决请由贵部设法,请四商会发起,务使商民积极排除仇货,与英帝国主义实行经济绝交。"市商民部接到此函之后,表示支持,并由商民部长简琴石致函四商会,告知"吾人亟宜积极扩张对英经济绝交,以厚罢工势力,相应函达,希为查照办理为荷"[3]。此后数日,四商会联合在总商会召开全市商民代表大会,邀请国民政府主席谭延闿首先发表演说。谭在演说中"希望广东商会各商人领袖,此时应一致联合,领导商民来做革命工作,打倒帝国主义"[4]。会议决定,设立广东商界扩大对英经济绝交委员会,由四商会各举1人,加上市商民部长,共同负责起草章程,旋定总商会刘东

---

[1] 《四商会提议改善审查仇货章则》,《广州民国日报》,1926年4月10日。
[2] 《商界团体杯葛仇货布告》,《广州民国日报》,1926年9月15日。
[3] 《请商界扩张对英经济绝交》,《广州民国日报》,1926年9月17日。
[4] 《全市商民大会之详情》,《广州民国日报》,1926年9月23日。

屏、商联会彭磁立、商民协会黄旭升、市商会李绍舒4人。10月5日,四商会又联合召集七十二行商代表大会,议决实行对英经济绝交事宜,具体包括断绝买卖关系、禁用英国纸币,"违者由各界予以卖国处分"。与会代表一致表示:"为爱国而扩大对英经济绝交,我等商界,是必须与各界一致努力的,对于各界所议取缔买卖英货及使用英国纸币条例,十分赞成。"[1]不难看出,在反对帝国主义侵略的爱国行动中,广东商民协会与商会的合作配合还是比较协调的。

1927年1月初,由广东省商民部发起召开的广州商民代表大会,也是由省商民部、市商民部、全省商民协会、广州市商民协会、南郊商民协会、总商会、商会联合会、市商会等,分任筹备工作,并且由上述6个商民团体各推举1人组成大会主席团。与会的代表向大会提出了百余件议案,经提案审查委员会核并提交大会表决者,总共34件。由于这些议决案"关系于全省商民至为重大,故大会特通过组织一议决案促成会,负责办理促成事宜,以期决案早日实现"[2]。大会发表的宣言还呼吁广州的新旧6个商人团体应该"联成一气","团结我们的精神,扩大我们的力量,一致参加国民革命"[3]。该宣言没有将商会作为不革命甚至是反革命的落后商人团体加以排斥,而是强调商民协会应该与商会联合起来,扩大商民的力量和影响,共同参加国民革命,这在当时还并不多见。[4]

武汉国民政府时期,尽管共产党在中央党部与国民政府中具有较大的影响,但当时对待商会的态度,并没有采取比较激进的政策与措施,甚至还联合商民协会与商会共同合作,开展各项相关活动。

---

[1]《商界议决实行对英经济绝交》,《广州民国日报》,1926年10月7日。
[2]《各地商民运动概况》,广东省商民部编印:《广东商民》,第3期,1927年1月20日。
[3]《广州市商民代表大会宣言》,广东省商民部编印:《广东商民》,第3期,1927年1月20日。
[4] 本次广州商民代表大会,广州总商会等三个商会与两个商民协会共同参与了筹备工作,并各派代表参加会议,体现了两者之间的合作。不过,这次大会仍严格限制商会中的买办会员作为代表出席会议。据报道,"此次全市商民代表大会对审查代表资格,极为严重,特别留意于买办阶级之甄别,盖买办阶级不特为民众之敌,尤为革命商民之公敌。现闻审查结果,查出马伯年乃台湾银行买办阶级,已取消其出席资格云。"《商民大会取消买办阶级代表资格》,《广州民国日报》,1927年1月14日。

汉口特别市商民协会与总商会曾于1927年5月联合召开武汉商民代表大会,共议有关金融问题,除汉口商协和总商会各派代表15人之外,武昌商协和总商会也各派代表12人,双方代表"均有发言权、表决权及选举权"[1]。

1927年6月26日中央商民部部务会议,讨论武汉店员工会应否存在问题,涉及到对商会与店员工会、商民协会之间相互关系的新认识。当时任中央商民部代理部长的经亨颐认为:"一旦取消店员工会,三万店员难免发生纠纷,而且组织成立者,中途取消于革命进行上亦有未便。至于旧商会之组织,不但店员不能加入,中小商人亦多不能插足。现在只有请中央速颁新商会法。至于商民协会表面上与商会接近,精神上却与工会沟通,店员虽为商家之一部分,实际又加入工会。所以根据中央策略,似宜一方根据新商会法改组旧商会,使可以代谋一般商民之利益,与总工会对立;一方令店员工会与商民协会接近,如店员发生小纠纷,即由商协解决,大纠纷即由总商会与总工会解决。……为长久计,可以改组旧商会与总工会对立,改组店员工会归并商协。不过,此项办法在现在恐难办到。"[2]会后,中央商民部将此次部务会议讨论的意见和建议,专门向国民党中央执行委员会进行了报告。由这段史料我们可以看出中央商民部的以下几点看法,第一,仍认为商会是大商人控制,中小商人不能插足的组织,只是表面上与商民协会接近,需要加以改造;第二,可通过制订新商会法,对旧商会进行改造,使之能够代表和维护一般商民的利益;第三,可以发挥商会调解店员与店东纠纷的作用,小纠纷由商协解决,大纠纷由总商会与总工会解决。但当时的中央商民部认为,旧商会的改造以及发挥其与总工会一起解决大的劳资纠纷的作用,并不是当时就能办到的,只不过是一种设想。

1927年4月,经国民党中央政治委员会第九次会议批准,拟筹备

---

[1]《武昌阳夏商民代表大会组织法》,1927年5月,台北:中国国民党中央委员会党史史料编纂委员会收藏档案,汉6101。

[2]《中央商民部一周工作报告》,1927年6月27日—7月2日,《武汉国民政府史料》,第387页。

举行长江流域商民代表大会。其目的在于:"(一)使商民参加国民革命;(二)解除商民目前本身的痛苦;(三)解释在商言商的错误,及农工商学兵联合的必要;(四)希望各代表尽量发表各地商业困难及具体意见;(五)希望商民与政府亲密合作。"[1]中央政治委员会的这次会议还指定,"中央商民部、中央宣传部、国民政府财政部、国民政府交通部、总政治部、湖北省党部、汉口特别市商民协会、汉口总商会、武昌总商会、武昌市商民协会、汉阳县商民协会筹备处、汉阳县商会十三团体,各派代表一人组织筹备处"[2]。从中可以发现,国民党中央批准商界召开像长江流域商民代表大会这样大规模的会议,不仅并没有将商会排除在外,而且还指定武汉三镇的商会与商民协会完全一样,均派代表一人参与组织筹备处,从表面上看似乎是将商会与商民协会等同看待了,这不能不说是国民党对待商会的一种新迹象。

在讨论和确定相关省区商人团体选派长江流域商民代表大会的代表名额时,国民党中央最后也决定商会与商民协会享受同等待遇。具体规定为,各省市与会代表人数为湖北、湖南、四川、江西、安徽、江苏、浙江省商会、省商民协会分别各派代表7人至10人,上海特别市、汉口特别市商会、商民协会与各省相同,也各派代表7人至10人,芜湖、九江、沙市、重庆商民协会各3人,武昌商会3人,商民协会3人,汉阳商会2人,商民协会2人。[3]还值得注意的是,实际由中央商民部负责编印的《长江流域商民代表大会日刊》,在创刊号上登载的文章指出:"中国国民党领导之商民协会,是被压迫的商民群众之结合体,于国民政府治下,在大会中我们也觉得他已能广植其力量,并在积极谋实业之进展。同时旧日的商会,也逐渐趋于革命化而感发兴奋,急起直追,是第

---

[1]《长江流域商民代表大会昨日开幕》,《汉口民国日报》,1927年7月8日。
[2]《本会筹备经过》,《长江流域商民代表大会日刊》创刊号,1927年7月8日。
[3]《召集长江流域商民代表大会计划书》,《武汉国民政府史料》,第403页。

第八章　商民运动期间的商民协会与商会

二种误解亦可解除。"[1]认为旧商会"也逐渐趋于革命化",这也可以说是在某种程度上透露了当时国民党中央商民部中一部分人对商会的更新认识。

在长江流域商民代表大会召开前夕,中央商民部、汉口商民部都曾根据国民党中执会政治委员会的要求,调查武汉商业凋敝、发展困难的原因及具体情况。在从事这一调查的过程中,商民部除依靠各级商民协会开展相关工作之外,同时也依赖武汉三镇的商会进行调查,并将商会提供的调查报告上报中央政治委员会。例如中央商民部向汉口市总商会调查的报告,反映了汉口总商会对当时字号停顿、店铺倒闭、倒闭商家之行别、用人问题、店员待遇问题、救济办法等多方面情况的说明,以及总商会的有关具体要求与愿望。[2]向武昌总商会调查的报告,同样也是集中于对倒闭店铺概况与原因、倒闭者如何救济、劳资问题、商民之痛苦等方面的说明。汉口商民协会和武昌商民协会的报告,除反映中小商人破产的情形之外,也都提及当时劳资纠纷、店员待遇、救济办法等问题。中央商民部代理部长经亨颐在向国民党中央执行委员会报告时,说明该部针对政治委员会有关调查武汉一般商民情形并做一报告的决议,"当即派员前往汉口商民协会第十四分会(即染花布帮)、汉口总商会、汉口商民协会、武昌市商民协会、武昌总商会、汉阳商民协会等处切实调查。据该员等报告调查结果:武汉商业形成凋敝之普通原因,为帝国主义之经济封锁、交通停滞、汇兑不通、货料缺乏、国库券不能通用。店员要求超过适当限度,以致营业锐减,不得不谋缩小范围,辞退店员。但店员有店员工会之保障,万难任意辞退。因此各商店

---

[1]《本会筹备经过》,《长江流域商民代表大会日刊》创刊号,1927年7月8日。1926年11月,广州总商会曾有将会长会董制改组为委员制之举动,报章称该会中人有云:"本市商人经已陆续加入国民党,商会之旧制,各会董之意见,亦拟根本铲除,以谋商人幸福。是以现拟改组委员制,将会长名义取消。"(《总商会将改组委员制》,《广州民国日报》,1926年11月20日。)这或许可以视为旧商会"革命化"的趋新表现。

[2]《中央商民部报告:向汉口市总商会调查》,1927年6月23日,《武汉国民政府史料》,第379—380页。

颇感痛苦,此为一般普通原因。"[1]这其实可以说是国民党中央通过商会和商民协会,从两个方面听取当时商业发展困顿、商人处境艰难的反映。

实际上,商民运动兴起之初,在国民政府辖区范围内的广州,商会也有表示拥护国民政府、支持国民革命的举动。例如1926年初国民党第二次全国代表大会在广州举行时,广州四商会曾共同召开欢迎大会代表的联席会议。商会代表在会上致词表示:"几年来的国民革命工作,只有农工学兵,从未有商界参加。今天这个会,就是商民参加革命的大会,所以就是初进学校的学生,学生与教师相见,自然是亲切的,所以这个算作恳亲会。……回想先总理当商团之役,曾经教训我们商人,你们帮着那一方就那一方胜,可惜当时多数不能了解先总理之言,那么就把那全民革命四字看轻了,幸亏有二次大会代表诸君,完成我总理未竟之志,促进我们商人都上了革命的战线。"[2]广州的商会可能不会意料到,尽管其有如此表示,但在国民党"二大"上的相关报告以及最后通过的商民运动决议案,却都认定商会是不革命或反革命的商人团体,需要进行严厉的整顿。此后的商会,甚至还面临着被新成立的商民协会取而代之的危险。

在国民革命军北伐之后,所到之处大多也曾受到商会的欢迎。例如1926年12月国民革命军接连攻克江西各地,南昌总商会即公开表示支持,并举行欢迎会热烈欢迎国民军。欢迎会上,国民军以及国民党党政代表与商界各业代表二百余人济济一堂,南昌总商会会长张继周"报告开会宗旨,略谓今天承革命军各长官翩然戾止,同人不胜荣幸。此次革命军在南昌工作,实实伟大,同人不胜感激。故今日欢迎会,非徒具形式,诚我商人表示与革命军势力合作之真意也。"蒋介石本人未出席会议,但派代表参加并致词,"希望商界同志,赶速加入国民党,以便与革命军共同合作"。南昌总商会在会上正式发表的欢迎词表示:

---

[1] 《中央商民部代理部长经亨颐致中执会》,1927年6月27日,《武汉国民政府史料》,第376页。
[2] 《四商会欢迎全国大会代表记》,《广州民国日报》,1926年1月11日。

"今日为本商会欢迎蒋总司令之辰,承总司令暨各党部各军部各政治部长官翩然莅会,诚盛举也。窃维吾赣苦军阀久矣,水深火热,人民奄奄无复生气。兹幸党军戾止,登斯民于衽席,不啻拨云雾而见青天,从此政治刷新,与民更始。"[1]不管是出于何种动机,南昌总商会的这一举动,至少在一定程度上体现了商会拥护和支持国民革命的政治态度。

## 三 国民党中央对待商会政策的变化

上节已经提及,在汉口和汉阳商会会长被拘捕案发生时,面对汉口、汉阳商民协会取消商会的要求,中执会中央政治委员会均给予了否决。但这并不意味着,此种处理办法已是国民党的既定政策。实际上,各地商民协会与商会不断发生矛盾冲突之后,其中的一部分商民协会也向国民党中央商民部和国民政府提出取消商会的要求。起初,由于在是否取消商会这一问题上,国民党中央并无明确统一的政策,因而多以个案方式进行处理,中央商民部甚至也曾批准了当地商民部取消商会的请求,故而常常出现政策与决策自相矛盾的现象。

具体说来,一部分商民协会希望借助国民党的政治权力将商会接管或是取消,国民党中央商民部也曾一度表示同意,向中执会提出旧有商会组织不良,行动乖谬,应予提议取消,以改善并统一商人之组织一案,商民协会更是攻击商会"在在阻挠商协之会务,我党商民运动良以此为心腹之患"[2]。

例如1927年3月,成都市商民协会领衔将一份号称有万余商人具名的呈文,送交国民党中央党部和国民政府,历数成都总商会自清末成立到现在的种种劣迹,强烈要求将该总商会予以取消。这份呈文指出:"去邪先于扶正,舍旧乃可谋新,古今中外莫不同。然革命工作犹非如

---

[1] 《南昌总商会欢迎革命军》,《广州民国日报》,1926年12月18日。
[2] 《汉口商民协会致中央商人部函》,1927年11月19日,台北:中国国民党中央委员会党史史料编纂委员会收藏档案,部0836。

是,不足以促进行也。查成都总商会自前清末叶成立以来,即由官僚主持于上,商听命于下。凡我弱小商人,不惟未得该会之保护,转被该会所压迫。……为会长者,恃其接近军阀,复串通洋行运动武器,扩张乱源,运售鸦片,流毒全国,为害之大,不堪言状。此即民十三以后迄于今,兹成都总商会之情形也。以上数端,不过略举成都总商会罪恶之大概,而亦可见其为买办阶级土豪劣绅等,藉以为蹂躏弱小商人之工具也。"[1]收到这份呈文之后,中央党部和国民政府转由中央商民部查核处理。中央商民部经研究,向四川省党部商民部下达训令:"现据成都市商民协会呈称,成都旧商会一般奸商倚官作势,营私舞弊,恳请明令取消,以谋商人解放,等情前来。查阅所呈各节,该旧商会劣迹昭著,殊堪痛恨。为此,令仰该省党部商民部,查照原呈各点,酌量情形,核查具复。"[2]

在湖南长沙,商民协会初建时总商会领导人左益斋等还积极参与筹备,后来并担任了长沙市商民协会的常务委员,似乎商会与商民协会之间并没有什么矛盾冲突。但随着商民运动的发展,在湖南省商民协会筹建之后,双方的矛盾仍不断扩大,并发展为商民协会要求取消总商会的程度。1927年3月,长沙市商民协会即呈请湖南省商民协会筹备处,请求"将长沙旧商会实行取消,以便统一商民组织,集中革命力量"。湖南省商民协会筹备处呈报武汉中央党部、政府各委员会及省商民部,认为:"长沙全市商民均已加入市商协,同一地域实无两团体并立之必要。属会观察湖南情形,总商会名义尽可取消。"[3]中执会转批中央商民部审核处理,4月7日中央商民部回复:"该案现已令行湖南省党部商民部核办,俟其呈复再得呈报。"湖南省党部商民部对取消总商会的要求也表示支持,并呈文中央商民部,说明:"查旧商会为大

---

[1] 《成都商民协会呈国民政府文》,1927年3月29日,台北:中国国民党中央委员会党史史料编纂委员会收藏档案,前五部档1084。

[2] 《中央商民部致四川省党部商民部训令》,1927年4月25日,台北:中国国民党中央委员会党史史料编纂委员会收藏档案,部1084。

[3] 《湖南全省商民协会致中执会函》,1927年3月,台北:中国国民党中央委员会党史史料编纂委员会收藏档案,汉0899。

商人从前承仰军阀鼻息之机关,剥削中小商人之利器,即以现在而论,每与各地商协暗相抵触,有妨商运之统一。当此革旧维新之际,自应铲除此种障碍,以利进行"。最后,中央商民部令湖南省党部商民部呈取消旧商会情形,准予备案,并在致湖南省商民部的指令中"合行令仰该省党部商民部核办,着即呈复备查为要"[1]。在此之前,长沙市商民协会还发布快邮代电,宣布:"旧商会实行取消之后,所有旧商会债权债务,均由市商协继承负责,以统一商民组织,集中革命力量。除定本月卅日将市商协迁入旧商会会址办公,并分别呈报备案,特电奉闻。"[2]国民党湖南省执委会只是认为,对商会的债权债务,应先组织清理委员会进行清查,并在呈中执会文中说明:"旧商会债权债务由该商协负责一节,应先由该商协组织清理委员会,详细清查,较为妥便。除训令该市商协知照外,理合备文呈报查核。"[3]

另外,本章上节曾论及南昌总商会正副会长被捕之事,实际上与此同时,南昌总商会甚至也曾一度被南昌商民协会接收。1927年5月初,南昌商民协会执行委员会常委李郁等人呈请江西省党部商民部转中央商民部,报告相关经过,希望得到中央商民部的批准与支持。呈文指出:"窃四月二十七日南昌各民众团体暨卫戍司令部、南昌公安局,会同清查反革命委员会于清查户口时,将南昌总商会会长张继周逮捕,认为有反革命行为,已致该会负责人。兼之本党三次全省代表大会决议案,应将旧式商会取消,交商民协会接管,根据以上原因,特于四月二十七下午七时开执委裁判委员执行联席会,关于接收总商会问题,议决成立南昌市商民协会接收南昌总商会委员会。"[4]中央商民部也曾一

---

[1] 《中央商民部致湖南商民部指令》,1927年4月27日,台北:中国国民党中央委员会党史史料编纂委员会收藏档案,部1087。
[2] 《长沙市商民协会致中央党部电》,1927年4月13日,台北:中国国民党中央委员会党史史料编纂委员会收藏档案,汉0903。
[3] 《中国国民党湖南省执行委员会呈中执文》,1927年4月23日,台北:中国国民党中央委员会党史史料编纂委员会收藏档案,汉0904。
[4] 《南昌市商民协会执行委员会常委李郁等呈》,1927年5月2日,台北:中国国民党中央委员会党史史料编纂委员会收藏档案,部1103。

度同意南昌市商民协会接管南昌总商会。中央商民部致江西省党部商民部令称:"据呈报南昌市商民协会接收南昌总商会等情,第二次全国代表大会商民运动决议案第二项,对于旧式商会之为买办阶级操纵者,径用适当方法逐渐改造,一面并帮助各地中小商人组织商民协会,一洗从前绅士买办阶级把持旧商会之恶习之规定,已经颁布。现该商会既属反动,自应由市商协接管,仍应预为制止以后反动分子。于可能范围内,除反动分子外,尽量联合各阶层商人,共同团结,以谋商业进展,而固革命战果。至于接管旧商会一节,暂准备案。"[1]

事实上,在中央商民部同意江西省商民协会接管南昌市总商会以前,江西全省商民协会第一次代表大会已于5月5日召开大会,通过了"取消商会、商团并接收其器产案"。此案通过之后,中央商民部特派员张振鹏在大会上虽说"总商会为无明令取消,俟中央取消时说明接收办法,再行遵办",但同时又同意"现在全省商民协会已成立,即以总商会为办公地点,其财产器具概由南昌市商民协会接收,可由其暂保管"。因而实际上江西省商民协会在未报经中央商民部批准之前,即已先行接管了南昌市总商会。[2]只是后来国民党中执会政治委员会议决时,下令释放了南昌总商会会长。

由于当时中央商民部采取这种摇摆不定自矛盾的政策,而且有批准一些地区取消商会的先例,于是,其他一些地区的商民协会很可能也会纷纷仿效,甚至不经呈报即自行其事,其结果势必引发更多与更尖锐的矛盾。

国民党中央商民部也意识到此事之严重性,遂于5月16日报请中央执行委员会,说明:"查各省商民协会筹备处或全省商民代表大会,往往未经中央党部核准,对于旧商会即行接收或取消,似于手续未合。本部兹拟一办法,除已经接管省份不计外,嗣后各省商民协会筹备处等

---

[1]《中央商民部致江西省党部商民部令》,1927年5月13日,台北:中国国民党中央委员会党史史料编纂委员会收藏档案,部1103。

[2]《江西全省商民协会第一次代表大会议决案》,台北:中国国民党中央委员会党史史料编纂委员会收藏档案,部1104。

团体对于旧商会之接管,应事前先行呈请中央予以核准,经中央党部核准,然后遵令接管。此等办法,是否可行,仍请贵会议决。"[1]很显然,中央商民部的意思并非是禁止商民协会接管商会,只是说明商民协会需要事先呈报核准,不得自行采取行动。但是,由于无论是取消还是接管商会,尽管有国民党中央商民部的训令,但实施起来也遭到商会的强烈反对,使商会与商民协会的矛盾冲突更加尖锐。因此,5月18日召开的国民党中执会政治委员会第22次会议讨论这一问题时,比较一致的意见是,商会问题应通过制订商会法的方式解决,在目前情况下商会与商民协会应"同时存在",最后议决的结果为,商民协会对于商会"不准接管"。[2]于是,中央商民部又赶紧向各省党部商民部发布通令,说明"除湖南、江西已经接管不计外,合行该省党部商民部商民协会等团体,遵即以后对于旧商会不得任意接管"[3]。可见当时的国民党实际上并没有真正全面实施取消商会的做法。

上述中执会"同时存在"的决定,在一定程度上暂时遏止了许多地区商民协会取消商会的要求与行动,同时对于各地方党部与政府处理商民协会与商会之间的关系提供了新的依据。例如江苏省盐城县商会与商民协会发生冲突,互相指责,并且均呈请省政府解释两会关系。省政府经函请省党部特委会农工商运动委员会解释,随后下发第147号公函做出如下回复:"一、根据第二次全国代表大会决议,并未否认旧式商会,惟须用适当方法,逐渐改造,故原有商会,在中央未颁布明令取消以前,仍可存在。至该县商会,闻有土豪劣绅买办阶级从中操纵,拟令其根本改造。二、商民协会乃参加国民革命,代表大多数商民利益之团体,性质与旧式商会大异。苟原有商会,无买办阶级土豪劣绅从中把持,以作反革命勾当,当不致有冲突。三、组织商民协会,中央颁有章程

---

[1]《中央商民部致中执会函稿》,1927年5月16日,台北:中国国民党中央委员会党史史料编纂委员会收藏档案,部1709。
[2] 中国第二历史档案馆编:《中国国民党第一、二次全国代表大会会议史料》下册,第1182页。
[3]《中央商民部通令》,1927年5月,台北:中国国民党中央委员会党史史料编纂委员会收藏档案,部6340。

及法令程序,应由中小商人自动发起,受本会及县特派员、特别党部之指导,断非原有商会所得干预,亦非由原有商会改组而成。四、店员与商民协会问题,依据中央最近议决案,以与资本有关系者为限,其余与资本无关系之店员,可组织店员工会,统属于县市总工会。"[1]

不过,当时的国民党也并未因此而完全改变对待商会的态度,只是根据当时的情况转而采取另一种权宜之策。下引一份国民党中央商民部呈报中执会的"关于本部商民运动之最近方略"手抄稿档案,是笔者在台北国民党中央委员会党史会所藏中央商民部档案中查到的,从中即可看出这一微妙的变化。

甲、以第二次代表大会商民运动议决案联席议决案为标准,此外视环境之变迁及时势之需要,酌定宣传纲要。乙、本部比较重要之职务,为组织各省市县商民协会,以期全国商民参加革命与工农军学联合一致的战线。现各省市县商民协会呈拟备案者极为繁伙(本月底另有详表报告),惟商协组织愈发达,而旧商会抵抗亦愈力,双方暗潮时常接触,加以旧商会类多大资产阶级,藉有数十年之历史,经济上之地位、社会上政治上的地位均在商协以上。至于商协均系新近成立,组织之分子多系中小商人,经济上社会上政治上的地位远不及旧商会。本部虽负有改选〔原文本为"改组",后改为"改选"——引者〕旧商会、领导商民协会之职责,然以旧商会之势力在经济界、金融界占有优越势力,而政治之运用,如发行票券公债筹借饷糈等,与旧商会又有较为密切之关系,骨子里虽具有改造旧商会之坚决意念,而表面上又不能不与以相当之周旋;对于商协会虽居于保护领导之地位,而表面上又不宜予以优越的权力。故本部对于旧商会拟采用阳予委蛇、暗施软化之方法,或消极方面设法剪灭其旧势力,积极方面设法促其参加国民革命。对商协采取一实际援助之手段,如予以补助费,添予政务等,而表面上对商

---

[1]《商会与商民协会关系之解释》,《申报》,1927年7月27日。

会、商协一视同仁。[1]

显而易见,由于国民党起初制定商民运动方案时,对工商界和商会的实际情况缺乏了解,没有认识到商会在经济、政治和社会上的重要影响与作用,对商会采取了比较偏激的举措,一些商民协会据此对商会强制进行接管和取消,但在实际操作过程中却遭遇到许多困难,使商民运动的发展受到严重影响。鉴于这种状况,当时的国民党又不得不临时对商民运动的方略稍作修正,转而采取表面上对商会、商民协会一视同仁,实际上仍在各方面支持商民协会削减商会势力的方略。当然,这一新方略并不表明国民党对商会的性质有了新认识,只能说是国民党在不得已的情况下,面对现实而采用的一种稍显缓和的隐蔽手段。

中央商民部拟具这一新的商民运动方略之后,即呈报中央执行委员会审核批准。其呈文说明:"本部现为商民之需要,审察时势之情形,使一般商民加入国民革命,同时并解决旧商民团体冲突与纠纷,增加国民革命力量起见,拟具商民运动最近之方略,领导商民与农工学兵一致联合,共同作战。拟具最近对于商民运动方略,附陈于后,可否之处,仍希酌拟见复。"为了防止这一新的方略对商民协会与商会以及整个商民运动的进行造成意外的影响,国民党中央执行委员会第二届常务委员会在第9次扩大会议上,对中央商民部"来函提出商民运动方略一案……决议照办",但同时要求中央商民部对该"商民运动之最近方略"不予宣布。[2]

在是否取消商会的问题上,国民党内部的意见显然并不一致。就一般情况而言,各级党部商民部作为商民协会以及商民运动的直接领导机关,为了能够进一步扩大商民协会的势力与影响,大多倾向于支持取消商会,甚至连中央商民部有时也在某种程度上支持这一行动。但当时的国民党中央则出于整体上的综合考虑,较多地顾及商会可以在

---

[1]《关于本部商民运动之最近方略》,1927年4月18日,台北:中国国民党中央委员会党史史料编纂委员会收藏档案,部10686。
[2]《中执会致中央商民部函》,1927年5月4日,台北:中国国民党中央委员会党史史料编纂委员会收藏档案,部10387。

经济上提供支持,因而并不积极支持取消商会的行动,甚至是多数情况下表示反对。在此期间,中执会政治委员会曾数次讨论商民协会与商会的纠纷以及涉及到的取消商会问题,最终通过的决议都是保留商会。后来中央商民部呈文中执会,说明各地商民协会接管商会的行动须先行呈报批准,不得自行其事,中执会政治委员会议决之后,却是对接管行动坚决表示反对,并明确规定商会应与商民协会"同时存在",无论在什么情况下都"不得接管"。在此之后的一段时间内,取消和接管商会的事件未再发生,但这也并不意味着商会不会再面临生存危机。实际上为时不久,就又发生了更大范围的有关取消商会的争议。这次争议,甚至是由中央商人部直接引发的,而且当时已是在国民党"清共"之后,不可能再有共产党人在背后发挥作用与影响。

1927年9月底,国民党中央特别委员会第4次会议决定将商民部改为商人部。褚民谊出任商人部主任,他在10月召开的第一次部务会议上指出:"中央特别委员会要纠正从前的错误,所有商民部、农民部统称为商人部、农人部,就是商民协会、农民协会的名称及其组织,将来亦必设法修正,现正在整理中,以备提出第三次代表大会。"[1]新上任的商人部部长所说之对商民协会的名称与组织,要设法进行修正,这实际上是释放出了一个值得重视的新信息。不过,不仅仅是商会,恐怕连商民协会起初也都无法预料这一新信息的具体内容。只到一月后,中央商人部向各省市商人部和商民协会发出调查商会与商民协会合并事宜的通告,商会和商民协会才获知此新信息的具体内容。很显然,对于商民协会而言这是一个利好消息,对商会来说则是面临一次严重的生存危机。

11月1日,中央商人部即致令南京总商会,提出了将商会与商民协会合并的设想。其令曰:"商人惟一之组织即为商会,但以内部组织未臻完善,遂为一二人所把持,至受其压迫者甚众。虽其不乏正当之商

---

[1]《中央商人部第一次部务会议录》,1927年10月14日,台北:中国国民党中央委员会党史史料编纂委员会收藏档案,部4303。

人,出为改善者,亦因积重难返,挽回不易,故有商会不革命之嫌。本党为领导民众团体参加国民革命,商人为民众之一部,特设有商民协会领导商民参加国民革命,谋解放商人本身之利益。故经本党之指导与宣传后,商人之觉悟者日益加多,加入商民协会亦日益众。惟旧有之商会既组织之不善,仍然存在,以同属商人,同隶本党指导下,理应一体,毋再分歧。以此,本部为研求商会与商民协会之合并,以便统一指导和宣传,而固商人团体之团结,特派本部调查干事张警之前往南京总商会调查一切组织及会员人数会费数,具报以备核办。"[1]张警之进行了一番调查之后,向中央商人部报告说,南京总商会认为与商民协会与商会并无明显区别,可以而且有必要加以合并。据此,中央商人部遂又向全国各级商人部和商民协会发出通告,就取消商会事宜征求意见。通告之内容如下:

> 查旧有商会组织不良,失却领导商人之地位。现在各地商人咸自动组织商民协会以为替代,且以职权问题,尤多冲突,自应急速改善以适应商人之需要。本部拟于本会第三次全国代表大会时提出方案,请求撤销全国旧商会,以商民协会为领导之机关,以集中商人力量而便统一指挥。惟于未改善之初,先当征求各地商人之意见,以谋改善之道。为此通告各省商人部、商民协会仰即转告所属各商人团体,对于改善商会之处有何意见,可陈述来部,以为采择而为将来施行之根据。[2]

这样,可以说在中央商人部的直接部署之下,引发了前所未有的第一次商会存废之争。各地商人部与商民协会几乎都在回复中表达了支持取消商会的态度,并且还借此机会对商会大肆进行了指责与攻击。即使是刚与汉口总商会合作召开过长江流域商民代表大会的汉口商民协

---

[1]《中央商人部致南京总商会令》,1927年11月1日,台北:中国国民党中央委员会党史史料编纂委员会收藏档案,部12334。
[2]《中国国民党中央商人部通告》,1927年11月11日,台北:中国国民党中央委员会党史史料编纂委员会收藏档案,部4309。

会,也谴责"旧有商会本封建之余孽,军阀之走狗,由少数政客式之大富贾买办所把持,图一己之攒营,与军阀政客相勾结,而以一般中小商人为压迫宰割工具,商人敢怒而不敢言。……属会曾有打倒是物之议,当以顾全军事政治各种关系不果行,嗣又为新军阀政客所袒庇,故犹得以苟延残喘,贻革命历史上之污点"[1]。

与此同时,各地商会则坚决反对中央商人部拟取消商会的设想。尤其是在全国号称"第一商会"的上海总商会,虽然受会长傅筱庵私通孙传芳的影响曾被勒令改组,但此时仍在维持商会合法存在的抗争中,担负了领袖群伦的重要作用。上海总商会得知此消息后,先是召开联席会议商讨应对之策,并致函上海市党部商人部,对中央商人部通告中有关商会的说法一一进行了反驳,认为"现行商会之组织,实系中小商人兼容并包,并无由某种阶级可以专擅包揽之规定。有法规,有案牍,可以为相当之证明者也。更就'失却领导商人之地位'言之,亦与历来经过之情形未符。……蒙此厚诬,不能不为相当之辩明者也"[2]。

随后,上海总商会又联络全国各地商会,以召开各省商会联合会的形式共同予以抵制。1927年12月中旬,会议在上海举行,国民政府所辖10省区87个商会的140余名代表出席了本次会议,蒋介石、戴季陶、孔祥熙等党政要员也参加了开幕典礼。大会原定有5个议题,但实际上最重要也是最先讨论的即为商会存废问题案。上海、南京、汉口、广州、苏州等17个总商会和商会,都向大会提交了商会不能撤销案。广州总商会在提案意见书中指出:"政府如不欲与商民合作则已,若欲合作,又故将代表商民之商会而废弃之,是犹南辕而北辙也。……党部可以裁撤商民部,党内可以不要商人,但国家不能无代表商民之商会。藉曰党部已有商民协会,为统一商运计,二者不可以得兼,亦当听商民自动的选择。孰者为真正代表我商民的机关,我商民应有辨别之能力。……

---

[1]《汉口商民协会致中央商人部函》,1927年11月19日,台北:中国国民党中央委员会党史史料编纂委员会收藏档案,部0836。
[2]《为旧商会不应撤销事上海总商会复行党部商人部函》,1927年11月24日,上海市工商业联合会等编:《上海总商会组织史资料汇编》,下册,第578—579页。

盖粤省为革命策源地,商民协会之组设已有数年。考其实际,真正商民之参加而表同情于协会者尚属少数,至今未能提挈商场。试观历次群众运动,非有总商会领导其间,未易得商界之谅解,可为明证。"[1]

大会还以各省商会联合会总事务所的名义,呈文中央党部和国民政府,要求撤销中央商人部废止商会提案,修改商会法。呈文阐明:"议者或曰商会不革命,此又不然。商会对外力抗帝国主义……无不尽力抗争,表示商会革命,反抗帝国主义态度。对内力维革命……劝导各商人以经济赞助革命政府、革命军队诚属不少,后方工作未为不勤。所谓不革命云者,实谰言也。议者或曰商会组织不善,此则然而不然。商会系法定机关,其组织皆根据商会法。商会法不善,责在政府,不在商会。所谓商会组织不善者,实不明此中事理也。或曰商会不能容纳中小商人,此则似是而非。"除了对相关问题予以说明和解释之外,为使商会原有缺陷不再授人以柄,屡遭商民协会指责攻击,本次会议还议决自动对商会进行改组。"其条件有三:一废止商会法会长制,改为执监委员制。二会员不限男子。三会费规定每年负担最少限定,以便普及。"最后,大会的呈文表示:"理合依照决议案具呈钧部钧府察核,请准撤销中央商人部废止商会提案。一面令行法制局将商会法迅速修正,准属所举员参加。在修正商会法未颁布以前,由各商会自动改组,以期救济而不相妨。"[2]会后,各省商会联合会执监会议还议定,先推举常务委员赴南京向国民政府请愿,"以求达大会议决事件的执行目的",如仍无效,"由各省代表继续请愿"[3]。

在上述第一次大规模商会存废之争的过程中,中央商人部也还只是提出了取消商会的设想,并没有呈请中央执行委员会批准实施。其设想的具体步骤是先搜集各地商人部与商民协会的意见,然后等到第

---

[1]《商会存废问题为对沪会五项提案意见之一》,上海市工商业联合会等编:《上海总商会组织史资料汇编》,下册,第593—594页。

[2] 呈中央党部国民政府议请核准商会改善方案文,上海市工商业联合会等编:《上海总商会组织史资料汇编》,下册,第595页。

[3]《各省商联会第一次执监会议之第二日》,《申报》1928年3月14日。

三次全国代表大会召开时提出相关的提案,讨论通过后再予实施。所以,商会仍暂时可以继续维持现状。当国民党浙江省党部呈文中央特别委员会,历数商会法不合革命之精神、商会组织法之不完善、商会与商民协会权限相同不能并存、商会之存在大有阻碍于商民协会之发展、商会之不足以代表商人等五条理由,认为商会既"无存在之必要",也"无存在之理由",要求立即予以取消。[1]中央商人部的复函则说明:"商会之不能适应商人要求,自属实情。惟今日本部尚未拟定商会法改组旧商会及未经呈明中央撤消旧商会之前,暂许其存在。至若职权问题,除属于旧商会之商店受其管辖者外,不能代表一切商人。将来本会第三次代表大会时,本部定当提出议案,请求撤消原有之旧商会。届时自可取消,并拟于未提出议案之前宜先搜集各地商人意见,以为将来改善之根据。"[2]

实际上,在第一次商会存废争论之后,各级商人部、商民协会仍希望取消商会,国民党中央商人部也并未因商会的强烈反对,完全改变取消商会的初衷,只是认为当时的时机不成熟。正因为这样,商民协会与商会之间的冲突矛盾也没有因此而消除,甚至到后来又出现了更为激烈的商会存废之争。但到那时,国民党中央对商会的态度却已有更为明显的改变,所以采取了完全不同的政策。有关具体情况,在本书的最后一章将做具体论述。

需要说明的是,在这一时期,国民党有时也需要借助和利用商会在商界中的地位与影响,达到壮大民众尤其是整个工商界支持国民政府的目的。例如1926年2月,国民革命军在河南战场受挫,为了扭转不利局势,扩大国民革命运动声势,国民党再次号召各界职业团体联合促成国民会议,形成对军阀的强大政治压力。中央商民部为此而专门发出通告,号召商会出面动员和领导积极参与国民会议运动。通告指出:

---

[1] 《浙江省党部呈中央特别委员会函》,1927年11月4日,台北:中国国民党中央委员会党史史料编纂委员会收藏档案,部1119。

[2] 《中央商人部致浙江省党部临时执委会函》,1927年11月11日,台北:中国国民党中央委员会党史史料编纂委员会收藏档案,部1121。

"商民为全国人数次多之民众,尤其被帝国主义与军阀之抽剥残杀,尤为痛苦,对于解除此双重痛苦之要求,尤为迫切。故代表商民群众之商会,亟当挺身而起,领导商民,集中全国商民之力量,热烈促成国民会议。……各代表商民群众之商会,宜即本此主张,努力进行,以达实现国民会议之目的。"[1]2月26日,广东各界召开促成国民会议大会,除商民协会之外,广州总商会、市商会、商界联合会也响应中央商民部的号召积极参加了大会。报载此次大会是一次"打倒帝国主义、打倒军阀,人民夺取政权之广东国民会议示威大运动",会后还以大会之名义,公开发表了《上国民政府书》、《致孙传芳电》、《致冯玉祥电》。[2]

国民党广州市党部商民部还曾希望借助商会在商界已有的号召力和影响力,动员更多的商人加入国民党,以加速商人的革命化进程。为此,市商民部专门向广州市商会致函,做如下详细说明:

> 迩因帝国主义者之政治力经济力,对于我国压迫日深,国民感受痛苦,知非依照国民党主义,群策群力,继续奋斗,不足以图存。年来工农军学各界纷纷入党,组织党部,相与合作,努力以求达到打倒帝国主义之目的,正如风起云涌。商界中深明党义,热忱救国者,大不乏人,讵肯甘居人后。只以时局影响,一时未惶组合。现各政业已统一,地方安谧,连日商界同人,来部咨问入党手续者,指不胜屈,足证商人爱国,本有同情。贵会为商人领袖,苟能于商人入党运动,加以连络,广为宣传,庶几山鸣谷应,事半功倍。敝部为商人入党便利起见,相应函达贵会,希为查照国民党各种宣传文告,并国民党第一、第二两次全国代表大会宣言,劝告商人,报名入党。至关于组织党部种种办法,希随时派员来部接洽,敝部同人,无不乐为相赞也。

当时刊登以上函件的报纸同时还报道:"自日前国民党商民部议决,实行运动全省商民,一律加入国民党,以期孙总理之三民主义,普遍

---

[1]《中央商民部通告商民促成国民会议》,《广州民国日报》,1926年2月24日。
[2]《广州民国日报》,1926年3月1日。

全国。广州总商会诸分子积极进行,筹备各行商加入国民党,并成立总商会党区分部。市商会鉴此,亦乘时组设市商会党部,以示不落人后。"[1]正是在这样的背景之下,广州市商民部致函市商会,希望市商会进一步推动和加快这一进程。值得注意的是,该函称商会"为商人领袖",这与此前国民党认定商会是不革命和反革命的商人团体,口吻显然有所不同。但几乎就在同时,广东省党部商民部发出的通告,却又仍然宣称:"更有把持一切旧商会的会长会董,他们许多是专利用商会来勾结帝国主义军阀官僚,来升官发财,不顾大多数商民的利益,我们也要向商民宣布他们的罪状,打倒他们。"[2]可见,在开展商民运动的过程中,国民党对商会的认识与态度实际上是自相矛盾的,往往会根据不同场合和不同需要做出不同的论断。

在经济上,国民政府建立之后,一直面临着帝国主义和军阀的经济封锁与破坏,财政十分困难,因此也希望在商界中拥有广泛号召力的商会,能够给予宝贵的支持。[3]这也是国民党一方面认定商会是不革命甚至是反革命团体,需要从根本上进行改造,或者是予以取消,由商民协会取而代之,但另一方面却又迟迟没有真正实施相关措施,而且当有些地区的商民协会强烈要求取消商会时,国民党中央却不予批准的重要原因之一。

不仅如此,国民党中央与国民政府还一直在考虑修订民初袁世凯政府颁行的商会法,重新制订新商会法。其用意大概主要包含两点,一是用颁布新商会法的形式,即以法规的方式对商会的合法性仍予以承认,以便更好地加以利用;二是通过制订新商会法,对旧商会予以改造,使之适应国民革命与商民运动发展的需要。对于商会而言,自国民党"二大"通过商民运动决议案之后,商会被认定为是不革命和反革命的商人团体,一直面临着来自于政治方面的前所未有的生存危机,受到商民协会的指责与攻击。在这种情况下,商会为了重新获得合法存在的

---

[1]《市党部商民部致市商会函》,《广州民国日报》,1926年3月8日。
[2]《广东省党部商民部为商民运动告全省商民党员书》,《广州民国日报》,1926年3月19日。
[3] 有关这方面的事例,请参阅冯筱才:《商民运动研究(1924—1930)》,第197页。

法理依据,也不断要求国民政府制订新商会法。1927年1月初,由广州总商会、商会联合会、市商会参与筹备举行的广州商民代表大会,通过了34件议决案,其中即有请政府修改商会法案。[1]

新商会法的制订,并非南京国民政府建立之后才开始运作,实际上早在广州国民政府时期就已经提出,只是一直处于草拟过程之中,未能确定而颁行。1926年11月,国民党中央政治会议即做出决定,要求中央商民部、广东省商民部、广州市商民部、广东省实业厅、国民政府司法行政委员会等机构,会同起草商会法。随后,中央商民部函约上述各机关派代表于23日在该部召开会议。本次会议讨论了商会法起草大纲,主要内容为:(1)宗旨:以发展商人应有利益及团结商人参加革命为主旨;(2)组织:采用委员制,以行为单位,以人数为比例;(3)会员:凡正式商人,皆可加入为会员,但买办阶级、及中外合办之商店商人,不得加入;(4)会费:以少为原则;(5)选举:用双记名普选;(6)任期:一年一任,如再被选,得连任一次;(7)会议:分代表大会、执行委员会、常务委员会三种。会议还决定,由司法部依照本大纲起草商会法,于一星期内草就,提交下次会议讨论。[2]

按照这个大纲所确定的原则,将有可能在以下几个方面改变旧商会的原有格局。关于会员,大纲限定了买办甚至是中外合办商店之商人,均不得加入商会而成为会员。旧商会则并无此种限制,只要是商人均可加入。这一规定,仍体现了当时国民党对旧商会的最大不满之处,即买办或买办商人在商会拥有较强势力,乃至于控制了商会的领导权。如能限制他们加入商会,当可解决旧商会这一最主要的弊端。关于领导体制,采用委员制,改变旧商会的会长与会董制度。这也是一种较大的改变,应该说体现了现代政治的发展和新时代的变迁,无可指责。关于会费,确定以少为原则,这主要是针对旧商会规定缴纳高额会费,导致只有富商大贾才能加入,中小商人难以问津的缺陷而做出的改变。

---

[1]《商民代表大会之第四日》,《广州民国日报》,1927年1月14日。
[2]《商会法之起草会议》,《广州民国日报》,1926年11月25日。

如果会费较少,广大的中小商人就可以加入商会,从理论上说这一改变应该也无可厚非,但在实际操作过程中可能会遇到不少困难。因为在此之前,包括上海商会在内的一部分商会,自身也已意识到这一问题,上海商会还曾在民初一度实施大幅减少会费、扩增会员的改革,但最终却导致商会遭遇严重的财政赤字,入不敷出,只能靠借债而暂时勉力维持,会员人数也并没有因减少会费而得到明显增加。所以,上海商会在不得已的情况下又只能恢复了原有的相关规定。[1]

国民政府在北伐时期不仅军事倥偬,而且面临的政治、经济、外交等方面诸多事项也十分繁杂,相对许多紧迫事宜而言,修改和制订商会法似乎显得并不是那么急切,加上对商会究竟采取什么样的政策,意见并不完全统一,因而制订商会法的进展十分缓慢。一些地区的商会则希望国民政府尽快颁布新商会法,即使因此而使商会有某些变化,但毕竟可以由此获得名正言顺的合法地位,以免经常受到商民协会要求国民党商民部和国民政府取消商会的威胁,甚至也包括应对后来中央商人部主张取消商会的计划。

例如汉口总商会在国民政府迁到武汉后不久,就曾经呈请湖北政务委员会拟订和颁行新的商会法规,以为商会改组之依据。武昌总商会在1927年1月也同时呈文中央执行委员会和中央联席会议,说明"政府建立,百度维新,所有商会,自应遵照新章办理。现在大冶县等处商会,曾经函询办法,转陈在案。近闻政务委员会已经修正商会法,仰恳早为颁布,俾商会依法改组,以符新章而策进行。"[2]

同年2月11日召开的武汉临时联席会议第23次会议,也曾经讨论湖北政务委员会提出的拟暂行整理《湖北商会条例》,但并无明确结果。于是,汉口总商会又呈文中央执行委员会,阐明:"本会曾于本年一月函致湖北政务委员会,对于商会办法是否仍照旧章,抑须静候新

---

[1] 有关详细情况,请参阅拙文《近代中国商会选举制度之再考察——以清末民初的上海商会为例》,《中国社会科学》,2007年第1期。

[2] 《武昌总商会呈中执会文》,1927年1月4日,台北:中国国民党中央委员会党史史料编纂委员会收藏档案,汉1495。

章,请予示遵。嗣奉政务委员会复函内开,查《湖北商会条例》业经本会拟具草案,呈请中央政治会议审议,一俟审议终结,令到即行公布,等因。自应静候颁布,俾便遵从。无如守候已及兼旬,公布仍无确日,不惟各地商会之纷纷询问者,无从答复,即本镇各业商人与商人时有纠纷,而仍守旧章,既难期其必服,偶维现状,又或苦于无稽。本会诚恐诚惶,罔知所措,虽总商会仍应存在,已奉明文,而办法不能折衷,即职务多难合度,人各一说,则是非无所适从,枝或旁生,即彼此愈徒多意见。当兹岁华更始,弥望商界咸新,拟恳钧处俯念下情,迅将审议商会条例,即日宣布,以便一致遵循。"[1]尽管汉口总商会词恳情切,但当时的国民党中央执行委员会实际上也难以真正迅速解决该问题。

有学者认为,《湖北商会条例》经中执会政治委员会第 11 次会议通过,并于 1927 年 5 月由湖北省政府颁布生效。[2]查 1927 年 4 月 11 日该次政治委员会会议速记录,徐谦在会上说明:"湖北商会组织条例现已提交国民政府,大体不错,只要稍微修改一下。"会议记录称徐还宣读了该条例,随后谭延闿发言说:"既是湖北一省的,应交湖北省政府公布。"大会决议:通过。[3]不过,现尚未查到湖北省政府在 5 月公布该条例的具体记载。另从汉口总商会在此后的长江流域商民代表大会上,又再次提出类似的要求分析,似乎又未曾颁布商会条例,或者是该条例颁布后并未起到预期的作用。

正因如此,在稍后举行的长江流域商民代表大会上,汉口总商会才会再次提出了请速颁商会法规以资遵守案。该提案说明:"查国民革命团体,农工而外,我商人实居重要之成分。盖以同受帝国主义之经济压迫,应联合战线,共同奋斗,以祈达自由平等之目的。惟是农工团体之组织,早经政府颁订章程,一律遵守,而商人方面,除商民协会外,如原有之商会、总商会如何改组,尚无新章之可循。一载以还,我商人努

---

[1]《汉口总商会致中执会函》,1927 年 2 月 17 日,台北:中国国民党中央委员会党史史料编纂委员会收藏档案,汉 857。
[2] 冯筱才:《商民运动研究(1924—1930)》,第 236 页注 35。
[3] 中国第二历史档案馆编:《中国国民党第一、二次全国代表大会会议史料》下册,第 1047 页。

力革命工作,自信未敢后人,然办事既失所凭依,即精神遂无由表现,此固不止汉口一埠本会一会为然也。溯自上年国民政府迁鄂,本会曾经呈请中央政治会议颁订商会法规,以为改组之依据,虽奉复示:业经拟具草案,尚须审议颁行,然静候已逾多时,而颁布仍无确日,群情惶惑,莫知所从。拟请大会转商政府,将关于此项法规,或就全局厘订,或分区域以施行,早定方针,示之标准,庶几遵循。"[1]由上可知,商会要求早定商会法,主要还是以有利于商人支持和参加革命作为最重要的理由,当然不会明言以摆脱自身不利之处境作为目的,但其背后实际上却是蕴含着这一重要目的,而且这一目的也是驱使商会要求国民党中央和国民政府尽快颁布商会法的主要动因。

1927年底,反对取消商会的各省商会联合会在上海召开之后,许多商会对敦促政府修改商会法显得更为积极主动。苏州总商会在各省商会联合会上就曾为商事法令问题提出议案,说明:"政府所颁布者为法,官厅所施行者为令,各业以此问题须辩明适用法与令,庶免纠纷。现在省自为政,商民何所适从,应请政府从速颁商会法,以便商事上之适用。"[2]不仅如此,后来还有些商会对修正商会法提出了不少具体的建议和意见。例如上海总商会对商会法的修改提出了以下五个方面的意见:(1)名称。旧商会法规定于地方最高行政长官所在地及工商业总汇之各大商埠设立总商会,余概称为商会,其华侨中华总商会及中华商会亦照该法办理,是项名称沿用已久,此次拟订草案,似应仍照旧称,以免纷更。(2)组织。旧商会法系用会长制,照现在趋势,自应改用委员制。惟主席委员宜定为1人,以期办事方面得以敏捷处理。如国民政府及省政府均仅设主席1人,亦不必仍有主席团名目。(3)会员资格。除年龄应有限制及其他消极资格外,应照旧制略为推广,不必限于公司行号之经理人,并应采取男女平等原则,不论性别。(4)选举。采

---

[1]《汉口总商会提案》,1927年7月7日,台北:中国国民党中央委员会党史史料编纂委员会收藏档案,部1757。
[2] 马敏等主编:《苏州商会档案丛编》,第3辑,上册,华中师范大学出版社,2009年,第303页。

用连记投票法进行,分业选举制度,应视各地情形而定,条文内可酌设任意规定。(5)整理条文。此须拟订商会法草案,事关法律适用,须有严确规定。所有各项条文,拟请由法律专家整理文字,以免前后文冲突或将来解释纷歧之弊。[1]

此后不久,国民党中央鉴于"军政时期"的结束与"训政时期"的开始,也着手考虑制定新时期民众运动的任务,以及民众团体之组织原则及系统,其中也包括商会与商民协会组织系统的规定与安排。国民党中央执行委员会常务委员会议决通过的"民众团体组织原则及系统",强调"民众团体本来是民众一方面为维护其特殊利益,实现其特殊要求所组织,同时又为谋民族的国家的共同利益而组织的。在为民众而革命的本党之下,决不应使之停顿或令其消灭。……民众团体本有两种使命,其一为破坏的,其二为建设的。在军政时期,民众团体的使命在向军阀政府及反动势力作政治的斗争。训政时期开始以后,民众已有了组织的自由,和参与政治的地位,已可以向革命政府提出其要求使订定于国法,其使命便一变而为发展产业及提高文化,并协助国民政府整个的计划和一致的步骤之下,从事于革命的建设"[2]。从"革命的破坏"时期转变为"革命的建设"时期,尤其是在发展产业方面,以经济职能为主的商会与以政治职能为主的商民协会相比较,显然可以发挥更加突出的作用,这对商会自然是非常有利的。不仅如此,国民党当时确立的民众团体三个组织原则,对商会的存在与发展也很有利。第一,"凡利益不同而义务各异的民众应使其分别组织";第二,民众团体应各保其完整一贯的系统";第三,"民众团体应加设或改设担负建设工作的机关"。按照"分别组织"和"保其完整一贯的系统"这两个原则,商会当然不应该被取消。

关于商人组织的原则与系统,在此前纷争较大的主要是商会与商民协会应否并存及分立的问题,以及商民协会的成分,即店员是否纳入

---

[1]《总商会条陈商会法意见》,《申报》,1928年5月20日。
[2]《国民党中央民众训练部制定之民众团体组织原则及系统》,1928年10月,中国第二历史档案馆编:《中国民国史档案资料汇编》,第5辑第1编,政治(3),第1—2页。

其中的问题。经过讨论与研究，国民党中央确定，商民协会与商会明显有所不同，不应该合并。"商民协会和商会之所以不同者，在前者以中小商人为重心，后者以大商人为重心，大商人和中小商人的分别，并不是社会阶级的不同，而是营业范围大小的差别。"此外，由大商人组织的商会和中小商人组织的商民协会，对国民党有着不同的意义与作用，"前者为本党经济政策之所在，后者为本党革命力量之所存。"按照上述原则，国民党中央规定的商人组织方案为：(1)商民协会以中小商人为会员，接受国民党的领导；(2)在大工商业区，商民协会内各业会员，得发起各业公会，各业大工商业者得加入之；(3)各业公会得合组商会，商会得合组总商会；(4)总商会、商会受政府的管理，其任务专在发展工商业及国际贸易。[1]

根据1928年10月公布的上述国民党中央民众训练委员会制定之民众团体组织原则及系统，商会和总商会按照规定均得以继续存在。这个民众团体组织原则虽然不是由政府颁布的法规，但在当时国民党"以党治国"的体制之下，仍可以说在某种程度上对此前的第一次商会存废之争暂时做了一个结论。

不过，上述商会与总商会之组成方式，仍与原有商会的组织系统存在着较大的差异。因此，一部分商会对这些规定依然提出了修改意见，并且继续要求政府制订和颁布新商会法。实际上，国民党制定的这一新政策也确有相互矛盾之处，例如民众团体组织原则及统系议决案规定：商民协会以中小商人为会员，受党的领导；在大工商业区商民协会内各业会员得发起各业公会，各业大工商业者得加入之；各业公会得合组商会，商会得合组总商会；总商会、商会受政府的管理，其任务专在发展工商业及国际贸易。根据这一规定，一方面商民协会的各业会员可以建立同业公会，另一方面各业公会又可以组织商会，而各商会又联合组织总商会，这就容易导致商民协会与商会成员之间出现重叠和纠缠

---

[1]《国民党中央民众训练部制定之民众团体组织原则及系统》，1928年10月，中国第二历史档案馆编:《中华民国史档案资料汇编》，第5辑第1编，政治(3)，第8页。

第八章　商民运动期间的商民协会与商会　303

不清的结果。为此,全国商会联合会曾经呈文国民政府从三个方面提出了具体的修改意见。其一是针对"各业公会得合组商会"之规定,说明由于除繁盛城市商埠各业能自成一业,自组公会外,其余偏僻地方一业或无几号,不能组织公会者居大多数,即使是繁盛城市商埠,以个人或一商号成为商会会员者亦不在少数。如依此限制,"至原有商人集团之总商会、商会因此停办,似非训政时期所宜。"其二是针对"商会得合组总商会"之规定,指出以往之商会,虽有总商会、商会之名目,但相互平等,"并无阶级之分",只是职员数额有所区别。"今若由商会以合总商会,则总商会显为商会之上级机关,商会显为总商会下级机关。阶级太明,斗争易起,不但非商人所素习,且亦非商人所素愿。"其三是针对在大工商业区,商民协会内各业会员,得发起各业公会,各业大工商业者得加入之条文,详细阐明"依此条文解释,则是总商会应由商会合组,商会应由各业公会合组,且各业公会则应由商民协会会员发起。简言之,则商会基本组织全在商民协会会员。是则纳总商会、商会于商民协会之中,置总商会、商会于商民协会之下。……于理论既有扞格,于事实亦万分难行。"在进行了以上比较充分的阐述之后,全国商会联合会在呈文中建议对相关条文作如下修改:"商民协会由商人总会、店员总会、摊贩商会组织之","各同业公会或各商店代表,得合组总商会及商会。"[1]

应该说明的是,国民党中央执行委员会常务委员会议决通过的"民众团体组织原则及系统",实际上成为当时国民政府工商部制订商会法的主要依据或参照原则,因而商会对其提出修改意见和建议是非常必要的。即使国民党中央对已经公布的民众团体组织原则不作修改,但在制订商会法的过程中对商会的意见加以酌情考虑,也可谓达到了目的。

工商部在《商会法草案要点说明》中指出:"起草新商会法有一前

———————
[1]《全国商会呈请国府修正商人组织原则及系统》,上海市工商业联合会等编:《上海总商会组织史资料汇编》,下册,第602—603页。

提应最先决定者,即商会与商民协会应否并存是也。查商会与商民协会之存立,在今日已为公认之事实,新商会法对于此种事实自应加以注意。"[1]工商部长孔祥熙也曾说明:"查商人团体之组织,依据本党民众联合之事实,虽只有商民协会而无商会,但第一次全国代表大会公布之对外政纲,已明白确定商会为各省职业团体之一。"[2]更重要的依据,则是上述1928年7月国民党中央常务委员会第155次会议通过的民众团体组织原则及系统议决案,也已确定"将商民组织分为两种,一为商民协会,一为商会,而以商会代表大商人,商民协会代表中小商人",并且认定"商会为本党经济政策之所在,商民协会为本党革命力量之所存"。这就使商会得以存在并且需要制订新商会法有了比较充分的依据。

但是,如上所述商会与商会协会究竟包括哪些成员以及商会的组织方式,仍然是存在着争议的问题,尤其是商会有不同的意见。据《申报》报道,孔祥熙此前在无锡参观考察时,"有人询及商协与商会之关系",孔即回答说:"现在商会多依旧制,其分子为团体。商民协会则用新制,其分子为个人。即使并存,亦属无妨。"对于孔祥熙的这一说法,上海特别市商民协会表示异议,认为"各地商会虽有团体会员,如公所、公会、会馆之代表,然实居少数,其大多数之会员,均属个人。各商会均有会员名册,不难考查。"上海商民协会还认为孔祥熙的说法"与中央通过之条例不符,特致函询问"。孔在复函中说:"鄙人谈话,仅就现在之事实而言,至将来办法,自应以国府明文颁布之各项条例为准,此时固无从悬拟也。"[3]而工商部在制定商会法时,基本上也是沿用了孔祥熙的这一说法。

从后来的实际情况看,工商部在制定商会法时还是参考了商会提

---

[1]《商会法草案要点说明》,台北:中国国民党中央委员会党史史料编纂委员会收藏档案,政4/54—1。

[2]《工商部长孔祥熙呈国民政府文》,1929年1月,台北:中国国民党中央委员会党史史料编纂委员会收藏档案,政4/54—3。

[3]《商业团体会员资格之讨论》,《申报》,1928年9月30日。

出的以上意见。具体而言,工商部主要在以下四个方面表述了略有不同的看法:"本党既不愿见民众有阶级分化之倾向,则不宜强分商人为大与中小之两级一也;本党革命力量之最后表现,即为国民生计之改善,而经济政策实为改善国民生计之主要原动力,似不宜视革命力量与经济政策为截然无关之二物二也;同是商人团体,一则受党的领导,一则受政府的管理,一若在今日党治之下,党与政府判若鸿沟也者,与中央最近议决民众团体一律同时应受党的训练与政府管理之原则,亦有不符三也;商会由各业公会组织,而各业公会须由商民协会内各业会员发起,是商会究为业的集团乎?抑为人的集团乎?性质未明,易滋混淆四也。"工商部基于上述原则与具体考虑,确定"商民协会为商人的集团,认业商的自然人为会员,以图谋商人之福利为目的";"商会为商业的集团,认同业公会或商业的法人为会员,以图谋商业之发展为目的。此原则一经确定,则商民协会固可由商人总会、店员总会、摊贩总会联合组织,但其组织分子则完全为商界的自然人,与商会之以业为组织单位者迥有不同"[1]。很显然,从上述商会法要点说明中可以看出,工商部制订商会法时在很大程度上接受了商会提出的修改建议。

当时,工商部是同时拟订了商会法草案和工商同业公会条例草案。因为"商会组织应以工商同业公会为基础,则工商同业公会条例,尤应先行颁布,以示准绳"[2]。中央政治会议议决将商会法、同业公会法连同工厂法、消费合作社条例等,交付审查,并指定胡汉民、戴季陶、王宠惠、孙科、陈果夫、孔祥熙为审查员,孔为召集人。审查之后,中执会呈中央第35次常务会议通过,交立法院审议,并派人赴立法院参与审查,以使其能够在立法院顺利获得通过。

后来,胡汉民曾就商会法原则中商会由同业公会、商业的法人、别无同业之商店三类单位组成之规定,提出四个问题请审查委员会给予明确

---

[1]《商会法草案要点说明》,台北:中国国民党中央委员会党史史料编纂委员会收藏档案,政4/54—1。

[2]《工商部长孔祥熙呈国民政府文》,1929年1月,台北:中国国民党中央委员会党史史料编纂委员会收藏档案,政4/54—3。

解释。这四个问题是:(1)商会组织之单位,是否以同业公会为原则,商业的法人与别无同业之商店为例外;(2)一区域内是否仅限于一个商业公会;(3)商业的法人如合原则之条件,是否必须组织同业公会;(4)别无同业之商店,能否附合类似或一部分相同之业而组织同业公会。[1]审查委员会分别对四个问题进行了如下解释,并在中央政治会议上获得通过。第一,商会为商业的集团,即以业为组织单位,自应以同业公会为原则;第二,一区域内应限一个同业公会,两个以上有发生冲突之虞;第三,商业的法人虽合原则的条件,其愿组织同业公会与否,完全属于自由,不能加以强迫;第四,别无同业之商店,不必组织类似或一部分相同之同业公会,因为其区分比较复杂,易致发生纠纷。[2]由此可以看出,当时的国民党中央对新商会法的制定还是比较重视的,并且也在一定程度上参考了商会提出的修改建议。

不过,也不能说国民党与国民政府对商会提出的建议都能予以接受。例如工商部初拟之商会法原则草案第2章第5条中,规定"不设总商会,一概冠以地域名称"。上海总商会对此提出不同看法,认为总商会之设实有必要,并向中央政治会议、国民政府工商部发出快邮代电阐明其意见。上海总商会指出:"一总字之存废,诚无关乎宏旨,惟天下事之最难轻废者,莫如名。名废则信不立,言不顺,而事不成。上海之有总商会,创立最夙,历史最久。仍岁以来,国家每有大事,故对外宣传,以上海总商会为最肯努力而有效。……今若去一总字,即译名不能无所变更,一变更则最为外人认识之信用,倏焉消灭于无形,于将来对外宣传,必生不良之影响,不可谓非绝大之损失。况乎上海特别市管辖区域,跨有数县市,内商会不止一所,如果不加总字,何足以示分别。而本会组织,几乎包含全市重要商业公团而无遗,对于其他商会,精神物质恒有联络,无总合之名,内有其实。即他处省会总商会,对于各该省

---

[1] 胡汉民:《关于商会法四问题请予明确之解释》,台北:中国国民党中央委员会党史史料编纂委员会收藏档案,政4/54—11。
[2] 《关于商会法四问题解释报告书》,台北:中国国民党中央委员会党史史料编纂委员会收藏档案,政4/54—12。

内商会,亦各有此种关系,已成不争之事实。最近并已有奉有工商部颁发总商会关防启用未久,尤未便遽改名称,招至疑惑,孔多窒碍。为此,再四筹维,敬贡一得,电恳钧座鉴核,请予改正商会法草案,依照前章分设总商会、商会,仍准沿用总商会名称。"[1]工商部似乎也一度表示愿意接受上海总商会的这一意见,考虑修改为可以设立总商会,只不过要求"凡称总商会,必须电主管机关核定"[2]。但后来正式颁布的《商会法》,却依然只有商会、全省商会联合会、中华民国商会联合会,仍无总商会之名称。[3]

即使如此,从理论上说,新《商会法》的正式颁布虽然为时较晚,但从上述商会法的制定过程及官方的相关各项解释,就已经足以表明当时国民党与国民政府保留商会的态度和政策,应该从根本上可以结束商会存废问题的争执,但在事实上却并未形成这一结果。对当时的商会而言,新商会法的即将颁布无疑是一个福音,对商民协会来说,则仍然有所不满。一部分商民协会和地方党部坚持认为,商民协会与商会二者只能保留其一,商会应予取消。故而在国民党第三次全国代表大会召开前后,许多商民协会和地方党部继续强烈要求取消商会,由此掀起了第二次商会存废之争。

---

[1] 《上海总商会快邮代电》,1929 年 1 月 26 日,台北:中国国民党中央委员会党史史料编纂委员会收藏档案,政 4/54—10。
[2] 《商会法原则》,台北:中国国民党中央委员会党史史料编纂委员会收藏档案,政 4/54—8。
[3] 新商会法见马敏等主编:《苏州商会档案丛编》,第 4 辑,上册,第 50—55 页。新商会法颁布后,依然有商会对此提出异议,例如湖南全省商会联合会致工商部长孔祥熙的快邮代电,说明:"新商会法已于本年八月十五日奉国民政府明令公布,商人团体之根本组织既经确定,举凡近数年来各地商民协会与商会之纠纷,均可迎刃而解,湘省商人,群深庆慰。……新商会法并无总商会名义,湘省原有之长沙、常德两总商会,将来改组时其名称应否变更,又商事公断处应否组设,在新商会法内亦无明文。"《湖南全省商会联合会快邮代电》,台湾"中央研究院"近代史研究所档案馆馆藏档 17—23。

# 第九章　商民运动期间的商民协会与店员工会

在商民运动期间,商民协会不仅与商会之间的关系甚为复杂,对商民协会的发展多有影响,甚至制约了商民运动的进程与结局,与此同时,商民协会与店员工会(或称店员联合会,后称店员总会)之间的关系也值得重视。由于两者之间的关系牵涉到劳资纠纷问题,故而经常出现矛盾冲突,甚至在个别地区店员联合会与商民协会之间还曾发生较大规模的暴力冲突;其次,是有关店员应否划为商人而加入商民协会的问题,也一直存在着争执。从国民党中央、省市党部到一些地区的商民协会,对此都有不同的解释。

在商民运动的不同历史阶段,这种争执都贯穿其中,似乎成为一个难解的症结。本章即对有关情况略作论述。由于商民运动初期广东的相关情况,也有学者发表数篇论文进行了较为全面深入的探讨,本书不再赘述。[1]这里,仅对湖南、武汉、上海地区的情况加以说明,其中湖南的情况则重点考察长沙市商民协会会所被店员联合会捣毁的事件。

## 一　长沙市商民协会会所被毁案

在湖南,长沙市商民协会成立之后,虽然发展较为顺利,声势和影

---

[1] 有关广东的这方面情况,请参阅霍新宾:《国共党争与阶级分野——广州国民政府时期工商关系的实证考察》,《安徽史学》2005年第5期;《互助与合作:广州大元帅府时期的工商关系》,《社会科学研究》2006年第5期;《无情鸡事件:国民革命后期劳资纠纷的实证考察》,《近代史研究》2007年第1期。

响也比较大,在组织广大商民参与商民运动的过程中发挥了重要作用,但也曾遭遇一些意外事件的影响,使其经受了更多的考验。例如1927年1月,就曾发生了长沙市商民协会会所被苏广业店员捣毁的事件,成为商民运动期间商民协会与店员团体最为严重的一次暴力冲突。对于这次事件,现有探讨商民运动与商民协会的论著基本上都很少论及,只有个别论文略有涉及,并作了如下的描述:"1927年1月17日,苏广业店员部分员工因不明真相,在少数人的唆使下,捣毁了长沙市商民协会会址。市商协领导全市商民奋力抗争,取得最后胜利,维护了商民利益。市商协的这一活动,教育了广大商众,提高了商民的认识分辨能力和觉悟,坚定了商民的革命自觉性和信心,使其成为革命党赖以依靠的重要力量。"[1]但是,从下面对有关史实的介绍与考察我们却不难发现,此次事件的发生,实际上并非苏广业部分店员在不明真相的情况下,受少数人唆使而采取的贸然行动,其结果也称不上对商民产生了如此重要的政治影响。

撰诸有关史实,即可明显看出,这次事件的起因是苏广业店员联合会(隶属长沙市总工会)因店员生活困难,提出改良店员待遇的要求,遭到店主反对,导致劳资纠纷,商民协会在参与调解和仲裁此次纠纷的过程中,前后态度不一,偏向于店主一方,致使店员产生强烈不满而引发捣毁市商协的行动。

苏广业店员联合会提出的要求是,在不增加工资的前提下,实行销售额提成奖励,即"每门市卖价一元,提奖三分;批发卖价一元,提奖五厘,作为店员奖金"。苏广业店员联合会认为,采取这一办法"一方面可以增进店员生活,他方面因互相竞争之关系,可以增进商业之发展,意至善也"[2]。但这一要求始终遭到店主反对,双方争持不下,苏广员店员联合会遂号召店员举行罢工。长沙市总工会、市商民协会和市党部曾进行过多次调解和仲裁,并一度议定"门市每元抽二分七,批发抽

---

[1] 乔兆红:《大革命时期的湖南商民运动》,《求索》,2005年第9期,第183页。
[2] 《长沙市商民协会被毁风潮之经过》,《汉口民国日报》,1927年1月28日。

五厘",而且还发出了通告。店员的要求得到部分满足,开始复工,但店主仍"否认此项仲裁",宣告"仲裁未妥,暂停营业"[1],以示抵制。

面对苏广业店主和店员之间的这场纷争,作为商人团体的商民协会不可能置之度外,不仅参与了调解仲裁,而且希望纷争尽快平息。据当时报纸报道,长沙市商民协会曾通函各业,"略谓苏广业店员与店主抽厘提奖各条件,迭经市党部、总工会及本会仲裁数次,毫无结果。究竟此种办法,是否能行?行之有无窒碍?务希将确切理由,一一条列,于文到二日内送会,以便作将来解决之根据云。"[2]但从后来的实际情况看,商民协会的立场偏向于店主一方,并非采取客观中立的态度,难以使这场纷争得到圆满解决,甚至还会波及到商民协会自身。1927年1月17日,市党部又召集店员、店主双方代表和市商民协会仲裁部主任傅安经、市总工会代表黄龙等人,进行最后仲裁,并一度达成如下协议:每门市卖价一元提奖二分六厘,批发卖价一元,仍提奖五厘。店员方面对这一仲裁结果表示满意,店主一方则仍然坚持反对。受店主方面的影响,市商民协会代表傅安经的态度后来也发生变化,对达成的协议表示反对,"并声言必须全案推翻"[3]。

---

[1] 《苏广业风潮之波折》,长沙《大公报》,1927年1月9日。
[2] 《市商民协会调解苏广业风潮》,长沙《大公报》,1927年1月9日。
[3] 当时曾作为花生圕业代表参与长沙市商民协会筹备工作的陈伯勋(当时名为陈惠均),在回忆中也曾提到一次苏广业店员和店主之间的纠纷,在多次调解未果的情况下,由省市党部负责人、总工会、商民协会、店员联合会等各方面代表充分协商,最后达成了六条仲裁办法。这六条办法,"照顾了劳资双方的利益,资方迫于形势,只好接受。双方代表同意签字盖章,经上级党政机关批准后,立即通知各行业遵照实施。一场劳资纠纷,迁延达两月之久,终于获得解决。"但仲裁达成后,市商会"巨商王聘莘、肖莱生、魏桂生(即魏振邦,苏广业负责人)等人,四处造谣破坏,诬蔑商协劳资仲裁偏向店员一边及党团小组把持操纵,气焰甚为嚣张",商民协会报请市党部批准,派人前往魏桂生家中,"将其拘捕交给店员工会的工人纠察队,次日由学徒组成的儿童团押解戴高帽子游街示众。"见陈伯勋:《长沙市商民协会的回忆》,《湖南文史资料选辑》,第17辑,长沙:湖南人民出版社,1983年,第201、202页。陈伯勋在回忆中将此一行动称为商民协会"反击大商人的破坏活动",但只字未提长沙市商民协会被苏广业店员捣毁事件,似乎纠纷得到圆满解决,而且其回忆中所说的六条仲裁办法,以及拘捕苏广业魏桂生并游街示众之举,在长沙市商民协会被毁案发生期间的当地报刊中也未见任何报道,因此很可能回忆的是另一次苏广业店员与店主之间的纠纷,与长沙市商民协会被毁案并无关联。

店员一方对傅安经态度的改变及其表现甚为不满，认为傅氏"此种态度有失仲裁人资格，似此故意压迫店员之改善生活运动"[1]。于是，会后有数十名店员蜂拥至长沙市商民协会会所，向傅安经提出质问，双方的言辞和态度均甚激烈，极易引发冲突。傅氏声称要电请卫戍司令部派兵莅会，驱逐店员，拘拿首犯究办。店员因此更加群情激昂，愤而将电话线剪断，致使矛盾更趋激化。最后，终于酿成了店员"捣毁会场什物器皿及党国旗，取去电话机"的恶性事件。[2]

以上所述，主要参照的是《汉口民国日报》刊登的"长沙特约通信"中描述的此一事件的简单经过，其作者显然并非基于商民协会的立场。而按照长沙市商民协会向全国发布的通电描述，此次事件则要严重得多："本市苏广业店员联合会不知何故，纠集数百人持带尖刀短棍，燃灯呐喊，蜂入本会，断绝交通，将电话折毁，满室搜查，声称捉杀常务委员栗鸿时、仲裁主任傅作楫、葛昧秋，幸该员均未在会，得免于难。该店员等随将本会捣毁一空，所有党旗会旗会牌一切什物，均破碎无余，并劫去行李衣服数件。登时有卫戍司令部派来员兵可为人证，有遗落灯笼等件可为物证，有揭毁各种器具可为事实情形之证。"[3]显而易见，在店员人数、是否携带刀棍和是否声称要捉杀商协领导人，乃至在其他的许多方面，长沙市商民协会描述的情形都更为严重。

但是，苏广业店员联合会稍后发表的宣言，不仅全然否认了商民协会的上述指控，而且认为商民协会的指控纯属恶意诬告，对工人团体的声誉和社会安宁将产生恶劣影响。下面是这份宣言的相关内容：

> 本月十七日九时，市商协会无故被毁，诬为本会所为，以苏广同业会之灯笼，指为本会捣毁之证据。……殊不知灯笼一物，随处

---

[1]《长沙市商民协会被毁风潮之经过》，《汉口民国日报》，1927年1月28日。
[2] 在此之后的数日，耒阳县商民协会也发生了会所被店员捣毁事件。据该会会务郑约尼向省政府、省党部、总工会及市商民协会报告："属县口工万恶，统带合店员数百人，捣毁商协会，凶殴会务，受损甚重。特此电辞，此资调养，而保生命。"《耒阳商协被捣毁》，长沙《大公报》，1927年1月21日。
[3]《市商协会被捣毁之通电》，长沙《大公报》，1927年1月22日。

可做,苏广同业会五字且为昔日店主之旧名词。若以此可指为本会之所为,则三人市虎,曾参杀人,皆可指为事实矣。该会谓本会纠集数百人,携带小刀短棍,燃灯呐喊,蜂入该会,断绝交通,试问戒严时期,军警林立,岂能容此小刀短棍断绝交通而出此强盗之行为乎?总之本会同人出省党部在十时,该会被毁在九时,若谓敝会捣毁,敝会同人决无分身之术。……察其口吻,其不服省党部仲裁而出此卑污龌龊手段露于言外,不但欲置苏广业八百余职工于死地,进而欲摧残我数万职工之领导机关,更进而欲压倒我长沙市十万余无产阶级之工友,其违背党纪,摧残工人,莫此为甚。若任其吠声吠影,将来不无影响社会安宁,且今日可诬陷本会同人,来日他会也可任其蹂躏,工人前途实深危险。恐各界不明真相,谨再郑重宣言。[1]

该宣言发表之后,长沙市商民协会更为恼怒,认为苏广业店员联合会的这一宣言完全是抵赖之词。由此不难发现,对立的双方各执一词,莫衷一是,毫无疑问都是站在自身的立场上来描述这次事件的经过,以致出入甚大,一般人根本无法辨别其真相。《申报》事后对此次事件的报道相对而言显得略为客观一些,认为该事件的发生,缘于长沙市商民协会成立后,"正值店主店员冲突纷起之时,该会本劳资协调主义,为之仲裁,总有不能使各方皆满足之处",冲突双方"各走极端,未能解决",使商民协会左右为难。加上"长沙市商民协会系百余行业店主所组织,因恐各行店员效尤提奖,不无暗助苏广业店主反对提奖之事,致为苏广业店员所嫉视"[2],最后终于酿成商民协会被捣毁事件。不管怎样,就后来的处理结果而言,无论此次事件是否苏广业店员联合会之所为,由于参与其事者确属该业人员,该会也或多或少负有无可推御之责任。不仅如此,该会还为此承担了被迫令改组的后果。

对长沙市商民协会来说,成立不久就遭遇这一突发事件,既对该会

---

[1]《苏广业店员联合会宣言》,长沙《大公报》,1927年1月23日。
[2]《长沙市商民罢市未成之经过》,《申报》,1927年2月9日。

的权威与地位是一次挑战,也是对该会应对突发事件的能力是一次考验。从实际情况看,长沙市商民协会处理突发事件的能力还是比较强的,并且通过这一事件维护了自己的尊严和权威。该事件发生后,长沙市商民协会于次日即召开了紧急会议,到会者数百人。会上经讨论形成如下决议:第一,由到会各商协执委齐向政府、党部及各机关请愿;第二,请愿条件包括取消苏广业店员联合会、惩办凶手、赔偿损失,限24小时内答复;第三,如无圆满答复,即开全体会员请愿大会,组织全体罢市。同时,还将上述要求"通电蒋总司令、唐主席及各机关"[1]。19日下午,长沙市商民协会又在省教育会召开全体会员紧急会议,各业会员千余人于午后四时许,列队到省党部请愿。"省党部门首,由该会纠察队堵塞,只准入,不准出,形势颇觉严重。至九时始出。"[2] 20日,长沙市商协各行业全体代表大会公推15人,"组织特务委员会,专办苏广业店员捣毁事",并决定由该委员会派人赴汉口总司令总指挥处请愿。

面对这种情形,湖南省党部也于19日紧急召开了执委会议,议决派员查明真相,从严惩办,"并通告商协,在未解决以前不得罢市"[3]。苏广业店员联合会主要由店员职工组成,隶属于长沙市总工会。因此,省、市总工会对此次事件的态度也十分重要,省党部所谓调查事件真相也需要工会协助进行。湖南全省总工会于20日致函省党部,阐明:"查该会(指长沙市商民协会——引者)全体代表大会议决办法,如系苏广业店员联合会之所为,即将该会改组,并惩办当事人;如系少数店员所为,即惩办少数不良份子。如全无实证,则市商协会难辞诬控之咎。"[4] 显而易见,省总工会虽然应允如查核实系苏广业店员联合会之行为,即将该会改组,如果并非如此,则只能处罚少数当事人,与该会之是否改组无关,而且省总工会实际上并不全然相信长沙市商民协会的指控,这也可以说是在某种程度上对商协提出的要求持有保留态度。当时,还曾

---

〔1〕《市商协会昨日之紧急会议》,长沙《大公报》,1927年1月19日。
〔2〕《市商协会昨日之大请愿》,长沙《大公报》,1927年1月20日。
〔3〕《商民协会被毁之救济办法》,长沙《大公报》,1927年1月21日。
〔4〕《全省总工会对于商协被毁之态度》,长沙《大公报》,1927年1月21日。

有人认为:"是项风潮,系属对人问题,并不十分重要",但"商民协会竟小题大做",提出了取消苏广业店员联合会等一系列过分的要求。[1]发此议论者,显然是站在店员工人的立场上,对商民协会的行为有所不满。

长沙市商民协会则认为这一事件关系重大,直接涉及商人的地位与该会之权威,因为"市商协乃我全体商人之总机关,该会被捣,实我全体会员之羞。如不解散苏广业店员联合会,惩办凶手,我全体会员,无颜再作生意"[2]。其态度始终十分强硬。在发往全国的通电中长沙市商民协会还强调指出,苏广业店员联合会"不问是非,以一行业之争端,竟欲将我全市百余行业之商民革命团体破坏摧残,其狂妄凶顽,嚣张跋扈,实属骇人听闻。今以店员职工资格,自由暴动压迫商人,进而摧残商人革命团体,显系有叛党反动行为,违背党纪法纪,是使我商人无立足之余地,闻者心寒,言者色变。为我革命旗帜下本不使有商人存在则已,否则我商民群众一息尚存,唯有依据理由,誓死抵抗。"[3]从多方面言论不难看出,长沙市商民协会一直认为这次事件并非少数店员所为,而是苏广业店员联合会直接造成的,因此不仅要求惩办凶手,而且还坚持要求取消该会,这与苏广业店员联合会和省总工会之言论显然差异甚大。

在省党部工商两部派员督促之下,省总工会指示苏广业店员联合会对该事件进行调查。该会起初声称查访不易,拖延数日并无回复,后又公开发表宣言,指责商民协会歪曲事实真相,自导自演此次事件嫁祸于本会。长沙市商民协会对此极为不满,不仅向全国发布通电,而且在22日又组织各业会员代表前往省市党部请愿。23日下午1时,商民协会再次召集各业会员大会,到会者计有100多个行业的代表400余人。大会议决:呈文省党部,限24日下午2时以前解散苏广业店员联合会,惩办凶手,否则即行宣布罢市;107个分会各推举1人,组织纠察队;24

---

[1] 《长沙市商民协会被毁风潮之经过》,《汉口民国日报》,1927年1月28日。
[2] 《长沙市商民罢市未成之经过》,《申报》,1927年2月9日。
[3] 《市商协会被捣毁之通电》,长沙《大公报》,1927年1月22日。

日下午1时各业全体会员在商民协会集合,以待省党部之限期解决;如仍未解决,全体会员分为东西南北四队上街游行,并实行罢市。商民协会致省党部的呈文也形同最后通牒,强调省党部先前虽口头上准允其所提要求,但"事逾数日,该店员联合会一面饰词辩驳,希图抵赖,一面四处联合,钳制商民,而钧部所允之办法,并未实行,全市商民,至为惶惑。……群情愤激,莫可遏抑,不得已于本月二十三日开全体大会,讨论结果,一致主张具呈催询。如钧部在二十四日下午二时以前,再无圆满办法,誓即全体自动停业,以后摇动北伐后方,妨碍工商联合情感,责有攸关,凡我商人,概不任咎。"[1]

次日上午,商民协会专为此案成立的特务委员会15名成员由戴雪亭率领,赴省党部递交了这份呈文。与此同时,商民协会印刷了大量罢市标语,派纠察队在主要街市梭巡,"形势异常紧张,全城商店顿成惶恐现象",罢市已成一触即发之势。省党部深感关系重大,于当日中午委派商民部夏树模赴商民协会,代表省党部说明捣毁商民协会事件发生已隔一周,尚未解决,深表歉意,希望得到商民谅解。并表示当日下午1时省党部将召开全体执委会议,专门讨论解决办法,定会有具体答复。当时间已过下午2时,省党部并无明确答复,商民协会全体会员即按先前部署,列队准备出发,夏树模再三相劝,请求等候20分钟。左益斋、栗时鸿等市商协常委也"用电话向省党部告急,请迅速答复"。但20分钟过后,省党部仍未传来消息。于是,群情愤激,宣布全体出发,"实行上街罢市"。

省党部执委会议经过紧急讨论,随即告知一直在党部等候消息的商民协会特务委员会全体成员,接受商民协会提出的要求,明令改组苏广业店员联合会,"参加者免职查办,未参加者严令申斥",由省党部训令总工会即刻执行;严办凶手,由省党部咨文政府执行;赔偿损失,由苏广业店员联合会负责;由省党部通令各级党部,述明此次惩办苏广业店员联合会情形,切实保护商运,嗣后不得再有类似事件发生。商民协会

---

[1]《本日长沙全体商人罢市之危机》,长沙《大公报》,1927年1月24日。

对省党部的解决办法表示满意,但"恳予实现,如仍迟延,全体商人,停业以待,并恳省党部令苏广业店员联合会正式用文向商协道歉。巨大风潮,从此解决"[1]。

在商民协会采取游行请愿和全体罢市的一系列激烈行动,以及省党部执行委员不得不召开紧急会议商讨处理办法时,总工会和苏广业店员联合会均已感受到事态的发展于己不利,不能只是一味地再进行激烈对抗。几乎就在省党部全体执委会议决定接受商民协会要求的同时,苏广业店员联合会即已略改态度,于24日下午"自动将前往商协质问之主使者饶坚伯,扭送长沙总工会转送长沙县署收押,听候政府惩办,以示对于工人之越轨行动,绝不左袒",但却仍然认为:"连日调查此案之结果,并非苏广业店员联合会之主张,且非一部分所为,确系少数份子个人行动。"[2]

商民协会对店员联合会的此种态度当然不会完全满意,仍坚决要求省党部立即执行决议,并于25日又"用电话催促省党部,迅将解决办法从速实现,以安商众"。省党部也"当即电复,谓正在办文,分别执行"。同时,省党部召开第33次执委会再次议决具体办法六条,指明苏广业店员联合会于捣毁商民协会时,查有该会执委张厘白在场,应分别改组,并对该会全体执委予以训诫;函请政府惩办凶手饶坚白,并责令赔偿损失。省党部还以执委名义致函省总工会,要求该会对店员联合会立即进行改组,并说明"该业店员,自由行动,该执委等,不能制止,张厘百在场,应负责任"[3]。

但是,商民协会对省党部仍然表示不满,认为省党部第33次执委会所列具体解决办法,"与当日答复条件,颇有出入",遂又致函省党部,强调说明苏广业店员联合会之张、饶、彭等三人,"有意破坏商人革命团体,除应遵照钩函受改组处分外,张、饶、彭等统众骚扰、毁弃损害之行为,其个人请应明令依刑律加等治罪,并照党律第四条第一项之规

---

[1]《全市商民罢市风潮解决矣》,长沙《大公报》,1927年1月25日。
[2]《长沙市商民协会被毁风潮之经过》,《汉口民国日报》,1927年1月28日。
[3]《市商协被毁案解决后之余闻》,长沙《大公报》,1927年1月26日。

定,予以永远开除党籍之处分"。此外,关于商民言论出版之自由权利,商民协会也不满于省党部饬总工会转知铅印活版工会"嗣后非奉有总工会及党部命令,不得拒绝登载"的说法,认为如此则"属会言论出版,总工会仍有干涉之可能。属会同人认为,商民协会为商民同志受党的指导所组织,与总工会同立革命战线,应绝对有言论出版之自由,无论如何,不能受他人之干涉。应请另行通令各团体遵照,嗣后关于商人利害关系,及一切商运消息,各报馆各印刷场所,一律不得拒绝印刷,或故意错乱字句"。之所以有此一说,是商民协会认为铅印活版工会之工人,有故意将有关文字印错或印漏之嫌疑。如"钧部此次议决案第四项,昨阅各报,仅'从略'二字,并未将原文登出,不知铅印活版工人何故任意删去,或系单独奉有钧部命令,禁止登载,抑系别有用意?属会执委对于此点,非常疑惑,亦应请钧部严切饬查示遵,以慰商民喁望"[1]。以前,商民协会曾一度出版自行编辑的《商民日报》,但不久即由于各方面原因而停刊。经历此次事件之后,商民协会为了拥有自己的舆论机关,特别召开全体执委会议进行讨论,"公决对于《商民日报》继续出版,归宣传、教育两部会同负责办理。其经理一席,俟全体执委会推定"[2]。

26日,长沙市总工会在省党部的督促下,向苏广业店员联合会发布了改组训令。训令指出:"查此次苏广店员与店主纠纷,业经省党部及本会仲裁,两昭平允,乃饶坚伯竟敢结合少数份子,非法捣毁,推原厥故,实由该会平日失于规训,少于察觉,有以致之。除请长沙县长公署将饶坚伯惩办外,合行令仰该会各执行委员,此后对于该会会员,务须严加训练,切实整顿,毋致坏法乱纪,自取惩尤。"[3]随后,苏广业店员联合会也进行了改组,省总工会委员长郭亮、长沙总工会秘书长黄龙均出席了改组会议。与会代表多达200余人,投票选举了7名执行委员

---

[1] 《市商协请实现解决毁案条件》,长沙《大公报》,1927年1月29日。
[2] 《商民日报将继续出版》,长沙《大公报》,1927年2月15日。
[3] 《长沙总工会整顿苏广店员会务》,长沙《大公报》,1927年1月27日。

和4名候补执行委员。[1]至此,商民协会被捣毁一案及其后续相关问题之处理,才告一段落。

需要说明的是,此案虽不同于一般的劳资纠纷,从表面上看只是苏广业店员联合会与商民协会之间的矛盾,而不是店员与店主之间的直接冲突,但此事起因却是店员要求实行销售额提成,改善生活待遇,遭到店主反对而陷于僵局,这种情况在当时属于较典型的劳资纠纷。而店员捣毁商民协会又与商协发生冲突,则是店员与店主之间劳资纠纷的扩大与延伸。商民协会是商人团体,其成员绝大多数都是店主,当然属于代表资方的组织;苏广业店员联合会的成员则均为店员,自然属于代表劳方的组织。[2]商民协会在调解店员和店主之间的这场劳资纠纷时,偏向于维护店主的利益,店员表示强烈不满,愤而捣毁了商民协会,由此使先前店员店主间的一般性劳资纠纷,发展演变为资方团体与劳方团体之间的冲突,实际上也可以视作是一次较为特殊的劳资纠纷,连省市总工会也在某种程度上被卷入其间。所以,省党部对此案的处理结果,实际上也在很大程度上反映其对待劳资双方的态度。

当时,国民党仍然强调商民运动与工人运动应并行不悖。因此,湖南省党部担心此案"恐引起工商恶感",故而特别强调:"问题解决后,应发通告解释此次纠纷,并非工商冲突,应促各方面拥护工商联合战线。"另一方面还指出:"市商协会在本部请愿形势,近于包围,也应说明。又此种问题,总工会既有解决方法,不应以本部为重心。"[3]这也显示出省党部对商民协会组织各业会员进行大规模请愿,以此方式一

---

[1] 《苏广业店员会实行改组》,长沙《大公报》,1927年2月12日。
[2] 国民党曾一度认为店员不同于产业工人,与店东有密切关系,可以加入商民协会。所以当时在一些省份,店员也有加入商民协会的情况。虽然1926年9月国民党中常会议决将店员工会隶属于总工会之下,归工人部管辖,但有些地区的店员仍然既可单独组织店员工会隶属总工会,又可加入商民协会,于是工商两界组织发生争夺店员入会的情况。(参见张亦工《商民协会初探》,《历史研究》1992年第3期)不过在当时的长沙市,店员加入商民协会者较少。
[3] 《市商协被毁案解决后之余闻》,长沙《大公报》,1927年1月26日。

再向其施加压力的行为有所不满。但商民协会对省党部的这些说法却不以为然,并在回函中表示:"钧缄认属会请愿形势,近于包围,又云总工会既有解决办法,不应以商会(此处的商会疑有误,应为省党部——引者)为重心。查属会此次横逆之来,各商友无所适从,伊时工会及委员总员(疑为'店员总会'之误——引者),并无适当表示,各商友自不能不坚决请愿,然并无丝毫失检行为,实无包围之可言。钧部为全省同志所依归,如有重大问题,当然有请求钧部之必要。"[1] 可见国民党在处理劳资冲突时,确实是处于比较尴尬的境地。即使湖南省党部在解决商民协会被毁案时,最终站在商协一边接受其所提要求,但却不仅使总工会和苏广业店员联合会深感受到压抑,而且最后也并未使商民协会感到完全满意,似乎其结果是劳资双方都不无怨言。

　　需要进一步指出的是,论及这一时期的国民党湖南省党部及其对待劳资冲突的态度与政策,不能不注意到共产党人在湘省党部中的势力与影响。据《中国共产党湖南区第六次代表大会文件》(1926年10月)透露:"湘区CP与国民党关系的政策的经过:分三个时期:民国十二年冬到今年三月赵(恒惕)政府倒台时止为第一时期;自倒赵后到国民党第二次全省代表大会为第二时期;第二次大会以后为第三时期。第一时期我们对于国民党是采完全包办政策的,……第二时期……在省党部内,在湖南特别委员会,我们都找了一些纯国民党员参加工作,唐生智克复长沙后,我们更渐次退到在野党的地位,把国民党重要的工作交给左派,而注意社会力量的培植,以树立自己党的独立的基础。"在初期的湖南之所以出现这种状况,其原因有三:"(1)湖南先有CP,后有国民党,国民党是由CP做起来的;(2)在严重的压迫的环境之下,CP不包办便无人来办;(3)湖南社会阶级没有显然的分化,反映到国民党内也是一样,所以CP包办得下。"[2] 即使是在稍后,共产党人以及受其影响的国民党左派在湖南省党部中仍占有不可忽视的

---

[1] 《市商协请实现解决毁案条件》,长沙《大公报》,1927年1月29日。
[2] 中央档案馆、湖南省档案馆编:《湖南革命历史文件汇集》(甲1),编者自印,内部发行,1983年,第88—89页。

重要地位。[1]

国民党湖南省党部的上述情况,一方面提醒我们不能将当时省党部的态度与决策,单纯地看成是完全体现了国民党的意愿,另一方面,也应注意这一情况对国民党省党部处理商民协会被毁案的态度,很可能在某种程度上也会有所影响。目前,苦于找不到反映这方面具体情况的史料,我们暂时还无法得知在省党部查处此案的过程中,共产党人究竟以何种方式在多大程度上产生了影响。

如前所述,其实共产党人在长沙市商民协会中也有一定的影响,甚至在商民协会的成立过程中,共产党人还曾发生过较为明显的作用。这一情况又提醒我们,尽管共产党人在湖南省党部和长沙市商民协会中都有影响,但我们也不能简单地据此断定,湖南省党部在查处此案时会明显倾向于站在工人一边,支持苏广业店员联合会的要求。在此期间,国共两党在对待工人和商人的政策方面虽然有一些差异,但都是将工人和中小商人作为革命的联络对象,在整体上也并无十分明显的"袒工抑商"趋向,无论是国民党还是共产党,大都也是针对某个劳资冲突的具体情况采取具体的应对措施,力图使工人和商人之间不发生尖锐矛盾与公开对立。

另外,也不能说经历了商民协会被捣毁事件之后,国民革命时期湖南的工商两界从此就一直陷于了矛盾冲突的状态。当时,一方面是湖南省党部仍比较注意维持工商两界之联合,从中予以协调,另一方面这场严重的冲突仅限于苏广业一业,并非整个湖南工商两界之间的尖锐矛盾。同时,工商两界自身也意识到,相互关系始终处于紧张状态,实际上最终对双方都不利。所以,随着此次风波的平息,湖南工商两界之

---

[1] 陈独秀1926年10月在一次报告中说:"在湖南方面,最近全省代表大会,CP分子占百分之四十余,左倾者百分之十余,中立者百分之二十余,右派百分之十余,湘区初取放任态度,一切议案,都让左派自己起草,一是免得说我们包办,二是借以考察左派的能力与理论,但开会一星期后,议论纷纭,无一点成绩,CP分子不得不出面包办,其结果,议决案及选举均依照我们的意见通过。"《陈独秀关于国民党问题的报告》(1926年11月4日),中央统战部、中央档案馆编:《中共中央第一次国内革命战争时期统一战线文件选编》,档案出版社,1990年,第291—292页。

关系在短时期内又逐渐回复到原来既有矛盾又有合作的状态。市商民协会也仍然参与调解包括苏广业在内的各业劳资纠纷,例如1927年2月,店员联合总会提出"请制止店主自由减少店员案",长沙市商民协会也并没有因为此前曾与该会发生冲突意气用事,而是在各部联席会议上认真进行了讨论,最后决定"照准"[1]。同月下旬,长沙市总工会、长沙市商民协会又为消除这次冲突所产生的负面影响,共同发布了"巩固工商联合战线布告":

……现在商业营业之不发达,与工人生活之痛苦,其共同的最大原因,全在国际资本帝国主义所构成的不平等条约,与数千年来封建制度的势力。我们欲解除工商痛苦,只有联合战线,努力革命,共同打倒资本帝国主义,取消不平等条约,歼灭封建势力,铲除统治阶级。诚能如此,方可得到工商的解放。况长沙地方商人,所受痛苦几与工人无异,自应通力合作,共对大敌。且长沙店员店主间,感情素来融洽,乃近有苏广业少数店员,不明革命政策,以为店主蓄意压迫店员,并误会本市商民协会从中把持,于一月十七日将本市商民协会,肆意捣毁。事变之后,本总工会力主严查究办,其肇事人饶坚伯,业由长沙店员联合总会送交本总工会转送法庭,依法惩办。此项之事,纯系少数人行动,与工商两界,毫不发生影响。嗣后工商两界,不能因此次之误会遽存芥蒂,尤宜协力合作。工人幸甚。商民幸甚。[2]

当时,店主与店员之间的各种纠纷并非在长沙一地时有发生,在湖南其他县市也屡有所闻。长沙市店员与店主之间关系的缓和,对于其他地区类似劳资纠纷的解决,也间接产生了较好的示范效应。例如在湘潭,为了解决店主与店员之间存在的一些实际问题,县党部工商两部还曾召集总工会、县商民协会、店员联合总会的代表举行了联席会议,议定如下仲裁办法:各店赚钱与顾本者,店员人数仍照旧额,由商民协会与

---

[1]《市商协联席会议记》,长沙《大公报》,1927年2月13日。
[2]《两团体巩固工商联合战线布告》,长沙《大公报》,1927年2月24日。

店员联合总会负责调查,以各店历年整个盈亏为标准;各店主必须更换店员,应在同业店员联合会内选任之;店员联合会执委代表纠察人员等,不得裁汰,如必须裁汰时,须由店主提出充分理由,征求店员联合总会之同意;各店确因营业失败,缩小范围裁减店员时,须由县商民协会与店员联合总会会同办理。[1]

上述办法的确定,一定程度地兼顾了店主和店员双方的利益,而且在某些方面较多地照顾了店员的利益,也给予了店员联合会一定的权利,虽然不可能从根本上完全解决店主与店员之间的劳资纠纷,但在当时的历史条件下对于减少类似纠纷,以及纠纷发生后的处理,仍然具有积极的作用与影响,因此应予以肯定。上述仲裁办法确定后,不仅有利于解决湘潭县店主与店员之间的纠纷,在其他地区同样也产生了某种示范效应,产生了连带性的积极影响。例如益阳县发生的店东与店员纠葛案,经县党部召集各公法团首领及双方代表协商,得以解决。同时,还参照湘潭的仲裁办法,规定店东歇业不久恢复营业者,准雇原有店员;各店嫌钱与顾本者,店员人数,仍照旧额,更换店员,店主得自行斟酌之,唯店员联合会执委及代表之裁汰,须完全参照湘潭方面的办法处理;各店确因营业失败,缩小范围裁减店员时,也完全援湘潭成例办理;略有不同的补充规定是,若店主故意歇业与改业者,经商民协会、总工会调查证实,得按店员工作时间之长短,付给一月至三月工资。[2]这样,也在一定程度上兼顾了店员的利益。

最后需要说明的是,就此案对商人之政治影响而言,从上述长沙市商民协会被捣毁事件发生及处理的全过程不难发现,我们可以说"市商协领导全市商民奋力抗争,取得最后胜利,维护了商民利益"。但是,从其实际影响看,却并非本文前面提及之论者所说的那样,"市商协的这一活动,教育了广大商众,提高了商民的认识分辨能力和觉悟,坚定了商民的革命自觉性和信心,使其成为革命党赖以依靠的重要力

---

[1] 《仲裁会解决劳资纠纷》,长沙《大公报》,1927年2月28日。
[2] 《各县特约通信·益阳》,长沙《大公报》,1927年3月1日。

量"。因为在当时的历史条件下,这次事件并不是革命与反革命之间的较量,也不属于政治性的斗争,所以谈不上产生"坚定了商民的革命自觉性和信心,使其成为革命党赖以依靠的重要力量"这样显著的政治影响。

## 二 武汉店员运动与商民协会的应对

在北伐时期商民运动的发展阶段,武汉的店员组织以及店员运动都比较发达。不仅如此,"店员运动成为工人运动的重要部分,到后来实际上成为其核心"[1]。在北伐军到武汉后,该地不少行业的店员即成立了店员联合会或工会。具体情况如下:报关业,1926年10月;钱业、煤业、火柴、面粉、香烟、煤油等业,1926年11月;皮业,1926年12月;饮片、拆药、西药、参燕药行、衣典业,1927年3月;书业、中外纸业、布业、麻夏、匹头业、绸缎呢绒花布、白布、金奶、王金、铜铁等业,1927年4月;海味、糖业、茶食、泰西食物、茶业,1927年5月。

另据1927年6月武汉店员总工会的报告,武汉店员总工会成立于1926年12月14日,其前身是店员联合会。店员总工会组织部报告还曾说明:"在店联会时代的负责人,纯为富于革命思想的青年店员,他们缺少的是经验,因为他们没有经过团体的生活,没有受过团体的训练,而同时一般店员也缺少监督的能力,因此进行上便不免有很多手续上的错误。后来一方面由各会员各自发展各业店员工会,一方面改店员联合会为店员总工会,以集中组织,直至十五年十二月十四日,店员总工会才正式宣告成立。此后,渐渐地把组织统一起来,经济集中起来,会务也跟着而渐渐地发展扩大,以形成现在这样的现象。"[2]

武汉店员总工会成立后,"将三四万人所组织之四十余个性质相

---

[1] 冯筱才:《北伐前后的商民运动(1924—1930)》,第147页。
[2] 《武汉店员总工会报告》,1927年6月,《武汉国民政府史料》,第140页。

近的店员工会,合并为十五个分会,在每分会下又按其人数与地域之关系,成立了一千六百四十七个支部。每次开支部干事联会时,莫不在未开会以前之半点钟到,从整齐严肃中,可以见其组织力量。"[1]关于武汉店员总工会会员人数,一般都认为是3万2千人,但据中央工人部1927年6月底调查,其总数达到4万人。[2]因此,武汉的店员不仅组织系统较为严密,而且人数众多,其活动足以产生比较显著的影响。

武汉的店员运动,在第一阶段主要是经济斗争。"店总成立后,第一步就实行经济斗争。"因为当时"正值武汉各业发生普遍的经济争斗之时,而店员所得工资,多按民国二年以前之物价而定的,加以店员所受压迫较其他产业工人为尤甚,在此客观环境之下,当然免不了一番经济争斗,所以此时店总工作多半应付于彼了"[3]。店员从事的所谓经济斗争,具体目标主要是提高工资待遇,改善工作环境,限制店主辞退店员等,其结果不仅与店主发生冲突,也使店员组织与商民协会以及商会之间出现了矛盾。例如1927年2月初,京苏洋广杂货业店东"在旧历新正之际,无故辞退工友,计达二百余人"。店员总工会认为:"此事之发生,实由八十六与百十四商协会主持",并要求市党部予以处理。[4]

在共产党和国民党左派主导的武汉国民政府时期,由于工人运动的发展十分迅速,店员与店主之间的矛盾冲突也显得较为突出,许多店铺因此而停顿或倒闭。当时,许多行业的店主都对店员工会组织的经济斗争感到十分惶恐,营业也深受影响。虽然武汉店员总工会曾发布整饬工会纪律宣言,说明"店员工友,若是受店东执事之苛待,可向所在工会陈述,求其交涉。交涉无效时,则由该会呈请本会办理,不得自由行动,而伤双方感情"。另还规定:"店员工友,不得在工作时间内,

---

[1]《武汉店员总工会报告》,1927年6月,《武汉国民政府史料》,第135页。
[2]《武汉店员概况》,《汉口民国日报》,1927年7月2日。
[3]《武汉店员总工会报告》,1927年6月,《武汉国民政府史料》,第135页。
[4]《杂货店东无理辞退工友》,《汉口民国日报》,1927年2月10日。

第九章　商民运动期间的商民协会与店员工会　325

假工会名义而越职守。"[1]但是,此后的店员运动仍时有某些过激行为,致使各业商家普遍啧有烦言,十分不满。

例如钱业说明:"钱业店员工会成立,提出各种条件,并于钱店设立支部,各店经理无法维持。"

又如茯苓业指出:"工会成立,店员店东意见隔阂。一经质问,即援引各店权操之店员之例而为恐吓。"

洋广杂货业同业公会也抱怨:"工会自行减缩工作时间,早晚以九时为起讫。稍愈规定时间,即侮辱殴毁。"

汉口印染花布业公会更是声称:"辞就(店员)不能自由,四五家设支部。干事、代表、宣传之名甚多,三日大会,两日小会,守店无人,不服店规,嫖赌酒烟,无所不为。为害店东之日短,害店员之日长也。"[2]

随着店员运动的日益高涨,再加上其他一些原因,武汉商家停歇和破产者也与日俱增,呈现出一片衰败景象。据中央商民部报告,汉口"倒闭者以钱业为最多,表面明白倒闭者不过一二十家,实际暗中停顿等于倒闭者大约七八十家"。由于钱业为市面中小商人周转之根本,故钱业一家倒闭,连带受影响之店铺则不只一家。"至于债权者亦深知倒闭原因真相,故双方起诉者绝少,且店中纵有款项,店员亦不允还债,缘店员以为还债以后,店中便无力再作也。"除此之外,"店员工会对于商家每有额外派人情事,商家如拟裁员,却必须呈明工会及仲裁会允可。……商家愈感觉用人之不能自由,连带及于营业之不能自由,营业既甚萧条,又须被动的勉强添员,店员有不遵守规矩及怠工情事,又恐担受资本家名义,不能随时告试,缘以往荐举店员全赖口头信用,现在店员无所拘束,故有此弊耳。"[3]

武昌的情形同样也十分严重,"已倒闭的钱业居十分之九,典当业

[1]《武汉店员总工会整饬工会纪律宣言》,《汉口民国日报》,1927年2月8日。
[2] 以上引文出自《中央商民部转汉口总商会转呈各业公会意见书》,1927年6月。转引自蒋永敬:《鲍罗廷与武汉政权》,第223—225页。
[3]《中央商民部报告:向汉口市总商会调查》,1927年6月23日,《武汉国民政府史料》,第380页。

十分之六,木业十分之五"。尤其严重的是,"将倒闭者中大商家约居十之八九"。众多难以维持而行将倒闭的店铺,"店员不允倒闭,店东失却营业管理权,更不能增加店员工作时间,如每七点钟开门之议,至今仍难执行,而且店员尚有又要求加薪者。……因此店东方面,决定本钱赔完破产为止,不复他想矣。"[1] 在汉阳,也是"已倒闭的数目约在一二百家,内中以榨油厂、机器厂、花行、粮食行、钱店等为较多"。此外,"将倒闭的如汉阳市之机器米厂暨各小贩米店、油盐业、鹦鹉洲之木业全部停滞,蔡甸几无一业可存之景象"[2]。

之所以出现上述情况,除了武汉国民政府实行集中现金政策,以及在此之后帝国主义对武汉实施经济封锁之外,即是由于店员工会广泛进行的经济斗争,致使商家"用人权不自由,营业权不自由",无法正常运作。在当时店员运动空前高涨的情况下,店主纷纷抱怨:"现在工人也不能辞,店也不能关,只有坐吃山崩,同归于尽一条路了。"[3]

在此情况下,各业店主纷纷向商民协会提出维持请求,商民协会也不能视而不见,只得勉力向中央商民部报告并希望采取措施。汉口和武昌商民协会在调查报告中,都较为客观地分析了工商业衰败的各种原因,希望市党部商民部以及国民政府予以协调解决,帮助商家摆脱困境。

当时,国民党中央与武汉国民政府也都意识到工农运动存在过于偏激之倾向,决定采取纠偏政策。1927年5月,国民党中执会通过相关决议,并训令各级党部,强调"中国国民革命既以农工及工商业者为革命之主要成分,其所采取之政策,不独使工商业者与农工同时获得痛苦之解放,生命财产之安全,并期望此同盟战线日益巩固,促成国民革命之成功,使中国全民族获得最后之自由平等。所以中国国民革命之能否成功,要视工商业者之能否拥护国民革命为断;工商业者之能否拥

---

[1]《中央商民部报告:向武昌总商会调查》,1927年6月24日,《武汉国民政府史料》,第381页。
[2]《关于汉口印染花布商之调查》,《武汉国民政府史料》,第383页。
[3]同上。

护国民革命,又视农工群众是否拥护工商业者为其亲挚之同盟者为断。"这显然是对工商业者在国民革命中的地位与作用,给予了高度的肯定。与此同时,中执会的训令还指出了当时工农运动在迅速发展过程中存在的问题:"自国民革命军北伐以来,底定武汉,略平东南,农工运动已有相当之发展组织,但长江流域之农工团体,以突飞发展之故,幼稚之病潜然不自觉而发生,忽视国民革命整个之前途,更忽视共同□□□之同盟者。如农工团体每昧于社会经济之观察,常对雇主提过度之要求,甚或以武装纠察封闭厂店,强迫雇主行不可能之条件,遂使工商业者以为本身出于政府保护之外,财产、身体□失自由,不独以国民革命非为人民谋利益,反以国民革命为害人民之安全。"[1]为了扭转这一趋向,调和店员与店主之间的冲突,中执会通过的决议做出了如下若干具体规定,要求各级党部切实执行。

(一)制定劳资仲裁条例,由劳工部及各省政府组织劳资仲裁机关,解决工人、厂主间及店主间之各种冲突。

(二)制定劳动法,对工厂、商店规定工作时间,并按当地生活情形,规定工资之数目及工人之养老金暨各种劳动保险。

(三)制止工人及店员之过度要求,并禁止其干涉厂店中之管理,另由总工会与商民协会组织特种委员会,审查工人、店员之要求条件并加以相当制限。

(四)工会或纠察队对于店主或厂主,有恐吓罚款及擅自逮捕或用其他压迫方式者,一律严禁。劳资两方有痛苦者,须陈诉于仲裁机关解决之。[2]

以上除第2条是有关保护工人、店员工作时间、工资及福利方面的内容

---

[1]《中国国民党湖北省执行委员会训令》第162号,1927年5月20日,《武汉国民政府史料》,第240页。1927年5月18日召开的中执会政治委员会第22次会议,对这些调和店员与店主冲突的规定曾进行过讨论修改,有关具体情况见中国第二历史档案馆编:《中国国民党第一、二次全国代表大会会议史料》(下),第1174—1179页。

[2]《中国国民党湖北省执行委员会训令》第162号,1927年5月20日,《武汉国民政府史料》,第240页。

之外,其他3条可以说都是不同程度地维护工厂主、店主的利益,限制工人、店员提出所谓过度经济斗争要求的规定。为了保证以上决议能够得到贯彻执行,中执会的训令还严厉地指出:"右之议决为本党巩固国民革命同盟战线之政策,凡属本党党员应明了本党之主张,并以不迟疑之态度执行上项之决议。如有违反及不努力执行者,各级党部应加以严厉之制裁。各级党部不能领导民众服从上项之决议,中央必予以相当之惩戒。"[1]

从实际情况看,武汉地区的商民协会和工会在省市党部的指导之下,在初期也都是希望能够加强工商联合,巩固与扩大国民革命的联合阵线,因而配合省市党部做出了一些努力,没有使工商两界完全公开分裂的情形出现。当时,由湖北省政治委员会出面,省市党部商民部、工人部、商民协会、总商会、总工会等各自选派代表,成立了湖北劳资仲裁委员会,如遇有劳资纠纷,即由该委员会进行调解和仲裁。援引此例,湖北省其他县市也设立了类似的机构。例如:"新堤自北洋军阀崩溃后,工会运动如春花之放,而商民协会之各业分会,亦次第成立。但是因各店员分会为加薪事件,与商协屡屡发生冲突。新堤市党部为巩固联合战线计,于一月十七号在该部召集各团体联席会议,筹备劳资仲裁委员会。"本次会议选举了9名筹备委员,一致认为"现在因店员要求加薪,与老板发生无数的冲突,本会为巩固联合战线计,为促成国民革命计,所以才组织这个劳资仲裁委员会,排解双方的纠纷"[2]。此外,汉口商民协会的领导人还曾在各分会执行委员近千人参加的首次联席会议上,特别强调了商协与商会的不同,以及与工会的友好密切关系:商民协会"参加政治与总商会之在商言商的宗旨不同","商民协会与国民政府及国民党的关系是连带的,……与工会的关系是密切的兄弟的"[3]。1927年2月,汉口商民协会又积极参与设立解决工商纠纷委

---

[1]《中国国民党湖北省执行委员会训令》第162号,1927年5月20日,《武汉国民政府史料》,第240页。
[2]《新堤筹备劳资仲裁会》,《汉口民国日报》,1927年1月23日。
[3]《汉商协总分会执委联席会议》,《汉口民国日报》,1927年1月16日。

员会,并推举蒋伯良、周鸿云、熊步云3人任该委员会委员。[1]

解决工商纠纷委员会主要由省总工会、商民协会的代表组成,汉口特别市党部会同总政治部也派员参与其间。该委员会成立后,曾议决处理工商纠纷的九项原则,具体内容是:凡在工会任现职者,不得辞退;凡有实据证明亏本,不能继续营业之店家,准许歇业;确因营业状况不佳,须缩小经营范围,可适当辞退店员;店员有重大过失者,可以辞退,但须由工会另行介绍补充;被辞之店员,须照例发给辞歇费;如原与店主有给川资之规定者,外省及武汉外之店员照给;学徒除有不端行为者,不得辞退;论季营业者,照先年同期营业习惯办理辞就;因营业缩小范围而辞退店员的数量,须按缩小比例进行。[2] 这些原则的制定,实际上是就一些具体问题做出了明确的规定,对于减少相关的工商纠纷可以起到一定的作用。

在省市党部的推动下,商民协会和总工会随后都为消除工商两界之间的矛盾隔阂,加强联合,又共同采取了一些相关行动。据当时报纸报道,1927年5月16日,"湖北全省总工会与汉口特别市商民协会,为解释工商间之误会,并讨论具体工商联合,及集中革命力量起见,特就商民协会开两会全体执行委员联席会,推向忠发、詹大悲、郑慧吾为主席团。首议工商界限划分问题,次议决总工会劳动童子团工作与操练时间问题,及服装费问题,均有极圆满之结论。对于工商联合问题,议决组织小组委员会,专责起草及筹备工商联合之组织及宣传诸事宜。最后并决定十七日午后五时续开会议,完成其余议案。"[3] 从中不难看出,联席会议的气氛比较融洽,议决相关事项也比较顺利,表明工商两界之团体在当时仍处于较好的合作与联合态势。

随后继续举行的工商联席会议,取得了更为突出的成果,会议一致

---

[1] 《汉商协推出解决工商纠纷委员》,《汉口民国日报》,1927年2月10日。有关劳资仲裁委员会、解决工商纠纷委员会的具体情况,请参阅冯筱才著《北伐前后的商民运动(1924—1930)》第4章第2节的内容。
[2] 《解决工商纠纷委员会决议案九条》,《汉口民国日报》,1927年5月25日。
[3] 《工商联合集中革命力量》,《汉口民国日报》,1927年5月18日。

通过了以下决议案:

1. 关于改良店员待遇问题:店家须在夏季设置电扇和风扇,冬季须设置火炉或火盆;夏季为店员提供汗衫一件,毛巾一条,并备置经常救济药品;每月朔望两日,店家须备办较优之肴馔,慰问店员。

2. 关于店员工作时间问题:店家暑季在上午7时一律开店,店员每日工作时间,原在11小时者照旧,如在11小时以上者,一律改为11小时;若营业有延长之必要时,可规定店员轮班工作,在工作时间内,店员不得自由离店,如有要事,须经店东或管事之许可;在工作时间外,店东不得限制。

3. 关于工商界限问题:凡手工业之店东,自己作工而又雇有工人者,一律加入商民协会;在手工业中之自做自卖,如缝艺、鞋艺等,未雇用工人者,加入工会;凡独立贩卖之小商店,未雇用店员之店主,加入商民协会;商店之经理,多为店主之代理人,应加入商民协会;半工半商之摊担职业者,介乎工商之间,另组织摊担联合会,直属于市党部。[1]

4. 关于用人问题:工会及店员不得强迫店家加用店员;店员有不正当行为,或不服店家之正当管理者,店东可先通知店员工会辞退之;如发生纠纷,由商民协会与省总工会解决之;平时辞减店员,依照解决工商纠纷委员会所议条例办理;店家加用店员时,由店员总工会设立的职业介绍所负责推荐。

5. 关于营业收歇问题:店主收歇,由商民协会和省总工会审查,依照解决工商纠纷委员会所议条例办理,如不能解决,再呈请政府仲裁机关解决,解决前店主不得运货私逃,店员不得逮捕店家及管理店产;如店主私逃,其财产由商民协会与省总工会处理,优先发给店员及工人之救助金。

6. 关于营业管理问题:店员在工作期间,不得懈怠;店员及支部不得干预店家之营业管理权;店员在工作上应受店家正当之指挥与管理。[2]

---

[1]《工商联席会议决议案》,《汉口民国日报》1927年5月24日。
[2]《工商联席会议决议案》(续),《汉口民国日报》1927年5月25日。

7. 关于工商谈判问题：由省总工会与商民协会组织工商俱乐部，解决一切工商间之纠纷问题；店员工会支部不得单独向店家提出要求，店家也不得单独其要求；如有要求，须经店员总工会盖章。[1]

8. 关于平抑物价问题：由商民协会筹划市面各种必需品之充分供给，并组织物价委员会，限制各种货价之过分增涨。

9. 关于工商联合问题：由省总工会、商民协会共同发表工商联合宣言及标语，作扩大之宣传；并召集工商扩大代表大会，作积极之联合；相关事项，由总工会、商民协会各推选三名代表，另组织委员会办理。

10. 关于救济失业工人问题：商民协会须积极宣传救济失业；商民协会须设法筹措失业工人之救济金；用工商联席会议名义，呈请政府迅速办理恢复京汉路货车通车、沪汉汇兑、长江交通等。[2]

此次工商联席会议通过的决议案共有14项，另加有"附录"4条，除上列10条，还有劳动童子团问题、工人对店东算总账问题、码头工人运货问题、停工参加大会问题。就整体而言，其中既有改善工人待遇和约束工人的内容，又有维护店主权益和限制店主行为的规定，对以往因工商界限划分不清而引起的商民协会与工会吸收会员之争，也做了具体的说明。与此前解决工商纠纷委员会议定的九条原则相比较，工商联席会议的上述决议案对涉及工商纠纷的更多问题，做出了更加明确而具体的规定，也为工商纠纷的解决提供了更加具体的依据，对于减少工商纠纷和加强工商联合，显然都具有更为积极的作用与影响。

本次会议决议案"附录"还规定，工商联席会议嗣后每月举行一次，凡此前尚未解决之工商间一切悬案，"均照此次工商联席会议所决定之各项原则，由工商俱乐部办理之"。同时，确定由"商民协会负责向店东宣传解释，制止一切谣言"[3]。在工商两界的联合得以加强之后，总工会与商民协会在其他方面的协调行动也随之开始出现。例如在工商联席会议结束不久，湖北省总工会与汉口商民协会就曾会衔呈

---

[1]《工商联席会议决议案》(续)，《汉口民国日报》1927年5月27日。
[2] 同上书，1927年5月28日。
[3] 同上。

文国民政府,共同请求政府迅速恢复各路交通,肃清内地土匪,救济失业工人,解决商民积困。[1]工商联合的这种发展趋向,在当时的情况下无疑有利于国民革命的进一步深入进行。汉口特别市党部商民部在工作报告中称:"湖北全省总工会与汉口特别市商民协会联席会议以后,他们工商业者才明瞭了本身在国民革命中之地位与关系,于是一天一天回复了对于本党的信仰,并增加了工商间的感情,巩固了工商间的联合战线。过去的商民运动,可以说这一期是最有意义、最有效力、最有价值的一期。"[2]

不仅如此,"武汉工商两界,以我军第二次北伐以来,一般反动分子,蓄意捣乱,造谣挑拨,无所不用其极。若不急于联合战线,不足以巩固后方。因为日前工商两会全体执委会议中,议决于五月二十八日上午十时,在血花世界大剧场举行工商联合代表大会,通过宣言及决议案,藉志工商联合之成功"[3]。1927年5月28日,武汉工商联合代表大会隆重召开,到会代表二千余人,中央党部、国民政府及省市机关要员均出席,汪精卫、徐谦等党政领导人还在会上发表了演说(徐谦演说辞由其代表代为宣读)。总工会委员向忠发致开幕词,汉口市党部詹大悲、汉口商协刘一华、总工会刘少奇、许白昊,以及中央工人部蓝辛堂等人,先后登台演讲。会议通过了工商联合宣言与"介绍失业工人工作"、"组织工商俱乐部"两项提案,最后还表演了新剧。大会"情形异常热烈,上午十时开幕,至下午五时散会,无一先退席者,且宣读宣言议案,每于来宾演讲时,其鼓掌声喊口号声,震动屋瓦,表示诚意,接受其团结精神,如此可概见"[4]。

两日后,汉口商民协会和总工会代表为落实和执行工商联席会议通过的决议案,尤其是组织工商俱乐部事宜,再次召开会议,确定了工商俱乐部委员名单,于6月1日举行第一次工商俱乐部委员会会议,以

---

[1]《解决工商业困难问题之呈请》,《汉口民国日报》,1927年5月26日。
[2]《汉口特别市党部商民部工作报告》,1927年4月—6月,《武汉国民政府史料》,第376页。
[3]《武汉工商联合代表大会开幕》,《汉口民国日报》,1927年5月29日。
[4] 同上。

阴历五月初八日为执行工商联席会议决案之日期,另还决定将工商联合宣言及决议案分寄全国各报馆、各团体、各机关、各军师政治部、各党部,以广宣传。[1]在此期间,工商联合宣言相继在各报章发表。

由湖北省总工会、汉口商民协会、武昌商民协会、汉阳商民协会共同署名的这份宣言,并不忌讳工商两界之间先前确实产生过一些摩擦和矛盾,公开承认"不久以前,我们工商相互之间,发现一个小小裂痕,这个裂痕之所以发生,是因为工商间的小纠纷,不能得一正当解决办法。"但是,宣言也特别强调:我们工商两界的共同敌人"以为有隙可乘,极尽挑拨离间、阴谋破坏的伎俩,制造谣言,扇动风潮,以冀根本推翻革命政府,置我们工商两界于万劫不复之地位。我们工商两界深知反动派对我们的阴谋诡计,我们不得不更坚固的联合起来。对于过去一切的纠纷,已经双方考虑,议定各种很好方法解决,双方遵守置于政治的宾东关系之下,从此我们中间裂痕已消除,反动派无机可乘,再来破坏我们在革命中的联合战线"。宣言还阐明工商两界的痛苦,究其根源在于帝国主义和军阀的压迫。因此,"我们工人和一般中小商业者应该联合起来,进行国民革命,打倒共同敌人,求得双方解放"[2]。

随后不久,工商俱乐部正式成立,在调解商事纠纷和维护工商联合方面,发挥了十分重要的作用。据报纸报道,"工商俱乐部自组织成立以来,解决工商纠纷案件甚多"。仅1927年6月20日至26日一周之内,受理相关案件即达38件之多,其中"逐日谈判有结果者共16件",包括烟业工会纠纷案、谦益祥药店店员纠纷案、裕生袜厂纠纷案、永明日记电池厂华中电池厂歇业案、润和祥疋号拒绝补充店员案、大生祥店员纠纷案、李恒祥袜厂歇业案、汉华公司与工友纠纷案、广生行摧残工友案等,具体涉及工会纠纷、店员纠纷、工友纠纷、歇业纠纷、补充店员纠纷以及其他方面的许多内容。尽管工商俱乐部"召集谈判无结果,或一方未到,延迟不能谈判者,共有二十二件",但能够及时解决将近

---

[1]《工商联合之消息》,《汉口民国日报》,1927年5月31日。
[2]《工商联席会议宣言》,《汉口民国日报》,1927年6月2日。

一半的纠纷案,在当时也称得上是成绩可观。对于那些由于各种原因不能很快调解的纠纷案,工商俱乐部一般也不会简单地予以放弃不再受理,而是坚持积极地进行调解。[1]

需要说明的是,工商联席会议的召开与宣言的发表,以及工商俱乐部的成立,并不可能从根本上消除店员与店主之间的矛盾与冲突。武昌商民协会就曾对此作过较详细的说明:

> 对于工商联席议决案,认为较前改良,惟店员尚有额外添补情事,殊难得适当解决。如乡人黎明入城买物,平常六点即可回家,现在因油盐米店开门较晚,必须久待方能购物。尤以药店遇有急病需购药,以往可随时扣门,现在以时间限制,致买主不能如意。又经济权、行政权归之店员,而经理不能问事,但与之往来交易之商店,又时时表示不信任店员,对于店员主事之商店,拒绝赊借,于是店员认为经理之怂恿,更生恶感矣。至于待遇一节,武汉商店在十数年前店员已可分红,工薪则随生活程度之增涨而增加,不过终有阶级,即以店员之任务与能力,分薪金为三级。现在店员改为一律,于是任务较重、能力较大者,亦遂不复努力。又如同行商店,武汉两地情形迥殊,在汉商务繁盛,譬如每一店员每日可卖六十元,在武昌因商务相差太远,每日店员不过总共卖得六十元,若两地店员薪金一律,在武昌商店实难负担也。[2]

汉口商民协会也曾经说明,自工商俱乐部成立以后,虽然工商纠纷有所减少,但劳资问题却不减反增。工商联席会议各项决议案执行过程中,工会下层会员仍时有不遵守行为。"少数店员支部管理店员中流水,至于维持门市须由店东自己向外借钱,且店东因本钱逐减亏折不能活动,而店员尤不允店东以店中存款对外还债,于是店东至[只]有率性

---

[1] 《工商俱乐部之一周》,《汉口民国日报》,1927年6月28日。
[2] 《中央商民部报告:向武昌商民协会调查》,1927年6月24日,《武汉国民政府史料》,第382页。

一走了事者矣。"[1]不仅如此,店员工会逮捕商人的现象仍有发生,以致市政府不得不再发布告,说明"自兹以后,如有商人发现店员错误者,得随时报告于本政府,立予严办,决不姑宽。店员及童子团之间,须互相告诫,切实遵守联会议决,不得故犯。……所有关于工商一切纠纷,一经武汉工商俱乐部解决,无论团体或个人,不得采取直接行动"[2]。

当时,武汉的国民党中央执行委员会还曾议及是否取消店员工会问题。在1927年6月15日举行的中执会政治委员会第29次会议上,汪精卫提出:"主席团上次到郑州去的时候,总商会长来见,说明商民协会同总工会所定的条件,未得总商会的同意,就是照那个条件去实行,也不能恢复商业。主席团问他是什么道理?他说店东没有用人的权,商业总不会恢复。"陈公博接着发言:"他们主张解散店员工会,这个要求大大办不到,最多也只能将店员工会加入商民协会。而且店员工会内容非常复杂,例如当经理的一方面算是店员,一方面又算是店东,可以加入商民协会,中级的店员也可以,但下级的贫苦学徒就不能加入了。"詹大悲在发言时更直接表示:"所谓商会只能代表少数的商人,商民协会才是多数商人的代表,取消店员工会的要求,乃是商会进一步的反攻。汉口现在的商业还有一种危险,就是一般商人都将货物运往上海,若不是店员工会实行监督,恐怕商人已经跑光了,商业也完全没有了。"这次会议的讨论并无最后结果,担任会议主席的孙科表示:"工商业不能恢复的原因,除了交通问题同汇兑问题之外,就是对于工界所发生的误会同恐慌。这种恐慌同误会须设法消灭,然后才谈得上恢复商务。本席以为工会店员同商民协会多少要有一点牺牲的精神,退让的态度。"汪精卫附议说:"主席的话是很对的。如果每一个店员都要起来打倒他的店东,世界各国也没有这种办法。"[3]不难看出,

---

[1] 《中央商民部报告:向汉口市总商民协会调查》,1927年6月24日,《武汉国民政府史料》,第381页。
[2] 《市政府布告》,《汉口民国日报》,1927年6月12日。
[3] 中国第二历史档案馆编:《中国国民党第一、二次全代表大会会议史料》(下),第1248—1251页。

当时的武汉中执会委员多数并不赞同取消店员工会,有的甚至仍充分肯定店员工会的积极作用,并认为要求取消店员工会是旧式商会"反攻"要求。不过,也有委员认为店员工会的行动存在着偏激之处,需要加以纠正,否则工商业的衰败无法挽救。

6月22日召开的中执会政治委员会第31次会议,又再次讨论了店员工会问题。由于武汉工商业的持续衰败,使得武汉的国民党中央对这一问题不得不更加重视,态度也有一定的变化。未参加前次会议的谭延闿认为:"工商间本不会有冲突,最大的原因就是店员工会。"对这种说法其他执委并未表示异议,这无疑是承认了店员工会的行动,是导致工商冲突的主要原因。詹大悲此时也说:"因为中央承认店员是工人,所以不能不服从中央的意旨。要解决这个问题,须中央对于店员是否工人,店员是否可以组织工会,作一根本之讨论。"谭曰:"店员算是工人,是中央的错误,也不是今日的错误,乃是从前的错误。现在的湖南、湖北小店家,简直不能作生意,连许克祥也晓得取消店员工会,真是为商民解除痛苦的工作,我们一点是没有做到。"谭氏显然对店员工会的行动十分不满,而且还认为前此将店员身份确定为工人完全是错误的。共产党人邓演达指出,店员工会已不仅仅只是涉及工商冲突的小问题,"乃是一个革命能否成功的大问题",他主张由中央派专人召集总工会、商民协会开会协商解决办法,谭表示支持。陈公博发言解释了广州时期的中央之所以承认店员为工人,有其历史原因,"不得已乃用一个店员工会的名义来统一。在广东时势力分散了,所以不觉得什么。在湖北势力集中了,所以就觉得不同。现在或是根本上不要他们存在,或是将他们并入商民协会,或许他们存在而加以改善,总要有一个办法"。他认为召集各方开会,当面恐怕不便直言,可请总工会、总商会、商民协会在规定的时间内用书面向中央报告意见。詹大悲认为即使是书面报告,同样也不会有什么结果,而且"商会当然不赞成有店员工会",这一点十分明确,无需再书面陈述。但会议主席汪精卫根据以往讨论土地问题时,军界代表当面一言不发,后来农民协会发生骚乱,又在背后喷有烦言的教训,说明"有要他们用书面报告的必要"。

最后,会议决定:"关于店员工会应否存在的问题,分两方面来作,一面由本会函总工会、商民协会及总商会用书面详陈意见;一面由中央工人部、商民部切实调查。综合所得结果,于下星期一具报。"[1]与前次执委会的讨论情况相比较,此次会议的明显不同之处在于,有个别执委如谭延闿在发言中已倾向于取消店员工会,而且店员工会应否继续存在成为了焦点问题,即使当时不同意解散店员工会的执委,也认为需要寻找一个妥善解决的办法,不能再继续延宕不决。

湖北省总工会呈报的意见是"主张该工会组织仍存在",汉口总商会则"主张店员可组织团体,但不应隶属于工会系统"[2]。汉口商民协会对这一问题相当重视,专门召开执委会紧急会议进行了专题讨论,最后形成如下决议:"店员务必有团体之组织,惟团体之名称及组织之系统应否仍旧或变更,其权在党,本会不加主张。至店员工会或有组织上之瑕疵,店员也有幼稚之行动,则或为局部问题,或为过去事实,均不能影响于店员工会之存在。惟望善为整顿,严加纠正,以结成店员与工商业者之亲密的联合战线,共同努力革命。"随后,汉口商民协会还就这一问题发表宣言,表示:"我们为了革命的共同利益,与工商的联合战线,觉得对于店员工会应否存在的问题,应当有一个理智的判断与事实的根据,绝不应凭据我们片面的主观的偏见或成见,徒逞一时的意气,而贻工商前途以无穷之伊戚。因此我们应当迅速地有一个合理的与平允的主张,向社会公开地发表,以免第三者乘机挑拨,毁坏我们革命的工商联合战线,而使他们在暗中鼓掌称快,私庆得计。"[3]当时的汉口商民协会在工商联席会议举行之后,显然对这一问题的态度尚属和缓,并没有要求店员工会脱离总工会而归属于商民协会,后来上海等地区的商民协会,则反复向国民党中央提出这一要求。

中央商民部在随后送交中执会的工作报告中,也对这一问题做了

---

[1] 中国第二历史档案馆编:《中国国民党第一、二次全国代表大会会议史料》(下),第1275—1277页。
[2] 《店员工会问题》,《汉口民国日报》,1927年7月1日。
[3] 《店员工会应否存在》,《汉口民国日报》,1927年6月30日。

较为详细的说明:"第三十一次中央政治会议关于店员工会的存在问题,议决议由本部负调查的工作之一,本部认为这问题是很重要的,所以特地开了二次特别会议来讨论。经过讨论的结果,本部对店员工会存在问题的意见是:(1)武汉的商业弄到这样田地,不专是店员工会认其咎。(2)我们承认店员工会是有错处,但决不能根本移动工人运动,将他解散,然当严为纠正和警告。(3)关于商店的用人、裁员等权,应予店东有相当的自由。(4)商民的资本,政府须明文制定保护法。"[1]很显然,当时的中央商民部认为,武汉工商业衰败之原因,并非仅为店员工会的行为所致,也不同意解散店员工会,只主张予以警告,纠正其过激行为,同时对店主予以保护。其实,在当时共产党人仍具有相当影响以及国民党左派执掌权力的情况下,武汉的国民党中央和国民政府并不会轻易解散店员工会,从而使整个工人运动趋于消沉。

中央商民部在召开部务会议讨论该问题时,实际上是涉及到商会、店员工会、商民协会三方面的关系。讨论中多数人认为武汉商务凋敝的原因,一为经济封锁,一为店员要求过度。只不过现在中央训令保护工商业者,店东乘机将全部原因都归究为店员工会,并不符合实际情况。另外,"店员工会存否问题,与农工政策有密切之关系"。在当时的情况下,"一旦取消店员工会,三万店员难免发生纠纷,而且已组织成立者,中途取消,于革命进行上亦有未便。至于旧商会之组织,不但店员不能加入,中小商人亦多不能插足。现在只有请中央速颁新商会法。至于商民协会表面上与商会接近,精神上却与工会沟通,店员虽为商家之一部分,实际又加入工会。所以根据中央策略,似宜一方根据新商会法改组旧商会,使可以代谋一般商民之利益,与总工会对立;一方令店员工会与商民协会接近,如店员发生小纠纷,即由商协解决,大纠纷即由总商会与总工会解决"。可见,当时的中央商民部倾向于店员尽管加入了工会,但店员工会实际上与商民协会具有同一性,而商民协会表面上与总商会接近,但实际上却是相对立的。所以,"为长久计,

---

[1]《中央商民部一周工作报告》,1927年6月20—25日,《武汉国民政府史料》,第385页。

可以改组旧商会与总工会对立,改组店员工会归并商协"。不过,由于"店员加入工会,前经政治会议议决",故"此项办法在现在恐难办到",只有暂时维持现状,对店员工会的过激行为予以告诫。[1]

中央工人部不仅支持店员工会继续存在并隶属于湖北省总工会,而且对店员及店员工会在国民革命中的作用与影响大加肯定,认为广大店员是积极的革命份子,"对于这些革命份子,惟恐其组织之不及,对于已经组织半年,有三万八千余份子,支部千余,组织巨大之武汉店员总工会,更绝无迫令解散之理"。中央工人部还明确指出,店员总工会不能隶属于商民协会,"若把店员隶属商民协会,固无论掠夺店员组织的机会,店员与店东利益不同,志趣互异,亦足以妨害商民协会的组织。在此松懈的组织之下,店员无强固的指导,严密的训练,不特不能尽量发挥革命的精神,转恐店员店东中间,纠纷愈见增多,愈难解决。故为店员计,为店东计,为革命前途计,武汉店员工会都不应该改隶商民协会"[2]。中央工人部持此态度并不难理解,如果人数众多、系统庞大的店员总工会改隶商民协会,当然会对工人运动的发展带来较大的影响。

不过,中央商民部当时设想的"改组店员工会归并商协"这一长久之计,于当年7月举行的长江流域商民协会代表大会上,又成为本次大会的一个议题。国民党中央根据该会议决案的要求,着令中央商民部和工人部拟订"解决工商纠纷条例及店员工会隶属统系办法"。在此后的一段时间里,改变店员工会的隶属系统一直是商民协会希望争取达到的目标,上海等地的许多商民协会也不断呈文或上书提出这一要求。于是,究竟是将店员划归为商而加入商民协会,还是仍划为工而加入工会,又形成商民协会与总工会相互争夺店员作为会员的焦点问题,也使店员工会与商民协会的关系,开始朝着另一方向演变。

在总工会、总商会、商民协会以及中央工人部、商民部先后进行书

---

[1]《中央商民部一周工作报告》,1927年6月27日—7月2日,《武汉国民政府史料》,第387页。
[2]《今后之店员工会》,《汉口民国日报》,1927年7月5日。

面报告之后,中执会决定由汪精卫、孔祥熙、孙科、苏兆征、吴玉章等5人进行审查。1927年6月29日中执会政治委员会第33次会议虽未对这一问题进行讨论,但孙科仍在会上提到:"店员工会的大毛病,就是在于管理权。店东请一个伙计,也要由工会分发,这非改变不可。"汪精卫接话:"竟闹得社会不宁,军心不安!"孙科又举例说:"现在厨子也有工会,辞了他就请不着别人。最近交通部因为厨子的饭做得不好,将他辞了,却又请不着第二个,交通部的人就索性不吃饭,尽是这些希奇古怪的事!"[1]看来,中执会部分委员对店员工会的不满已越来越明显。1927年7月27日召开的武汉中央政治委员会第41次会议终于议决:"店员总工会着改为店员总会,归当地党部商民部指导监督。"[2]其目的是希望将店员工会与工会系统相脱离,改归商民部指导监督,由此减少店员与店东之间的纠纷。不过,因当时宁汉分裂刚结束,尚未完全实现合流,故而武汉中政会的这一决议也没有真正在各地立即得到贯彻执行。

## 三 上海商民运动中店员工商界限之争

所谓店员工商界限之争,就是将店员的身份划为工、抑或划为商的争论,实际上也是商民协会与工会之间争夺店员作为会员的争执。

店员身份之确定以及加入何种团体,从商民运动开始之初直至商民运动的后期,一直存在着某些争议,而且屡有改变。在不断变动各个过程中,上海市党部商民部和上海商民协会几乎都可以说是重要的推动者。在商民运动初期,国民党认为店员与店东"确有密切的关连,确有共同组织团体,来参加革命的必要与可能,绝对没有如无产阶级的产业工人与资本家之分别,所以组织商民协会,就许可店员加入。"起初,

---

[1] 中国第二历史档案馆编:《中国国民党第一、二次全国代表大会会议史料》(下),第1304页。
[2] 《店员总工会改称店员总会》,《汉口民国日报》,1927年7月28日。

"商民对于商民协会还是存了怀疑观望",所以"那时商民协会组织大半都在店员的手上"。但是,随着商民运动的发展,商民加入商民协会日益踊跃,于是"同在一个商民协会内,就有店员店东两方面的竞争,同时店员又要向店东要求改良待遇,或增加工资,而店东或因营业的困难,不能接受店员方面要求的案件,以是又在同一的商民协会内,发生种种困难的问题,甚至店员店东双方顿呈分裂的现象,不断地各处商民协会都有这种情形继续的发生,以是中央工商两部就共同将这个问题提出中央讨论"[1]。

与此同时,上海特别市党部商民部向中央商民部呈文指出:"近有一部分小商人同志以多数店员为被压迫阶级,实为职工而非商人,应另立职工部,不应附属商人部之下牺牲职工本身之地位。"呈文还请中央明示:"商人部所谓商人,是否有阶级性的,专指商业资产阶级及大小店主,而不及店员。店员是否应立职工部,而不受商人部管辖,统希明示。"中央商民部以"事关商民运动范围问题",提出请解释店员职别案,呈请中执会常务委员会第54次会议讨论,议决之结果为:"由中央商民、工人两部商定,再行核议。"[2]中央工人部与中央商民部经商定之后,在1926年9月22日举行的第60次会议上由中央工人部提出议案:"店员原属职工,应隶属于工人部,以归划一。"[3]这一议案获得了本次会议的通过,议决照准执行。于是,此后的店员遂脱离商民协会而单独组织店员工会,隶属于总工会之下,归各级党部工人部管辖。

但是,店员脱离商民协会而单独组织店员工会之后,又出现了新的问题,尤其是店员与店东的纠纷不仅没有减少,反而较诸此前大量增加,甚至还出现了长沙市商民协会会所被店员联合会捣毁以及殴缚职员的暴力事件。在许多地区,店员利用工会"向店东方面猛力进攻,把持商店,干涉营业权,迫算总账,争夺管理权等,以为非打倒店东不可"。其结果势必导致"店东逃匿,商店倒闭,因而店员失业,弄得两败

---

[1]《中央商人部告店友书》,《申报》,1927年11月2日。
[2] 中国第二历史档案馆编:《中国国民党第一、二次全国代表大会会议史料》(下),第659页。
[3] 同上书,第682页。

俱伤。这样的做法,不但于店员的利益,未有增进,店员的痛苦,未有解除,且店员失业日益增加"[1]。类似的情况,在武汉较为严重。汉口特别市党部商民部在呈报中央商民部的一份工作计划中透露,汉口"商民协会各分会,多以工商界限不清,致酿出许多无谓之纠纷"[2]。在中执会政治委员会第18次会议上,徐谦的发言也指出:"中国革命要保护小资产阶级,但有许多小商店因为店员工会的缘故,弄得开门既不好,关门也不行。"[3]

在纠纷日益严重的情况下,1927年5月湖北省总工会与汉口特别市商民协会举行联席会议,就这一问题曾达成暂时协议,规定凡手工业之店东自己作工而又雇有工人者,一律加入商民协会;在手工业中自做自卖如缝艺鞋艺等而未雇用工人者,加入工会;商店之经理因多为店主之代理人,应加入商民协会;非个人经营而为股份组合之商店,其股东同时又服务于店内者,加入商民协会,但此类店中之股东在职务上有经理店之分别者,则该工作之股东仍加入商民协会;半工半商性质之摊担职业者,界乎工商之间,"因组织分裂易于在营业发生纠纷,现在革命紧张之时,为巩固革命力量,消灭民众组织内部冲突起见",另行组织摊担联合会,直属于市党部。[4]但是,这一协议在实际操作过程中显得较为复杂,难以真正付诸实施,也并不能从根本上解决争议。

在此前后,关于店员身份的确定以及加入何种团体这一争执,在上海地区也较为突出,甚至还因此引起诸多纠纷。"窃查上海工商性质,截然两途,工商界限,天然各别,本无所谓不清,更无庸定标准。自中央颁布之《商民协会章程》第六十三条,有商店职工字样,而附议者遂谓商店职员应为商人之一。但按《工会条例》第一条,凡同一职员,相率

---

[1]《中央商人部告店友书》,《申报》,1927年11月2日。
[2]《汉口市商民部四、五、六三个月工作计划》,台北:中国国民党中央委员会党史史料编纂委员会收藏档案,部10393。
[3]《中国第二历史档案馆编:《中国国民党第一、二次全国代表大会会议史料》(下),第1116页。
[4]《工商联席会议决议案》1927年5月,台北:中国国民党中央委员会党史史料编纂委员会收藏档案,汉6111。

附入工会。因此之故,商店职员或主为商,或主为工,聚讼纷纭,莫衷一是。数月以来,纠纷迭起,弊之所至,必陷工商于危险之境。"[1]

为此,上海特别市商民协会筹备处曾多次呈文国民党中央执行委员会,反对将店员划入工会,要求明确划分工商界限,将店员划入商民协会。之所以不断出现这一争执,与当时各级党部商民部乃至国民党中央,对该问题的解释和说明并不一致也有关联。据上海商民协会筹备处致中央政治会议的呈文曰:"共产党操纵上海团体之时,彼高悬无产阶级专政之鹄,积极扩充工会之势力,而置商民之利益痛苦于不顾,组织店员联合会,受上海总工会之命令,以增加工资为饵,冀达到打倒资本阶级之目的。以致商业停顿,朝不保暮,痛苦之状,笔难尽述。逮至清党开始,工人纠察队缴械,而店员联合会代表章郁庵尚向职会筹备处提出罢市要求,幸职会同人洞烛其阴谋,一致反对,遂未获逞。盖其时店员虽有联合会之组织,而大多数商店伙友,均以总工会之恣睢跋扈,不愿受其指挥,而仍愿受职会之命令,一发危机,赖以补救。"[2]

实际上,上海商民协会筹备处主要是因为各业分会成立过程中,遭遇到这方面的争执,才对这一问题表示重视。"至共产既告肃清,工会既奉令改组,职会亦着手进行,并先后呈奉前敌总指挥白暨钧会批准筹备,各业店员亦得正式之保护,从事于真正商民之集合。不料一部分职工未尽明工商之区别,乃于组织商民协会时,受职工会之干涉,纷纷报告来会,请求解决。"于是,上海商民协会筹备处呈请上海市党部商民部,请求明示。市党部商民部于1927年5月10日函复:"据国民政府颁布商民协会法令第六十三条之规定,凡商店店员职工小贩及不属于业商民协会之店东董事经理协理等,均须就各区范围,从速依法组织各该区商民协会分会,同时将筹备情形函,由贵筹备处转报本部审核加委,以资正式筹备。事关法令,仰贵筹备处从速进行,广为宣传,俾各该店员等有所遵循。"[3]上海市党部商民部的这一回复,与商民协会筹备

---

[1]《各省区商民协会请重定工商标准》,《申报》,1927年10月20日。
[2]《请于审定条例时划分工商界限》,《申报》,1927年5月28日。
[3] 同上书,1927年5月28日。

处之请求基本上是一致的。所以,筹备处即"遵照此项解释处理纠纷,稍有头绪。"

经上海市党部商民部审查修正的《上海商民协会章程草案》,规定在市商协之下,按区域设立 11 个区分,另还以业为单位组织分会,历史悠久之同业公会组织的分会,地位与区会相同,"其他范围较小或局部之行业,亦得组织分会,但仍隶属于会所所在地区之区商民协会"。第 7 条关于会员的规定,明确说明:"业商民协会以该业之商店店东及现在董事、经理、协理等重要职员为会员,区商民协会之分会,以不属于业商民协会之商店店东、经协理及须该区域内之各商店店员、职工、小贩为会员。"[1]很显然,在这个《章程草案》中,上海商民协会是将店员、职工、小贩均划归为商而作为其会员。

但是,随后所奉国民党中执会对这一争议问题函复之解释,却与上海市党部商民部所说并不完全吻和。1927 年 5 月 24 日中执会函开:"上海特别市商民部面陈关于上海工会组织统一委员会及商民协会争执会员一案,本月十七日第九十一次常务会议议决如下:查商民协会第一条云'凡居住中国之商人,不论性别皆得为本会会员',是非商人不得入商民协会,其义明甚。更查其第六十三条云'会员月费之多寡,视各地商民之状况如何,但入会费普通商民最高不得过五元,商店职工不得过一元,小贩不得过五角',此是就商人之地位而区别之。故先言普通商人,而及商店职工及小贩,其第二、三种盖对普通商人而言,谓虽商人而资本无多,仍在商店服务者,或尚无行店而仅作小贩者,是此条所谓商店职工,系带有商人性质、于商店资本有关系者乃得适用。非谓凡商店职工即为商人,即须加入商民协会,其义更属显然。以上为当然之解释。如此工商性质方不致相混,该两会应据此意,适当处理。"[2]这

---

[1]《中国国民党上海特别市党部意见书部审查修正上海特别市商民协会章程草案》,上海市工商业联合会等编:《上海总商会组织史资料汇编》,下册,第 902—904 页。中央商人部在给上海市党部商人部的批示中指出:"分区组织,于本部规定商民协会章程不符,应即指导其改组,依章组织各业分会,将区会名义撤消,以符定章为要。"《中央部人部令催沪商民协会成立》,《申报》,1927 年 11 月 15 日。

[2]《请于审定条例时划分工商界限》,《申报》,1927 年 5 月 28 日。

一解释,否定了凡店员均划入商民协会的说法,强调只是与商店资本有关系而带有商人性质的这部分店员,才能作为商民协会的会员,这显然与上海商民协会筹备处的期望相反。

于是,上海商民协会筹备处又呈文中央政治会议上海临时分会,说明:"当以中央所解释者与市党部商民部之函示,显有不同,即经召集第七次临时委员会议详加研究,佥以商店店员如果划入工会,则商业前途,覆亡可待。"会议还推举特别委员王汉强等三人悉心讨论,"以讨论结果,先后呈请中央执行委员会重加审核,将商店店员划入商民协会范围之内,以保障商业之安全。在未得中央正式解决以前,仍遵照市党部商民部所指示办理。"同时,上海商民协会筹备处致中央政治会议上海临时分会的呈文还提出:请于重新审定商民协会条例时,"将工商界限明白划分,使法理事实,两皆顾全,工业商情,不受偏枯,不胜翘企之至"[1]。

在这个问题的争执过程中,上海商民协会筹备处认为与上海总商会有着共同的立场与要求,遂又致函总商会请"一致力争"。而上海总商会在这个问题上,也确实与商会协会进行了配合,遵嘱呈文国民党中执会,说明如果以与商店有资本关系者,才能称为商人,而其他辅佐经营商业之人,凡无资本关系者,概不得谓为商人,应在《商民协会章程》第1条内先确定此项界说,以明何者为商人之标准。但章程中并无此项区别,且第63条明定会员资格为普通商民、商店职工、小贩三种,是此条所指之会员,当为第1条所称商人之正确解释,无需于明文规定以外别有解释。另外,商民协会章程内所认定这商人应为两类,一为独立经营商业者,普通商民与小贩即属此类,二为辅佐他人经营商业者,即商店职工。"是商人与非商人,纯以职业为区别",并非以与资本有无关系为断。上海总商会至中执会的呈文还强调:"以资本为区别,而不以职业为区别之结果,必致工与商争,商与工争,子矛子盾,纷扰转无已时,不如各就其职业,以为区别之为得也。……用特具函详陈理由,敬

---

[1] 《请于审定条例时划分工商界限》,《申报》,1927年5月28日。

请贵会将前项解释,重加审查,予以修正,至深感祷。"[1]

但是,面对上海商民协会和总商会的呼吁,当时的国民党中央并没有予以接受。中央组织部于1927年7月初发布的组字第7号通告,就上海工会组织统一委员会与商民协会争执会员一案,又再次重申了中执会第91次常务会议的相关决议,并进一步明确指出:"一、以资本贩卖之小贩为商人,可加入商民协会;二、与商店资本有关系之商店职工为商人,可以加入商民协会。至于普通商店职工,与商店无资本之关系者,不当认为商人,不能加入商民协会,其义甚明。又查上海特别市商民协会章程第七条规定,'区商民协会之分会,以不属于业商民协会之商店店东、经理及在该区内之各商店店员、职工、小贩为会员',所谓'商店店员、职工',根据中央执行委员会第九十一次之议决案,当然为与商店资本有关系之职工,至于普通职工与商店资本毫无关系者,不得认为商人,即不能加入区商民协会。现因各地对于条文,仍有误会,特再为解释,希即遵照办理。特此通告。"[2]

即使如此,上海商民协会也没有放弃其主张,并仍然为达此目标而继续进行努力。1927年8月底,上海商民协会筹备处发起在沪召开各省区商民协会代表会议,讨论通过了多个议案,并且也议决呈请中央重定工商标准,推定嘉兴商协代表吴原坤为起草员,草拟各省区商民协会致国民党中央党部的呈文。这份呈文自称"敝代表等忝领群商,关系较切,职责所在,自难缄默,谨为钧部一详陈之",其主要目的仍是说明店员应划归为商,因为商店店东与商店职员有着许多共同之处,利益紧密相联。以职务言之,同为操奇计赢,懋迁有无,以目的言之,同为逐什一之利,而维持其生活。所不同者,仅为资本上之关系,一为出资以谋利益,一为藉资以图生存,而同舟共济,关系綦切之处莫不同归一途。所以,"店东与职员本为一家,所站地位是平等而非对等,所立战线是一条而非二条,故店东与职员是整个而非各个。……以利害言之,商店

―――――――――

〔1〕《总商会请修正工商标准》,《申报》,1927年5月29日。
〔2〕《上海工商两会会员争执案之解决》,《申报》,1927年7月7日。

职员亦应列为商人,已甚显著"。呈文还认为,现今之解释工商区别者,均碍于商民协会章程暨工会条例之规定,不得不以误就误,"动辄曰以与商店资本有关系者为商人,而以商店资本无关系者为工人,牵强误解,莫逾于此。例如商店之经理资本关系者比比皆是,而商店之股东为商店之下级职员者亦在所恒有。谓果强以资本有无为标准,则太阿倒持,职权不得衡其平。况工商之区别,应以业务为标准,设资本为区别,姑无论工商两界俱有劳资,而有资无资时立于对等地位,意志薄弱而幼稚之商店职员,尤易引起阶级之纷争,为祸之烈,尤甚洪水"[1]。

在收到各省区商民协会代表会议的这份呈文之后,中央商人部(此时的中央及各省市党部的商民部均已改称商人部)根据先前多次讨论研究的意向,提出了一种折衷的方案,将店员总会划归商人部直接管辖,不再隶属于总工会,这一方案经中央各部委员会第6次联席会议议决通过。中央商人部随即"通告各级党部商人部及各地商民协会暨各店员工会知照,嗣后各地店员工会应一律改称为店员总会,概归中央商人部指挥监督"。同时,中央商人部还电令当时的各省区商民协会代表会议主席冯少山:"此后店员团体之名称既已变更,且与商民协会同隶商人部之下,两方之利益,既易调节,一切纠纷,自可减少。来呈所举窒碍情形,亦可谓已得相当之救济。至于商人团体之组织法及工商界限之分析,本部正在详审规画,预备提出第三次全国代表大会讨论。该代表等如有所见,不妨尽量提出,呈报来部,以备采取,仰并知照。"[2]

随后,中央商人部还发出了很长篇幅的告店友书,说明"亲爱的店友同志们呀,你们团体的组织,你们地位的问题,也经过了好几次长时间的讨论,也又经过了好几次的转移和变更,弄得完全归工不成,完全归商又不得,至最近中央始将你们团体的组织,和你们地位的问题确定了,予你们组织职工独立的团体,不归于工人,也不归于商人,划归中央商人部,或各当地党部商人部监督和指挥。从今后你们要认清楚你们

---

[1] 《各省区商民协会请重定工商标准》,《申报》,1927年10月20日。
[2] 《中央商人部明定工商标准》,《申报》,1927年10月28日。

团体的组织,要认明白你们地位的情形,同时要以十二万分的诚意,受中央商人部或各当地党部商人部监督和指挥,这是最希望你们的一件事情。"同时,这篇告店友书还较为详细地解释了为什么店员工会既脱离了总工会,又不隶属于商民协会,而是改由中央商人部直接管辖的原因与理由:因为店员不属于工人范畴,而是属于商人范畴,但又与小资产阶级的中小商人有差别,这是店员"不能隶属于总工会,又不能归并商民协会的一个重大原因"。此外,"现在中国小资产阶级的中小商人,又并没有资本家的资格,配不上做一个资本家,所以你们的行动,不能与无产阶级的产业工人对付厂主(资本家)的行动一致,你们的利益,又不能与无产阶级的产业工人对付厂主(资本家)的要求尽同,所以你们不能隶属于总工会之下,效无产阶级的产业工人对付厂主(资本家)的方法手段来对付店东,这又是你们不能隶属于总工会之下的又一个原因。"另一方面,如果将店员"归并于商民协会内,而又牺牲了你们店员的地位,对于你们一切的利益,确有点不便宜,所以又不能归并于商民协会内,而特予以独立的组织,划归中央商人部或当地各级党部商人部管辖,这个方法算最适宜了"。对于店员阶级属性的判断,可以说是当时国民党做出上述规定的主要理论依据。这篇告店员书即阐明:"在产业发达的国家(英美日),其民众阶级的化分很明显,形成两大阶级(无产阶级与资产阶级),但在产业落后的中国民众,阶级的分化很极含糊,所以你们的属性,尚不十分明了。……以资产来说,你们实是介于无产阶级与小资产阶级之间;以工作来说,你们实是介于产业工人与中小商人之间;以职业来说,你们实是商人而兼做工者,所以你们有独立组织店员团体的可能。"[1]

从中央商人部的这份告店友书不难看出,当时的国民党显然是认为采取上述折衷的方案,乃解决店员与店东之间的诸多纠纷,以及总工会与商民协会就店员而产生争夺会员等问题的最好方法。但是,实践证明这一方案实施之后也仍然未能真正达到目的。不仅总工会对店员

---

[1]《中央商人部告店友书》,《申报》,1927年11月2日。

工会改变其隶属关系存在保留意见,而且店员是否隶属于商民协会的问题,也始终没有得到完善的解决,上海等地的商民协会依然不断上书或呈文提出这一要求。到1928年10月,国民党中央民众训练委员会制定的民众团体组织原则及系统,又不得不对店员和店员总会的隶属关系进一步做出了若干说明与规定。

第一,店员、学徒及城市手工业工人,不划入工会范围。"在过去工会受共产党把持的时候,除产业工人而外,他们把店员、学徒及城市的手工业工人,都划入工会组织的范围,于是便造成各地农工商联合战线的破裂,到处使工人与商人两败俱伤,使工商业完全停顿,结果店员失业,店铺倒闭。其实店员的性质,不尽同于工人,他们可说是无产阶级与资产阶级中间的阶级,他们的待遇,是比工人优厚,他们的生活,是比工人快活,况店员和店东的关系,决不像厂主和工人的关系那样单纯,那样无情,其中还有人与人的关系,故店员决不能划入工会的组织范围。"[1] 这一规定,只不过是再次强调店员总会不能隶属于所在地区的总工会。如前所述,1927年10月国民党实际上已经做出了相同的规定,只不过当时的店员总会既不隶属总工会,也没有改隶商民协会,而是成为直接受中央商人部或各级党部商人部指挥监督的独立团体。

第二,店员为商民协会成分之一,店员总会隶属于商民协会。"商协成分问题,认定除中小商人而外,店员及摊贩亦应为商民协会之主要成分,其次如学徒及城市手工业者,亦应加入。"由于店员是否隶属于商民协会这一问题,长期存在着争议,所以中央民众训练委员会制定的民众团体组织原则及系统对此专门进行了解答:"惟关于店员之加入

---

[1]《国民党中央民众训练部制定之民众团体组织原则及系统》,中国第二历史档案馆编:《中华民国史档案资料汇编》,第5辑第1编,政治(3),江苏古籍出版社,1996年,第7页。在对待店员的问题上,共产党与国民党的态度确有区别。1926年9月中国共产党第三次中央扩大执行委员会议决案中的《商人运动议决案》明确指出:"商民协会应该是个纯粹中小商人的组织,不加入大商;同时在资本化的大都市不宜加入下级店员。因为这些地方的下级店员,应该归到商业职工的组织。他们和其他商人有特殊地位及利害冲突。"见中国人民解放军政治学院党史教研室编:《中共党史参考资料》,第4册,1979年内部印行,第80页。

商民协会怀疑者颇多,兹分别解答如下:1. 有谓店员若与商民共同组织,则与大中小商人合并组织之商民协会无异,殊不知店员虽与中小商人共同组织,而在商民协会中,则仍保存其各别独立的系统,各有平等的代表权,决不致发生彼此压迫之弊,且可藉此发生协调的作用。"也就是说,店员仍保留其独立的组织即店员总会,只是店员总会不再如同过去隶属于总工会,而是隶属于商民协会。"2. 有谓店员既可与店东共同组织,则工人与厂主也未尝不可共同组织,何以工人方面采各别组织法,独令店员加入商民协会。关于这个疑问的解答,前面已经说过,乃是店员与店东的关系,与工人与厂主的关系不尽相同的缘故。因为店员与店东,在金钱与劳力方面的关系,确不如其在人与人方面的关系重要,武汉店东宁出重资而雇用一善于经商并感情融洽之店员,不愿出贱价雇用一平常店员,以影响商业和力争用人权,就是一个很的例子。况店员年终尚可分取若干红利,此红利乃视商业赢余的多寡而定高低,是其虽为店员,同时亦系商人性质。可想而知,店员既向商人一样的志在经商,则彼此间很少利益的冲突,这又不能和工人与厂主相提并论了。"此外,"至店铺学徒,其近的目标在技术上的学习,远的目标在商业的经营,就近的而论,他是商人的助手,就远的而论,则是商人的资格将更加确定,所以也应该加入商协"。不过,"学徒可以归并于店员总会,不必另成系统"〔1〕。其意为学徒不像店员那样自身还有店员总会,而是直接加入店员总会,通过店员总会再隶属于商民协会。

与此同时,国民党中央民众训练(部)委员会拟订的民众团体三民主义训练纲要,还针对今后商民运动中的店员与店主的权利义务做出了下列规定:"在商民运动中,应指示店员生活必须工商业发达始可根本改善,故店员须参加反帝国主义运动,而不应作破坏工商业的阶级斗争。"此项规定显然是希望店员意识到惟工商业发达才能改善生活条件,而不要像过去那样,过多的提出要求而与店主发生矛盾冲突,影响

---

〔1〕《国民党中央民众训练部制定之民众团体组织原则及系统》,中国第二历史档案馆编:《中华民国史档案资料汇编》,第5辑第1编,政治(3),第9—10页。

工商业的发展。另还规定:"在商民运动中,应指示店员有发展工商业的责任,一方面固应主张劳动法、店员服务法上所给与的权利,他方面尤应注意工商业营业的改进,以为反帝国主经济上的准备。"这项规定则是希望既照顾店员的权利,又保证工商业的发展。关于店主,也做出了原则性的规定,要求"在商民运动中,应指示店主必须改良店员及学徒生活,并提高店员工作兴趣及学徒营业技术,然后营业始有发达的可能"[1]。

综上所述,有关店员以及店员工会的归属,一直是商民运动时期颇有争议的一个问题,国民党的相关政策也一再变化。起初,要求店员加入商民协会,导致同一商民协会内部存在店员和店东两方面的竞争,并呈现分裂的现象。稍后,国民党决定使店员遂脱离商民协会而单独组织店员工会,隶属于总工会之下,归各级党部工人部管辖。但是,店员与店东的纠纷不仅没有减少,反而较诸此前大量增加,上海等地的商民协会又要求将店员划为商人,加入商民协会。国民党中央先是强调与商店资本有关系之店员,可以加入商民协会,无关系者加入店员工会。但不久之后又规定,店员为商民协会成分之一,店员总会隶属于商民协会。如此反复变化,说明商民运动时期的国民党对店员与店员工会的归属,并没有全面统一的认识,缺乏一以贯之的政策,只是根据实际情况做临时性的应对,推行一些权宜之策。

---

[1] 本段引文均见《国民党中央民众训练部拟订民众团体三民主义训练纲要》,中国第二历史档案馆编:《中华民国史档案资料汇编》,第5辑第1编,政治(3),第24—25页。

# 第十章　商民运动的终结

本书之第八章已经论述在南京国民政府建立之后,国民党中央将民众运动的目标从以往的"革命之破坏",调整为新时期的"革命之建设",力图使整个民众运动实现转轨,以适应"训政"新形势的需要。在商民运动方面,国民党修改了最初将原有商会确定为不革命和反革命的商人团体,以及利用新成立的商民协会逐步取代商会的策略,转而提出了新的商民运动方略,即商民协会与商会并存,两者的功能与作用各有侧重。

但是,国民党中央确定的这一新方略,却引起了一部分地区商民协会的不满。这些地区的商民协会仍不断主张统一商人团体,提出取消原有商会的要求,因而与商会之间的关系日益紧张,经常产生各种矛盾冲突。此外,所在地区的国民党党部也不同程度地支持商民协会的这一要求。类似的情况,在上海地区十分突出,不仅围绕商会存废出现较大争议,甚至最终还引发了某种带有暴力性质的冲突事件,迫使国民党中央进一步采取新的策略,对上海商人团体进行了整理,最后宣布取消全国各地的商民协会。商民协会被一律取消的命运,实际上也就意味着商民运动的终结。

## 一　上海商民协会的统一商人团体要求

在商民运动期间,各地商民协会成立之后与原有的商会相比较,在当地商界的地位与影响呈现出并不完全相同的情形。第一种情况是商民协会与商会都较为活跃,分别发挥了各自的作用与影响,在商界中的地位尽管略有差异,但都显得比较突出。这种情况在商民运动初期的广州较为明显,其次是在武汉,情况也比较相似。在这些地区,商民协会与商会虽然也产生了一些矛盾,但两者在许多方面也有所合作。第二种情况是商民协会成立后,开展各方面活动均非常踊跃,其作用与影响甚至超过了原有的商会,使商会在商界中的地位与作用明显降低。这种情况在长沙的表现十分突出。第三种情况是在商民协会成立后,原有商会的活动仍非常活跃,影响也非常广泛,得以继续在商界中占居重要的地位,而商民协会的活动与影响则明显不及商会。类似的情况在上海具有相当的代表性。正是因为这一原因,上海市商民协会正式成立后,面对国民党中央确立商会与商民协会共存的新策略,为取得在商界中更重要的地位,发挥更突出的作用与影响,仍一直主张统一商人团体,要求取消商会,商会则给予了有力的反击。

当时的上海之所以会出现第三种情况,原因之一是缘于本书第七章第一节所述,由于上海市商民协会正式成立的时间太晚,迟至1928年3月初才得以诞生,从而给予了上海商会在商民运动开展后的较长时间内,仍然能够像以往一样继续发挥重要作用与影响的社会空间。另外,上海市商民协会成立时已进入到整个商民运动的余波阶段,此时的国民党中央也已改变初期所定以商民协会取代商会的商运方略,转而确定了商民协会与商会并存的新策略,这也为商会的继续存在以及发挥重要作用提供了合法性依据。

原因之二,是在全国为数众多、林林总总的商会中,上海商会的势力与影响一直比较强盛,被誉为近代中国的"第一商会",新成立的上海商民协会很难撼动上海商会的地位。清末的上海商务总会,是近代中国最早成立的商会,曾多次倡导发起全国各地商会开展了一系列重要活动,包括抵制美货运动、拟订商法活动等,在全国产生了重要的影响,也奠定了上海商会在全国商会中的实际领导地位。1923年6月,曹锟在北京发动政变,将总统黎元洪驱逐出京,并企图以贿赂议员的方式非法当选总统,上海总商会当即召集临时会员大会,宣布否认摄政内阁及曹锟的候选总统资格,通电北京政府对内对外一切行为,国民概不承认其有代表国家资格;国会议员不能代表民意,所有一切行动,不能认为有效;组织民治委员会,代表国家行使外交权力,管理国家财政及国内一切政治纠纷,实行民治目标。此次行动最终虽未能达到目标,但在全国进一步扩大了上海总商会的广泛影响。与上海总商会同时存在的,另还有上海县商会和闸北商会。上海县商会的历史也比较长,于清末的1906年报部立案成立,时称沪南商务分所,系上海非租界地区的南市各业商人共同组成。1913年改称沪南商会,旋又改为上海南商会,至1916年改为上海县商会。闸北商会成立时间较晚,该处商人因与南市之间有租界阻隔,联络不便,于1919年发起组设闸北商业公会,1922年改组易名闸北商会,因一直未呈部立案,后又重新发起组织,至1927年4月呈准正式成立。上海总商会、上海县商会、闸北商会三个商会之间虽各自独立,无隶属关系,但职员多有交叉,在有关的各项活动中,也往往都是"联络办理",一致行动。

除此之外,自1927年底各省商会代表联席会议召开,成立的各省商联会总事务所也设在上海。1928年10月又举行全国商会临时代表大会,议决将原设在北京的全国商会联合会改名为中华民国商会联合会,地点也改设南京,各省设事务所,但总事务所依然设在上海,其主要职员均为上海总商会的领导人。因此,上海总商会又得以借助中华民国商会联合会总事务所这一更大的平台,号召全国各地商会采取联合行动,影响力更加突出。

南京国民政府建立之后,在某些方面似乎也更加重视上海商会的作用,而对上海商民协会的作用有所忽略。例如由上海商民协会筹备处于1927年8月发起召开的苏浙皖粤桂闽六省商民协会代表会议,曾议决请国民政府召集经济会议,容纳关于经济团体代表为委员,讨论裁税税则,及关税管理等重要问题案,会后还发布了通电。但1928年下半年国民政府工商部在上海召开全国经济会议时,却并没有邀请上海商民协会的代表出席此次会议,而是邀请了上海总商会的代表参加会议。会议开始以后,上海商民协会提出该会为召开本次经济会议的最早建议者,理应有代表出席会议,工商部这才同意上海商民协会也推举两名代表列席会议。不仅如此,工商部召集的其他全国性重要会议,也都主动邀请上海总商会和各省商会联合会总事务所派代表参加。各省商联会总事务所曾说明:该事务所"派员参加全国经济会议、财政会议、交通会议、裁厘委员会、工商法规讨论委员会、工商设计委员会,亦均奉电令举员参加大会,实行参与政治之决议案"[1]。

另从发行全国影响较大的上海《申报》、《民国日报》的报道与记载中,我们不难发现,上海特别市商民协会成立之后,上海商会完全没有像某些地区的商会那样,因此而被迫收缩了自身的活动与影响,而是仍然与过去一样非常活跃,在商界中的影响也没有受到制约。在长沙,由于商民协会成立后即有压倒和取代商会之势,故而在当地发行的《大公报》上,一段时间内很少再看到有关长沙总商会活动的报道,只是连篇累牍地报道长沙商民协会的活动。在广州和武汉的《民国日报》中,则是有关商会和商民协会活动的报道均经常有记载,大体上反映了商民协会与商会都较为活跃,并分别发挥了各自作用与影响的状况。而上海商民协会成立后,当地报刊对其活动的报道并不多,尤其是《申报》的报道非常少,有关商会活动的报道则仍像过去一样充斥各大报刊。上海《民国日报》虽对商民协会有所报道,但与商会相比较仍显得十分微弱。只是当上海商民协会要求取消商会以统一商人团体,与商会发生了争执,有关商民协会这方面内容的报道才有所增加。

如上所述,上海商民协会成立之后,由于当地原有商会的势力与影响过于强盛,两者之间除了在反日运动中一度有过短暂合作之外,始终都是分头行动,很少再有其他形式的联合行动,而且商会的强势又一直制约着商民协会的发展与壮大,使其无法在上海商界中获得预期的地位与影响。所以,上海商民协会才会始终坚持按照《商民运动决议案》规定的方略,批评指责商会的保守与落后特征,要求取消商会。即使是国民党中央已经改变了最初的方略,重新确定了商会与商民协会并存

---

[1] 《各省商联会缓期召集全国代表大会》,上海《民国日报》,1928年8月16日。

的策略，上海商民协会也仍然以统一商人团体，便于商运发展作为理由，继续要求取消商会，商会则一方面呼吁国民政府尽快修改和颁布商会法，一方面对商民协会的指责予以回击，从而引起了新一轮的商会存废之争。

经历了1927年底的第一次商会存废之争后，有关的争论在许多地区似乎都暂时停息下来，但在上海却从1928年至1929年初，仍然一直都或明或暗地继续进行着这一争论。对这方面的一些相关信息，上海商民协会与商会也都更为敏感。

类似的第一次争论发生在1928年初。国民党中央召开第二届第四次全体执监委会议，缪斌的提案提出整理民众团体系统，取消旧有农协、工会、商会、学联等，重新建立工业协会、商业协会、农业协会，而商会并不包括在其中。对此，上海商民协会表示欢迎，并立即致电本次会议，呼吁国民党中央尽快统一商人组织。[1]上海总商会和各省商会联合会则对此提议则坚决表示反对，也致电国民党中常会请"将缪案否决"。[2]设在上海的各省商联会总事务所召开的第一次执监委员联席会议，曾专门讨论了请中央党部、常委会否决缪执委取消商会提案、撤销江苏省党部接收崇明县商会命令暨修正商会法案。有委员提出，"缪委员提案全文，应详加研究，我们只知商会存在，其余可置不问，并主张第一节电请中执常委会，缪执委提议取消商会之案，迅行否决。"同时，"请中央党部、国民政府迅令法制局修正商会法，并准本总所派员参加此案办理。因商会法修正后，商会更明确存在，可不解决而自解决"。还有委员主张将上述两案合并办理，但林康侯提出应分开处置，"第一案可由总所电请中央申述商会对革命过去之奋斗协助之历史，及不能取消之理；第二案可电请中央撤销省党部接收命令；第三案可电请中央进行修订商会法，及总所参加之请求"。[3]最后，以此建议付诸表决，获多数委员同意而通过。

---

〔1〕《商业团体对中央全会表示》，上海《民国日报》，1928年2月7日。
〔2〕《商联会请维护商会》，上海《民国日报》，1928年3月21日。
〔3〕《各省商联会首次执监会纪》，上海《国民日报》，1928年3月12日。

当时,这一争论尚未产生较大的影响,只是在上海一地的小范围内进行。但在此期间,上海《民国日报》的"觉悟"副刊仍专门为此发表了一篇文章,对商会电阻缪案之举动,进行了较为严厉的批评,认为"缪委员提议,是对于国民党及民众运动整个的意见,是否能成为决议,固然另是一个问题,但是决没有任何一方面能够以一电阻止中央委员讨论。"该文还指出,在上年底的商会存废之争中,各省商会联合会决定变更会长制为委员制,但"试问现在各省商会制度,是否变更?买办是否自动排除?这种欺骗政府、欺骗商民的手腕,在军阀时代,虽说屡试屡验,但在国民政府统制下需要革命的商民,恐怕不肯受他们的欺骗了"。不仅如此,该文还列举北伐时汉口总商会资助吴佩孚、江西某商会支持孙传芳、武昌总商会资助刘玉春守城费,以及武汉、长沙等商会帮助唐生智收营业牌照捐作东征军费等事例,再次强调商会是买办劣绅操纵、暗中支持军阀之落后反动团体,"各大市镇的总商会为买办所操纵,各城乡之商会为劣绅操纵,几成惯例。勾结官厅,渔肉人民,自清季有商会以来以至现在,无地不然,无时不然,人人应该知道,何待赘述?"[1]上海《民国日报》在某种程度上可以说是受当地国民党党部影响与控制的重要报纸,因而其刊发此文以及此文的上述内容,也在一定程度上反映了上海特别市党部对待商会的态度,这显然对商会是一个严重的威胁。不久之后,该党部即不断公开主张取消商会,并向国民党第三次全国代表大会提出了取消商会的议案。

针对当时各地商会从原有会长制改组为委员制进程缓慢,因此而受到批评的实际状况,各省商会联合会总事务所于1928年3月下旬,也召开执监委员联席会议进行了商讨,决定致函各省商会暨商联会委员。函曰:"查商会改善方案及商会改组大纲,先经本总所依照去年大会决议案,函送各商会查照办理,至各省事务所亦经迭电各省政府所在地总商会暨各商会,请其发起召集组织各在案,现在各商会函报依议改组者固有,而延未改组者甚多,至省事务所仅江苏一省成立,各省尚未

---

[1] 范颂平:《取消商会问题》,上海《民国日报》"觉悟"副刊,1928年2月12日。

准报有案,相应依照决议案函达贵委员查照,希即就近督促各商会迅速改组,限于五月底一律改组完毕,并督促各总商会迅速发起召集开会,组织各省事务所,限于四月底一律成立。"[1]此举显然是为了减少商会遭受商民协会指责与攻击的口实,但实际上效果并不明显。且不论各地商会同时进行改组并非易事,即使改组之后也未必就能真正改变商会的组织特点。如同当时的批评者所言:"没有驱除买办,或改委员制,则无可讳言,即使改了委员制,也无非由会长和几个亲信会董——劣绅——几个钦派委员,暗袭会长制而已;即使没有买办名义,实际上通都大埠的商会,非买办不足以存在,暗中操持,其弊尤大。"[2]所以,商会改会长制为委员制实际上并不能从根本上解决问题。

倒是敦请国民政府尽快修正和颁布商会法的行动,可以达到使商会得以合法存在的目的,有关商会存废之争也能"不解决而自解决"。为此,各省商会联合会总事务所还曾经呈文国民政府,请求参与修正商会法而使之得以迅速颁行。1928年4月初,法制局曾致函各省商联会总事务所,说明"敝局刻以办理商会法修正事,请将贵所议决之改善方案及商会改组大纲,各抄一份过局,以资参考"。这当然是商会求之不得的事情。商联会总事务所即呈文国民政府和国民政府工商部,阐明"商会法为领导商人之团体,负改良商业之责任,立法不良,易滋纠纷。今法制局已着手修正,仰见我政府关怀商业,力谋建设,除现在之纠纷,图将来之美善。属所为全国商会枢纽,对于商会法之利弊,务为明瞭。理合具呈钧府、部,察核准属所举员参与,贡其一得之愚,以免隔阂而臻妥善。伏乞迅饬批准,实为公便"[3]。虽然商会力图参与修正商会法的这种要求难以实现,但对于推动国民政府加快修正和颁布商会法的进程,特别是推动国民党中央确立新的商人组织原则及系统,还是有一定的促进作用。

1928年8月,国民党中央民众训练委员会拟议中的商人组织原则

---

[1]《函促改组商会》,上海《民国日报》,1928年3月27日。
[2] 范颂平:《取消商会问题》,上海《民国日报》"觉悟"副刊,1928年2月12日。
[3]《商联会之文件》,上海《民国日报》,1928年4月14日。

及系统,已初步确立了商会与商民协会并存的原则,这与上海商民协会的一贯主张和要求显然是背道而驰,也是对商民协会十分不利的一个重要信号。于是,上海商民协会赶紧举行会议商讨应对之策,决定乘当时国民党中央五中全会正在召开之际,选派该会常务委员作为代表赴京请愿,"为集中力量起见",要求国民党中央"统一商民组织",其目的仍然是为了取消商会。[1]据报纸报道,上海商民协会常委陆文韶赴南京后,"即向五中全会中央民众训练委员会陈述意见,面递请愿文,当由邓日、朱一鹗两科长详细接洽,结果甚为圆满"[2]。实际上,上海商民协会代表的请愿并未真正产生什么效果。不久之后,经国民党中央执行委员会常务委员会议决通过的"民众团体组织原则及系统",即正式颁布施行,可以说国民党中央已由此正式确立了商会与商民协会并存的原则。

在公布民众团体组织原则及系统的同时,国民党中央还颁布了新的商民协会组织条例,其中关于商会和商民协会的会员,存在着一些需要厘清的问题,商会与商民协会都提出了不同意见。其焦点为商民协会组织条例规定,会员分为商人、店员、摊贩三种,并说明由商民协会会员组织同业公会,但另一方面商人组织系统中却又规定,由同业公会组织商会,由商会组织总商会。对此,商民协会的意见并不明显,而商会则表达了强烈的不同意见,认为照此规定商会变成了由商民协会会员所组成的团体,因而一直要求国民政府修正商会法,对此重新予以确认。当时,工商部对商会的要求还算比较重视。工商部长孔祥熙曾代表工商部,向工商法规讨论委员会提出了与商会有关的四项议案,包括健全商会组织案、促进工商合作案、商会应如何阐明国民责任,指导工商业,努力促成劳资协调,以谋生产增加案,商会应协助政府改进全国工商业状况案,其主旨是使商会组织更加完善,在帮助政府方面发挥更大的作用。

---

[1]《商协代表赴京》,上海《民国日报》,1928 年 8 月 7 日。
[2]《商协请愿代表返沪》,上海《民国日报》,1928 年 8 月 11 日。

上海商民协会的意见,主要是针对新的民众团体组织原则及系统中确立的商会与商民协会并存的策略,仍然坚持主张统一商人团体,实际上也就是希望取消商会,只保留商民协会一个商人团体。其主要依据,则是国民党第二次全国代表大会通过的《商民运动决议案》。出于这一目的,上海商民协会还坚持认为,在整个立法系统中最高者应为全国党代表大会,无论是党的系统还是政府系统制定颁行的各项法规条例,都应以全国党代会的决议为依据,不能与之相违背。1928年8月下旬,工商部工商法规讨论委员会在沪举行,没有邀请上海商民协会派代表参加。上海商民协会专门致函该委员会,对上述主张予以详细说明:"一、以党治下之立法系统而言,最高者为全国党代表大会,次为中央执行委员会,再次为国民政府,再次为各部或与各部相等之各种委员会。二、就法令名称言,党代表大会所决议或通过者,其名称应为法,中央执行委员会不得变更或违反;中央执行委员会所决议或通过者,其名称应为暂行法,国民政府不得变更或违反;国民政府所决议或通过者,名称为条例或命令,各部或与各部相等之各种委员会,不得变更或违反;至各部或各委员会所颁布者,其名称为章程或部令。"[1]不言而喻,上海商民协会之所以特别强调国民党全国代表大会的决议,是整个立法系统中最高之法,显然是为了利用国民党"二大"《商民运动决议案》中有关商民协会取代商会的条文,否定民众团体组织原则及系统中商会与商民协会并存的新规定。

尽管上海商民协会提出不得违背《商民运动决议案》,但工商部工商法规讨论委员会还是按照预定计划,审查了商会法草案,并起草了审查报告交大会讨论通过。这项工作,当然是在承认商会合法存在的前提之下进行的。除此之外,委员会还议决商会法草案中有关商民协会会员组织同业公会,同业公会组织商会,商会组织总商会的规定,提请中央重新审议。因此,上海商民协会向该委员会强调的立法系统应以全国党代会的决议为依据,不能与之相违背之说,并没有产生实际作

---

[1] 《市商协会说明立法系统》,上海《民国日报》,1928年8月24日。

用。不过,从会后陈德征接受记者采访时的答问,我们也可以看出力主取消商会者,也未因此而放弃其主张。[1] 下面,即是报纸刊登的采访答问。

　　记者问:先生为此次工商法规讨论委员之一,对于商会存废问题,有何高见?

　　陈氏答:中央新颁商民协会组织条例中,只有商人总会、店员总会、摊贩总会之规定,故商会之名称应根本废除。但为顾全本党第一次全国代表大会宣言、及第二次全国代表大会商民运动决议案中,有商会名称之字样起见,则在未经第三次全国代表大会正式议决将商会字样明令取消以前,不妨沿用商会二字,但其性质应规定等于商民协会组织条例中之商人总会,并须直接受各该地最高党部之指导。

　　问:此后商会之性质,既应等于商人总会,则在讨论中之商会法,是否与旧商会法相同?

　　陈氏答:大体可以相同。惟应特别注意商人对于民族方面之义务,即新商会法中应特别规定,凡违反本党主义,不顾民族利益,阻碍民生发展,以及反抗爱国主义运动之商界败类,概不得为商人总会之会员。又除颁布商人总会法外,更应从速厘订店员总会法及摊贩总会法。[2]

显而易见,在陈德征看来商会应该"根本废除",只不过是暂时能够得以继续存在,而且性质应等同于商民协会组织条例中所说之商人总会。俟不久之后举行第三次全国代表大会将商会明令取消后,即不复再有商会之名称。在回答讨论中的商会法及此后的商会时,陈德征也有意识地以商人总会法和商人总会名称,替代了商会法与商会,似乎商会被

---

[1] 陈德征是上海特别市党部负责人之一,后曾担任上海市教育局局长。当时,是工商法规讨论委员会委员,后来力主取消商会,并在国民党第三次代表大会上提出取消商会的提案,引发更为激烈的第二轮商会存废之争。
[2] 《陈德征对于工商法规之意见》,上海《民国日报》,1928 年 8 月 27 日。

取消只不过是时间问题,不会有什么其他的疑问。他同时还向记者说明:"此次大会仅系讨论性质,盖法规定由中央颁布,工商部仅可贡献法规草案",其用意在于表示工商法规讨论委员会通过的商会法草案并不能作为定论。另外,他对该委员会"全数委员大半系商界巨子,次之为一部分学界,非学者非商人者,只余一人"的委员构成状况,也表示了不满。从后来的实际情况看,上海特别市党部也确实成为了紧密配合上海商民协会,强烈要求取消商会的另一支政治力量。

国民党中央正式议决通过商人组织原则及系统之后,上海商民协会仍然不放弃统一商人团体之主张,继续反对商会与商民协会并存,并要求国民党中央对商人组织原则及系统加以修正。为了形成更大的压力与影响,上海商民协会还通电全国各地商民协会请一致主张这一要求:"查七月十九日中央常会第一五七次决议之商人组织的原则及系统,将商民组织分为两种,一为商协,一为商会,而以商会代表大商人,商民协会代表中小商人,使同一商民,有两种组织,力量未能集中,组织地位,均发生疑问。"这份通电还对商人组织原则及系统中,有关"商会受政府管理"、商会的职责与任务、以及"商会为本党经济政策之所在"等种种说法,均提出了异议,历数其不妥当之处,最后则特别强调:"总之,商人组织,应归一统,不当强别为二,致形分化。且农工等团体,亦仅有一种组织,商人何独歧异?爰经本会第三十二次执行委员会议决,本上列意旨,请各地商民协会,一致主张党中央加以修正。"[1]但是,上海商民协会的这一呼吁,在当时并未马上获得全国各地商民协会的积极响应。

不过,1928年10月间全国商会联合会自选立法委员的举动,惹怒了上海特别市党部,使上海市党部也成为当时公开主张取消商会的另一支力量。

1928年10月17日,全国商会临时代表会议举行第二次大会,南京总商会副会长及各省商会联合会总事务所常务委员苏民生,在会上

---

[1]《市商民协会请统一商民组织》,上海《民国日报》,1928年11月23日。

"临时动议提出预选立法委员十人,电请遴选五人,作命为立法委员案。大会讨论之后,一致议决通过。"全国商会联合会随即呈请府院会部,希望能够"核准在案"。10月26日,全国商联会"投票预选立法院委员,计冯少山、苏民生、穆藕初、王晓籁、方椒伯、闻兰亭、邹殿邦、朱鸿达、卢广绫、王介安等十人当选。"随后,全国商联会又呈文中央党部、国民政府立法院、中央政治会议,阐明:"立法院即国民会议之雏形,当兹训政时期,虽不能悉数由国民选出,直接行使四权,然训政时期,乃宪政时期之预备,一方面虽应以党代表民众,一方面亦应予民众以练习之机会。伏读先总理遗嘱,主张开国民会议,在开国民会议之前,又主张开预备会议,预备会议之团体,商会实列第二。训政开始期之立法会议,即不啻预备会议,故在九十九人之立法委员中,以半数容纳民众代表参加,既可使民众练习运用四权之智能,且使民众代表与党代表,日相接近,亲承训示,与训政之训字,亦适符合。属会代表全国商会,在半数立法委员中,似应有五人之定额。为慎重起见,由全国商会代表大会投票预选十人,呈请圈出五人,任命为立法院委员,于法理事实,似无不合。且恪遵先总理遗教,在属会担负发展工商业及对外贸易之重任,握国民经济、国家经济之重心,万不敢放弃固有天职,不协同全国民众,相助为理也。"[1]

全国商联会认为其自行预选立法委员之举,是遵照孙中山生前的愿望,履行商会应有职责与权利的积极行动,于法理事实均相吻合,但上海特别市党部却认为全国商联会"擅自选举立法委员,呈请中央加以任命"完全是荒谬之举,当即呈请国民党中央予以训斥,并致警告。上海特别市党务指导委员会在致国民党中央的呈文中说:"职会认为该商联会选举失当,事涉乖谬,爰经第五十五次常会议决,呈请中央严重训斥,并警告全国商联会在案。"与此同时,上海特别市党务指导委员会还向全国商联会直接发出了警告函,声称:"报载贵会选举立法院委员十人,要求加入中央任命之立法院委员等语,读悉之余,不胜诧异。

---

[1] 《全国商会居然预选立法委员》,上海《民国日报》,1928年11月14日。

本会认为贵会此次选举,殊为乖谬,特予警告,希即查照。"[1]上海特别市党部第六区党部也声称:"该商会等之行动,荒谬绝伦,殆无比拟:一、否认本党之指导地位。二、干涉约法之规定。三、不守法令而选举立法委员。似此种种,皆属反革[命]之行为,而该商会等竟一一表现于言行,殊堪痛恨。"[2]

但全国商联会并未因此而惧怕,相反还向全国发布通电,拒不接受训斥与警告,并且在通电中表示:"本会成立一年,上赞党治,下释群惑,宣传宗旨,所以解金任之流言,联络感情,所以谋组织之团结,至于今日尚能存在,而有全国大会之集合。"[3]同时,全国商联会还呈文中央,质疑商会应否接受党部管辖,全国商联会应否受上海市党部警告。对于全国商联会的这一强硬态度,上海市党部更为恼怒,认为全国商联会"非特无诚意接受,反以商会是否应受党部之管辖,全国商联会是否应受上海特别市党部之警告为言,其抗反党国,逆迹昭彰。"[4]上海市党部所属之各区党部,也纷纷要求解散全国商联会。先是第六区党部认为:对于市党部的警告,"该会非特不诚意接受,反以反唇相讥,认为荒谬绝伦,且有反革命之行动。昨特呈请上级转呈中央,饬令解散,并发通电如下。"该党部的通电言词甚为激烈,强调全国商联会此举是藐视党部与中央的反革命行动:"本党革命的意识,恒为顽固派所不了解,如全国商联会者,即其个中之显著得也。试以事实论,立法委员,中央并未有选举之明文,则守财奴之商联会,试问有何权力,而能自由推举乎?在青天白日之下,而有此反革命行动,无论何人,均可声罪致讨,而毫无疑义者。……该商等之选举立法委员,完全为藐视中央行动,依法理言,应即解散。……本部同人对于该商会之藐视党部,认为无可容

---

[1]《市指委会为擅选立法院委员事警告全国商联会》,天津市档案馆等编:《天津商会档案汇编》(1928—1937),上册,第567页。
[2]《上海特别市党部第六区党部痛斥全国商联会》,天津市档案馆等编:《天津商会档案汇编》(1928—1937),上册,第571页。
[3]《全国商会通电》,上海《民国日报》,1928年11月17日。
[4]《陈德征潘公展请解散各地商会案》,《新闻报》,1929年3月22日。

赦,除呈请中央解散该会外,合行通电全国同志,一致攻击。"[1]

稍后,上海市党部第二区党务指导委员会也认为,上海总商会操纵全国商会联合会,"前为军阀所御用,现则言行都反动",呈请市指委会转呈中央,将上海总商会也立予解散。下引该呈文,可以看出其指责上海总商会的具体内容:

> 窃查上海总商会,本系少数奸商而迹近政客者所把持操纵,在昔本党在野之时,久为军阀御用,而反抗本党更有树商人政府之主张,以与本党争衡,事固为总理及本党同志所疾恶者也。迨本党奠定江南,黔驴技穷,送往迎来,献媚本党,本党素抱以德服人之旨,予以容纳。乃近考言论,博览往事,其商人政府之阴谋,固未尝或懈,且变本加厉,觊觎中央立法委员,假其操纵把握之全国商联会,出面要挟中央,附和失业政客蒋百器、董康等,响应招商局收回商办,显系有意违反本党之政纲与中央政策,议论乖谬,祸心叵测,自私自利,竟置本党、政府于不顾。似此反动团体,实不应在党治之下所应有,理合备文呈请钧会转呈中央即予解散。[2]

上述呈文对上海总商会的指控,不仅包括夸张性地指责上海总商会系军阀御用团体的所谓不光彩历史,更为严重的是认为全国商联会为上海总商会所把持,其选举立法委员的举动,是公开对抗党治与现政府,密谋达到建立商人政府的反动行为。以上这些指控,后来都成为上海市党部在国民党第三次全国代表大会提出取消商会议案的主要理由。实际上,这些指控不无牵强之处,其用意显然是为了拔高上海总商会言行的所谓反革命性质,促使国民党中央立即宣布解散上海总商会和全国商联会。但是,当时的国民党中央对待这一事件的态度,显然要比上海市党部更加冷静与客观,并没有接受上海市各区党部主张解散全国商联会和上海总商会的要求。

全国商会联合会自选立法委员以及受到上海市党部严厉指责的事

---

[1] 《六区党部请解散全国商会联合会》,上海《民国日报》,1928年11月28日。
[2] 《二区指委会呈请解散上海总商会》,上海《民国日报》,1928年12月25日。

件,在当时受到许多上海报刊的关注,不少报纸还相继进行了报道和评论,从中可以看出不同立场的报纸对待此次事件的不同态度。政治立场倾向于上海市党部的《民国日报》,显然不支持全国商联会的这一行动。该报的评论虽说"商会里选出来的人固然未必个个都没有做立法委员的资格才能,也有是我们所向来钦佩的,但以手续和性质而论,我们不能不嫌其冒昧。国民党不歧视商业界,但是也不能过于偏爱商业界,歧视商业界与偏爱商业界是有同样的过失。"同时,该报还批评了全国商联会列举的自选立法委员的理由:"商会联合会所举的选举立法委员的理由,当局是适用于农工学各界的,要是这种理由适用于今日,便该由中央确定整个的计划,这四十九个立法委员中,工界占多少?学界占多少?商界占多少?这样才可以算公道,否则,岂非有偏爱商界之嫌。再次,便算规定了商界可以选举若干名立法委员,但是是否由全国商会联合会几个代表的选举便算了吗?如果中央承认了全国商会联合会选举出的委员,要是全国的商民协会出来发起个联合会,选出几个委员,中央又有何词可以拒绝?在理论上、事实上,中央未必就能如全国商会联合会预期的希望。"[1]上述言词虽比上海市党部的严厉指责与警告要缓和得多,但同样也是反对全国商联会自选立法委员的行动。

除此之外,也有报纸对此次事件进行了较为客观的评论与分析。例如在北伐军到上海后曾一度被查封,后经改组重新复刊的《时事新报》,发表的相关评论先是分析了全国商联会自选立法委员之举,"其实现之可能性极少",因为"国府五院组织法早经中央颁布,关于立法院委员之产生方法,规定由院长提请任命之。今虽尚有五十人之缺额,然此项缺额,依组织法条文解释,本在可补足与不补足之间,而其产生方法有规定,其资格亦有规定。今若中央允许全国商会联合会之请求,将必先从立法院组织法关于委员产生之条文加以修改,补充以职业推荐之一项。故知此项请求无实现之可能也"。其次,该报评论认为,

---

[1]《商联会选举立法委员中央在事实上恐难承认》,上海《民国日报》,1928年11月14日。《天津商会档案汇编》(1928—1937)上册第567页收录了该评论。

"吾人对之亦不欲加以訾议"。"半年以来,人民团体常有实现国民会议之呼声,而吾商界优秀又迭次有经济议会之主张。由此次要求参加立法院之呈文汇合观之,虽形式有异,而主旨殆相承一贯。盖一方面任事实上承认党治,而同时又力求于党治之下,充分参以民治之成分,一似人民团体不出代表,即团体利益将不得充分之保障者;又或以为人民苦乐利病与须[希]望,惟其本身之代表如之为独稔,由党代人民行使政权,将终嫌且隔膜而不亲切。"最后,该评论指出:"若吾人之观察而不误者,窃恐此次中央对全国商联之请求不予容纳,将招至商界之失望,而减少其赞助革命之热心。"[1]这篇评论虽分析了全国商联会自选立法委员的要求在客观上难以实现,并"惜于商界优秀对党治真意未能予以深刻之体察",但同时也认为此举与人民团体期盼国民会议之呼声相一致,不应予以如此强烈的批评与指责,因而相对而言算得上是比较客观的评论。

当时,也有报纸的评论支持全国商联会的这一行动并给予了赞扬,甚至还对上海市党部的警告提出了批评。例如《民众日报》先是以《全国商联会的精神毕竟不错》为题发表了一篇评论,认为"上海市党部予以警告,似乎是理之应该",但实际上"又可以谓为多事"。该评论指出:"此次立法院委员之选任,纵令是依照中央原定之标准的,而其招致之来源,也并非一一都为立法院院长之所素识,仍然不外乎由于军政界有力者之介绍。立法院委员之选定,既不能脱出介绍的范围,则单凭介绍者耳目所见,自不足以网罗全国合选的人才,而仍然不外乎介绍亲戚的朋友,朋友的亲戚。全国商联会看出此点,自然也就其所见,以合选的人才供献中央。假使其他民众团体也都仿此办法,则庶几乎全国合选的人才,都有出头的机会,免使举荐贤才之责,使军政界有力者独负,而有耳目不周之憾。将来立法院中也才可以真正会集各界的真才,负得下最高立法之大任。"这样的认识,显然与上海市党部对全国商联

---

[1]《立法院与职业代表》,《时事新报》,1928年11月15日。《天津商会档案汇编》(1928—1937)上册第568—569页也收录了这篇评论。

会自选立法委员的指责完全相反。该评论还阐明:"一般人有个传统的思想,以为官只许做官的人做,只许做官的亲戚的朋友,朋友的亲戚做。……全国商联会此次能破除传统思想,而开一般的平民直接荐举贤才之例,其精神及见解,毕竟是值得佩服的,然则上海党部还有甚么理由可以警告呢?"[1]这更明显是支持或赞扬全国商联会的行动,认为上海市党部不应对全国商联会予以警告。

次日,《民众日报》又针对此事件发表了一篇评论,认为"全国商联会之自荐立法委员,无论如何,不失为荐举人才方式之一,是与国府求贤令这[遥]相呼应的。所以,在国府下过求贤令之后,我们既明知国府急需贤才,则我们凡可以使贤才的名姓入于中央之道,我们都不妨采取,以完成国府求贤之愿。全国商联会既开先河,其他民众团体就应该一致仿行。不然,国民政府堂堂的求贤令,难道真是为掩饰人耳目吗?"[2]这第二篇评论不同于上海市党部的态度与立场显然更为明确,不仅表示支持全国商联会自选立法委员的行动,而且还进一步号召其他民众团体也积极实施类似的行动。

当时,上海总商会主席冯少山为了力争商界自选立法委员的权利,还曾专门致函时任立法院院长的胡汉民说明:"立法院即国民会议之雏形,当兹训政时期,虽未能如宪政时期之完全民选,然亦须有半民选、半官委之办法,庶足以昭示大公。不然,苟完全官委,则并前清之资政院为不如矣,恐于训政意义未合。故农工商学各界加入立法院为委员一层,鄙意以为应当如是办理,并非仅顾商界一方也,不过就商言商耳。"冯少山还在函中强调"商会负发展经济、对外贸易之重责",地位与职责均甚为重要,全国商联会预选之十人,"均系民意所在,务请遴选五人,农工学各界,亦应以真实代表平均支配,以示全民政治之实"[3]。胡

---

[1]《全国商联会的精神毕竟不错》,《民众日报》,1928年11月15日。《天津商会档案汇编》(1928—1937)上册第570页收录了该评论。

[2]《由全国商联会荐举立法院委员联想到国民政府下令求贤》,《民众日报》,1928年11月16日。《天津商会档案汇编》(1928—1937)上册第571页收录了该评论。

[3]《冯少山为立法委员事致胡汉民函》,天津市档案馆等编:《天津商会档案汇编》(1928—1937),上册,第565—566页。

汉民的复函虽表面上肯定冯少山之主张"用意甚盛",但同时又说:"国府组织,立法院只为政府之一体,并非代议性质之独立立法机关,既不同前清之资政院,更非国民会议之雏形。有如来书所言也,其立法原则,完全本诸中央政治会议之意旨,而法之公布,又须经过国务会议之决定,既未直接向民众负责,亦未尝脱离政府。故立法委员,亦并非代议士之比,其任用标准,中央第一六四次政治会议决议案已解释详明,吾人惟有遵守国府组织法与此项决议,以衡定一切,不当有所违异。"[1]胡汉民的回函,实际上已经是比较明确地拒绝了商会自选立法委员的要求。

客观而言,在当时的情况下全国商会联合会自选立法委员的这一要求,确实很难获得国民党中央的批准,但却反映了商会要求获得参政权的强烈愿望。另外,全国商联会因自选立法委员而受到上海市党部的严厉指责与警告,也只不过是随后出现第二轮商会存废之争前的一段小插曲。这段小插曲无疑加深了上海市党部对商会的不满,也导致其在随后的商会存废之争中公开站在商民协会一边,更加强烈地要求取消商会。不仅如此,连当时上海总商会主张全国商联会派代表参加国际商会大会的行动,也受到了上海市党部的指责和攻击。例如上海市党部一区党部曾通电海内外各级党部、各民众团体,声称:"上海总商会前函全国商会,有参加万国商会之消息,不胜骇异。查该万国商会系帝国主义下资产阶级之大联合,操纵全世界经济之大本营,美其名曰万国,其实内容仅仅数大强国之把持耳。……而全国商联会既不察个中事实,复以驻比王公使一纸函约,而甘作风声之虫。本党部有鉴于此,不能不急加纠正,俾维本党革命外交之威信。"[2]很显然,此时的上海总商会和全国商联会已开始面临商民协会和市党部两方面的夹击,形势更为严峻。到1929年国民党第三次全国代表大会召开之前,上海商民协会与市党部主张取消商会以统一商人团体的要求,较诸此前的

---

[1]《胡汉民复冯少山书》,天津市档案馆等编:《天津商会档案汇编》(1928—1937),上册,第566页。
[2]《一区党部纠正全国商联会之谬举》,上海《民国日报》,1929年2月26日。

声势与影响更为强大,并且准备在"三大"上提出相关提案。于是,引发了第二轮更为激烈的商会存废之争,也使商会不得不面临前所未有的的一次生存危机与考验。

## 二 国民党三全大会期间的商会存废之争

本章上节已述及,上海特别市党部主要负责人之一陈德征在回答记者采访时,就曾含蓄地说明"在未经第三次全国代表大会正式议决将商会字样明令取消以前,不妨沿用商会二字"。其言词之间,意为商会之名称不过暂时存在而已,俟国民党第三次全国代表大会正式议决取消商会之后,商会就不复存在了。另外,上海商民协会此时反复强调国民党全国代表大会的决议,是整个立法系统中的最高之法,也是希望为了利用即将召开的国民党"三大",通过取消商会的决议案,达到否定民众团体组织原则及系统中商会与商民协会并存的规定。显而易见,无论是上海商民协会还是上海市党部,都认为"三大"的召开是达到取消商会目的的绝好机会。上海商民协会还曾明确表示:"现在中国国民党第三次全国代表大会开幕有期,以最高之权力为切实之规定,此其时矣。"[1]于是,随着该会召开日期的临近,上海商民协会和上海市党部都更进一步加强对商会的指责与攻击,紧锣密鼓地制造取消商会的舆论,并且筹划相关的具体实施步骤。

第三次全国代表大会举行的日期先后改变过数次,起初在二届四中全会确定为 1928 年 8 月 1 日,后又在二届五中全会改为 1929 年 1 月 1 日,实际开会日期则延至 3 月 15 日。拟在第三次全国代表大会上提出撤销商会的议案,早就有所动议。最初系由中央商人部在 1927 年底提出,该部曾向各省、特别市党部商人部以及总商会发出通告,说明"旧有商会组织不良,失却领导商人之地位,本部拟于第三次全国代表

---

[1]《请求中央统一商运组织》,上海《民国日报》,1929 年 3 月 3 日。

大会时提出议案，请求撤销全国旧商会，以商民协会为领导之机关。"由此引发第一次商会存废之争。不过，中央商人部当时还只是征求意见，各商会"对于改善商会之处，有何意见，可陈述来部，以备采纳"[1]。上海总商会与全国各地商会对此均表示强烈反对，并在上海召开各省商会联合会，推举代表赴京请愿。在全国商会的一致反对之下，加上第三次全国代表大会一再延期举行，国民党中央随后也确定了商会与商民协会并存的新策略，第一次商会存废之争遂暂告停息。

但是，商民协会与商会之间的纷争在一些地区仍继续存在，尤其是在上海地区双方之间的矛盾并未缓和，而且上海市党部也开始主张取消商会。随着第三次全国代表大会召开日期临近，以上海地区为主的部分省市党部与商民协会，再次重提在"三大"提交撤销商会的议案，上海总商会和全国商联会也再次领导全国各地商会，打响了保卫商会之战。由于取消商会的呼声当时已趋于公开化，全国商会联合会也早有防备。在"三大"举行之前的一个多月，即1929年2月上旬，全国商联会即向各省区商联会、总商会发出加急快邮代电，一方面说明"现举奉安大典，亟应恭派代表参加，同申敬礼"；另一方面，告知"商会法草案，工商部已呈府院，府送中政会，决议交胡、戴、王、孔、孙、陈六委审查，立法院则决议缓议。全国三次代表大会开会期近，全国反日会及各地党部，且有呈请取消商会，归并商协之举，亦应举派代表，作坚决之请愿，迅颁商会法，以固商会根本。两案均属万分重要，合电奉达，务请即日举定代表，于三月八日以前，集沪来会报到，以便会同赴京，行礼请愿。"[2]

3月初，上海市商民协会同样也"以第三次全国代表大会即将开幕，特电邀各省市商民协会派代表来沪，协商统一商运事宜，以便向三全代会请愿。应提各案，盼于三月十日以前预寄到会，俾各代为整理。

---

[1]《本总商会纪事》，《上海总商会月报》，第7卷，第12号，1927年12月出版，第5页。
[2]《中华民国全国商会联合会快邮代电》，天津市档案馆等编：《天津商会档案汇编》(1928—1937)，上册，第480页。

代表到沪,至迟当在三月十五日,以便讨论,备赴首都。"[1]可见,商会与商民协会都在"三大"召开之前,即已筹备集合全国各地代表前往南京请愿的准备。因为商会与商民协会作为民众团体,都不可能在国民党全国代表大会上提出提案,只有通过发布通电,或者是以请愿的方式递交请愿书,表达各自的要求与愿望。

随后,上海商民协会还致电国民党中央、国民政府,提出请取消商会,统一商运组织。这份长篇电文历数商会与商民协会不能并存的各种原因,并明确表示:"敝会所坚决主张者,以为商民的组织不容有二,正如农民之仅有农民协会,工人之仅有工会者相同。使党部政府认为商会应当成立,不妨明白宣布将第二次全国代表大会议决组织之商民协会,通令取消,免致告朔饩羊,转多妨碍。否则,扩充商民协会之范围,使之广大;巩固商民协会之地位,使之坚强,亦正党部政府之责,不容旁贷也。……盼各党部予以同情,各省市商民协会一致主张,务期统一商民组织之愿望,至第三次全国代表大会时得以实现。"[2]

第三次全国代表大会召开之后,相继有江苏、安徽、浙江、福建、河北五省党部(有的记载称为四省,漏掉了河北),以及南京、上海、天津三特别市之党部,根据各所在省市之党代表大会决议,向大会提出了统一商人组织、取消全国商会的议案,其影响绝对不可小视。

上海特别市党部之提案由陈德征、潘公展署名,其要求取消商会的主要理由有以下三点:第一,商会在历史上屡有勾结帝国主义、军阀之行动,在最近又不无抗反党国之逆迹。"查商会过去之历史,全由商棍操纵把持,运用其地位以勾结英帝国主义与军阀,冀危害党国。……最近全国商联会致函内外总商会、商会民字第一一四号快邮代电,措辞尤属荒谬,竟指党部之警告为无理漫骂,认为横逆,诬为罔法灭理,藉党专制,末后更为应如何团结,共御外侮等语。反动言论,一致斯极。党治下宁能容俨然以党为对垒之反动团体存在耶?"

---

[1]《市商协召集全国代表》,上海《民国日报》,1929年3月2日。
[2]《请求中央统一商运组织》,上海《民国日报》,1929年3月3日。另见天津市档案馆等编:《天津商会档案汇编》(1928—1937),上册,第461—464页。

第二,商会会员复杂,组织散漫,会费过重,存在诸多弊端。"商会之组织,有团体会员、个人会员。团体会员,则有所谓公所、公会、会馆、同乡会、某某堂等之别,内容散漫,至不可言。个人会员,则每一公司或商号代表之多寡,并无明确之规定,而中小商人则以商会会费过昂,无力加入,实有背于本党全民政治之政策。"

第三,商会原定为暂存团体,现今统一商运,应取消商会而使商人团体趋于统一。"第二次全国代表大会对商民运动决议案,以商会被商棍所操纵,定为暂存公团,而另组商民协会以为商人集合之法团。暂存两字当含时间性及应付当时环境之意义。盖以彼时吾党势力仅及两粤,反动势力正浓,划除非易。今则训政开始,农运工运业经统一,独商民组织被因袭的特殊势力分歧掣肘,至今犹有名目繁多、诡计百出之患。"基于上述三方面原因,"吾党同志应于第三次全国代表大会完成第二次全国代表大会议决之使命,将全国所有一切商会、商界联合会以及全国商会联合会,迅予解散,以便集中商民力量,使站在同一战线上,共同努力国民革命,并得发展工商事业,以抗帝国主义之经济侵略,臻党国于富强之域。"[1]

上海市党部这份提案对商会的指控及用词都有些偏颇,而上海商民协会的主要筹备者之一、并在上海市党部任职的王延松,稍后在接受记者采访时发表的一番讲话,则相对而言要温和许多。他在答记者问时首先解释说:"上海之提案,连署者亦不限于上海之代表。且此案系上海第五次全市代表大会所决议提出者,沪市党部只有执行此决议案,交出席三全大会之代表遵照提出。沪代表转提大会,乃其应尽之责任,绝非陈、潘两君或任何个人之意见。所载陈、潘列名,未免有误。"在问及上海商民组织极为复杂,应如何着手整理,商会究竟是否应该取消这一问题时,王延松的回答则似乎有不同的看法:"就上海而言,则有上海商务总会改组之上海总商会(现改名为上海特别市总商会)、上海县商会(现改名沪南商会)、闸北商会,是商会一种,已鼎足三立。加以公

---

[1]《陈德征潘公展请解散各地商会案》,《新闻报》,1929年3月22日。

共租界有各马路商总联会,法租界及沪北亦有马路联合会。国军抵沪,又有商民协会。同业组织则以前有公会、公所、会馆等等,而现在又有商民协会各业分会的叠床架屋,纠纷遂起。今后欲望商人在党治之下,从事于发展实业,辅助经济建设之工作,自以整理团体,统一组织为急务。如果认商协、商会可以并存,则应先确定两组织及任务,根本不同之意何在,否则强不可分而分之,人力财力均不经济。鄙见以为扼要之点,在使某区域内之商界,每性质不同之业,只有一种团体,然后合各业之团体,共组某区域内之大团体,亦只准有一种,以抵抗外人之经济侵略为其主要职务,其名称固不必多所争执。……深盼双方勿作无谓之争辩,静候中央确定商人组织原则及一切法规后,依法办理。"[1] 王延松当时也是三全大会的代表,面对记者询问是否同意统一商民组织一案的问题时,他并没有给予直接而明确的回答,而只是笼统含糊地说此案是上海第五次全市代表大会的议决案,上海市党部必须执行。但从后来的说明中,则仍然可以明显看出他的态度较为温和,希望商会和商民协会不要作无谓的争辩,等待中央确定商人组织原则及法规后,再依法办理。

然而,在当时的情况下,商会却不可能不有所表示。在国民党"三大"召开期间,商会的抗争行动也日趋高涨,上海再次成为全国抗争行动的中心,上海总商会和全国商会联合会则发挥了重要的领导作用。当时,在上海总商会和全国商联会的呼吁之下,全国各地总商会、商会联合会均发出一片反对之声,可谓函电纷驰,连篇累牍。许多县商会也都公开表示,一定要坚决联合起来,共同力争,誓达目的。从保存下来的天津商会档案中,即可看出从1929年3月25日至5月4日,仅天津地区即有青县、乐亭县、交河县、涿鹿县、玉田县、易县、肃宁县、涞水县、河间县、安国县、高邑县、赤城县、盐山县、迁安县、蠡县莘桥镇、周口镇、邢台县等近20个县镇商会,都曾先后向国民党三全大会、南京中央执委会、以及天津总商会致函,要求据理力争,一致进行,"誓不达到取消

---

[1]《王延松对商民组织问题之谈话》,《新闻报》,1929年3月29日。

第十章　商民运动的终结　375

此项提案之目的不止"[1]。

与此同时,其他一些商业团体也纷纷声援商会的抗争行动,反对取消商会。例如在上海,据当地报纸报道:"本埠银行公会、钱业公会、华商纱厂联合会、银炉公会、金业公会、南北市报关公所等数十团体,以各党部拟提出于第三次全国代表大会之议案,有统一商人组织,及撤销为买办阶级及土豪劣绅盘踞之旧商会等,特于昨日联合别署,致公函于上海总商会,并请向三全会提出请愿。"[2]颇具影响的上海银行公会、钱业公会还曾另外发表宣言,坚决反对撤销商会。其宣言云:"昨阅报载沪党部代表提出撤销各级商会之议案,对于商会语多诬蔑。事关商人自身组织,利害所关,殊难缄默。……乃阅此次提案,竟以语言文字之末节,吹毛求疵,罗织罪状,而于商会赞助革命之实迹,一概抹煞,是与专制之朝以文字兴大狱,有何区别?……况商会为世界共通之组织,在吾国有久远之历史,其地位又为全国第一次代表大会所认定,中央政治会议对于商会组织,最近又有明确之规定。敝会等为商人公共利益计,誓当奉以周旋,竭诚拥护。"[3]

上海新药业公会也公开发表拥护商会宣言,一方面说明"商会为我全体商民所组织之正式法定团体,于历史上有悠久之统系,于革命上有昭著之功绩。今闻三全大会代表竟有撤销之提案,商民协会竟有解散之请愿,群情骇愤,莫可名状。"另一方面,该公会的宣言还坚决表示:"夫商会者,为我全体商人所托命,今将横被摧残,所谓皮之不存,毛将安附,巢之欲倾,卵将安覆。我商人当此千钧一发生死关头,能不植发裂眦,誓与周旋。"[4]言词之间,显示出了上海新药业公会坚定维护商会的态度与决心。

另据报道,在商会存废之争愈演愈烈之时,更多的工商团体也都表

---

[1]《各地商会抗议国民党三全大会取消商会函电辑要》,天津市档案馆等编:《天津商会档案汇编》(1928—1937),上册,第481—489页。
[2]《各团体反对撤销旧商会》,《新闻报》,1929年3月22日。
[3]《上海银行、钱业公会反对撤销商会宣言》,《新闻报》,1929年3月24日。
[4]《上海新药业公会拥护商会宣言》,天津市档案馆等编:《天津商会档案汇编》(1928—1937),上册,第507页。

明了支持商会的态度。其中包括上海提倡国货大同盟、旅沪湖州糖杂货联合会、糖业公会、振华堂棉布公所、上海国货工厂联合会、潮惠会馆、敦知公所、上海市民提倡国货会、中华国货维持会、上海针织业公会、上海卷烟同业公会、上海煤炭公会等,均曾发表宣言,"大意谓商会有提倡国货之事实,一致拥护"[1]。上海银行公会、钱业公会、华商纱厂联合会、航业公会等30余个工商团体,还曾派代表在上海总商会会所举行联席会议,表示反对三全大会取消商会的提案,除致电三全大会阐明"商会为正当职业团体,……如果撤销,商界解体,于党国建设,经济发展,必多阻碍"[2]。本次联席会议还议定推举代表,与全国商联会和上海总商会的代表一起赴南京请愿。

设在上海的全国商会联合会总事务所更是推举代表,赴南京向国民党第三次全国代表大会请愿,并先后呈交了两份请愿书。在第一份请愿书上署名的有:中华民国全国商会联合会,江苏、安徽、浙江、江西、广东等五省商会联合会,南京、上海、北平、天津四个特别市总商会,以及云南、安庆、苏州、开封、海口、芜湖、汕头、广州、重庆、长沙、汉口、哈尔滨、福州、成都、太原等27个总商会。请愿书阐明:"窃人民团体之组织,以商会为最整齐、最有悠久之历史。其利益于全国商民也范围广大,其赞助于革命事业也则在实际,不在虚声。此固有彰著之事实可资证明,而非可以轻言废弃者也。昧者不察,惑于一偏之见,谓商会不革命者有之,谓商会为土豪劣绅买办阶级者有之,谓商会歧分商民组织者有之,而贸然请求取销商会。此等谰言,在钧会明察万里,熟计利害,自能定其从违,为民国植万年不拔之基,又何俟属会之喋渎?惟市虎成于三人,投梭惑乎曾母,理既以辩而愈明,事亦因究而更进。"此外,请愿书还以较长之篇幅,用事实分别说明"商会为实际革命之团体"、"商会并非土劣及买办阶级"、"商会为全国内外商民正当组织",并认为"上述三项主张,其理由之充分,事实之显著,固如此矣。"为了进一步使商

---

[1]《各商界对商运意见》,上海《民国日报》,1929年3月26日。
[2]《商业团体请维持商会》,上海《民国日报》,1929年3月24日。

会获得继续存在的合法性,请愿书又列举了国民党及孙中山所确定的有关政策,用以证实"世人或曰我党无商会立场,此则大谬不然";主张废弃商会,"是背党也,非总理信徒矣"。其一,"我党第一次全国代表大会宣言,其昭示于民众之政纲,对外政策第七条有曰,召集各省职业团体(银行界商会等)、社会团体(教育机关等)组织会议,筹备偿还外债之办法,以求脱离因困顿于债务而陷于国际的半殖民地之地位等,是则我党第一次全国代表大会,已确定商会之立场矣。"其二,"又我党第二次全国代表大会宣言,其结论曾曰,总理所提出于第一次大会宣言,对于三民主义之解释及最少限度之政纲,实为中国之唯一生路。吾人于第一次大会闭幕以后所努力者,仅为扫除障碍,以准备主义及政纲之实行。不独主义之本身未能实现,即最少限度之政纲,亦未能施之实际。故第二次大会对于主义因当继续努力,以求贯彻,即对政纲亦无所修改,惟期其得见诸施行等文,则我党第二次代表大会又确定商会之立场矣。"其三,"又总理北上宣言,国民会议预备会议之组织团体有九,商会列第二,是总理北上宣言又确定商会之立场矣"。其四,"又我党第二次全国代表大会商民运动决议案第二条有云,对于旧式商会之为买办阶级操纵者,须用适当方法逐渐改造等文,是则商会应改造不应废弃,且改造限于向为买办阶级操纵者,又为我党决议案之所确定矣"。其实,第四条所列之商民运动决议案中的有关条文,原本对商会并非有利之规定,但在面临被取消的特定情况下,商会抓住其中只有改造而无废弃取消的条文,强调"商会有保存维持改造之必要,无废弃取消归并理由",具有一定的说服力。请愿书最后表示:"属会等为我党计,为国家计,为商民计,不得不代表全国内外二千余商会提出请愿书,恭诣钧会贡献意见,以备采择。伏乞钧会详细察览,慎重决议,党国幸甚,商民幸甚。"[1]

两日后,全国商会联合会暨全国各省商联会、各总商会、各商会、华

---

[1]《全国总商会维持商会请愿书》,《新闻报》,1929年3月24日。《天津商会档案汇编》(1928—1937)上册第491—495页也收录了这份请愿书,但在文字上与《新闻报》发表之同一请愿书略有几处差异。本文引用时两相对照稍做了订正与修改,特此说明。

侨各商会、各商会代表冯少山等人署名,又第二次向国民党三全大会呈交请愿维持商会文。该文针对三全大会上海市党部代表陈德徵、潘公展提出之取消商会提案中有关指控商会拒不接受警告的文字,进行了驳斥,阐明:"全国商联会电请预选立法委员请求圈定,系遵照总理国民有一切选举权之规定练习运用请求,自请求而准驳与否在立法院,若遽以此项请求为荒谬,则凡具呈请求者皆为荒谬矣。至谓无诚意接受警告,并以向中央请示商会应否受党部之管辖,全国商联会应否受上海特别市党部之警告,即指为抗反党国,逆迹昭彰,深文周内,何竟至此。盖警告而当,敢不接受,警告而逾其限度,当然难于接受。且请示应否字样,是要求明定权限,苟竟以此而科以抗逆之罪,是不许民众有发表合理言论之自由也,不许民众自由发言,而偶一发言声辩者,即目为反动,殊不足以服人。"[1]显而易见,此时的商会对上海市党部的指控仍坚持予以抗辨,拒不接受。

与此同时,全国商会联合会还向国民党三全大会提出建议统一民众团体组织案,认为"民众团体之组织,农曰农民协会,商曰商民协会,工则曰工会,同是民众团体,而名称不同如此"。其原因是由于先前"容共"时期,共产党之用意,"乃以工为基本,而以农商妇女协助之也,主旨即有偏重,名称又显示不同,遂起分化作用,激成阶级斗争"。各界由此皆陷于纠纷之中,自相倾轧,"兹值第三次全国代表大会开会期间,若不从速改善,统一组织,则因循彻底,纠纷无已,必陷于万劫不复地位"。全国商联会此时虽也主张统一民众团体,但与商民协会和一些省市党部的具体建议显然不会相同,其要求是将民众团体的名称统一改为农会、工会、商会、学会。[2]这实际上是要取消商民协会而保留商会,可谓商会在当时的争论中主动出击的一招。

在商会及各商业团体接连发表反对取消商会的函电时,上海市商

---

[1]《全国商联会、各省商联会、各省市总商会代表团第二次向三全大会请愿维持商会文》,天津市档案馆等编:《天津商会档案汇编》(1928—1937),上册,第497页。

[2]《全国商联会向三全大会建议统一民众团体组织案》,天津市档案馆等编:《天津商会档案汇编》(1928—1937),上册,第499—450页。

民协会也曾针锋相对地通电各省、各特别市、各县市商民协会暨各分会,一方面通告"三全会启百政聿新,一切党国大计,均经分别议决,次第施行"。尤其是对一些省市党部提出了统一商民组织之提案,"本会披诵再三,不仅为商民幸福前途庆,亦可为党国安宁、工商利益预贺"。可见,上海商民协会对于三全大会上能够提出取消商会的议案,颇感欢欣鼓舞。但另一方面,上海商民协会看到前述全国商联会向三全大会提出的统一民众团体组织建议案中,将商民协会之名称缘于"容共"期间共产党之所为,对自己显然十分不利,故而在这份通电中又不惜花费许多笔墨,说明"本会细加研究,实有未然。盖当第二次代表大会开幕之时,正军阀势力炫耀之日。其时民众组织,几尽为军阀走狗买办土劣所占据,商有商会,农有农会,纵其内容或不尽同,而其名称已被占有,独工会则以触犯忌讳,无敢筹设。故代表大会本大无畏之精神,议决组织工会,同时复本革命勇进之精神,制定商民协会、农民协会条例,所以示革命团体之名词,有异于军阀铁蹄下之团体称谓,并期以本党领导组织之农协、商协,革新农商固有之不良集团。此其精义,盖在于是,而亦工会与农商协会名称之所由自也。"[1]紧接其后,上海商民协会又发布由各业分会共同署名的通电,表示坚决拥护在三全大会提出的统一商民组织提案,并驳斥了商会为革命团体的说法。[2]

除此之外,上海市商民协会以及全国商会联合会在三全大会期间,都曾推举代表赴南京,向大会进行请愿。全国商联会、上海总商会以及各商业团体的请愿代表,有苏民生、石芝坤、沈叔谕、姜振卿、吴敏於等共计40余人。其目的有二,一为商会存废问题,二为请取消特种消费税。据请愿代表回沪后叙述请愿经过,3月22日下午携请愿书至三全大会请愿,正值开大会,由秘书处将请愿文接受,"以此事所关甚重,遂约各代表于次日午后再行赴会面洽"。次日,由代秘书长叶楚伧亲出接见。"经各代表详陈请愿情形后,叶秘书长谓,中央对此问题素所审

---

[1]《市商民协会重要通电》,《申报》,1929年3月26日。
[2]《商协会拥护统一商民组织》,上海《民国日报》,1929年3月28日。

慎,故一年以来不敢轻于决定,在某个人尤无偏袒。后代表等再陈述商会历来如筹募公债,发展工商业,对于扶助革命之种种工作,且有历史及国际关系,断难偏废。叶秘书长遂表示商会与商民协会,认为有两存之必要,末后询各代表如修改商会章程如何。各代表则以关于此点,曾于中央政治会议第一七七次议决修正通过,在商会方面亦所赞同,曾载请愿书内,亦为此次请愿目的之一。叶秘书长允准递大会。代表咸认为满意,遂辞别而出。"[1]由此看来,商会的请愿行动产生了一定的效果与影响。请愿代表返沪后,在各业欢迎会上也表示:"二事结果,皆甚圆满。"[2]

在此之前,上海市商民协会也曾推举骆清华、诸文绮、吴文润、沈仲芳、陈文彬等人,会同各省市商协代表,携带请愿提案四项,赴南京向三全大会请愿。请愿书强调:"一种职业之民众,必须有统一之组织,方能集中力量,切实训练。是故工人有工会,农民有农民协会,惟商民则除有合于现代潮流之商民协会外,各地尚有旧式商会之存在,以致商民彷徨歧路,训练无从实施。"[3]当时,代秘书长叶楚伧也接见了商民协会的请愿代表。"代表当陈述商民组织不统一,致商民力量分散,足以影响于国民革命,不能发展工商事业,以抵抗列强之经济侵略。工商界限混淆,易起误会;苛捐杂税不取消,国货难以振兴。并面交请愿书,请三全大会诸代表予以切实之解决。叶代秘书长对于请愿各项,均加以切实之答复,并允向三全大会提出。"[4]对于请愿的结果,商民协会的代表也比较满意,在其返沪时,有40余个商民协会分会派出代表在火车站迎接,随后又举行了各业欢迎大会。实际上,类似请愿行动的主要效果,只是以一种更为强烈的方式向当局表达某种要求,并产生更加突出和更为广泛的社会影响,但一般都很难立即达到请愿的最终目标。

由于各方面争议太过激烈,国民党第三次全国代表大会最终并未

---

[1]《商会赴京请愿代表报告请愿经过》,《新闻报》,1929年3月26日。
[2]《商业团体请愿代表返沪》,上海《民国日报》,1929年3月25日。
[3]《市商协会请愿书》,上海《民国日报》,1929年3月19日。
[4]《市商协请愿代表返沪》,上海《民国日报》,1929年3月24日。

对有关取消商会、统一商民组织的提案形成任何决议,只是根据大会提案审查委员会的建议,决定移交中央执行委员会酌情核办。于是,第二轮更为激烈的商会存废之争,就以这样并无实质性结论的结局而暂告停息。对于一心想借国民党三全大会的难得机会,一举正式取消商会的上海商民协会和部分省市党部而言,这样的结局显然是没有达到预期的目标,而对于商会来说则是一个较好的结果,也可以说是商会与各商业团体坚持抗争取得了成效。

国民党三全大会闭幕后的次日,全国商会联合会向各省区商联会、各总商会、各商会发布民字第223号快邮代电,报告三全大会期间的力争经过与结果,并呼吁各地商会继续努力,再接再厉,以使商会获得巩固的合法地位。电文主要内容如下:

全国各省区商联会、各总商会、各中华总商会、各商会、各中华商会钧鉴:

中国国民党第三次全国代表大会于十八年三月十五日开会,有江苏、安徽、浙江、福建四省,南京、上海、天津三特别市之党代表大会决议取消全国商会提案;又有上海特别市商民协会召集全国商民协会代表,请统一商民组织取消旧商会归并商协会之请愿案;又有上海特别市代表陈德征、潘公展等提出取消商会之提案。风云紧急,日夕数变。本会前经召集全国各省商联会、各省市总商会代表集沪,当即开会数次,推举总代表苏民生、姜振卿、陈家修、魏振帮、吴敏於、于小川、林度生、陈之英晋京提出请愿案二件,建议案一件,略陈商会不宜取消及统一民众团体组织,改正名称为农会、工会、商会、学生会等议,当经三全大会接受。现在三全大会已于三月二十八日闭会,商会案未经议及,决交第三届中执委会办理。当候中执委会开会时,再努力继续请求,非达商会地位巩固之目的不止。现当风潮澎湃,力争上流时候,尚望各联会、各商会一致努力,坚固团体,改良组织,以求生存。[1]

正因如此,在国民党三全大会闭幕之后,仍然有商会继续发布通电力争商会的合法生存权。上海总商会也认为"吾辈商人之地位,实与商会同其生死存亡。当此风雨飘摇之秋,宜有同舟共济之举"。同时,上海总商会还意识到:"各级党部所主张撤销商会者,恒以商会为买办阶级操纵,非革命商人,并以中小商人多未能参加商会为藉口,虽属风影之谈,无当事实,然文词辩驳究不若征诸事实",于是上海总商会于1929年4月上旬致电各省商会联合会、全国各总商会,阐明"敝会于力争商会存废问题之余,拟调查各处商会参加革命工作经过并会员组织概况,制成统计,汇列专书,以告国人,庶几各种风影之谈,不难以事实证明。如蒙赞同,并请就近转函各商会,详确调查,或参稽案牍,拟具事实,并附各种印刷书报等件,一律汇报到会,以资编印。事关商人共同利害,谅蒙鼎力办理"。另外,上海总商会还强调应敦请政府颁布商会法,这样商会才能真正获得合法地位,故而在电文中又说明:"商会法前经工商部在沪所设工商法规讨论委员会拟定草案,由部提呈行政院咨请立法院核议,并奉中央政治会议议决商会法原则各在案,敝会现即拟呈请政府迅速颁布该法,俾资全国遵循,并请贵会根据上述经过,一致呈请,尤所企盼。"[2]

## 三 上海总商会"闭门"风潮

国民党第三次全国代表大会虽然没有对取消商会的提案做出决议,似乎使第二轮商会存废之争不了了之,但商民协会与商会之间的矛盾并未得到解决。一旦遇有磨擦,两者之间又会引发矛盾,而且这种情

---

[1]《中华民国全国商会联合会快邮代电》,天津市档案馆等编:《天津商会档案汇编》(1928—1937),上册,第490—491页。

[2]《上海总商会为谋商会生存请各地商会详确调查参加革命工作事实电》,天津市档案馆等编:《天津商会档案汇编》(1928—1937),上册,第509页。

况也并非只是限于发生在上海。例如1929年5月下旬，天津特别市商民协会得知天津总商会获得政府新颁发的印信，立即致函河北省工商厅表示"不胜诧异"，并说明"现代之民众团体，本中央颁布之条例，凡未经各级党部指导之团体，不得自由成立，然本革命之精诚。各种商会为一班土豪劣绅及买办者所占驻，均在打倒之列，何以工商部竟公然颁发印信？查军阀时代过去之历史，各种商会未有不与官府勾结而压迫民众者，并且团体之结合，必定有组织，识[试]问该商会有何组织，有何根基，而竟由几个买办者操纵之团体而能有成立之可能乎！敝会有领导民众之责，难安缄默，用特函询，至请查照，迅予撤销"[1]。由此可见，在商民协会看来三全大会虽未通过取消商会的议案，但商会"均在打倒之列"是没有疑意的，同时也不应该承认其继续存在的合法性，而由政府颁发新印信即无异于承认商会存在的合法性，所以必须"迅予撤销"。河北省工商厅收到天津市商民协会的这一函件后，转而呈请国民政府工商部核示究应如何答复。工商部批示曰："查商会印信应否撤销，关系商会之存废问题。至废除商会之议，前经三全大会提案未决，而商会法亦正在立法院审查之中，凡此重大问题，自应静候中央解决。在未奉中央明令以前，仰仍遵照旧章办理，俾维现状，而利进行。"[2]

不过，类似的情形在上海尤其明显。1929年3月初，上海特别市民众训练委员会发布的告全市民众书指出："商民协会既已成立，而在法律上绝无根据之团体仍继续活动，衡有规绳，实非所宜。际此训政时期，本会职责攸关，自不能不在最近期内，将原有各业商民协会，加以整理，使其组织健全，然后实施训练。"[3]上海民训会所谓无法律根据之团体仍在继续活动，显然主要是指的商会。这里虽未直接说明取消商会，但其策略是要加强和扩大商民协会的力量，以此制约商会。事实

---

[1]《津商民协会主席雷厚生请速予撤销津商会印信函》，1929年5月27日，天津市档案馆等编：《天津商会档案汇编》(1928—1937)，上册，第472页。

[2]《天津特别市政府公函》，天津市档案馆等编：《天津商会档案汇编》(1928—1937)，上册，第472页。

[3]《本市民训会发表告全市民众书》(续)，上海《民国日报》，1929年3月7日。

上，在第二轮商会存废之争论中，上海商民协会、上海市党部与上海总商会、全国商会联合会的矛盾即已趋于公开化，当然不会因为三全大会的闭幕而宣告结束。就在大会闭幕不及一月的1929年4月22日，即发生了上海总商会因会客室被占以及会所被砸，而被迫"闭门"停止办公的风潮，从而再次引发了激烈的矛盾冲突。对于这次冲突事件，无论是过去有关上海商会史的专著（也包括笔者以前撰写的相关著作），还是近年来探讨商民协会与商民运动的论文，似乎都是较为明显地站在同情上海总商会的立场上，对救国会、商民协会的行动予以抨击。有的论者还认为此次冲突事件，是上海市党部不甘心在三全大会取消商会的计划失败流产，转而利用其直接控制的救国会对上海总商会采取的行动。[1]实际上恐怕并非完全如此。

当然，在某种意义上，我们可以说此次冲突是三全大会期间商会存废之争的延续。因为从表面上看，此次纠纷的双方是上海国民救国会（前身为反日会）与上海总商会，但由于救国会是上海市党部直接控制的团体，其主要负责人即为上海市党部的要员陈德征、王延松等人，陈还担任总负责人，因而这场纠纷实际上是继三全大会期间的商会存废之争后，上海总商会与上海市党部之间的又一次冲突。另外，救国会与商民协会的关系也非常密切，而且两会职员同样多有交叉，所以上海商民协会也在一定程度上卷入了这场冲突。

这次纠纷的导火索，是上海救国会与上海总商会之间，因总商会会客室之使用而引起的争执。救国会坚持说商借，总商会则认为是强占。在此之前，包括上海商民协会和救国会在内，都曾为借用上海总商会的房间作为办公地点，而与总商会产生隔阂与矛盾。连上海市党部也经常提出借用总商会地点举办相关活动，使总商会颇感为难。例如1927年7月上海党务训练所提出借用总商会议事厅开办夜班，每晚7时半至9时半，为期两月。此前，国民党中央宣传部驻沪办事处也向总商会借用议事厅，举办总理纪念周活动。总商会以为仅借用一次遂予应允，

---

[1] 乔兆红：《论1929年沪总商会风潮》，《社会科学研究》，1927年第4期，第162页。

但后却提出每周借用，并要求总商会予以同意。总商会临时委员会讨论时感到左右为难："不借势难回绝，借恐会员不满意，事关党国造就人才，不便坚拒，惟以后其他团体亦欲援借借屋，殊难对付。"赵晋卿在发言时主张采用租借方式，订立契约，月收租金，但叶惠钧认为事实上恐难办到，而且易遭恶感。最后，议决"准暂借与，声明如自己欲用时，须暂让，所有电费须照偿"[1]。

商民协会与救国会前身反日会成立时，都借用总商会三楼的房间作为办公地点，后虽另有他处作为会址，但也仍继续借用总商会的房间，两会召集执行委员会或代表大会时也借用总商会议事大厅。此后，两会又不断以原借用房间太少，不敷使用为由，要求增加借用更多的房间，但都被总商会婉言拒绝。对于此次冲突的原因及经过，上海总商会、上海救国会、上海商民协会有着完全不同的说法。

上海总商会事后在通告中说明，冲突之起因，最初缘于4月20日下午4时该会开执行委员会时，商民协会亦同时召集开会，临时函商请拨借会场。总商会"告以此后开会务须预行通知，以便接洽。不意竟触怒该会委员之怒，肆口谩骂，声势汹汹，几将用武并随。即本会以此事猝然，理喻力主退让，得以无事"。但到22日晨，救国会招雇铜匠，率多人擅启总商会之会客室门钥，自由占用，并将室中器具任意掷出，"本会员役劝阻，几被殴辱，而声势尤形凶暴，情形异常危急。以处于暴力胁迫之下，自主权不能自保，不得已决定停止办公"。此即所谓上海总商会"闭门"并停止办公事件。24日，上海总商会在报上刊登启示，公开说明22日发生的纠纷，阐明"此种行动，已不复知有国民政府迭次保护人民产权之命令。本会处于暴力胁迫之下，已无法行使职务，万不得已，惟有自二十四日起，暂停办公，静候政府依法解决。至希各界谅其苦衷，是为至幸"[2]。就在总商会宣布关门停止办公的当日正午，"突有暴徒数百人，手持铁棍破门直入，捣毁门窗器具，逢人便殴。

---

[1] 《中华民国十六年七月十二日开五次临时委员会》，上海市工商业联合会编《上海总商会议事录》（五），上海古籍出版社，2006年，第2459—2460页。
[2] 《总商会今日全部停止办公》，《新闻报》，1929年4月24日。

计办事职员及茶役守卫人等,轻重伤害十余人,有公安局派员到会并医院伤单,均可佐证。幸当时大部员役逾墙逃遁,否则不知有若干牺牲。此本案生之始末及本会受暴徒蹂躏之大略情形也。"上海总商会认为,24日的暴力行动完全是救国会有预谋、有组织的行为。"该会先于二十二日已自由占据,至二十四日发生暴动时,当场有救国会职员在本会大门外登高指挥,并高呼'打倒总商会'、'打倒冯少山'、'杀除冯少山'等口号,遍贴标语。是此事在未发生之前已有组织。"〔1〕

上海救国会和上海商民协会则对此次冲突的起因与经过,却有着与上海总商会完全不同的说法。4月25日救国会发表的公告说:"本月二十四日各报刊登市总商会启事一则,言词荒谬,深为骇异。查本会办公处一部份原在总商会会议厅三楼走廊,近因该会会议厅举行春季国货展览会游艺会,迫令迁让,经本会第五次执行委员会议决函借该会会客室空房暂用,而该会竟置之不复,又不呈请市党部处理,反诬本会为暴力胁迫,并于昨日晨武装拒绝本会工作人员入内办公。本会旋奉市党部命令,仍须照到会工作,伫立门首,静待至午后一时许,大门尚未启锁。该会如此行动,实与破坏救国运动无异。"〔2〕与此同时,救国会还在致市政府的呈文中说,总商会突然"封锁大门,雇用西捕多名,职会职员,欲入内办公,竟被西捕与该会保卫团殴辱,当场捕去职员九人"〔3〕。按照救国会的上述说法,引起此次冲突的责任完全在上海总商会一方,包括迫令救国会迁出原借用之房间,对救国会议决函借会客室空房置之不理,并且以武装拒绝救国会工作人员入内办公、雇用西捕殴捕其职员等,在在均为总商会之过错。

当时的《新闻报》等上海报纸在4月25日也曾报道说:"国民救国会为继续反日会反日运动之机关,其会所向借总商会。前日总商会突令迁出,因此引起重大纠纷。昨日上午,总商会不许该会职员入内工

---

〔1〕《上海特别市总商会通告第一号》,原件藏苏州市档案馆,转引自上海市工商业联合会等编:《上海总商会组织史资料汇编》,下册,第613页。
〔2〕《上海特别市国民救国会启事》,《新闻报》,1929年4月25日。
〔3〕《总商会之关门风潮》,上海《民国日报》,1929年3月25日。

作,该会工作人员当向交涉,仍欲入内工作。总商会当即用电话通知捕房,当捕去九人,延至下午三时一刻方行释放。市执行委员会得紧急报告后,即训令总商会不得破坏救国运动,应即撤退西捕,许该会照常工作,同时并训令救国会照常赴会工作。"[1]这一报道所述之经过,似乎也将此次纠纷之起因归究于上海总商会,显然对救国会较为有利。当时,上海市党部已下令禁止上海各报纸刊登上海总商会的启事和广告,所以在报纸上无法看到总商会对此次冲突事件的说明,而批评和指责总商会的文字却是不难见到,尤其是《民国日报》接连发表了许多类似的文字,有的甚至直接称此次冲突是总商会导演的反革命事件。例如有文章称:"最近横在眼前的,有两种反革命的重大事件,一是破坏政治的桂系的逆谋,一是捣乱地方的上海总商会的关门事件。前者是新式军阀的谋叛,后者是买办阶级的猖狂,地位不同,作恶互异,而其背叛党国的事实则一。"[2]

4月26日,上海商民协会也就此次冲突公开发表宣言,批评"上海总商会此次突然封闭大门,停止办公,其藉口为该会会客室被救国会借用,因而不能继续行使职务。本会为本党代表大会所决议组织之商民惟一法团,对上海总商会此种行动,实不能(不)谓之别有居心。……即退一百步言,则行为幼稚,万难辞罪"。上海商民协会的宣言还反驳了上海总商会言行中的"谬误之点":其一,救国会所借用之房屋,为总商会之会客室,总商会所受之影响,最高限度亦仅为无客可会,以总商会之会客比较救国会之办公,其轻重缓急显而易见,"岂总商会之所谓办公,仅仅送往迎来,终日会客乎"?其二,总商会之会客室平日闭多用少,前次工商部法规讨论会在沪开会,即将会客室及常会室拨作办公处,冯少山发起之平民医院,也假会客室作筹备处,"而当时不闻总商会因而不能行使职务,停止办公。可见总商会所举之理由,完全为一种托词"。其三,总商会之最高权力机关为会员大会,在会员大会闭会期

---

[1]《总商会与救国会之纠纷》,《新闻报》,1929年4月25日。
[2] 徐尚彼:《反革命的事实是革命者的教训》,上海《民国日报》"觉悟"副刊,1929年5月10日。

间,则执行委员会实负其责。停止办公为会务中重要之事,该会不经执行委员会之讨论,仅凭主席冯少山等三四人之独断独行。"其为蔑视会章,一意孤行,无可讳言。"[1]很显然,上海商民协会的宣言完全是站在救国会的立场上,对上海总商会进行了严厉的批评与指责。

针对救国会、商民协会的上述说法以及当时报纸上的一些报道,上海总商会也赶紧呈文国民政府、行政院、中央党部、工商部以及上海特别市政府进行了批驳,以正视听。呈文特别强调说明了两个重要问题。

第一,"国民救国会对于本会会客室实系占用,而非借用。"该会占用会客室系在4月22日清晨,且纠合多人,带领铜匠开锁而入,原有器具任意掷置室外,"此足为恃强占用,并非借用之明证"。该会在23日始有来函,且原函有云:"查本会第五次执行委员会议,执行委员兼统计主任邓通伟提议,本科原有地址不合办公,查有会客室余屋两大间,颇为适用,已将本科迁入办公,应请予以追认,并函知上海总商会议决照办。"由此也可足以证明,"是此项会客室该会调查科占用于前,该会执行委员会追认于后,对于房主地位之本会,始终并无函商借用之词。其所谓并函知上海总商会云者,不过自由占用之后一纸通告而已。"

第二,"本会停止办公暨闭锁大门,实有不得已之情形"。本会于商品陈列所开春季国货展览会后,根据各商之意,于二楼议事厅间举办游艺会以资号召,救国会认为游客云集,人声喧杂,影响办公,"即有乘机捣乱之说"。自占据会客室事起,更复侧目而视,"并有乘机占踞他室之扬言"。为避免别酿巨祸,累及于厂商,23日经本会常务会议详细考虑,决定闭门停止办公,"非此不足以消弭隐患,保全厂商巨万资本。遂一面登报宣布,一面致函市公安局请其派警守卫"。不料24日警察尚未到会,即发生暴徒四五百人手持铁棍破门拥入,酿成毁物伤人之暴力事件。同时,在本会大门外也有暴徒指挥呼口号,贴标语,"致为公共租界探警所拘捕"。上海总商会还特别否认其通知捕房抓人的传闻,"假使与捕房有所接洽,当已布置严密,暴徒岂能逞志?至于大门以外

---

[1]《上海特别市商民协会宣言》,《新闻报》,1929年4月26日。

确系租界,为本会权力所不及,捕房之采取何种行动,绝对无从过问。"[1]

稍后,全国商会联合会也呈文中央党部、国民政府,表示"案情重大,不得不将眼见事实陈明,请求制止查办,以免风潮扩大"。全国商联会的呈文指出,国民政府甫下保护人民产权,违者依法惩办之令,不料二日后却有上海救国会自由占用总商会会客室事件发生。"总商会系重要法团,上海为中外观瞻所系。上海总商会主权不得法律保护,全国商会更不待言。"此外,"救国会为市党部所指导,主会事者又多系市党部委职员,其于党纪国法,自必研求有素,遵守罔违。总商会二十四日宣布停止办公,且已电呈中央及上海军政机关,听候核办。救国会自应静候党国命令,乃于是日发生数百人破门殴毁大暴动,贻上海向来未有之污点。"[2]不难发现,全国商会联合会显然是站在上海总商会一边。随着此次冲突事件发生之后,争议双方不断扩大的阵营,越来越明确地反映出实际上就是此前商会存废之争的两大对立阵营。

在这次冲突发生后,上海市党部支持救国会和商民协会的态度也非常鲜明。上海市党部执委会先是训令总商会"即日撤退西捕,恢复原状",以便救国会"全体工作人员到会正常办公"[3]。随后,市党部所属各区党部先后发布通电,公开指责"上海总商会假借帝国主义之势力,公然破坏国民救国运动,封闭会所,殴捕职员,丧心病狂,一至于此。"并要求市党部予以紧急处置,"解散总商会,并函请警备司令部,惩办冯少山、石芝坤等"[4]。在各区党部的要求下,上海市执行委员会第16次常会临时动议有关上海总商会关门事件,议决"呈请中央解散冯少山把持之上海总商会,并通缉冯少山等"。1929年5月1日,浙江

---

[1]《上海总商会致国民政府等呈文》,原件藏苏州市档案馆,转引自上海市工商业联合会等编:《上海总商会组织史资料汇编》,下册,第616页。
[2]《全国商联会为上海救国会占用上海总商会房屋大暴动案呈中央呈文》,原件藏苏州市档案馆,转引自上海市工商业联合会等编:《上海总商会组织史资料汇编》,下册,第614页。
[3]《总商会之关门风潮》,上海《民国日报》,1929年4月25日。
[4]《各级党部严重表示》,上海《民国日报》,1929年3月26日;《各级党部对总商会反动行为之表示》,上海《民国日报》,1929年3月28日。

省执委会在第三次临时会议上也通过如下议案:"上海总商会主席冯少山等,素系勾结帝国主义及军阀,破坏本党革命之买办阶级,顷复封闭上海国民救国会并殴侮该会职员,叛迹历历,怙恶不悛,应呈请中央明命解散该总商会,以统一商人组织,并通缉冯少山等各犯归案,依照反革命治罪条例严惩。"[1]在上海执委会的强烈要求之下,国民党中央执行委员会致函国民政府,"咨行国府明令通缉勾结军阀反动成性之冯少山及其羽党卢炜昌等七人,并查封其财产"。国民政府第36次国务会议遂做出决定,由工商部向各总商会发布第1080号训令,对冯少山予以通缉,并要求各总商会"一体遵照,严密协缉"[2]。

不过,上海市党部虽然在冲突后大力支持救国会和商民协会,再次主张解散上海总商会,但依据现有可查之各方面史料,却很难断定此次冲突是上海市党部在三全大会取消商会的计划失败后,针对上海总商会而直接策划的另一阴谋行动。当时,上海总商会和全国商联会也均未曾说明上海市党部参与了密谋,只是对上海市党部下令封锁商会发布的各项消息,不准各报刊登载上海总商会的相关告示甚至是广告,以及借此机会呈请中央勒令工商部取消总商会,并通缉总商会领导人冯少山的一系列行为,感到非常气愤。上海总商会在呈文中指出:救国会"自知毁物伤人,百喙难辞,遂不惜诗张为幻,朦准党部将该会片面制造之言论尽量登载,而于本会陈述之事实真相,则禁止报纸刊布,甚至广告亦遭拒绝。本会与该会所争执者,其事件内容本与国家政事无直接关系,而乃不惜借用党部雷霆万钧之全力命令报馆,冀将真相掩蔽。"[3]全国商会联合会也在呈文中愤怒地指明,此次冲突发生后,"上海各报均载救国会一方面之消息及告白,至真确之消息及总商会告白,则概不登载。总商会函询各报理由,据新闻报函复,称接市党部

---

[1]《浙江省执委会第三次临时会议》,上海《民国日报》,1929年5月4日。
[2]《工商部为严密协缉冯少山等给津商会训令》,天津市档案馆等编:《天津商会档案汇编》(1928—1937),上册,第542页。
[3]《上海总商会致国民政府等呈文》,原件藏苏州市档案馆,转引自上海市工商业联合会等编:《上海总商会组织史资料汇编》,下册,第617页。

函,停止登载上海总商会种种消息及告白等语。查确定人民有集会、结社、言论、出版、居住、信仰之完全自由,载在我党政纲对内政策第六条,今不但言论不能自由,即告白亦不准登载,报馆营业且不准自由矣。以遵守党纪指导民众之市党部而竟出此,诚为我党遗憾,亦即会同民众之遗憾也。"全国商联会还说明:"上海市党部于本案大暴动发生后,决议呈请中央勒令工商部取消总商会,及紧急处置上海总商会,又决议呈请中央解散冯少山把持之总商会并通缉冯少山等。此等决议案是否我党应循之正规,抑或意图消灭全国商会,以贯彻其素所主张?"[1]

在对待和处理此次冲突事件的过程中,只有上海市政府的态度较为中立,没有明显地站在冲突双方的某一边。冲突发生后,市政府即出面召集包括市党部在内的各方代表,共同商讨处理办法,希望市党部和商界代表四人能够从中调解,尽快平息争执。调停失败后,上海市长张群又曾公开向记者发表谈话说:"此次救国会与总商会发生纠纷,表面上系由于救国会向总商会借用会客室而起,嗣后涉及商民协会,情形愈加复杂。但按之实际,尚不难设法解决。惟上海华洋杂处,商业上既关重要,经济上尤觉繁颐,苟吾国商人无一完善的组织,则不但类如此次纠纷事件可以时常发生,且对外商务,尤恐有不能立足之势,此与国家前途关系綦重,为吾人所断断不容漠视者。吾意在解决此次纠纷时,应将眼光放远,注意到根本问题,设法代本市商界中各种团体,求一切实合作之道,此亦为吾职责所应为之事。……余自当悉心考虑,期得一妥善方案,不特解决此次纠纷,并求根本上之树立,庶几一劳永逸。"[2] 上述这番谈话,也无明显的立场倾向,而且设想也较好,只是在当时的情况下难以付诸实现。

客观而言,即使救国会对上海总商会之会客室实为占用,而不是借用,并且上海总商会也曾解释其闭锁大门是迫不得已之行动,但综合各

---

[1]《全国商联会为上海救国会占用上海总商会房屋大暴动案呈中央呈文》,原件藏苏州市档案馆,转引自上海市工商业联合会等编:《上海总商会组织史资料汇编》,下册,第614—615页。

[2]《张市长对总商会事件之表示》,上海《民国日报》,1929年4月27日。

方面情况看,仅仅两间会客室被占用,显然尚不足以造成影响整个总商会不能办公和"无法行使职务"的严重程度。25日下午,上海市长张群邀请市党部陈德征、王延松、吴开光,以及商界领袖虞洽卿、叶惠钧,在市府集议处理该事件的办法,推定陈、王、虞、叶四人负责处置。据报纸报道,虞洽卿当时也曾表示:"此系小事,本可商量,殊无关闭大门之必要,致引起重大纠纷。如必须关闭大门,亦须经执行委员会之通过,故主张立即开门。叶惠钧亦同此主张,遂由虞、叶二人分头接洽。"[1]虞洽卿和叶惠钧显然并不理解总商会锁闭大门的意图,他们的说法也与总商会的呈述不一致,因而上海总商会肯定不可能接受他们的调停。次日,报章即有报道说:"市府集议后,本由虞洽卿、叶惠钧等负责将大门开放,再议其他。而冯少山、石芝坤、林康侯、赵晋卿、赵南公等不允开放,虞、叶两君因无置喙余地,已谢绝调停。"[2]

自清末以来,在全国享有盛誉的上海总商会,成立之后也曾经历了多次重大变故,但不管遭遇何种变故与压力,都从未有过向全社会公开宣布闭门及停止办公的先例。在当时的情况下,上海总商会毅然决定锁闭大门,当然是有其他方面的用意和目的。根据相关情况分析,上海总商会首先是想采用此种较为极端的方式,对救国会及其背后的商民协会乃至市党部做出回击。总商会明知商民协会和救国会的办公地点均设于内,关门之后该两会即均无法正常办公,也难以迅速处理各方面事务。因此,总商会之关门,同时也有封闭商民协会与救国会会址的效果。其次,通过这一方式,总商会一方面希望博得舆论的同情,另一方面"静候政府依法解决",带有要挟政府不得不出面解决的意味。国民政府工商部确实也十分重视,"对沪总商会与救国会因会址争议一案,二十五日部务会议时提出讨论,议决由部电沪特市府转致沪总商会云:本部正在调查侦查中,仰该会停止一切活动,勿逞意气,静候中央解决,以免风潮扩大。是为至要。并一面报告行政院国府核办。"[3]

---

[1]《总商会与救国会之纠纷》,《新闻报》,1929年4月25日。
[2]《总商会与救国会纠纷续志》,《新闻报》,1929年4月26日。
[3]《工商部致沪特市府电转令总商会静候中央解决》,《新闻报》,1929年4月26日。

从总商会关门所带来的客观影响看,确实给商民协会的办公和正常运作带来了很大的麻烦,其"职员不能继续办公,不得已暂假天津路福绥里七十号绸缎业分会为临时办公处,……仅能勉强维持会务,使不中断"[1]。救国会则暂借上海市党部三区党部作为临时办公地点。数日后,上海商民协会又呈文市党部、市政府市社会局,说明"上海总商会因与救国会发生纠纷,突于四月二十四日清晨将大门封锁,停止办公,致职会会所并受影响,一切重要文卷、办公用具,以及职会钤记,均不及取出,完全封锁在内。……若不迅行恢复原状,职会前途至堪疑虑"[2]。不仅如此,总商会关门也使当时国货工厂联合会不得不停止办公,影响到春季国货展览会的营业参观。中华国货维持会、国货工厂联合会等国货团体以及众多国货厂家,只得召开紧急大会,"讨论善后办法"[3]。经过讨论之后,最后"议决静候三日(廿八日止),届时如未解决,即由各厂领回出品"[4]。如果总商会没有锁闭大门,恐怕也不会进一步发生后来救国会数百人冲砸总商会及殴伤人员的暴力行动。关门事件升级后,确实引起了国民党中央和国民政府的重视,不仅派专人前往上海进行调查,而且后来又采取了对上海商人团体一体予以整理的举措。

当时,南京中央政府方面曾特派中央委员叶楚伧赴沪调查这次纠纷。叶到沪后,报刊舆论仍对总商会多有指责,除各区党部的一片声讨之外,上海各商民协会分会的宣言谴责总商会"丧权辱国,莫此为甚";各工会的宣言也指责总商会"目无本党,甘心辱国",均强烈要求取消上海总商会。[5]但叶楚伧表面上似乎并未受此影响,"连日与张市长、总商会各委员及商界诸领袖,分头接洽,采集各方意见"。返回南京之前,叶在上海接受记者采访时说:"余此次之来,亦类似新闻记者,责在向各方探询意见,汇报中央,以资参考。至谁是谁非,余非审判官,当然

---

[1]《市商协照常办公》,上海《民国日报》,1929年4月25日。
[2]《市商协请示办法》,上海《民国日报》,1929年4月27日。
[3]《总商会之关门风潮》,上海《民国日报》,1929年3月25日。
[4]《国货厂商代表会议》,上海《民国日报》,1929年3月26日。
[5]《总商会关门事件》,上海《民国日报》,1929年4月28日。

不能加以衡断也。"出自中央政府特派代表的这番话,表明当时最高当局的态度还是比较审慎的。当记者问及各方意见趋向如何时,叶楚伧则较为明确地说:"据日来观察所得,大抵赞成统一商人意志,统一商人组织,此旨与中央若合符节,将来彻底解决,总不出此范围。但恐非短时间内所能办到耳。"这番话可以说透露了日后中央政府从根本上解决此次纠纷的思路,即统一商人组织,消除商界内部纷歧。不过,叶本人表示"对于总商会此次闭门之举不无遗憾。以余居住上海二十年之历史,从未见总商会有闭门及停止办公之举动。今不幸而发生如此现象,实足使中国商业史上多一残痕。"[1]

作为上海市党部和商民协会而言,当然是希望凭借此次冲突事件,促使国民党中央和国民政府在统一商人团体的旗帜之下,达到取消商会的目的。所以,商民协会此时也主张"统一商运"和商人组织。上海商民协会还曾发表如下通电:

> 此次上海总商会未经执行委员会议决,锁闭大门,停止办公,不惜举团体以徇意气,业经中央委派叶委员楚伧来沪彻查。以中央明察,自能洞见症结,持平办理。惟是敝会以为过去商运之纠纷,实在于组织之未能统一,根本解决,舍此莫由。诚如张市长所发表之谈话,必须由此点着力,而后一切问题,可以消除。至旧式商会之所以必须改造,其一为会费过巨,非普通商人所能负担,其二为会员资格相混,团体代表与商店代表同其职权。以上两点,最为重要,尤望中央于讨论此项问题时,加以考虑。敝会自奉中央党部委任筹备,以迄于今,此物此志,惟在求于商民力量之能集中,组织之能统一,凡能达此目的,别无其他企求。[2]

上海商民协会的这一通电,除强调了此次冲突事件中上海总商会的过错之外,其他内容与三全大会期间要求取消商会的相关电文相比并无多少新意,无非仍是强调旧商会的各种缺陷,而且口气似乎还要缓和一

---

[1]《叶楚伧调查两会纠纷事毕返京》,《新闻报》,1929年4月30日。
[2]《市商协再请统一商运》,上海《民国日报》,1929年5月1日。

些；同时，则反复说明商民协会系奉国民党中央之命而成立，具有与生俱来的合法性与革命性，这是商会所无可比拟的。按照这样的逻辑进行推断，如果要统一商人团体，肯定只会是取消商会而保留商民协会。正因如此，上海商民协会才会一再主张统一商人团体，并对未来的结果抱有非常乐观的态度。但在事实上，最终的结局却完全出乎商民协会的意料之外。

## 四 商民协会的取消与商民运动的结束

鉴于上海地区商人团体多头鼎立，尤其是商会与商民协会之间矛盾纠纷不断，甚或冲突事件时有发生，当时的国民党中央也意识到需要统一商人团体，从根本上解决这一问题。否则，所谓从先前"革命的破坏"转为现今"革命的建设"这一商民运动的新目标，就无从谈起。但是，商人团体的统一并非一蹴而就，究竟采取何种具体方案，还需要一段时间予以讨论研究，而眼下出现的上海总商会风潮却是不容迟缓地必须做出处理。于是，国民党中央先是采取了一种过渡性的措施，即成立上海特别市商人团体整理委员会，要求上海现有各商会以及商民协会均一律停止活动，听候整理。

5月2日，国民党中央召开的第七次常务会议即形成决议，主要包括两方面内容，一是通令上海商人团体一律停止办公，二是委派虞洽卿、袁履登、王晓籁、叶惠钧等34人，担任上海特别市商人团体整理委员会委员。随后，中央执行委员会分电上海总商会、南市商会、闸北商会、商民协会："上海特别市商人团体整理委员已由本会第七次常务会议指定，并电促即日召集成立。贵会应一律停止工作，听候整理，俾过去纷争，从此泯息，统一组织，早日完成。"[1]接此电后，上海三商会与商民协会均各自召开执委会，讨论布置结束办法，准备由商整会进行接管。

---

[1]《商人团体整理进行总商会预备移交》，《申报》，1929年5月5日。

上海总商会方面虽曾召开常务委员会议,讨论向商整会预备移交手续,但仍坚持闭门不开。曾有报纸报道,商整会既已成立,"总商会开门极易解决",但事实却并非如此。商整会举行第一次谈话会时,"曾有人提议开门,因手续不妥,未敢擅行,而总商会方面亦将不肯办理"。5月10日的第二次谈话会中,又有委员提出总商会大门应即日开放,担任会议主席的虞洽卿再次解释说:"中央并未令整理委员施行职权,只令整理而已"[1],因此不便强令总商会开门。上海总商会仍拒绝开门的这一行动,表明其态度并未发生改变。

此时的上海商民协会虽也召开执纪委员联席会议讨论了结束会务办法,着手准备各项相关事宜,但却对最终结局仍然相当乐观,认为"此次中央整理商人团体,完全为集中力量、统一组织起见,实与商民协会迭次主张相同,并非以某一会归并某一会"。因此,上海商民协会要求"各分会会务仍应继续进行,且须格外努力。其各业商民之未有组织者,亦当赶速组织,不应观望自误"[2]。因担心各分会执纪委员对此次中央整理商人团体的真义,有不甚明了之处,本次联席会议还议决:由秘书处草拟告会员书,予以公开发布;另决定由常务委员邀集各分会代表及委员,"聚餐说明一切,并勉励工作"。后有报纸报道5月15日商民协会举办的这次欢宴说:"商协会同人济济一堂,足见会员诸君精神之一斑。现在商运统一有期,商人痛苦必可解除,商人幸福亦得从此增进。"[3]

抱着这种非常乐观的态度,上海商民协会的告会员书也反复强调,中央成立商整会,致力于整理和统一商人团体,是接受商民协会建议的重要举措,也是商民协会长期努力之目标得以实现的第一步。"这次中央执行委员会因为上海特别市总商会锁闭大门,引起了民众,尤其是商人的愤怒,觉得本会迭次请愿的统一商民组织有赶速实现的必要。本会又推出了两位代表,向中央党部和中央特派员叶楚伧先生,陈述我

---

[1] 《商整会二次谈话会组织大纲颁下即行正式开会》,《申报》,1929年5月11日。
[2] 《两商业团体会议结束》,《申报》,1929年5月9日。
[3] 《商民协会之欢宴》,上海《民国日报》,1929年5月17日。

们全体会员对于统一商民组织的愿望,同时市党部和市长也觉得我们的要求,实在是能和商人谋利益,表示了深切的同情,给予了相当的援助。市政府社会局并派了吴科长来慰问我们,叫我们一方面静候中央解决,一方面还要努力工作。后来中央常务委员会接受了我们的要求,才有统一上海特别市商人团体的决议。……中央执行委员会电令我们在整理委员会成立以后停止工作,我们现在已经预备结束,静候移文。但是我们会员要彻底的明了,我们现在暂时的结束,还要预备着以后永久的努力。整理委员会成立,正是我们达到我们要求的第一步。"上海商民协会的这份告会员书最后还呼吁,全体会员务须切记以下三点:"(一)以前是努力于统一商民组织的要求;(二)现在是着手于统一商民组织的开始;(三)以后还要努力于统一商民组织真正的成功。"[1]然而,后来的事实证明这只不过是上海商民协会一厢情愿的美好设想。

其实,两日后报纸透露的某些信息,即已间接地显示上海商民协会期待的这种乐观结局似乎难以实现。例如5月14日的《申报》曾公布了一份商整会《组织大纲》,并称该《大纲》于前日由国民党中常会通过。这份《大纲》规定,上海商整会代行原上海商民协会、上海总商会、闸北商会、南市商会等会之职权。第三条的内容是:"上海商人团体之整理,限本年九月一日前完成之。如有困难情形不能如期完竣时,得呈准中央延长之。"第四条明确规定:"整理完成之团体,定名为上海特别市商会。"第五条则具体说明:"上海商整会组织上海特别市商会时,须依左列之程序:(一)登记旧日上海商民协会、上海总商会、闸北商会、南市商会等会之会员;(二)拟制上海特别市商会总章草案,呈请中央核准;(三)依照总章组织上海特别市商会。"[2]从这份大纲规定的有关条文看,对上海三个商会及商民协会等商人团体经过整理之后,重新建立的统一商人团体为上海特别市商会,而不是上海商民协会,实际上也就意味着要保留商会而取消商民协会。虽然5月23日中常会对这

---

[1]《上海特别市商民协会告会员书》,《申报》,1929年5月13日。
[2]《沪商整会组织大纲昨日中常会通过》,《申报》,1929年5月14日。

份《大纲》又重新进行了修正,议决通过并正式公布了修订的新《大纲》,而且全部删除了"上海特别市商会"字样,改以"统一团体"作为替代,但却反映了起初国民党中央整理上海商人团体的意图及初步设想。[1]

5月25日商整会《组织大纲》颁布后,商整会随即也于是日宣布正式成立,以原上海总商会会址为办公地点,并在总商会三楼召开成立大会,投票选举虞洽卿、叶惠钧、王延松、王晓籁、徐寄顾、顾馨一、秦润卿7人为常务委员。是日,关闭多日的总商会大门也终于开放。商整会宣告正式成立后,各商会与商民协会也相继办理移交手续,正式停止办公。同一天,上海商民协会即发布了结束会务的通电,宣布"本会即于二十五日起停止办公,不再接收文件。除将钤记文卷款册分别列单,送交整理委员会接收,并通函所属各业分会,自本月二十五日起,如有陈请询问事件,应径向整理委员请示办理外,理合专电奉达,敬祈赐予鉴察。"[2]上海商民协会自即日正式宣告结束,此后一直未再恢复重建。这样,主张统一商人团体最为努力,并且一直希望取代商会的上海商民协会,此时却成为全国最早宣布结束其使命的商民协会。而其他地区的商民协会,则是到1930年初国民党中央决定撤销全国商民协会之后,才宣布结束。这样的结局,对于上海商民协会来说真可谓一大悲剧。不过,当时的上海商民协会尚未意识到这一点,因而在其宣告结束的通电中并无任何悲怆之文字,相反还告知所属各业分会与各界团体:"如有本会请示文件,刻尚未蒙批复,及嗣后令知或赐教函件,统祈径寄上海特别市商人团体整理委员会,以免失误,而利商运,毋任企祷。"

实际上,在对上海商人团体进行整理的同时,国民党中央和国民政府也并没有停止有关商会法的审议程序,这自然对上海商整会的有关商人团体整理工作也会有一定影响。1929年6月中旬,商整会提交的会务报告除叙述其开展会务情况和接收上海四商人团体经过之后,最

---

[1] 修正之大纲见《上海特别市商人团体整理委员会组织大纲》,《申报》,1929年5月24日。
[2] 《市商协会报告结束通电》,《申报》,1929年5月25日。

后即曾说明："至关于商人团体整理本身问题,现商会法原则四条已由中央政治会议通过,本市商人团体整理登记条例、登记表式亦交由设计委员会从事起草,一俟登记科负责委员经全体会议推定后,即可着手办理。同时希望中央早颁法令,则本会进行更有遵循也。"[1]可见,上海商整会希望中央政府能够尽早颁布商会法等相关法令,以便使其得以遵循办理有关商人团体的整理工作。一个多月后,商整会的主要负责人虞洽卿等又致电中央党部和国民政府,请求撤消对冯少山的通缉。电文阐明："惟念军阀时代,商人在暴力之下,以地位关系,不得不虚以委蛇,略迹原情,不无可恕。况伊在党国之下,协筹军饷,不无微劳,恳请中央不咎既往,予以自新,撤销通缉,以示宽大,无任祈祷。"[2]种种迹象表明,上海商人团体的整理是朝着有利于商会的趋向在发展。

1929年6月17日,国民党中央三届二中全会通过了"人民团体组织方案"。该方案明确指出:人民团体除地方自治团体另案规定外,分职业团体及社会团体二种,"职业团体为农会、工会、商会等","社会团体为学生团体、妇女团体,以及慈善团体、文化团体等"[3]。在这个最新的方案中,所谓职业团体只有农会、工会、商会三种,并没有将商民协会列入,这已经在很大程度上显示了商民协会的最终命运。戴季陶后在9月2日国民党中央第32次常务会议的临时会上解释说:"二中全会所规定之人民团体组织方案,其目的有二:第一,未经成立各种人民团体之地方,其组织时有所依据;第二,已经组织之人民团体未能健全

---

[1]《商整会发表会务报告》,《申报》,1929年6月19日。
[2]《虞洽卿等电请免缉冯少山》,上海《民国日报》,1929年8月14日。针对虞洽卿等人撤销通缉冯少山的请求,上海市党部一区党部还曾发表宣言表示反对:"该逆自经通缉后,畏法逃匿,寄托帝国主义之租界为护身符,消遥法外,殊属痛恨,当予严密逮捕以平众愤。忽阅报载,有虞洽卿等竟敢联名向国府请求免除通缉令消息,不胜骇异。查该逆反动有据,无可掩饰,岂容信口片词具保?"《呈请免缉冯少山之反响》,上海《民国日报》,1929年8月15日。
[3]《人民团体组织方案》,中国第二历史档案馆编:《中华民国史档案资料汇编》,第5辑第1编,政治(2),第134页。

者,其整理或改组时,有一定之办法。"[1]很显然,新通过的"人民团体组织方案",是国民党中央确定的成立新民众团体以及整理、改组原有旧民众团体的主要依据,商人团体当然也包括在内。

1929年7月,国民政府也加快了审议新商会法的进程。20日,立法院第35次会议即议决通过了《商会法修正案》。8月15日,国民政府正式公布了《商会法》,要求各地原有商会依法公布之日起,在6个月之内进行改组。《商会法》规定:"各特别市县及各市均得设立商会,即以各该市县之区域为其区域,但繁盛之区镇亦得单独或联合设立商会。"商会为法人,"以图谋工商业及对外贸易之发展,增进工商业公共之福利为宗旨。"此外,"同一省区域内之商会,得联合组织全省商会联合会,各省商会联合会及特别市商会联合组织中华民国商会联合会"[2]。新《商会法》颁布后,许多商会虽然对先前曾经要求保留之总商会未能列入该法,由此使总商会名称无形消失而颇有意见,但是也要看到,新《商会法》的正式颁布,不仅更加明确地宣布了商会存在的法律依据,而且也再一次间接地表明了商民协会可能遭遇的命运。

不仅如此,戴季陶还曾在国民党中央第32次常务会议的临时会上,提出商会组织之原则及新商法运用方法要点案,顺利获得通过。他在该提案中对新商会法中的有关三个问题做了具体说明,其中第三个问题是:"新商会法规定商会之组织基础,在于商店及同业公会,而不以自然人为组织之基础,其立法之意义,全系根据中国旧有之习惯,纠正从前北京所发布之个人自由入会制度之缺点,同时亦以解除数年来各地幼稚的商民运动之纠纷。"这显然指的是商民协会与商会之间的种种纠纷。戴还进一步指出:"盖商会之目的,在于图工商业之发展,并非为各个商人解决何种私人问题而设,其性质与现今各地之所谓商民协会者迥殊,观乎德、奥、日本等国之正名为商业会议所,其意已自明

---

[1] 《商会组织之原则及新商法运用方法要点》,《中央周报》,第67期,1929年9月16日,第23页。
[2] 马敏、肖芃主编:《苏州商会档案丛编》(1928—1937),第4辑,上册,第51、55页。

了。"[1]这也更加表明戴季陶乃至国民党中央改变了原有对待商会与商民协会的态度,商民协会的最终结局由此也再见端倪,其维系的时间不可能会太久。

到1930年2月7日,国民党中央执行委员会第70次常务会议即通过决议,撤销《商民协会组织条例》,各地商民协会一律限期结束。中执会随后致函国民政府:

> 查商民协会原为军政时期应时势之需要而设,现在训政开始,旧有人民团体组织多不适用,曾经本会先后决议交由立法院从事修订。现查立法院制定之新商会法及工商同业公会法,业经政府明令公布;此后商人团体之组织,自应遵照新颁法令办理。所有十七年颁布之商民协会组织条例着即撤销,各地商民协会应即限期结束。至于原有商民协会份子,除摊贩系属流动性质,无组织团体之必要外,在中小商人,当然包含于商会及同业公会之内,至店员份子,亦经本会决定于工商同业公会法施行细则中增加规定,使其有充任会员代表之机会,是商人团体之组织与名称虽变更,而实际上凡属商人,俱有同等之机会。且组织既经统一,则过去大小商人之隔阂,与夫店东、店员之纠纷,均可根本免除,而共同致力于工商之发展,以增进其相互之利益。昔日以少数垄断把持之旧商会,既经商会法施行后为澈底之改革,则商民协会自无分峙存在之必要。案经本会第70次常会决议,除通令各省市党部转行各该地商民协会遵照办理外,相应函达查照,并希转行所属一体知照为荷。[2]

稍后,国民党中执会又训令各省市党部,通告撤消商民协会的决议,要求一体遵照执行。国民政府工商部也发布商字第8559号训令,通令各直辖机关取消商民协会。这个结果,与国民党最初推行商民运动时制

---

[1]《商会组织之原则及新商法运用方法要点》,《中央周报》,第67期,1929年9月16日,第24页。
[2]《撤销十七年颁布之商民协会组织条例并限期结束各地商民协会》,《中央党务月刊》,第19期,"公文",第21页。

定的以商民协会取代商会的方略完全相反。商民协会的取消,在当时实际上也意味着商民协会的结束。在此之后,虽然偶而也可在有关史料中见到"商民运动"之字样,但失去了商民协会这一最重要的运动载体,也就谈不上仍继续有商民运动的进行。所以,不少地区的商民协会和地方党部都对国民党中央的这一决定表示不满。有的指出"一旦将商协取消,使商人自动组织,脱离本党之领导和训练,……此不啻破坏革命的堡垒,将商民剔出革命战线之外"[1];还有的惊呼商民协会解散之后,"商民失所领导","商运前途何堪设想"[2],要求国民党中央收回成命,但却屡次遭到拒绝。

  国民党中央最终为何完全改变初衷而采取这一举措? 按照国民党的解释,商民协会是军政时期的产物,现在是训政时期,商民协会已不适用,所以应该解散。这个解释显然过于简单,既不能使当时的商民协会信服,也不能令现今的研究者满意。一些论者就自己的理解对此做出了不同的阐释。有的认为国民党在建立统一的政权以前,不相信控制旧商会的大资产者,希望组建自己控制的商民协会,用以取代旧商会;另一方面国民党需要动员民众打倒北洋军阀以夺取政权,而在动荡的革命时期不可能指望过于着重眼前经济利益而缺乏政治远见的大资产者,只能动员比较富于变革精神的中小商人,所以也需要组织商民协会。上述两方面因素在国民党建立起自己的政权,特别是训政开始以后都不存在了,因而商民协会也就失去了任何存在的意义,只有寿终正寝。[3]另有论者指出:南京国民政府建立后,国民党放弃了大革命时期的国民革命目标,所以不再需要动员商民群众,中小商民由扶助和依靠对象一变而成为控制的对象。加上国民党政权财政极端困难,急需得到资本家阶级的财政支持和动员资本家阶级参加经济建设。因此,国

---

[1] 《江苏省商协、农协、工会、青联会、妇协会等会整理委员会呈国民党三全会文》,1930年3月4日,台北:中国国民党中央委员会党史史料编纂委员会收藏档案,会3.2/12.2—3。

[2] 《江苏省党务整理委员会呈中执会文》,1930年3月4日,台北:中国国民党中央委员会党史史料编纂委员会收藏档案,会3.2/12.2。所引文字系江苏省党务整理委员会转引江苏省商民协会整理委员舒畅的呈文。

[3] 张亦工:《商民协会初探》,《历史研究》1992年第3期,第53页。

民党很快改变了对待中小商民和资本家的态度,并将中小商人组成的商民协会予以解散。[1]简而言之,以上解释主要是认为南京国民政府建立之后,国民党已不再需要动员广大中小商人支持国民革命,因而商民协会也没有继续保存的必要。这种解释虽有一定道理,但却依然显得较为简单,不能完全令人满意。另外,认为国民党政权此时因财政困难才转而依靠商会,并改变对商会的态度的理由也值得推敲。实际上国民党在广州建立政权之后以及开始北伐,财政上早已陷入困境,如果说是因为财政困难导致国民党政策的变化,则不应该等到这个时候才迟迟转变。

还有学者从另外的角度对国民党撤销商民协会的原因进行了解释,认为国民党为商民协会等民众团体的维持、控制及满足其利益诉求付出了高昂的成本,但所得甚微,这种状况对于资源有限而又必须集中精力从事民族国家建设的国民党政府而言是绝对不允许的;此外,商民协会的成员大部分来自社会低层,人员庞杂,其知识水平、道德水平、能力水平极其有限,整体综合素质低下,败坏了民众团体的组织和声誉。而这两个方面正是国民党撤销商民协会不便明言的重要因素。[2]这一解释确有独到之处,但所谓商民协会成员素质低下,应该是早已存在的现象,如果这是导致国民党撤销商民协会的原因,还必须说明国民党为何唯独在这一时刻采取这种措施?很显然,以上解释也需要再进一步加以论证。

笔者认为,保留商会并撤销商民协会是国民党商民运动转轨的结果。而导致这一结果的最终形成实际上有一个发展变化的过程,由于商民协会没有顺应商民运动的转轨进程,并且采取与商民运动转轨背道而驰的行动,最终逼使国民党中央不得不将其撤销。

---

[1] 乔兆红:《论1920年代商民协会与商会的关系》,提交"北伐战争暨汀泗桥、贺胜桥大捷75周年学术讨论会"论文,2001年10月,湖北咸宁。
[2] 张志东:《国家社团主义视野下的制度选择:1928—1931年的国民党政府、商会与商民协会,天津的个案研究》,提交"国家、地方、民众的互动与社会变迁国际学术研讨会"论文,2002年8月,上海。

不容否认,南京国民政府的建立确实与商民协会的撤销存在着联系。但这种联系主要还不是表现在国民党建立南京国民政府之后,不再需要动员包括商民在内的民众给予支持,并将商民协会撤销。事实上,在建立南京国民政府之后国民党并没有放弃推行民众运动,仍然强调"唤起全体被压迫民众为国民革命的共同目标奋斗",也没有结束商民运动,而是面临新的形势,对包括商民运动在内的民众运动的目标重新进行了调整,亦即本书所说之民众运动的转轨。国民党中央曾反复强调:"对于民众之宣传、组织与训练,自当继续为加倍之努力"[1],同时指出以往的民众运动存在着不少缺陷,加之现在是训政时期,不同于此前的军事时期,因而需要对民众运动的目标加以调整。国民党三全大会通过的党务报告决议案明确指出:"过去军事时期所施行之民众运动方法与组织,甚不完善,故以之施于训政时期,已立即暴露其不适于实用之大弱点,甚至以军事时期民众运动方法上与组织上固有之优点,而仍施之于今日之训政时期,根本上亦已不适用。诚以训政时期之工作,已于军政时期之工作大异其趣。过去工作,在于革命之破坏,今后工作,则在革命之建设也。"[2]显而易见,国民党是要将民众运动的目标从以往的"革命之破坏",调整为新时期的"革命之建设"。

实际上,包括商民运动在内的民众运动的转轨,在南京国民政府建立不久即已开始进行。本书之第8章已经论及,1928年6月,国民党第143次中常会通过了民众训练计划大纲,明确提出对新时期民众运动的四项任务是训练、组织、领导、扶助;后又为了使民众团体"一变而为发展产业及提高文化,并协助国民政府整个的计划和一致的步骤之下,从事于革命的建设",制定了民众团体的组织原则及系统,确定"凡利益不同而义务各异的民众应使其分别组织","民众团体应各保其完整一贯的系统","民众团体应加设或改设担负建设工作的机关"等三

---

[1] 荣孟源主编:《中国国民党历次代表大会及中央全会资料》(上),第627页。
[2] 同上书,第635页。

个组织原则。[1]国民党中央制定的《指导民众运动方案》,也强调民众运动的目的应该是提高民众民族意识,加紧自卫工作;健全民众组织,建立民治基础;指导民众努力生产,发展国民经济(在不违反共同利益条件之下增进其本身利益)。[2]这些都表明,随着南京国民政府建立后整个民众运动的转型,商民运动也相应进行转轨,国民党对商人团体特别是商会的态度出现了很大的变化,不再像过去那样强调用商民协会取代商会,而是希望商民协会与商会并存。国民党中央民众训练计划大纲就已提出"制定商会法、商店法、店员服务法、保持商人店员独立之组织"[3],重新制定商会法就意味着商会还将继续存在。后来,国民党更明确说明商人组织应包括商会和商民协会两种,"商会为本党经济政策之所在,商民协会为本党革命力量之所存"。

有学者也曾指出:"中央党部在完成北伐后,与军政时期向训政时期过渡相适应,也把'民众运动'的目标,由'革命的破坏'逐渐转向'革命的建设'。这一方针的转变,自然而然地也相应降低了对政治、经济建设贡献小的'中小商人'的地位,增大了拥有雄厚经济实力的上层资本家的作用。'商人团体'的重新组合,正是在这一方针转变的延续线上。所以,国民革命以来,国民党一直坚持的'中小商人扶助之原则'已自然而然地失去了它的重要性。"[4]不过,在商民运动转轨之初,国民党中央并没有考虑撤销商民协会,而只是决定商会与商民协会并存。如果不是上海等地的商民协会反对国民党中央的这一举措,并采取了许多过激的行动,导致工商界日益混乱,使商会与商民协会的矛盾趋于激化,国民党中央后来也很可能不会断然撤销商民协会。在国民党中央确立商会与商民协会并存的新方针之后,许多地区的商民协会都对

---

[1] 中国第二历史档案馆编:《中华民国史档案资料汇编》,第5辑第1编,政治(3),第2—3页。
[2] 《中执会致法制组函》(审查修正工会商会同业公会等团体施行法草案),台北:中国国民党中央委员会党史史料编纂委员会收藏档案,政4/59—1。
[3] 中国第二历史档案馆编:《中华民国史档案资料汇编》,第5辑第1编,政治(3),第14页。
[4] 金子肇:《上海"摊贩"阶层和商民协会》,《上海研究论丛》,第9辑,上海社会科学院出版社1993年,第84—85页。

这一决定表示强烈不满,仍坚持要求取消商会,上海市等一些地方省市的国民党党部也认为商会不应该保留。上海市商民协会还联合各地的商民协会,向国民党中央上书请愿,反对商会与商民协会并存,认为"商人组织应归一统,不当强别为二"[1]。在国民党三全大会召开前,上海等地的商民协会与一些地方党部更是遥相呼应,掀起取消商会的高潮,也挑起了商会与商民协会的新一轮激烈冲突。商会当然不甘示弱,也予以猛烈还击。同时,全国商会联合会、各省商会联合会和各省市商会都组织代表团赴南京请愿,形成商会与商民协会的激烈对峙态势。

商民协会和一些省市党部试图在国民党三全大会上通过取消商会议案的计划落空之后,并没有就此善罢甘休,有的继续要求取消商会,认为"旧商会在法律既无所依据,在系统亦不相连属,若听其永远存在,鲜不养贻患,大之如广州商团之图谋不轨,小则如上海商会之时有反动言论,覆辙相寻,可为殷鉴,此应予取消"[2]。有的甚至采取了更为激进的行动。在上海,发生了上海总商会会所被打砸、职员被殴伤,愤而"闭门"停止办公的风潮,在北京、天津等地也发生了商民协会与商会之间的冲突事件。这样,两个团体实际上已进一步发展成为势不两立的敌对状况,国民党在商民运动转轨后制定的商会与商民协会并存的方略,已无法实施,从而逼使国民党中央不得不在商会与商民协会之间做出选择。不难看出,由于商民协会自身不能顺应商民运动的转轨,并且不断挑起事端,造成混乱,使工商界陷入分裂敌对的局面,最终导致了被国民党中央撤销的结局。也可以说,国民党撤销商民协会是其促使商民运动从"破坏"转为"建设"的更进一步举措。

与此相关联的另一个问题,是如何认识国民党此时整顿改组商会的举措?从以往的有关论著看,大多是予以否定的评价。例如有的学者以上海的情况为例,指出国民党政府以整顿与改组的手段,"终于完

---

[1]《市商民协会请统一商民组织》,上海《民国日报》,1928年11月23日。
[2]《国民党浙江执行委员会、民众训练委员会呈中执文》,1929年5月,台北:中国国民党中央委员会党史史料编纂委员会收藏档案,会3.3/31.12。

全控制了上海市商会,并通过它对上海工商界施加政治影响和实施政治统制。上海总商会(包括前清上海商务总会)时代按照民族资产阶级意志进行自主活动从此一去不复返了。在整个国民党统治时期,商会与政府之间的法律关系名存实亡,商会完全处于屈从政府意志的附属地位"[1]。笔者过去撰写的著作也持类似的观点,认为"国民党南京国民政府建立之后,采取强制手段对市民社会团体进行整顿和改组,并对保存下来的民间团体实施严格的监督与控制,使这些团体大都丧失了原有的市民社会特征。因此,近代中国自清末萌生发展而形成的市民社会雏形,受到极为严重的摧残,可以说已遭到国家的强制性扼杀"[2]。甚至有些外国学者在相关的著作中同样认为:"对上海资本家来说,国民党统治的第一年是一个灾难。……他们在1927年以前十年中在上海所享有不受政治控制的局面,因近似'恐怖的统治'而突然结束了。"[3]经过整顿改组之后重新成立的上海商会,"再也没有能力、没有希望与当地的政权对抗,仅仅变成地方政府的一个简单的分支机构"[4]。

过去之所以有上述这些看法,笔者认为主要是因为以往只是看到国民党对商会的整顿改组这一个方面,并将这一行动视为国民党为推行一党专政对民间社团实施严厉控制,却没有注意到这一事件的另一方面,即在此之前商会在极为不利的背景下,为了自己能够得以保存下来与商民协会经历了数年的激烈争斗。国民党原本一直公开支持商民协会,将商会视为反动势力控制的旧式商人组织,而且国民党在从事商民运动之初,早就确立了以商民协会取代商会的政策。而到最后,不仅商会未被取消,相反却是商民协会被撤销。所以,在这场实力很不对称

---

[1] 徐鼎新、钱小明:《上海总商会史(1902—1929)》,上海社会科学院出版社,1991年,第400页。

[2] 参见拙著《转型时期的社会与国家——以近代中国商会为主体的历史透视》,华中师范大学出版社,1997年,第534页。

[3] [美]帕克斯·M.小科布尔:《江浙财阀与国民政府,1927—1937》,蔡静仪译,南开大学出版社,1987年,第26页。

[4] [法]白吉尔:《中国资产阶级的黄金时代》,张富强译,上海人民出版社,1994年,第313页。

的争斗中,商会摆脱了面临取消的紧迫危机,得以合法地继续存在,尽管被迫进行了整顿与改组,但在某种程度上仍可视为是商会经过斗争取得了"胜利"。

另一方面,近年来有些学者通过具体考察有关史实,还认为经过整顿和改组之后的商会,也未必像过去许多著作所说的那样完全处于屈从于国民党政府意志的附属地位,丧失了民间社团的性质,实际上此后的商会在许多方面仍继续保留了过去的特征。这个问题确实值得进一步加以探讨。当时,国民党浙豫沪等地党部曾对新拟订的商会法和工会法未明确规定国民党党部的领导权力提出质疑,并对训政时期不能明定党对工会和商会的指导组织之权的理由表示反对,认为"工会法精神形式绝对脱离本党之关系,不合者一;以训政时期之法律而必力避党治之明文;不合者二;党政机关对于工会之关系无明文规定,纠纷势所难免,不合者三"〔1〕。这表明国民党内部不少人认为地方党部对整顿改组之后商会、工会等民众团体的领导指挥权力未载入章程而有所不满,其与过去有关论著所得出的结论不无出入。戴季陶后来也曾针对当时有些地方党部批评新商会法未明确规定商会必须接受国民党领导指挥的说法加以解释,说明"制定法规其权责属于政府,现在各种尚未制定颁行而已成立未成立之各项人民团体,既不能一日失其指导,而监督指挥更不可无具体之方法,故先定此一般的方案,以示规模,俾在法规未制定颁行之期间,党部之指挥,政府之监督,人民之行动,皆有明白之分际与方针。即对法律规程已经颁布施行之时,亦易有保育指导之效,故其性质实系一大体之方案,而并无精密之条文也。关于商会之组织必须单行之法律,此属当然之事,至其文上未曾涉及党部之指导,亦为法律当然之形式。盖本党对于人民团体之扶植指导检举非法等,皆系促进法治运动。法律之政治手段,亦为训政时期中本党对于政治上所应有之责任。……新商会法第二章第六条之规定与组织方案并无

---

〔1〕《浙豫沪等省市党部对工商会法意见要点》(手抄稿),台北:中国国民党中央委员会党史史料编纂委员会收藏档案,政4/53—7。

抵触,法律明文上不明定党之关系,系属通例,不独本法为然也。"[1]

也有学者指出商会经过整顿和改组之后,出现了过去所没有的新气象,应该予以肯定。其理由是商会及下属各同业公会"经改组后确立了得到国家认可的在工商界中的、垄断的、绝对的代表性地位。全国商联会、各省商联会、各地商会、各基层同业公会及各商店(或公司、行号)形成了一个自上而下行使权力的等级结构。商会及同业公会的主要成员由旧式会长、会董(或行董)制改为新式主席、委员制,采用了比较先进和民主的选举及会议制度,内部职能机构也在各主要成员的努力下日臻规范和完善"。因此可以说,"改组后的中国商会制度进一步与国际商会制度接轨,完成了一次具有重大历史意义的现代化变革"[2]。这一评价与以往的结论截然不同,但似乎有些过高。实际上,在商民协会出现之前,商会早就已经在工商界中确立了无可争议的代表性地位,在清末民初即已具有"登高一呼,众商皆应"的重要影响。国民初年全国商会联合会成立之后,商会也已形成了全国商会、各省商联会、各地商会之间自上而下行使权力的等级结构。只有同业公会的正式建立稍晚,在当时不可能明确纳入这个等级结构之中。至于具有近代特征的民主选举及会议制度,在清末民初的商会中实际上也基本确立。因此,认为商会经过整顿改组之后完成了一次具有重大历史意义的现代化变革的结论还需要加以论证才能使人信服。不过,究竟如何全面客观地看待国民党整顿改组商会的举措及其对商会的影响,也确实有进一步探讨的必要。

还有一部分学者认为商民协会与商会之间的这场矛盾冲突,实际上是当时国民党与政府之间的冲突较量。商民协会被撤销和商会得以保留,是国民党推行党治的失败和政府维护其权力的胜利。从笔者目

---

[1]《商会组织之原则及新商法运用方法要点》,《中央周报》,第67期,1929年9月16日,第23—24页。
[2] 张志东:《国家社团主义视野下的制度选择:1928—1931年的国民党政府、商会与商民协会,天津的个案研究》,提交"国家、地方、民众的互动与社会变迁国际学术研讨会"论文,2002年8月,上海。

前查阅到的有关论著看,这种观点较早系由美国学者傅士卓所提出。他认为"商民协会的组织意味着党扩大了对社会,包括(或尤其包括)对商会的权力";而"商民协会最终瓦解,如同其他独裁政权的'第二次革命'失败一样,标志着国家对政党的胜利"[1]。后来,国内一部分学者承袭和发挥了傅士卓的这一观点。例如有的认为取消上海总商会的这一事件,从表面上看"是上海市党部与上海总商会的冲突,背后所隐含的是上海市党部与上海市政府的权力竞争与冲突","上海市党部希望通过自己控制下的商民协会统一上海总商会,从而加强自己的政治力量,进而对上海市政府的权力做出有力的挑战"[2]。

但是,这种观点也有值得商榷之处。认为商民协会与商会之间的冲突代表国民党与政府之间的较量的主要理由,是国民党中央曾说过"商民协会受党的领导,商会受政府管理"。然而就实际情况而言,商民协会受国民党的领导与控制是比较明显的,因而它主要体现国民党的影响与作用;但所谓商会受政府管理则需要加以分析,至少不能说商会代表政府,也不能说商会的权力代表着政府的权力。在南京国民政府建立之前,商会一直是具有相当自治权力的独立民间社团,除了在特定的某些方面与政府发生联系之外,与政府之间并不存在直接的被领导与被控制的关系。应该说政府与商会之间的关系,是国家(政府)与民间社会的关系,也可以说是"公"与"私"的关系。连傅士卓也承认"商民协会与商会的权力基础截然不同。商民协会是党权'公'的延伸,而商会则是'私'的结合"[3]。虽然傅士卓是将国民党的权力视作"公"权力,但他却承认商会是民间社团,体现的是"私"权力。事实上,所谓"商会受政府管理",与"商民协会受党的领导"存在着明显差异,并不能简单地据此认为商会代表政府一方,商民协会代表国民党一方。

---

[1] 约瑟夫·弗史密斯:《商民协会的瓦解与党治的失败》,《国外中国近代史研究》第20辑,中国社会科学出版社,1992年,第157页。
[2] 赵利栋:《党、政府与民众团体——以上海市商民协会与上海总商会为中心》,提交"中华民国史(1912—1949)国际学术讨论会"论文,2002年8月,北京。
[3] 约瑟夫·弗史密斯:《商民协会的瓦解与党治的失败》,第157页。

关于这一时期以及稍后一段时期的党政关系问题确实相当复杂，即使是在国民党内部意见也不完全统一，对这个问题尚需进行更加深入细致的探讨，但应避免类似将商民协会与商会之间的冲突视为党政较量的简单化做法，也不应以此推论党政某一方权力的消长。

另外，如果笼统地说商民协会与商会之争，代表着国民党与政府之间的较量，还会对一些具体问题难以做出合理的解释。例如前文曾经提及在1928年下半年以后，国民党中央与一些地方党部之间对商民协会和商会的态度事实上已很不一致。许多地方党部要求取消商会，而国民党中央则已经改变了过去的政策，主张商会与商民协会并存，各自发挥其作用。此时，已很难笼统地说国民党代表商民协会的利益，政府代表商会的利益。确切地讲，应该只是一部分国民党的地方党部仍继续公开支持商民协会取代商会，而不是整个国民党都抱持这种立场。这说明简单地定论商民协会与商会之间的冲突是国民党与政府之间的较量，与当时的历史事实也不无出入。

1930年6月21日，上海特别市商人团体整理委员会召集各业会员代表大会，选举上海市商会第一届执监委员及讨论各种要案，标志着经过商民运动末期的商会存废之争以及商人团体整理之后，作为上海统一商人团体唯一代表的新的上海商会，历经波折和磨难而终于宣告诞生。王晓籁作为大会主席团成员之一，在致开会词时说明：商整会"去年五月奉令组织，照中央规定的组织大纲第十五条，有'商整会俟统一团体法令颁布后，统一团体组织成立时，即行撤销'等语。所以从这一点看来，本会就是统一商人团体的筹备会，再简单的说，就是'上海市商会'的筹备会。"将商整会说成是新的上海市商会的筹备会，这在一年前商整会成立时是绝对不可能的事情，然而时过境迁，世事难料，后来的实际情况却又确实如此。王晓籁还解释了商整会整理商人团体的时间较长，以及新商会成立时间较晚的两方面原因，首先是"中央颁布的法令要经过多少的审查考虑的功夫。商会法于十八年八月十五日颁布，商会法施行细则则于十一月十三日颁布，工商同业公会法施行细则于十九年一月七日颁布，而结束各地商民协会之中央执行委员会命令,十九年二月十日方始颁布。在中央未有统一商人团体的法令以前,本会是无从着手进行的"。其次,"要统一组织,先要把从前不统一的商人团体变更组织整理起来。整理的初步就是登记,本市商人团体的登记原来是一个创举。所以,初办的时候,有些团体简直没有注意,把他不当一回事。有此团体呢,简直隔漠误会。所以,不得已就把登记的截止期限至十月底"。除此之外,商人团体整理的过程也较为复杂。"各业组织都有其悠久的历史、帮别的关系,从前是放任惯的,一旦依据中央颁布的法令认真起来,就不免有多少困难。所以,尽有因为改正一个公会的名称,而各公会请求复议的公文竟接续至三次、四次。……幸赖中央暨本市党政机关主持提挈于上,而各业团体亦能渐渐了解本会整理之真实的意义,所以尚能于一年之内,完成筹备市商会的手续。一方面使本会有以仰副中央的使命,一方面依法为商人团体的组织。把全国计算起来,上海仍旧是第一个成功,总算不辜负上海向来万事先进的地位。"[1]

7月1日,上海市商会全体执行、监察委员举行宣誓就职典礼,并互选常务委员及主席,到会的党政各机关团体代表有百余人。上海市政府代表俞鸿钧在致词时说:"今天是上海市商会第一届委员就职的日子,鄙人参加盛典,实在是感觉得非常之荣幸。从前旧式商会,上海为全国之始;今天新式商会,上海也是为全国之始。所以,这典礼是一件很有价值的事情。"上海市党部代表姜怀素致词时也不得不承认上海商会的合法地位以及在全国的重要影响,他表示:"上海市商会在全国工商业中占了很重要的地位,是全国商人的领导者。今天诸位就职以后,希望领导全国商人去振兴工商业。"[2]这一说法,如果与一年前上海市党部强烈要求取消商会的言论相比较,真可谓天壤之别。

---

[1] 《商整会昨日召集同业公会代表大会选举市商会第一届执监委员》,《申报》,1930年6月22日。

[2] 《市商会全体执监委员昨日宣誓就职》,《申报》,1930年7月2日。

# 结　语

本书除绪论部分之外，共分 10 章对商民运动不同阶段的发展概况与特点以及其他相关的若干问题，分别进行了考察和论述。下面主要结合前述相关内容，对商民运动的成效与缺陷略予说明，以此作为本书的结语。

## 一　商民运动的成效

商民运动时期，是近代中国历史上的广大商人，尤其是中小商人关心政治，关心革命，在政治上最为活跃的历史阶段。之所以能够形成这样一种局面，与国民党广泛进行动员与宣传，大力开展商民运动有着直接的密切联系，这也是商民运动取得的最重要的成效之一。

这一时期，国民党虽然仍认为"农工运动尤为重要"，但同时强调"商人亦不可忽略"，"或以商人为不革命者，是大错误。商人中除少数买办阶级及奸商外，亦是受压迫阶级，故此后亦不可不注意"[1]。不仅如此，有的省党部更进一步阐明："农工运动若亟不容缓，那末商民运动便是当急之务；农工运动是右手时，那末商民运动就应得是左手。"[2] 国民党中央商民部为促使商民运动的宣传和动员工作更具成效，还创办了《商民运动》周刊，于 1926 年 9 月 1 日出版第 1 期。该刊创刊词说

---

[1]《第二次全国代表大会经过概略》，《广州民国日报》，1926 年 1 月 30 日。
[2]《广州市商民代表大会之成绩》，广东省商民部编印：《广东商民》，第 3 期，1927 年 1 月 20 日。

明:"商民是需要革命的,商民是能实行革命的。商民必须参加国民革命,然后可以自救;国民革命必须有商民参加,然后易于成功。我们要把国民革命运动扩大,我们要把商民运动扩大,我们讨论商民运动的方法,我们要搜集商民运动的材料,我们所以要创办这个周刊,以作公开讨论的机关,这便是本刊的使命和目的。"[1]广东省党部商民部也曾于1926年初决定筹办《新商人月刊》,旨在"宣传本党主义","唤起及指导商民革命",同时也注重"商业上知识灌输及商民道德之启迪"[2]。1926年下半年,广东省党部商民部创办的《广东商民》杂志出版。[3]

此外,国民党中央和各级党部的商民部还通过其他方式宣传动员商民参加革命。例如国民党中央商民部编印了许多商民运动的宣传品,已出的单行本即有商民协会章程、中国商人与工人、国民党第二次代表大会商民运动决议案、商民协会组织程序、总理周年纪念告全国商民、商民运动周刊等。关于国民革命与商民的紧密关系,是国民党动员商人参加革命时宣传和论述较多的一个议题。有的阐明"国民革命的利益并不是哪一阶级单独的利益,实实在在是全体人民的利益。如果我们商民不加入国民革命,与帝国主义斗争,则中国商业永无发达之希望了"[4]。有的则呼吁商民要"想解除自己的痛苦,必须自己加入才能解除","国民革命与商民有生命财产存亡之关系,故商民必须参加国民革命"[5]。与此同时,国民党中央执行委员会还创办党立商民运

---

[1]《创刊话》,中央商民部编印:《商民运动》,第1期,1926年9月1日。
[2]《省党部商民部启事》,《广州民国日报》,1926年1月1日。
[3] 1929年9月广东全省商民协会整理委员会也编印《广东商民》月刊,作为"广东全省革命商民言论之中枢,为一切商民思想行为之指导,其所负之使命,在消极方面,扫荡过去鼓吹阶级斗争之反动宣传及一切似是而非之谬论,纠正商民过去不问政治及怀疑本党之错误心理,在积极方面,发扬本党革命奥旨,灌输商业知识,正确商民对于革命之基本观念,同时报告全省整理工作之进行及商业状况,使商民真正觉悟,共谋其组织之健全,商业之发达"。见《发刊词》,《广东商民》,第1期。
[4] 梁荣秋:《国民革命与商民》,1926年1月,台北:中国国民党中央委员会党史史料编纂委员会收藏档案,部13308—2。
[5] 黄诏年:《国民革命与商民》,1926年1月,台北:中国国民党中央委员会党史史料编纂委员会收藏档案,部13308—3。

动讲习所,"养成商民运动人材,以指导商民。内则改造其组织,外则导之以抵抗帝国主义与军阀,以期明了本党之主张,共趋国民革命之正轨"[1]。1925年10月,商民运动讲习所正式开办,直接隶属于国民党中央执行委员会商民部,"以培养热心党员专作商民运动,以其协助各地商民协会之组织及进行为宗旨",学员培训3个月后毕业,"派往各地组织商民协会及协助各该商民协会之进行"[2]。在此以前,无论是哪一个党派都未曾如此大张旗鼓地宣传商人与革命有着紧密的联系,并采取各种方式动员商人参加革命。正因如此,商民运动时期广大商人的政治觉悟明显得到提高,支持和参加革命的积极也得到显著增强。

商民运动时期,广大中小商人的组织发展程度也获得了前所未有的明显增强,这可以说是商民运动的重要成效之二。其具体表现,即是各地商民协会的相继建立。前以论及,倡导建立商民协会是国民党开展商民运动最重要的一个举措。国民党中央商民部曾专门向各省党部商民部发布训令:"际此国民革命进程中,各级民众运动均应有相当之进展,落后之商民运动尤不容或缓。现查各省商运异常延缓,殊与本部促进商运之主旨有违。为此,合亟仰令各该省党部商民部,遵照迅即先行组织各县商民协会,一俟该省内有三县以上之商民协会成立时,即照章成立省商民协会筹备处,着手组织商民协会。"[3]

随后,商民协会陆续在各地建立起来,不仅成为商民运动不断发展的具体反映,也使广大中小商人组织发展程度以得增强。1926年5月21日,广东全省商民协会召开成立大会,共计有24个县的151名代表出席,讨论通过了15个重要的决议案,包括拥护国民政府决议案、援助省港罢工决议案、农工商学兵大联合案、请政府出师北伐案、促成国民会议案等,其影响已受到社会各界的关注。这一时期,广西、湖南两省

--------

[1] 《筹办商民运动讲习所意见书》,台北:中国国民党中央委员会党史史料编纂委员会收藏档案,汉1542。
[2] 《中国国民党党立商民运动讲习所章程》,台北:中国国民党中央委员会党史史料编纂委员会收藏档案,部2037。
[3] 《中国国民党中央执行委员会商民部训令》,台北:中国国民党中央委员会党史史料编纂委员会收藏档案,部0819。

也已建立商民协会,其中广西的商民协会数量达到近60个分会,3至4千会员。到1926年底,国民革命军的势力进一步扩展到更多的地区,商民协会也在更广的范围内得以建立。据不完全统计,江西省的南昌市、九江市及38个县都成立了商民协会,另还有2个市级商民协会和40个县级商民协会正在筹备之中。湖南省除长沙市商民协会之外,有28个县的商民协会宣告成立,另有8个市级商民协会和2个县级商民协会处于筹备之中。湖北省不仅建立了汉口特别市商民协会和武昌市商民协会,而且有8个县建立了商民协会,其他40个县的商民协会也在紧锣密鼓地筹备,其中11个县已基本完成筹备工作。广西成立了梧州市和南宁市两个市级商民协会,另在百色、灌阳等4个县建立了县级商民协会[1]。1927年以后,商民协会的发展更为迅速,数量也更多。

商民运动取得的第三个重要成效,是促使广大中小商人成为了国民革命时期,支持和投身于革命运动与反帝爱国运动的一支重要社会力量。随着商民运动的开展,特别是商民协会在许多地区成立之后,对组织商人支持或参加革命起到了明显的作用。有些商民协会"苦心孤诣,引导商民趋革命之途,明示其革命前方之敌人为帝国主义者、军阀及买办阶级、贪官污吏、土豪劣绅,颇收商人认识革命之成效"[2]。许多事例都足以表明,在商民协会的组织和引导之下,各地中小商人都在很大程度上改变了在商言商的传统习俗,踊跃支持国民革命,积极参加反帝爱国运动,并取得了积极的成果,产生了相当的政治影响。中小商人成为支持国民革命和反帝爱国运动中的一支重要力量,在当时的历史条件下称得上是值得重视的新发展趋向。有关这方面的实际情况,本书的许多章节都进行了具体考察与分析,这里不再重复介绍。

不过,关于商民运动的成效,国民党中央商民部的评价却过高。1927年6月以国民党中央商民部名义编辑的《中国国民党商民运动经

---

[1] 中国国民党中央商人部编:《中国国民党商民运动经过》,1927年6月,台北:中国国民党中央委员会党史史料编纂委员会收藏档案,部10690。
[2] 《汉口特别市商民协会常务委员会主席郑慧吾呈中国国民党中央商民部文》,1927年4月20日,台北:中国国民党中央委员会党史史料编纂委员会收藏档案,部0820。

过》曾对商民运动的发展及成效做了如下的描述:

> 本党自从民国十三年十一月起有了商民运动,经过三四年来运动之结果,在本党执政导领下的商民,大多数既能打破其不问政治的心理,进而为参加改革政治的行动,并且许多商民很明了他们的痛苦,是帝国主义及其走狗军阀等所给赐的;而组织起来和工农群众一致联合努力参加打倒帝国主义、打倒军阀的运动了。现在虽然统一导领商民的全国商民协会还正在计划中,但目前既组织的也有五十多万,在过去的事实中,和目前的状况上,我们虽不敢说商民运动是怎样的收效了,但我们也可以说自从本党有了商民运动以后,商民的心理确既大改变了。从在商言商的死习惯,一跃而为参加政治;不但参加政治,而且认明他们的痛苦由来与解除方法,起来组织联合工农朋友集中在同一旗下去奋斗。现在中国的商民,是革命化的商民了。[1]

如果说通过短短数年的商民运动,中国的商民已经成为"革命化的商民了",那么国民党当然就可以声称其已基本达到起初推行商民运动时所制定的"在使商民参加国民革命之运动"这一宗旨和目的,但实际情况恐怕与国民党的估计存在着较大的出入。有台湾学者曾经指出,在实际开展商民运动之前,因国民党也主要是强调保护农民与工人的权益,使商人对国民革命和北伐都不无恐惧,甚至"阻止国民革命军的进程"。通过开展商民运动和宣传保护广大中小商人的利益,这一状况有了明显改变。[2]但即使如此,其成效也远未达到使广大商人均已成为"革命化的商民"的程度。

国民党在推行商民运动之初,希望吸收更多的中小商民加入国民

---

[1] 中国国民党中央商人部编:《中国国民党商民运动经过》,1927年6月,台北:中国国民党中央委员会党史史料编纂委员会收藏档案,部10690。

[2] 台湾"教育部"主编:《中华民国建国史》,台北,"国立编译馆",1987年,第733页。该书还认为商民运动"不但在北伐对抗帝国主义与军阀活动中,有着明显的成功,而且在十五年冬季即已展开的国、共斗争中,也成功地扩大了南京国民政府的实力,特别是当宁汉分裂,对抗共产分子把持的武汉政权过程中,曾发生了很大效力"。见该书第734—735页。

党,以使其成为"革命化的商民"。但从国民党中央组织部根据党员登记表的统计看,截止 1929 年 10 月 20 日,国内商界人士加入国民党者总计为 3872 人,仅占全部党员总数的 8.27%,海外商界加入国民党的人数要多得多,总计为 40349 人,占海外党员总数的 48.74%。[1]这个数字估计不太准确,特别是国内商界加入国民党的人数实在是太少,南京只有 29 人,北平 13 人,天津 56 人,四川和陕西均只有 1 人,这似乎是不可能的。不过,总体看来国民党希望通过开展商民运动使更多商民加入国民党的目标并未实现。

## 二 商民运动的缺陷

对于商民运动的缺陷,有论者曾经指出:"如果我们把商民协会的成立与结束分别视为商民运动的起点与终点,这个奇怪的民众运动经历了七个年头。之所以说它'奇怪',是因为这个所谓的'民众运动'并没有一个明确的目标,也没有明确的参加者,用来设计指导运动的几份纲领性文件也充满了矛盾,根本不可能得到切实执行。"[2]笔者认为,将商民运动称之为"奇怪"的民众运动是否十分准确,尚有待进一步讨论。因为国民党开展商民运动并非没有明确的目标,也不是没有明确的参加者,这些在国民党"二大"通过的《商民运动决议案》中实际上均有明确规定。问题是这些规定在许多方面确实脱离了当时的实际情况,存在着自相矛盾的现象,故而在实践操作层面上不仅难以切实执行,而且造成了不少困惑,甚至还导致国民党中央与各级地方党部之间也意见不一,直到最后产生了与国民党开展商民运动初衷相反的结局,即本欲由新成立的商民协会逐渐取代商会,最终却变成为保留商会,一律取消商民协会。这样的结局,一方面可以说是国民党在商民运动实

---

[1] 参见"十八年各省市党员职业统计表"、"十八年海外党员职业统计表",载李宗黄《中国国民党党史》,首都国民印务局,1935 年,第 230、234 页。
[2] 冯筱才:《北伐前后的商民运动(1924—1930)》,第 253 页。

践过程中,根据实际情况调整其策略与目标的结果;另一方面也反映了国民党开展商民运动存在着明显的缺陷。

商民协会既是商民运动最重要的成果,但同时透过该组织也可具体看出商民运动还存在其他诸多缺陷。

一是商民协会在成立过程中违反规定,造成一些混乱。由于这种现象在商民运动初期阶段并不少见,国民党中央商民部不得不于1926年10月发出通告:"商民协会之组织必须经过本部核准,现查各处商民多有未经本部核准,私自组织协会并即呈报成立,殊属有违定章。本部对于商民运动计划为审慎奉行起见,除另函各私自组织之商民协会听候审查,另行照章改组外,特此通告。"[1]此外,商民协会的成立应该由哪个机关核准以及管辖等问题,在初期阶段也执行不一致。例如在广东,商民协会成立时有的由各县党部商民部核准,有的系广东省党部各属特别委员会核准,还有的直接由广东省党部商民部核准。广东全省商民协会呈文中央商民部,认为"职会为管理广东全省各地商民协会之权力机关,各地商民协会之组织,概由职会决定派员指导成立,始符定章。……事权既不一致,统属未免分歧,长此以往,不独妨害职会职权之行使,抑且影响于商民运动统一之进行"。于是,广东省商民协会请求中央商民部"察核通告本省各级党部商民部,嗣后关于各地商民请求组织商民协会,一律移归职会办理,颁发旗帜印信须由职会执行,各级党部商民部如存有各地商民协会各项名册者,亦须概行移送职会,以一事权而资统辖"[2]。中央商民部认为这一请求不无道理,遂发布通告予以批准。由于广东省商民协会遇有类似事项往往是直接请示中央商民部,并按中央商民部的决定行事,根本不与广东省党部商民部接洽,结果又引起广东省党部商民部的不满。广东省党部商民部也致函中央商民部,认为商民部"乃管理省商民运动事项,故以引导全省商民

---

[1]《中央商民部通告》,1926年10月9日,台北:中国国民党中央委员会党史史料编纂委员会收藏档案,部0811。

[2] 同上书,1926年7月13日,台北:中国国民党中央委员会党史史料编纂委员会收藏档案,部0878—2。

参加革命为职志,对于全省商民运动总机关之商民协会,应就近指挥监督,方收训练之效。查广东全省商民协会自成立以来,向由贵部直接管辖,于权限上似欠明了。贵部系计划全国商民运动,敝部乃接受贵部之计划而执行全省商民运动工作,各有专责,权限不宜紊乱,否则纷乱无所措施,工作前途殊多窒碍"。广东省党部商民部要求中央商民部"将广东全省商民协会拨由敝部直接指挥监督,庶权限分明,工作易于进行"。按照《商民运动决议案》的规定,商民协会应该直辖于该地的党部商民部,因此中央商民部只得又函告广东省党部商民部,表示"各省商民协会应受各省党部商民部之指挥监督,嗣后广东全省商民协会一切活动应由贵部直接指挥监督之,准函前由,除函广东全省商民协会知照外,相应函复查照"[1]。这一情况说明国民党在实际开展商民运动之后,仍有许多具体问题没有理顺,导致了一些麻烦。

二是有些商民协会虽经国民党商民部核准,但成立之后成员复杂,一部分土豪劣绅也混迹其中,严重影响了商民协会的声誉,也使商民协会不能发挥应有的作用。类似的情况甚至在当时的小说中也有反映。例如茅盾的短篇小说《动摇》即描述某县一个叫胡国光的"积年老狐狸",在辛亥革命后"仗着一块镀银的什么党的襟章",在县里开始充当绅士。他通过冒充表亲王荣日店铺的店东,并采取各种方式拉票,居然也当选为县商民协会第一届执行委员会委员。另一位当选为委员的陆慕游,也是当地绅士家族中的一名纨绔子弟。[2]可想而知,这样的商民协会当然不可能是革命的商人组织。类似的现象并不少见,以至国民党中央商民部也曾为此发布通告,重申组织商民协会的目的"在团结商民,使之有完善之组织,以作商民本身之保障,尤在吸收商民中之革命分子,使之参加革命,以促国民革命之进行。其间不免有不良分子或为帝国主义者所利用,或曾作反革命之行动,自未便任令加入,藉杜流弊"。但是,"近查各地商民协会根据此旨以组织者固多,而违反此项

---

[1]《中央商民部致广东商民部函》,1926年10月26日,台北:中国国民党中央委员会党史史料编纂委员会收藏档案,部0895。
[2] 茅盾:《动摇》,《茅盾选集》第2卷,四川人民出版社,1982年。

规定,任由不良分子发起组织,或任由不良分子加入者亦属不少,以至影响所及,纠纷迭见,此不特妨碍商民本身之团结,尤足使商民运动之前途丛生危险。为此郑重通告各级党部商民部及各级商民协会,嗣后对于各地商民协会之组织,务须审慎从事,勿令不良分子乘机加入。"通告另还强调各级党部商民部负指导商民之责,务须随时注意指导,以绝弊端,如有不依此项规定,任由不良分子加入者,一经查觉定即执行解散,并将负责组织者严厉惩处。[1]

三是商民协会的成员是否包括店员的争论,也影响了商民协会的发展以及产生应有的作用。这方面的问题,主要是由于国民党所制定的政策所引起的。顾名思义,商民协会应该是商人的组织,其成员应为商人。国民党起初拟定的《商民协会组织法》,只规定"凡居住中国之商人,不论性别,凡年龄在16岁以上,依照本会章程,遵守本会纪律,履行本会决议案者,皆得为本会会员"。但后来通过的《商民协会组织条例》又解释商民包括商人店员及摊贩,并说明店员"与店东确有密切关系,确有共同组织团体参加革命的必要与可能","所以组织商民协会就许可店员加入"[2]。店员原本即有自己的店员工会和店员总会,又推举代表加入商民协会,于是商民协会的成员中既有资本家又有店员,由此造成不少麻烦。因为资本家和店员之间实际上是一种劳资关系,在经济利益和其他许多方面都势必存在着矛盾和冲突。与此同时,国民党还曾一度议决将店员工会隶属于总工会,更导致工商两界为争夺店员入会的冲突。许多商民协会对这一规定表示反对,担心店员工会隶属总工会之后,对店东会形成更大的威胁,以为将店员归入商民协会即可减少这种矛盾与威胁。同时,商民协会也因工商界限难分而引起纠葛。汉口特别市党部商民部在呈报中央商民部的一份工作计划中透露:汉口"商民协会各分会,多以工商界限不清,致酿出许多无谓之纠

---

[1]《中央商民部通告》,1926年7月13日,台北:中国国民党中央委员会党史史料编纂委员会收藏档案,部6339。
[2]《国民党中央商人部告店友书》,《申报》,1927年11月2日。

纷。"[1]在对待这一问题时,国民党中央前后态度不一致,屡次修改相关政策,是导致纷争不断的重要因素。

四是商民协会成立后,在实际运作过程中与商会也存在着诸多矛盾与纠葛。前已提及,国民党在推行商民运动初期所采取的一项重要举措,就是想用新成立的商民协会取代原有的商会,但《商民运动决议案》只是规定对原有商会"用严厉的方法以整顿之",并没有下令强行解散所有的商会。而且由于种种原因,国民党当时也未采取什么具体行动真正对商会全面进行整顿。因此,在商民协会成立之后各地的商会依然存在并基本保留原有独立的民间商人社团特征,从而随之出现了商民协会与商会并存的新态势。

由于这两个商人团体并存,相互之间的矛盾与纠葛就难以避免。尽管商民协会是国民党直接组织的商人团体,有国民党强大的政治势力作后盾,但成立已数十年的商会也早已在工商界奠定了不可忽视的地位与影响,在与商民协会的冲突中并非都处于下风,常常形成针锋相对的局面。商民协会与商会之间的纷争,一直是商民运动期间困扰国民党的重要问题,在对待商会的问题上,国民党中央前后的态度与政策也很不一致,甚至自相矛盾,与各级党部之间意见相左,同样也成为导致纷争难以平息甚至日益激烈的主要因素,甚至直接影响到商民运动的最终结局。

---

[1]《汉口市商民部四、五、六三个月工作计划》,台北:中国国民党中央委员会党史史料编纂委员会收藏档案,部10393。

# 参考文献

## 一、档案、史料汇编

马敏等主编:《苏州商会档案丛编》,第3辑,武汉:华中师范大学出版社,2009年。
荣孟源主编:《中国国民党历次代表大会及中央全会资料》,北京:光明日报出版社,1985年。
上海市工商业联合会等编:《上海总商会组织史资料汇编》,上海:上海古籍出版社,2004年。
上海市工商业联合会等编:《上海总商会议事录》(五),上海:上海古籍出版社,2006年。
天津市档案馆等编:《天津商会档案汇编(1928—1937)》,天津:天津人民出版社,1996年。
中国国民党中央委员会党史史料编纂委员会收藏档案,"五部档"。
中国国民党中央委员会党史史料编纂委员会收藏档案,"环龙路档"。
《中国国民党第二次全国代表大会会议记录》,中国国民党中央执行委员会1926年4月印行。
中央档案馆、湖南省档案馆编:《湖南革命历史文件汇集》(甲1),编者自印,1983年内部发行。
中国第二历史档案馆编:《中国国民党第一、二次全国代表大会会议史料》,南京:江苏古籍出版社1986年版。
中央统战部、中央档案馆编:《中共中央第一次国内革命战争时期统一战线文件选编》,北京:档案出版社,1990年。
中央统战部、中央档案馆编:《中共中央第一次国内革命战争时期统一战线档案选编》,北京:档案出版社,1991年。
中国第二历史档案馆编:《中国国民党中央执行委员会常务委员会会议录》,桂林:广西师范大学出版社,2000年。
郑自来、徐丽君主编:《武汉临时联席会议资料选编》,武汉:武汉出版社,2004年。
存萃学社编:《一九二四年广州商团事件》,香港:崇文书局1974年版。
《戴季陶集》,上海,三民公司,1929年。
广东省社会科学院历史研究所等合编:《孙中山全集》,第9卷,北京:中华书局,1986年。
《湖南文史资料选辑》,第17辑,长沙:湖南人民出版社,1983年。
《李大钊全集》第4卷,石家庄:河北教育出版社,1999年。
《谭平山文集》,北京:人民出版社,1986年。
武汉地方志编纂委员会办公室编:《武汉国民政府史料》,武汉:武汉出版社,2005年。
中共中央党史研究室第一研究部译:《联共(布)、共产国际与中国国民革命运动(1920—1925)》,北京:北京图书馆出版社,1998年。
中国人民解放军政治学院党史教研室编:《中共党史参考资料》,第4册,1979年4月内部印行。
中山大学历史系孙中山研究室等合编:《孙中山全集》,第7卷,北京:中华书局,1985年。
中山大学历史孙中山研究室等合编:《孙中山全集》,第8卷,北京:中华书局,1986年。

## 二、报纸、期刊

《大公报》(长沙),1926年6月—1927年1月。

《广州民国日报》,1924 年 6 月—1927 年 10 月。
《汉口民国日报》,1927 年 1 月—3 月。
《民国日报》(上海),1928 年 1 月—1929 年 12 月。
《申报》,1927 年 1 月—1929 年 12 月。
《新闻报》,1927 年 3 月—1929 年 4 月
《广东商民》(广东省商民部编印),第 3 期,1927 年 1 月 20 日。
《国闻周报》,第 1 卷,第 13 期,1924 年 10 月。
《上海总商会月报》,第 7 卷,第 12 号,1927 年 12 月。
《上海总商会月报临时增刊——商会存废问题》,1927 年 12 月。
《商民运动》(中央商民部编印),第 6—20 期,1926 年 10 月—1927 年 7 月。
《向导》,第 22、31—32 合期,1923 年 4 月、7 月。
《中央周报》,第 67 期,1929 年 9 月 16 日。
《中国国民党周刊》,第 15 期,1924 年 4 月 6 日;第 39 期,1924 年 9 月 21 日。
《中央党务月刊》,第 3 期,1928 年 10 月。
《中国商会联合会会报》,第 1 年,第 1 号。
《政治周报》,第 6、7 期合刊,1926 年 4 月 10 日。

## 三、著作

陈克华:《中国现代革命史实:由联俄容共到西安事变》,香港:春风杂志社,1965 年。
陈宜安:《中国国民党改组前后的容共与反共》,台北:正中书局,1992 年。
丁旭光:《孙中山与近代广东社会》,广州:广东人民出版社,1999 年。
冯筱才:《北伐前后的商民运动(1924—1930)》,台北:商务印书馆,2004 年。

郭华伦:《中共史论》,台北:"中华民国"国际关系研究所,1969年。
湖南省志编纂委员会编:《湖南省志》第1卷,"湖南近百年大事纪述",长沙:湖南人民出版社,1959年。
华岗:《一九二五至一九二七年的中国大革命史》,上海:上海春耕书店,1932年。
蒋永敬:《鲍罗廷与武汉政权》,台北:传记文学出版社,1972年。
井泓莹:《广州商团事变》,台湾:浪野出版社,1992年。
李宗黄《中国国民党党史》,南京:首都国民印务局,1935年。
李云汉:《从容共到清党》,台北:中华学术奖助委员会,1966年。
吕芳上《革命之再起——中国国民党改组前对新思潮的回应(1914—1924)》,台北:中央研究院近代史研究所,1989年。
吕芳上:《从学生运动到运动学生》,台北,中央研究院近代史研究所,1994年。
茅盾:《动摇》,《茅盾选集》第2卷,成都:四川人民出版社,1982年。
尚世昌:《中国国民党与中国劳工运动——以建党至清党为主要范围》,台北:幼狮文化事业公司,1992年。
台湾"教育部"主编:《中华民国建国史》,台北:"国立编译馆",1987年。
王奇生:《党员、党权与党争:1924—1949年中国国民党的组织形态》,上海:上海书店出版社,2003年。
王健民:《中国共产党史稿》,台北,1965年版,出版者不详。
徐鼎新、钱小明:《上海总商会史(1902—1929)》,上海:上海社会科学院出版社,1991年。
杨奎松:《国民党的联共与反共》,北京:社会科学文献出版社,2008年。
张玉法:《中华民国史略》,台北,经联出版事业公司,1998年。
朱英:《转型时期的社会与国家——以近代中国商会为主体的历史透视》,武汉:华中师范大学出版社,1997年。

## 四、论文

敖光旭:《论孙中山在1924年下半年的是是非非》,《近代史研究》1995年第6期。

敖光旭:《"商人政府"之梦——广东商团及"大商团主义"的历史考察》,《近代史研究》2003年第4期。

冯筱才:《中国商会史研究之回顾与反思》,《历史研究》2001年第5期。

冯筱才:《1911—1927年的中国商人与政治:文献批评与理论构建》,《浙江社会科学》2001年第6期。

冯筱才:《自杀抑他杀:1927年武汉国民政府集中现金条例的颁布与实施》,《近代史研究》,2003年第4期。

冯筱才:《沪案交涉、五四运动与一九二五年的执政府》,《历史研究》2004年第1期。

胡春惠:《北伐期间之民众运动》,《中华民国建国史》第三篇,统一与建设(二),"国立编译馆",1989年。

霍新宾:《国共党争与阶级分野——广州国民政府时期工商关系的实证考察》,《安徽史学》2005年第5期。

霍新宾:《互助与合作:广州大元帅府时期的工商关系》,《社会科学研究》2006年第5期。

霍新宾:《"无情鸡"事件:国民革命后期劳资纠纷的实证考察》,《近代史研究》2007年第1期。

蒋永敬:《孙中山先生与"三大政策"》,载香港珠海书院编《珠海学报》第15期,1986年。

蒋永敬:《论北伐时期的一个口号——"三大政策"》,提交1988年台北"北伐统一六十周年学术讨论会"论文,后收入《北伐统一六十周年学术讨论集》,北伐统一六十周年学术讨论集编辑委员会,1988年。

蒋永敬:《"三大政策"探源》,《传记文学》第54卷第3号,1989年3月。

康满堂:《试论大革命时期的国民党中央农民部》,《韶关学院学报》,第27卷,第11期,2006年11月。

李达嘉:《商人与政府——一九二四年广州商团事件原因之探讨》,见《国史释论》上册,台湾食货出版社,1987年。

李柏槐:《商民的利益集团:商民协会——成都与上海等地商民协会差异之比较》,《社会科学战线》2005年第1期。

李玲丽:《北伐前后湖北的商民协会——以大革命时期的武汉为讨论中心》,硕士学位论文,华中师范大学中国近代史研究所,2007年5月。

梁尚贤:《"彭湃把持农民部"说辨析》,《近代史研究》2004年第5期。

梁惠锦:《北伐期间国民党领导下的妇女运动(1926—1928)》,《北伐统一六十周年学术讨论集》,北伐统一六十周年学术讨论集编辑委员会,1988年。

吕芳上:《北代前学运的动向(1920—1927)》,《北伐统一六十周年学术讨论集》,北伐统一六十周年学术讨论集编辑委员会,1988年。

马庆忠、李联海:《孙中山与广州商团事件》,中山大学《孙中山研究论丛》,第2集。

彭南生、李玲丽:《略论大革命时期湖北的商民协会》,《江汉大学学报》2006年第3期。

邱捷:《民初广东的商人团体与社会动乱——以粤省商团为例》,提交"第三届中国商业史国际研讨会"论文,2000年7月,香港。

邱捷:《广州商团与商团事变——从商人团体角度的再探讨》,《历史研究》2002年第2期。

乔兆红:《论1920年代商民协会与商会的关系》,《近代中国》(台湾)第149期,2002年6月。

乔兆红:《1920年代的商民协会与商民运动》,博士学位论文,中山大学历史系,2003年5月。

乔兆红:《大革命时期的湖南商民运动》,《求索》2005年第9期。

乔兆红:《大革命初期的商民协会与商民运动》,《文史哲》2005年第6期。

乔兆红:《中国商民运动的阶段性分析》,《学术研究》2007年第1期。

乔兆红:《孙中山与中国商民运动》,《广东社会科学》2007年第3期。

乔兆红:《论长江流域商民代表大会》,《江汉论坛》2007年第3期。

乔兆红:《论1929年的沪商总会风潮》,《社会科学研究》2007年第4期。

乔兆红:《中国商民运动的历史命运》,《中国经济史研究》2008年第1期。

王奇生:《工人、资本家与国民党》,《历史研究》2001年第5期。

温小鸿:《1924年广东"商团事变"再探》,《浙江社会科学》2001年第3期。

吴伦霓霞、莫世祥:《粤港商人与民初革命运动》,《近代史研究》1993年第5期。

徐思彦:《20世纪20年代劳资纠纷问题初探》,《历史研究》1992年第5期。

续总成:《大革命时期国民党农工政策和实践述评》,《党史研究与教学》2001年第2期。

杨奎松:《中国共产党对中国资产阶级的认识及其策略》,《近代史研究》1993年第3期。

张亦工:《商民协会初探》,《历史研究》1992年第3期。

张俊义:《英国政府与1924年广州商团叛乱》,《广东社会科学》2000年第3期。

张志东:《国家社团主义视野下的制度选择:1928—1931年的国民党政府、商会与商民协会,天津的个案研究》,提交"国家、地方、民众的互动与社会变迁国际学术研讨会"论文,2002年8月,上海。

赵利栋:《上海特别市商民协会的成立与取消及其与国民党党治之关系》,提交"北伐战争暨汀泗桥、贺胜桥大捷75周年学术讨论会"论文,2001年10月,湖北咸宁。

赵利栋:《党、政府与民众团体——以上海市商民协会与上海总商会为中心》,提交"中华民国史(1912—1949)国际学术讨论会"论文,2002

年8月,北京。

朱英:《再论国民党对商会的整顿与改组》,《华中师范大学学报》,2003年第5期。

朱英:《国民党推行商民运动的方略》,《江汉论坛》,2004年第7期。

朱英:《商民运动与中国近代史研究》,《天津社会科学》2005年第4期。

朱英:《论广东第一次全省商民协会代表大会》,《江汉论坛》2008年第11期。

朱英:《北伐之前的国民党与民众运动》,《江苏社会科学》,2009年第1期。

朱英:《北伐之前商民运动在广东的发端》,《学术研究》2009年第5期。

## 五、外国学者论著

### 1. 著作

Chesneaux, Jean, *The Chinese Labor Movement, 1919—1927*, Stanford University Press, 1968。

C. Martin Wilbur, *The Nationalist Revolution in China, 1923—1928*, Cambridge University Press, 1983。

Joseph Fewsmith, *Party, State, and Local Elites in Republican China: Merchant Organizations and Politics in Shanghai, 1890—1930* ( , Uiniversity of Hawaii Press, 1985。

〔日〕波多野乾一:《中国国民党通史》,东京:大东出版社,1943年。

〔法〕白吉尔:《中国资产阶级的黄金时代》,张富强译,上海人民出版社,1994年。

〔苏〕巴库林著、郑厚安等译:《中国大革命武汉时期见闻录:1925—1927年中国大革命札记》,北京:中国社会科学出版社,1985年。

〔美〕费正清:《伟大的中国革命(1800—1985)》,刘尊棋译,世界知识出版社,2000年。

〔美〕帕克斯·M.小科布尔:《江浙财阀与国民政府,1927—1937》,蔡静仪译,南开大学出版社,1987年。

〔英〕尤尔根·奥斯特哈梅尔:《中国革命:1925年5月30日,上海》,朱章才译,台北:麦田出版股份有限公司,2000年。

**2. 论文**

〔美〕傅士卓(Joseph Fewsmith):《商民协会的瓦解与党治的失败》,《国外中国近代史研究》第20辑,中国社会科学出版社,1992年。

〔美〕陈福霖:Sun Yat-sen and Origins of the Kuomintang Reorganization,原文收入陈福霖编 China in the 1920s,中译文(甘德星译)《孙中山与中国国民党改组的起源》,见张玉法主编《中国现代史论集》第10辑,台北:联经出版事业公司,1982年。

〔日〕金子肇:《商民协会と中国国民党(1927—1930)——上海商民协会を中心に》,《历史学研究》1989年第10期。

〔日〕金子肇:《武汉における商民运动と国共合作——商民协会の动向を中心に》,《下关市立大学论集》第34卷,第1号,1990年。

〔日〕金子肇:《上海"摊贩"阶层与商民协会》,载《上海研究论丛》,第9辑,上海社会科学院出版社,1993年。

〔韩〕李升辉:《1920—30年代上海商会的组织形成及意义》,提交"近代中国的社会流动、社会控制与文化传播"——第三届中国近代社会史国际学术研讨会论文,2009年8月,贵州贵阳。

〔美〕韦慕庭:《中国国民党第二次全国代表大会》,载李云汉主编、高纯淑编辑:《中国国民党党史论文选集》第4册,台北:近代中国出版社,1994年。

〔日〕盐出浩和:《广东商团事件——第三次广州政权与市民自治的分裂》,《东洋学报》第1卷,第2号,1999年9月。

# 后　记

　　从2001年在台湾政治大学历史系担任客座教授期间，开始系统地搜集有关商民运动的档案史料，然后继继续续地从事这方面的专题研究，并于2004年申报国家社科基金规划项目获批准，迄今为止，已达十年之久。常言道"十年磨一剑"，经历了长达十年时间而写出的这部著作，照理应是一部具有较高学术水平的专著，但我自认为并未达到这一水准。

　　之所以这样说，并非出于谦虚，而是确实如此。在这十年中，我一直身兼行政职务，起初是院长和所长一身二任，后虽辞去了院长一职，但仍担任所长至今，故难以像过去那样不受任何干扰而一心一意集中所有时间从事学术研究。另一不同之处是，以往的学术研究基本上没有受其他因素的影响，完全凭自己的学术兴趣尽力对某一课题长期进行比较单一的探讨，现今则由于各方面的原因，不得不同时承担多个项目，精力与时间都因此受到牵扯。近十年个人的研究成果看似并不少，但与过去的成果相比较其学术水准却没有得到明显提升。

　　另外，商民运动研究在许多方面都涉及到20世纪20年代的国民党与共产党，而在这方面我此前完全未曾进行过研究，甚至对相关史实的了解也不是很全面。后虽参看了许多相关著作，也查阅了一部分有关的史料，但在研究本课题和撰写本书的过程中，仍时时感到这一缺陷所带来的制约与影响。由于上述几方面原因，本书自然很难达到高水平学术专著的要求与水准。

　　即使如此，仍然应该感谢为本人从事此项课题研究提供了便利条件与各种帮助的机构或个人。台湾政治大学历史系邀请本人担任客座教授，在台从事一个学期的教学研究工作，得以使我能够十分方便地查阅和搜集相关档案与报刊资料。在此过程中，还得到了复旦大学历史系冯筱才教授的帮助，他当时也在台湾作短期访问研究，从事这方面的研究工作。以前的学生、现任上海社会科学院经济研究所副研究员的乔兆红，为我提供了国民党中央党部商民部编印的第6至20期《商民运动》期刊的复印件，另一位以前的学生、现为广东外语外贸大学新闻与传播学院教授的赵建国，为我复印了广东省党部商民部编印的《广东商民》、《商民运动》等期刊。在此，谨一并致以衷心的感谢。

本书肯定存在着诸多不足，甚至各种错误也在所难免，希望能够得到专家与读者的批评指正。

朱　英

2011年3月15日于华中师大